Knud Andresen · Michaela Kuhnhenne
Jürgen Mittag · Johannes Platz (Hg.)

Der Betrieb als sozialer und politischer Ort

Studien zu Praktiken und Diskursen in den Arbeitswelten des 20. Jahrhunderts

Bibliografische Information der Deutschen Nationalbibliothek

Die Deutsche Nationalbibliothek verzeichnet
diese Publikation in der Deutschen Nationalbibliografie;
detaillierte bibliografische Daten sind im Internet
über *http://dnb.d-nb.de* abrufbar.

ISBN 978-3-8012-4226-8
ISSN 0941-7621

© 2015 by
Verlag J. H. W. Dietz Nachf. GmbH
Dreizehnmorgenweg 24, 53175 Bonn
Reihengestaltung: Just in Print, Bonn · Kempken DTP-Service, Marburg
Umschlagfoto: Frauen in der Produktion der Haribo-Fabrik, Bonn, J. H. Darchinger,
Friedrich-Ebert-Stiftung, Bonn
Satz: Kempken DTP-Service | Satztechnik · Druckvorstufe · Layout, Marburg
Druck und Verarbeitung:
fgb – freiburger graphische betriebe GmbH & Co. KG, Freiburg i. Br.
Alle Rechte vorbehalten
Printed in Germany 2015

Besuchen Sie uns im Internet: *www.dietz-verlag.de*

Inhaltsverzeichnis

Einleitung

Johannes Platz · Knud Andresen · Michaela Kuhnhenne · Jürgen Mittag
Der Betrieb als sozialer und politischer Ort:
Unternehmens- und Sozialgeschichte im Spannungsfeld
mikrohistorischer, praxeologischer und diskursanalytischer Ansätze 7

I Konzeptionelle und methodische Ansätze

Thomas Welskopp
Produktion als soziale Praxis.
Praxeologische Perspektiven auf die Geschichte
betrieblicher Arbeitsbeziehungen 29

Morten Reitmayer
Das ökonomische Feld. Sozialraumanalyse und Betrieb 53

Timo Luks
Heimat – Umwelt – Gemeinschaft.
Diskurse um den Industriebetrieb im 20. Jahrhundert 73

II Der Betrieb als politischer Ort und als Ort des Politischen

Jörg Neuheiser
Postmaterialismus am laufenden Band?
Mitbestimmung, Demokratie und die »Humanisierung
der Arbeitswelt« in den Konflikten zwischen »plakat«-Gruppe
und IG Metall bei Daimler-Benz in Untertürkheim 99

Dimitrij Owetschkin
Die Wandlungen der betrieblichen Mitbestimmung in der
Automobilindustrie in den 1970er-Jahren. Das Beispiel Opel Rüsselsheim 115

Felix Heinrichs
Kontrollverlust der Gewerkschaften? Der »Pierburg-Streik« 1973
in historischer Perspektive 137

III Der Betrieb als Ort der Transformation

Werner Milert
Der steinige Weg in die Konfliktpartnerschaft. Die Sozialbeziehungen
bei Siemens in den ersten beiden Nachkriegsjahrzehnten 159

Karolina Mikołajewska
Negotiated Meanings of Capitalism: Biographical Narratives of
Trade Union Members and Managers of a Privatised Polish Chocolate
Factory E. Wedel 185

IV Der Betrieb als kultur- und ideengeschichtlicher Ort

Hannah Ahlheim
Der Betrieb und das Schlafzimmer. Die »Humanisierung«
der Schicht- und Nachtarbeit in der Bundesrepublik der 1970er-Jahre 213

Christian Marx
Der Betrieb als politischer Ort und seine legislative Verankerung.
Der Einfluss der Verbände auf die Reform des Betriebsverfassungsgesetzes
(BetrVG) 1972 231

Karsten Uhl
Potenzial oder Störfaktor? Die Subjektivität von Arbeitern
und Arbeiterinnen in der Zwischenkriegszeit 259

Anhang

Abkürzungsverzeichnis 287

Abbildungsverzeichnis 289

Ausgewählte Literatur 290

Autorinnen und Autoren 312

Wissenschaftlicher Kontext und Dank 317

Johannes Platz, Knud Andresen, Michaela Kuhnhenne, Jürgen Mittag

Der Betrieb als sozialer und politischer Ort: Unternehmens- und Sozialgeschichte im Spannungsfeld mikrohistorischer, praxeologischer und diskursanalytischer Ansätze

Als den Arbeitern der bayerischen Maxhütte im Februar 1960 von der Geschäftsleitung mitgeteilt wurde, dass der bisher unbegrenzte Verkauf von Bier erheblich eingeschränkt werden sollte, wurde ein mehrtägiger »wilder Streik« ausgerufen. Dieser sollte nicht nur die Geschäftsleitung, sondern auch den Betriebsrat unter Druck setzen. Die tarifliche Schlichtungskommission unter Vorsitz des bayerischen Arbeitsministers handelte einen Kompromiss aus, der die Einschränkung des Alkoholkonsums in zwei Etappen vorsah. Für ein Jahr blieb die alte Regelung in Kraft, von da an war nur noch ein halber Liter Bier in der Pause erlaubt. Die Vertreter des Betriebsrates und der Gewerkschaften beklagten zwar die fehlende Absprache bei der Anordnung, konnten den Zusammenhang von Unfallhäufigkeit und Alkoholkonsum aber kaum leugnen. Aus Sicht der Arbeiter der Maxhütte war indes ein wichtiger Bestandteil der alltäglichen Arbeitspraxis und des Selbstverständnisses verloren gegangen.[1]

Im Leverkusener Bayerwerk wurde in den in den 1960er- und 1970er-Jahren verstärkt über die Vereinbarkeit von Berufstätigkeit und Hausarbeit beziehungsweise Kinderbetreuung diskutiert. Es mangelte indes an konkreten betriebsnahen und praxisorientierten Projekten; dies umso mehr, weil die betriebliche Gleichstellungspolitik auch unter den Betriebsräten zunächst noch keinen besonderen Stellenwert besaß. Zum Ende der 1980er-Jahre wurde dann das Projekt »Arbeitsgestaltung und Qualifizierung« von zwei Betriebsrätinnen initiiert, seitens der seinerzeitigen IG CPK unterstützt und durch die Hans-Böckler-Stiftung wissenschaftlich begleitet. Das Vorhaben begann 1989 mit den ersten Gesprächen zwischen Unternehmensleitung und Arbeitnehmervertretung und endete 1993 mit einer umfassenderen Evaluation. Der praktische Teil in den Betrieben wurde mit den Beschäftigten von 1990 bis 1992 durchgeführt.[2]

---

1 Die Ereignisdarstellung und Deutung bei: Dietmar Süß, Kumpel und Genossen. Arbeiterschaft, Betrieb und Sozialdemokratie in der bayerischen Montanindustrie 1945 bis 1976, München 2003, S. 172-176.
2 Siehe zum Hintergrund Roswitha Süßelbeck, Frauenerwerbsarbeit und Gleichstellungspolitik bei Bayer im Überblick, in: Klaus Tenfelde/Karl-Otto Czikowsky/Jürgen Mittag/Stefan Moitra/Rolf Nietzard (Hg.), Stimmt die Chemie? Mitbestimmung und Sozialpolitik in der Geschichte des Bayer-Konzerns, Essen 2007, S. 319-334.

1 Potenziale und Ansätze einer »neuen« Betriebsgeschichte

Diese beiden Beispiele besitzen nicht allein anekdotischen Charakter, sondern sie bieten Anlass und liefern Impulse, um diejenigen Strukturen und Entwicklungsprozesse zu untersuchen, die den Betrieb zu einem sozialen und politischen Handlungsfeld machen. Biopolitische Überlegungen zum Wandel des körperlichen Selbstverständnisses lassen sich an diesen und anderen Beispielen ebenso veranschaulichen wie machtpolitische Elemente im Verhältnis zwischen Geschäftsleitung, Betriebsräten und Beschäftigten.[3] Da die betriebliche Dimension, gerade in der Sozialgeschichte, lange Zeit aber nur vergleichsweise geringe Beachtung gefunden hat[4], zielt der vorliegende Sammelband darauf, anhand von ausgewählten Fallstudien und mit unterschiedlichen methodischen Zugängen die Tragfähigkeit des Betriebes als Bezugsgröße und Projektionsfläche der Geschichte der Arbeit beziehungsweise einer neuen Gewerkschaftsgeschichte auszuloten.

Der wirtschaftliche Betrieb stellt ein eigenes soziales Handlungsfeld dar, in dem vielfältig verflochtene Beziehungen zwischen Arbeitnehmer_innen und Arbeitgeber_innen wirken. Die gewerkschaftliche Praxis sowie die Aktivitäten der Betriebsräte an der Basis konstituieren sich an und in diesen Orten. Unter Betrieb verstehen wir dabei nicht nur Organisationseinheiten industrieller Großunternehmen, sondern ebenso Dienstleistungs- und Handelsunternehmen, öffentliche oder private Einrichtungen wie Krankenhäuser und Schulen, aber auch kleinere wirtschaftliche Einheiten wie Handwerksbetriebe und Start-ups. Nicht alle diese Betriebsformen konnten auf der diesem Band zugrunde liegenden Tagung »Der Betrieb als sozialer und politischer Ort« behandelt werden. Die »Welt der Klein- und Mittelbetriebe« ist weit weniger wissenschaftlich erforscht, obwohl sie in den letzten Jahrzehnten gegenüber den großen industriellen Betrieben an Bedeutung gewonnen hat.[5] Dieses schon häufig beklagte Ungleichgewicht resultiert zum einen aus arbeitspragmatischen Gründen, da ergiebige Quellenbestände meist – wenn überhaupt – nur in größeren Betrieben und den zugehörigen Unternehmensarchiven erhalten sind. Zum anderen besaßen die Gewerkschaften ihre Mobilisierungsschwerpunkte ebenfalls überwiegend in größeren

---

3 Zur Biopolitik und ihrer Verknüpfung etwa mit den Theorien des Humankapitals in einer diskursfeldübergreifenden Analyse vgl. Ulrich Bröckling, Menschenökonomie, Humankapital. Eine Kritik der biopolitischen Ökonomie, in: Mittelweg 36 12 (2003) 1, S. 3-22.

4 Vgl. zum Überblick Werner Plumpe, Perspektiven der Unternehmensgeschichte, in: Günther Schulz (Hg.), Sozial- und Wirtschaftsgeschichte. Arbeitsgebiete – Probleme – Perspektiven, Stuttgart 2004; Jonathan Zeitlin/Geoffrey Jones (Hg.), The Oxford Handbook of Business History, Oxford 2008; Ralf Ahrens, Unternehmensgeschichte, Version: 1.0, in: Docupedia-Zeitgeschichte, 1.11.2010 <http://docupedia.de/zg/Unternehmensgeschichte?oldid=84665> (letzter Abruf 25.8.2014).

5 Lutz Raphael, Flexible Anpassungen und prekäre Sicherheiten. Industriearbeit(er) nach dem Boom, in: Morten Reitmayer/Thomas Schlemmer (Hg.), Die Anfänge der Gegenwart. Umbrüche in Westeuropa nach dem Boom, München 2014, S. 51-64, hier: S. 57.

Betrieben. Und es kommt wohl auch noch ein wissenschaftsimmanenter Aspekt hinzu: Theoriekonzepte größerer Reichweite lassen sich an großen Organisationen weit besser entwickeln als an einem kleinen Handwerksbetrieb.

Seitens der »klassischen« Arbeiterbewegungsgeschichte wurde der Betrieb über längere Zeit auch deswegen vernachlässigt, weil weniger die Machtbeziehungen in einem spezifischen Betrieb, sondern vielmehr die übergreifenden Organisationsformen der Arbeiterinnen und Arbeiter beziehungsweise einzelne Branchen im Mittelpunkt des Interesses standen. Nachdem auch im internationalen Raum eine stärkere Berücksichtigung der Betriebsperspektive, nicht zuletzt in Verbindung mit der Oral History, vielfach gefordert wurde[6], ist mittlerweile jene Öffnung in der Auseinandersetzung mit dem Betrieb, die sich in der unternehmensgeschichtlich geprägten Arbeitergeschichte bereits zu Beginn der 2000er-Jahre zeigte[7], auch für die Gewerkschaftsgeschichte und die Geschichte der Arbeitswelten zu verzeichnen.[8] So hat sich unter anderem im Kontext des European Labour History Network (ELHN) eine Arbeitsgruppe um Marcel van der Linden konstituiert, die ausdrücklich eine Vertiefung der »Factory History« anstrebt.

Es sind namentlich zwei Forschungsansätze, die sich im Rahmen der Unternehmensgeschichte und der Geschichte der Arbeitsbeziehungen der beiden letzten Dekaden als ertragreich für die Untersuchung von Betrieben in sozialer und politischer Hinsicht erwiesen haben: der mikrohistorische sowie der diskursanalytische Ansatz. Mit der mikrohistorischen Richtung wurde seit den 1970er-Jahren die weitgehend statische und generalisierende Darstellung von allgemeinen Strukturen ohne kontextspezifische Nuancierungen durch den Fokus auf kleinere Untersuchungseinheiten und langfristige

---

6   Vgl. u. a. Peter Winn, Oral History and the Factory Study: New Approaches to Labor History, in: Latin American Research Review 2 (1979), S. 130-140. Zur Zeitzeugengeschichte des gewerkschaftlichen Milieus vgl. Knud Andresen, Triumpherzählungen. Wie Gewerkschafter über ihre Erinnerung sprechen, Essen 2014.
7   Als exemplarische Studien seien hier genannt Thomas Welskopp, Arbeiter und Macht im Hüttenwerk. Arbeits- und industrielle Beziehungen in der deutschen und amerikanischen Eisen- und Stahlindustrie von den 1860er bis zu den 1930er Jahren, Bonn 1994; Werner Plumpe, Betriebliche Mitbestimmung in der Weimarer Republik. Fallstudien zum Ruhrbergbau und zur Chemischen Industrie, München 1999; Karl Lauschke, Die Hoesch-Arbeiter und ihr Werk. Sozialgeschichte der Dortmunder Westfalenhütte während der Jahre des Wiederaufbaus 1945–1966, Essen 2000; Süß, Kumpel und Genossen, 2003.
8   Vgl. als Beleg insb. Werner Milert/Rudolf Tschirbs, Die andere Demokratie. Betriebliche Interessenvertretung in Deutschland, 1848 bis 2008, Essen 2012. Siehe auch den von den beiden Autoren erarbeiteten Ausstellungskatalog, Werner Milert/Rudolf Tschirbs, Zerschlagung der Mitbestimmung 1933. Die Zerstörung der ersten deutschen Betriebsdemokratie, Düsseldorf 2013. Dieser Katalog wartet mit Fallstudien auf, die zum sektoren- und branchenübergreifenden Vergleich der Prozesse und Vorgänge um die Zerschlagung der Institutionen der betrieblichen Demokratie nach der Machtübertragung an die Nationalsozialisten einladen und dabei die Beziehungen zwischen betrieblichen unternehmerischen Akteuren, Politik und den in die Defensive und schließlich in die Verfolgung gedrängten Betriebsräten rekonstruieren.

Einleitung | Der Betrieb als sozialer und politischer Ort

Entwicklungsprozesse überwunden.[9] Im Rahmen der Unternehmensgeschichte fand dabei der »Betrieb als soziales Handlungsfeld« in einigen Pionierarbeiten Berücksichtigung, sodass der Blick auch auf die Arbeiterinnen und Arbeiter gelenkt wurde. Konzeptionell lag diesen Ansätzen die Perspektive zugrunde, die Geschichte der Arbeit aus der Konzentration auf Organisation und Management zu holen und das Paradigma des scheinbar »systemrationalen Handelns« zu überwinden.

> »Ein solches Konzept des Betriebs als sozialer Interaktionsraum restituiert alle historisch Beteiligten als sozial kompetente Akteure. Es integriert Arbeits-, Kooperations-, Kommunikations-, Solidaritäts- und Machtbeziehungen zu einem interdependenten Geflecht, das nicht auf Einzelaspekte wie Qualifikation, technischer Wandel, Disziplinierung oder Kontrolle reduziert werden kann«,

resümierte Thomas Welskopp, der dieser Richtung wesentliche Impulse verliehen hat und im vorliegenden Sammelband noch einmal überdenkt.[10]

Von Sozial- und Unternehmenshistorikerinnen und -historikern wurden Aspekte der Industrie- und Arbeitergeschichte in ihre Analysen aufgenommen, in denen mikropolitische Konflikte und Aushandlungen im Betrieb untersucht wurden.[11] Diese akteursbezogene Forschung erweiterte auch die Perspektive der theoretisch angelegten betriebswirtschaftlichen Studien in der Unternehmensgeschichte und vermochte die lange Zeit vorherrschenden organisationsbezogenen Ansätze in der Gewerkschaftsgeschichte sinnvoll zu ergänzen. Insbesondere die Beziehungen zwischen einzelnen Akteuren und Akteursgruppen werden im Rahmen entsprechender mikrohistorischer Arbeiten nunmehr verstärkt in den Blick genommen. Gegenstand entsprechender Untersuchungen sind mikropolitische Beziehungen, worunter das interaktive, interessengeleitete und auf Machtdurchsetzung gerichtete Verhalten von Akteuren in Organisationen zu verstehen ist. Erfasst und entschlüsselbar sind damit beispielsweise in den Betrieb hineinwirkende Beziehungen zwischen Gewerkschaften und Unternehmensverbänden ebenso wie das

---

9 Vgl. grundlegend Alf Lüdtke, Alltagsgeschichte, Mikro-Historie, historische Anthropologie, in: Hans-Jürgen Goertz (Hg.), Geschichte. Ein Grundkurs, Reinbek 1998, S. 565-567, und Jürgen Schlumbohm (Hg.), Mikrogeschichte-Makrogeschichte. Komplementär oder inkommensurabel? Göttingen 1998.

10 Thomas Welskopp, Der Betrieb als soziales Handlungsfeld. Neuere Forschungen zur Industrie- und Arbeitergeschichte, in: Geschichte und Gesellschaft 22 (1996), S. 118-142, hier: S. 125.

11 Vgl. hierzu den Sammelband von Karl Lauschke/Thomas Welskopp (Hg.), Mikropolitik im Unternehmen. Arbeitsbeziehungen und Machtstrukturen in industriellen Großbetrieben des 20. Jahrhunderts, Essen 1994, sowie die Überlegungen von Dietmar Süß in Mikropolitik und Spiele: zu einem neuen Konzept für die Arbeiter- und Unternehmensgeschichte, in: Jan-Otmar Hesse/Christian Kleinschmidt/Karl Lauschke (Hg.), Kulturalismus, Neue Institutionenökonomik oder Theorienvielfalt, Essen 2002, S. 117-136.

Verhältnis zwischen Unternehmensführung, Betriebsrat und Beschäftigten in den konkreten betrieblichen Arbeitswelten.[12]

Exemplarisch für entsprechende Ansätze stehen die historiografischen Studien von Thomas Welskopp, Werner Plumpe, Karl Lauschke und Dietmar Süß. Welskopp hat eine umfassende Studie vorgelegt, die ausgehend vom Produktionssystem und einem Ansatz, der der Klassenstrukturierung des Betriebs Rechnung trägt, unterschiedliche Organisationsformen und Kooperationsbeziehungen in der amerikanischen und deutschen Eisen- und Stahlindustrie in den Blick nimmt.[13] Ausschlaggebend ist, dass der Arbeitsprozess und die gefügeartigen Beziehungen im Arbeitsprozess die übrigen Sozialbeziehungen prägen.

Plumpe widmet sich anhand betrieblicher Fallstudien der Mitbestimmung zwischen der Kriegswirtschaft des Ersten Weltkriegs und der Aufhebung durch den Nationalsozialismus, die er mit unternehmenshistorischen Untersuchungen zum Ruhrbergbau und zur Chemischen Industrie am Beispiel der Gelsenkirchener Bergwerks AG und dem Bayerwerk in Leverkusen verknüpfte.[14] Der mikropolitische Blick, der die Entwicklung von konkreten Fortschritten und Einschnitten in der betrieblichen Mitbestimmungskultur analysiert, wird in seiner Studie durch die Rekonstruktion der konjunkturellen und allgemeinwirtschaftlichen Branchenentwicklungen gerahmt. In seiner Untersuchung weist er damit die Abhängigkeit der Mitbestimmungsentwicklung von der wirtschaftlichen und politischen Entwicklung nach.

Lauschkes Untersuchung wendet das mikropolitische Untersuchungsmodell auf die »Hoesch-Arbeiter und ihr Werk« an. Er bezieht sich auf die These der »langen fünfziger Jahre«[15], wenn er den Wiederaufbau und die Zeitphase des Wirtschaftswunders im Hoesch-Werk untersucht. Er rekonstruiert das Hüttenwerk als sozialen Handlungsraum, indem er neben einer antagonistischen Konfrontationsstellung spezifische Arbeits-, Kooperations- und Machtbeziehungen untersucht. Der Blick des Forschers bleibt dabei, trotz profunder Kenntnis der auch diskursanalytisch aussagekräftigen Quellen, immer akteurszentriert und damit auf die Interaktion, die konkreten Aushandlungs- und Konfliktbeziehungen zwischen Werksleitung und Betriebsrat sowie auf die Belegschaft gerichtet. Das interne Machtfeld im Betrieb wird nicht nur von Konflikten zwischen Kapital und Arbeit definiert, sondern auch durch Konfliktlinien, die sich etwa anhand von generationellen und politischen durch die Belegschaft reichenden Grenzen ziehen. Bei all dem geraten die materielle Entwicklung der

---

12 Vgl. exemplarisch Ruth Rosenberger, Experten für Humankapital. Die Entdeckung des Personalmanagements in der Bundesrepublik Deutschland. München 2008; Ute Engelen, Demokratisierung der betrieblichen Sozialpolitik. Das Volkswagenwerk in Wolfsburg und Automobiles Peugeot in Sochaux, Baden-Baden 2013.
13 Welskopp, Arbeiter und Macht im Hüttenwerk, 1994.
14 Werner Plumpe, Betriebliche Mitbestimmung in der Weimarer Republik, 1999.
15 So Werner Abelshauser, Die langen Fünfziger Jahre. Wirtschaft und Gesellschaft der Bundesrepublik Deutschland, Düsseldorf 1987.

konkreten Arbeitsbedingungen, die Veränderungen des Produktionsprozesses durch technologische Innovationen und Änderungen der Organisationsformen des Betriebs nicht aus dem Blick, sondern werden systematisch integriert.

Süß verknüpft die Untersuchung der mikropolitischen Beziehungen im Betrieb mit weiterreichenden Fragestellungen zur Arbeitergeschichte, die mentalitätsgeschichtliche Befunde und solche zur Arbeiterbewegungsgeschichte in den betrieblichen Umwelten einschließen. Er geht dabei vom Betrieb als einem Nukleus der Lebenswelten aus, indem er den Wandel des Arbeitsalltags mit einer Analyse der Mentalität der Arbeiterschaft verknüpft. Beispielhaft hierfür stehen der eingangs erwähnte »Bierstreik« und der Eigensinn, den die Arbeiter in diesem Streik unter Beweis stellten. Zugleich untersucht Süß auch die »hard facts« der Betriebsgeschichte anhand der betrieblichen Tarifbeziehungen vor Ort. Spieltheoretisch erfasst er die Beziehungen zwischen Unternehmern, Betriebsräten und Gewerkschaftern, aber auch den Belegschaften. Wie schon Hartmut Berghoff in seiner Unternehmensgeschichte von Hohner[16] konzentriert sich auch Süß auf industrielle Standorte und die sie prägenden Akteursnetzwerke in der »Provinz«. Dabei kann er zeigen, dass Unternehmen wie die bayerische Maxhütte prägend für eine ansonsten agrarische Region wurden.

Der Betrieb ist jedoch nicht nur in akteursorientierter Hinsicht ein umkämpfter Ort, er ist dies auch in ideengeschichtlicher Perspektive, die sich gleichwohl dem praxeologischen Argument nicht verschließt. Damit ist einerseits die Frage nach dem Wandel des Arbeitsbegriffs berührt. In der historischen und soziologischen Forschung war der Arbeitsbegriff – besonders für Untersuchungen seit der Industrialisierung – lange Zeit auf physische, hochgradig organisierte, in arbeitsteiligen Produktionsprozessen zugeordnete Arbeit bezogen.[17] Unter Arbeit wurde im Wesentlichen »Handarbeit« verstanden, und zwar als körperliche im Kollektiv gegen Lohn ausgeführte Tätigkeit. Erst im letzten Viertel des 20. Jahrhunderts bahnte sich dann die Sicht auf einen bis heute anhaltenden Wandel hin zu Formen von Arbeit, die sich unter dem Leitbegriff der »Dienstleistungsarbeit« zusammenfassen lassen und eine stärkere individuelle Komponente besitzen.[18]

---

16 Hartmut Berghoff, Zwischen Kleinstadt und Weltmarkt. Hohner und die Mundharmonika. Unternehmensgeschichte als Gesellschaftsgeschichte (1857–1961), Paderborn 1997.
17 Vgl. Jürgen Kocka/Claus Offe (Hg.), Geschichte und Zukunft der Arbeit, Frankfurt a. M. 2000; als Überblick zur Entwicklung seit der Antike immer noch hilfreich: Werner Conze/Manfred Riedel, Arbeit, in: Otto Brunner/Werner Conze/Reinhart Koselleck (Hg.), Geschichtliche Grundbegriffe. Historisches Lexikon zur politisch-sozialen Sprache in Deutschland, Bd. 1, A-D, Stuttgart 1972, S. 154-215.
18 Siehe hierzu Andreas Wirsching, Konsum statt Arbeit? Zum Wandel von Individualität in der modernen Massengesellschaft, in: Vierteljahrshefte für Zeitgeschichte 2 (2009), S. 171-199. Der schleichende Übergang von der Industrie- zu einer Dienstleistungsgesellschaft wurde von gewerkschaftsnahen wissenschaftlichen Experten bereits seit den 1950er-Jahren beobachtet und in Expertisen für die DGB-Gewerkschaften, die DAG und die Politik bearbeitet, vgl. Johannes Platz, »Die White Collars in den Griff bekommen« – Angestellte im Spannungsfeld sozialwissen-

Damit ist andererseits aber auch die Frage der Sekundäranalyse von sozialwissenschaftlichen Studien berührt, die für das Themenfeld des betrieblichen Bereichs ebenfalls von Interesse ist, weil die aufstrebende Industriesoziologie in den 1950er- und 1960er-Jahren den Betrieb als Handlungsfeld entdeckte. Die Impulse der Industriesoziologie hatten geradezu eine Forschungskonjunktur zur Folge, die in den 1970er-Jahren unter den Vorzeichen der Humanisierung der Arbeit auch zum offiziellen Programm in den Betrieben avancierte. Schließlich ist für die 1970er- und 1980er-Jahre noch die Subdisziplin der Gewerkschaftsforschung zu nennen. Industriesoziologische Studien, die eine eigene Art von Quellenkritik erfordern[19], werden schon seit einiger Zeit in Untersuchungen zu den industriellen Arbeitswelten herangezogen und neue Projekte, die sich diesen Untersuchungen widmen, untersuchen diese sekundäranalytisch verwertbaren Quellen und deren Erzeugungsbedingungen systematisch und erschließen zusätzlich die quantitativen und qualitativen Datenmengen, die die vergangene Empirie hervorgebracht hat.[20] Gerade die betrieblichen Arbeitswelten betreffend harrt das Erhebungsmaterial der industriesoziologischen Untersuchungen und der darauf aufbauenden sozialwissenschaftlichen Studien zu einem erheblichen Teil noch der quellenkritischen Auswertung.

An dieser Stelle ist der zweite oben angeführte Ansatz heranzuziehen: der diskursgeschichtliche Zugang. Zunehmende Bedeutung erfährt im Gefolge eines anhaltenden »cultural turn« der historischen Forschung die Sichtweise, dass der Betrieb auch in ideeller Hinsicht ein umkämpfter Ort ist, an dem die Akteure um Deutungs-

---

    schaftlicher Expertise, gesellschaftlicher Politik und gewerkschaftlicher Organisation 1950–1970, in: Archiv für Sozialgeschichte 50 (2010), S. 271-288.

19 In der jüngeren Zeitgeschichte wird über die quellenkritische Analyse von zeitgenössischen sozialwissenschaftlichen Studien rege diskutiert, weil erkannt wird, dass diese in einem Geflecht von Interessen und Akteurskonstellationen entstanden sind, das es verbietet, sie als bloße zeitgenössische Empirie aufzufassen. Siehe hierzu v. a. die Kontroverse zwischen Graf und Priemel sowie Dietz und Neumaier, vgl. Rüdiger Graf/Kim Christian Priemel, Zeitgeschichte in der Welt der Sozialwissenschaften. Legitimität und Originalität einer Disziplin, in: Vierteljahrshefte für Zeitgeschichte 59 (2011), S. 479-508; Bernhard Dietz/Christopher Neumaier, Vom Nutzen der Sozialwissenschaften für die Geschichte, in: Vierteljahrshefte für Zeitgeschichte 50 (2012), S. 293-304. Siehe des Weiteren Benjamin Ziemann, Sozialgeschichte und Empirische Sozialforschung. Überlegungen zum Kontext und zum Ende einer Romanze, in: Pascal Maeder/Barbara Lüthie/Thomas Mergel (Hg.), Wozu noch Sozialgeschichte? Eine Disziplin im Umbruch, Göttingen 2012, S. 131-149; Jenny Pleinen/Lutz Raphael, Zeithistoriker in den Archiven der Sozialwissenschaften. Erkenntnispotenziale und Relevanzgewinne für die Disziplin, in: Vierteljahrshefte für Zeitgeschichte 62 (2014), S. 173-195. Einen Aufschlag zu einer gelungenen Historisierung – auch in Bezug auf die betrieblichen Lebenswelten – leistet der Sammelband von Bernhard Dietz/Christopher Neumaier/Andreas Rödder (Hg.), Gab es den Wertewandel? Neue Forschungen zum gesellschaftlich-kulturellen Wandel seit den 1960er Jahren, München 2014.

20 Projektverbund »Gute Arbeit« nach dem Boom – Pilotprojekt zur Längsschnittanalyse arbeitssoziologischer Betriebsfallstudien mit neuen e-Humanities-Werkzeugen der Universitäten Trier, Hamburg und des SOFI Göttingen, <http://www.fze.uni-trier.de/projekte-und-themen/projekte/projektverbund-gute-arbeit-nach-dem-boom> (letzter Abruf 15.12.2014).

macht ringen. Sie beziehen Position, verhandeln und kommunizieren, was der Betrieb eigentlich ist, wofür er steht und wie er gestaltet sein soll. Unter dem Schlagwort des »cultural turn« werden seit den 1980er-Jahren Bemühungen vor allem innerhalb der Geistes- und Sozialwissenschaften subsumiert, die »Analyse kultureller Bedeutungen und symbolischer Ordnungen« ins Zentrum wissenschaftlicher Betrachtungen zu rücken.[21] In diesem Zusammenhang wurden neue Theorieansätze und Methoden wissenschaftlicher Analyse entwickelt wie etwa – aus historischer Perspektive – der New Historicism, die Neue Kulturgeschichte, die Neue Ideengeschichte oder auch als weitere Spezifizierung die Kulturgeschichte des Politischen.[22] In der Neuen Kulturgeschichte wird der Blick primär auf die Bedingungen von Wirklichkeitsformung und Wirklichkeitsgestaltung gerichtet. Fragen der Neuen Kulturgeschichte richten sich demnach auf die Sichtbarmachung von »Sinnmuster[n] und Bedeutungskontexte[n], mit denen Gesellschaften [...] ihre Welt ausgestattet haben, um sie auf diesem Weg überhaupt erst zu ›ihrer‹ Welt zu machen«.[23] Den wohl prominentesten Begriff der kulturwissenschaftlichen Debatten der letzten Jahrzehnte bildet der Diskurs. Unter Diskurs ist das sprachlich normierte Verständnis von Wirklichkeit zu verstehen. Die diskursive Praxis besteht aus dem Diskurs im engeren Sinne, worunter die sprachlichen Äußerungen in einem Formationszusammenhang zu verstehen sind, findet ihren Ausdruck aber auch in nichtsprachlichen Aspekten beispielsweise in Form von Institutionen, der Architektur beziehungsweise räumlichen Ordnungen. Durch deren Analyse gewinnt man Zugang zu einem spezifischen historischen Ordnungsdenken. Nicht zuletzt auf die Impulse und Werke von Michel Foucault rekurrieren Diskursanalysen und Studien zum Wandel von Diskursen, die mittlerweile zu zahlreichen Themenkomplexen vorliegen.

Der Betrieb hat in diesem Zusammenhang lediglich partiell Beachtung gefunden, wenngleich das Betriebskonzept eng verbunden mit einer spezifischen Sichtweise ist, in der die »Werks- und Betriebsgemeinschaft« betont wird. Vor dem Hintergrund konkreter und abstrakter Wahrnehmungsprozesse einer »Betriebsgemeinschaft« wird in diesem Zusammenhang berücksichtigt, dass der Betrieb einen Ort von Beziehun-

---

21 Vgl. als Überblick Doris Bachmann-Medick, Cultural Turns, in: Docupedia-Zeitgeschichte, 29.3.2010, <http://docupedia.de/zg/Cultural_Turns?oldid=84593> (letzter Abruf 26.8.2014).

22 Vgl. Thomas Mergel, Überlegungen zu einer Kulturgeschichte der Politik, in: Geschichte und Gesellschaft 28 (2002), S. 574-606; Barbara Stollberg-Rilinger, Was heißt Kulturgeschichte des Politischen? Einleitung, in: dies. (Hg.), Was heißt Kulturgeschichte des Politischen?, Berlin 2005, S. 9-24, und Achim Landwehr, Historische Diskursanalyse, Frankfurt a. M./New York 2008; Lutz Raphael/Elmar Tenorth (Hg.), Ideen als gesellschaftliche Gestaltungskraft. Beiträge für eine erneuerte Geistesgeschichte, München 2006; darin mit Hinblick auf betriebliche Entwicklungen Johannes Platz/Ruth Rosenberger/Lutz Raphael, Psychologische Eignungsdiagnostik in westdeutschen Großunternehmen: Wirkung von Ideen als Neufiguration wissenschaftlicher Konzepte in professionellen Verwendungsfeldern, S. 479-496.

23 So Achim Landwehr, Kulturgeschichte, in: Docupedia-Zeitgeschichte, 14.5.2013, <http://docupedia.de/zg/Kulturgeschichte?oldid=86239> (letzter Abruf 28.8.2014).

gen zwischen einzelnen betrieblichen Gruppen, vor allem zwischen Arbeitnehmer- und Arbeitgeberseite, darstellt. Diskursanalytische Ansätze können daher für eine Analyse des betrieblichen Ordnungsdenkens und der betrieblichen Sozial- oder Deutungswelten genutzt werden, wobei sich Kombinationen mit anderen Ansätzen als sinnvoll erweisen.[24]

Zur Vermittlung diskursanalytischer und akteursanalytischer Ansätze erscheint es fruchtbar, Peter Wagners Modell der Analyse von Diskurskoalitionen heranzuziehen.[25] Die Analyse von Diskurskoalitionen ist ein Beispiel der Methoden und Ansätze aus dem Bereich der wissenssoziologischen Diskursanalyse.[26] Ziel eines solchen Vorgehens ist eine Verbindung von Diskursanalyse und Handlungsinterpretation, die konkrete Akteurskonstellationen in das Zentrum des Interesses rückt. Der Soziologe Wagner verknüpft in seinem wissenshistorischen Untersuchungsansatz die Analyse spezifischer historischer Diskursformationen mit einer Analyse der konkreten Durchsetzungsbedingungen sowie der Strategien und Einsätze der Akteure im jeweiligen Feld und vermittelt so sinnvoll foucaultsche mit bourdieuschen Ansätzen. Er konzentriert sich auf das politische Feld, auf besondere zwischen sozialwissenschaftlichen Experten und der Politik zu beobachtende Interaktionsformen, die als Diskurskoalitionen bezeichnet werden. Eine Diskurskoalition liegt demzufolge als ein Beispiel von vielen vor, wenn Sozialwissenschaftler Gesellschaftsinterpretationen schaffen, die die Projekte bestimmter gesellschaftlicher oder politischer Akteure argumentativ stützen und damit deren Position stärken. Eine Rückwirkung ins wissenschaftliche Feld kann sich aus der direkten Förderung durch Politiker hinsichtlich bestimmter sozialwissenschaftlicher Diskurse ergeben und deren Vertretern zu einer stärkeren Stellung im wissenschaftlichen Feld verhelfen, ebenso wie sie die gesellschaftliche Legitimität eines Diskurses befördern kann.[27] Der Begriff der Diskurskoalition hilft, den doppelten Charakter des Phänomens – das Zusammenwirken von Akteuren über Handlungsfeldgrenzen hinweg und die diskursive und diskursverändernde Natur dieser Interaktion – genauer zu benennen.

Die Adaptionsfähigkeit des Modells der Diskurskoalitionen für die Analyse von wissenschaftlichem Expertenhandeln im betrieblichen Feld hat Johannes Platz am

---

24 Timo Luks, Der Betrieb als Ort der Moderne. Zur Geschichte von Industriearbeit, Ordnungsdenken und Social Engineering im 20. Jahrhundert, Bielefeld 2010; Emil Walter-Busch, Faktor Mensch. Formen angewandter Sozialforschung der Wirtschaft in Europa und den USA, 1890–1950, Konstanz 2006; Ruth Rosenberger, Experten für Humankapital, 2008; Luc Boltanski/Eve Chiapello, Der neue Geist des Kapitalismus, Konstanz 2003.
25 Vgl. Peter Wagner, Sozialwissenschaften und Staat. Frankreich, Italien, Deutschland 1870–1980, Frankfurt a. M. 1990.
26 Vgl. Reiner Keller, Wissenssoziologische Diskursanalyse. Grundlegung eines Forschungsprogramms, Wiesbaden 2005.
27 Wagner, Sozialwissenschaften und Staat, 1990, passim.

Beispiel der »Praxis der kritischen Theorie« zur Diskussion gestellt.[28] Platz zeigt auf, inwiefern das Deutungswissen der als praxisfern verkannten Vordenker der kritischen Theorie, vor allem aber die Methoden der empirischen Sozialforschung, als deren Promotor das Frankfurter Institut für Sozialforschung galt, im betrieblichen und unternehmerischen Rahmen etwa bei Mitbestimmungsauseinandersetzungen im Mannesmann-Konzern, aber auch in Betriebsstudien des Bundesarbeitsministeriums in den 1950er-Jahren Verwendung fand. Die Deutungskämpfe, zu denen sich die verschiedenen Diskurskoalitionen zwischen dem Management mit den Frankfurter Experten auf der einen Seite und der Abteilung des Arbeitsdirektors mit dem nachgeschalteten Betriebspsychologen andererseits verwickelten, werden auf mikropolitischer Ebene rekonstruiert und in die Bezugsachsen des industriesoziologischen Diskurses der frühen Bundesrepublik eingeordnet.

In eine ähnliche, aber methodisch anders gelagerte Richtung geht Ruth Rosenbergers Untersuchung der »Experten für Humankapital«[29], in der sie das Aufkommen des Feldes personalpolitischer Experten und ihrer Expertise, das mit konkreten Aushandlungsprozessen auf der betrieblichen Ebene verbunden war, als einen Spezialfall der »Verwissenschaftlichung des Sozialen« untersucht.[30] Sie arbeitet mit der Übertragung des Feldbegriffs auf das unternehmerische oder ökonomische sowie auf das praxiswissenschaftlich orientierte Feld der Personalexperten im Anschluss an Pierre Bourdieu. Der Betrieb und damit das betriebliche Handeln der Akteure sind eingebettet in den größeren Zusammenhang des ökonomischen Feldes, innerhalb dessen Akteure um verschiedene Kapitalien, Macht und Deutungshoheit kämpfen. Der bourdieusche Feldbegriff eignet sich besonders für gewerkschafts- und unternehmensgeschichtliche Untersuchungen, da er den Vorteil hat, auf der einen Seite handlungs- und akteursbezogene Beobachtungen zuzulassen und andererseits eine Theorie der Strukturierung von sozialen Räumen zu ermöglichen.

Dem Feldbegriff in Anlehnung an Bourdieu und der mit ihm verbundenen Perspektive liegt ein spezifisch akteurs- und handlungsbezogener Blick zugrunde, der die Strukturierung der sozialen Räume »Betrieb« und »Unternehmen« für die Analyse erleichtert. Der Feldbegriff bietet daher einen geeigneten Ansatz, die mikropolitischen Kämpfe im Betrieb – welche auch Kämpfe um Deutungshoheit, um Geltung in der Welt der Ökonomie beziehungsweise im sozialen Raum sind – und ebenso das Ringen um Macht und ökonomische Ressourcen auf die konkurrierenden Feldkräfte

---

28 Johannes Platz, Die Praxis der kritischen Theorie. Angewandte Sozialwissenschaften und Demokratie in der frühen Bundesrepublik 1950–1960, Trier 2012, <http://ubt.opus.hbz-nrw.de/volltexte/2012/780/pdf/Die_Praxis_der_kritischen_Theorie.pdf> (letzter Abruf 15.12.2014).
29 Vgl. Ruth Rosenberger, Experten für Humankapital, 2008.
30 Vgl. zum Hintergrund Lutz Raphael, Die Verwissenschaftlichung des Sozialen als methodische und konzeptionelle Herausforderung für eine Sozialgeschichte des 20. Jahrhunderts, in: Geschichte und Gesellschaft 22 (1996), S. 165-193, sowie grundsätzlich der Themenband »Verwissenschaftlichung von Politik nach 1945« des Archivs für Sozialgeschichte 50 (2010).

im Betrieb zurückführen und so besser zu beschreiben. Auf der anderen Seite lässt sich die soziale und politische Stellung der Akteure auf der Grundlage ungleicher Verteilungen von sozialen, symbolischen, kulturellen und ökonomischen Kapitalien in ihrer Verteilung im sozialen Raum »Betrieb« umfassender analysieren.[31] Der Feldansatz wird ergänzt durch eine elaborierte Theorie der Praxis, die für die Beobachtung gesellschaftlicher Zustände fruchtbar gemacht wird. Dieser als praxeologisch bezeichnete Ansatz beruht auf einer Theorie des Handelns und konzentriert dementsprechend die Analyse auf die Beziehungen zwischen den sozialen Strukturen und den Dispositionen der sozialen Akteure. Von diesem Beziehungsgefüge, von der Stellung der Akteure im sozialen Raum ist auch das von ihnen genutzte Deutungs- und Meinungswissen (Doxa) abhängig, wenngleich nicht determiniert.[32] Auch die jeweilige soziale und politische Stellung der Akteure lässt sich unter der Berücksichtigung ungleicher Verteilungen von sozialen, symbolischen, kulturellen und ökonomischen Kapitalien und ihrer entsprechenden Verteilung im sozialen Raum »Betrieb« besser und vor allem realistischer beschreiben. Rosenberger kann mit Rekurs auf dieses Instrumentarium zeigen, dass das Personalmanagement in die mikropolitischen Auseinandersetzungen um die Mitbestimmung in Unternehmen und Verbänden verwickelt war und sich dabei mit seinem Deutungs- und Praxiswissen im unternehmerischen und im praxiswissenschaftlichen Feld etablierte. Die Auseinandersetzungen mit den Experten der gewerkschaftlich dominierten Mitbestimmung waren ein wichtiger Motor für die Etablierung des Feldes der betrieblichen Personalexperten.

Lars Bluma und Karsten Uhl haben in einem weiteren grundlegenden Band konzeptionelle Erweiterungen und jüngere Neuformulierungen von Forschungsansätzen zur Geschichte der Industriearbeit zusammengetragen, die von der einenden Klammer der Beschäftigung mit Rationalisierung zusammengehalten werden.[33] Der von ihnen herausgegebene Band vereint diskursgeschichtliche Analysen zu Subjektivierung und Disziplinierung im Betrieb mit neueren Ansätzen der Körper- und der Gendergeschichte, nimmt aber auch die Wahrnehmung des Arbeitsplatzes durch die Arbeitenden selbst in Egodokumenten und Selbstzeugnissen in den Blick. Weitere Themen des Sammelbandes sind Arbeitsrisiken, die Rationalisierung jenseits des Arbeitsplatzes und die Arbeitsorganisation, die anhand des Diskurses um die Fließfertigung rekonstruiert wird.

Schließlich hat Timo Luks eine Untersuchung zum Betriebsdiskurs vorgelegt, die zeigt, in welche Richtung diskursanalytische Beiträge gehen können, die grundlegen-

---

31 Pierre Bourdieu, Das ökonomische Feld, in: ders., Der Einzige und sein Eigenheim. Schriften zu Politik & Kultur, 3. Aufl., Hamburg 1998, S. 162-204; ders., Neue Perspektiven für eine Soziologie der Wirtschaft, Wiesbaden 2006.
32 Pierre Bourdieu, Entwurf einer Theorie der Praxis auf der ethnologischen Grundlage der kabylischen Gesellschaft, 2. Aufl., Frankfurt a. M. 2009 [1972].
33 Lars Bluma/Karsten Uhl (Hg.), Kontrollierte Arbeit – disziplinierte Körper? Zur Sozial- und Kulturgeschichte der Industriearbeit im 19. und 20. Jahrhundert, Bielefeld 2012.

de Leitideen und Ordnungsbegriffe der Industriemoderne untersuchen.[34] Für Luks besteht die Funktion des Betriebsdiskurses darin, sozialistische, sozialdemokratische oder gewerkschaftliche Ordnungsvorstellungen aus dem Betrieb zurückzudrängen. Er macht einen interessegeleiteten Diskurs aus, der konkurrierende Ordnungsvorstellungen aushebelt und die betriebliche Welt einem Ordnungsdenken unterwirft, das jene alternativen Sichtweisen – etwa diejenigen der Arbeiterbewegung, die Gestaltungsmacht im betrieblichen Feld beansprucht – ausschließt. Luks befasst sich mit sozialen und psychologischen Maßnahmen, die die Zufriedenheit der Arbeiter steigern, das »Betriebsklima« gestalten und die Gemeinschaftsbildung durch Gruppenarbeit optimieren sollten. Das Verständnis von Gruppe folgte von der Zwischenkriegszeit bis weit in die 1950er-Jahre dem Modell einer »organischen« Gruppe, verstand die Gruppe dabei also als naturhaft.

Die genannten Forschungsarbeiten und die ihnen zugrunde liegenden Ansätze haben sich für Forschungen zum Betrieb als sozialem Handlungsfeld als wegweisend erwiesen, auch wenn sie sehr unterschiedlich angelegten Zugängen folgen. Für weitere Forschungen erscheint es gewinnbringend, nach den Potenzialen der bisherigen Studien und Ansätze zu fragen. Für die Analyse der politischen und sozialen Dimension des Betriebs wird vor diesem Hintergrund mit dem vorliegenden Band ein Methodenpluralismus vorgeschlagen, der weder allein auf betriebliche Sozialbeziehungen noch ausschließlich auf diskursanalytische Untersuchungen von Deutungsweisen setzt. Ziel ist es vielmehr, diese Ansätze zur sozial- und gewerkschaftsgeschichtlichen Forschung in Beziehung zu setzen und für einen Zeitraum, der als langes 20. Jahrhundert von den 1870er-Jahren bis ins 21. Jahrhundert hineinreicht, fruchtbar zu machen, um so zu einer integralen Geschichte der Arbeitswelten beizutragen.

Gerade der methodische Pluralismus gestattet es, unterschiedliche Perspektiven auf den Betrieb einzunehmen und dabei bisher als widersprechend wahrgenommene Ansätze und Herangehensweisen zu verbinden. Dabei geht es den Herausgeber_innen darum, Beispiele aus aktuellen Forschungsprojekten und kürzlich abgeschlossenen Studien unterschiedlichen Zugangs vorzustellen. Der Band zeigt auf, wie eine kulturhistorisch erweiterte Gewerkschaftsgeschichte, eine Gewerkschaftsgeschichte als Unternehmensgeschichte sowie eine praxeologisch argumentierende Geschichte der Arbeitswelten aussehen könnte, die sich sowohl konkreter Arbeitsprozesse wie deren symbolischer oder diskursiver Repräsentation annimmt und die Organisation in Bezug auf Räume und Geschlechtergrenzen nicht unhinterfragt als selbstverständlich, weil funktional hinnimmt.

In vielen Fällen, genannt seien hier beispielsweise etwa die mikropolitisch zwischen Betriebsräten und Unternehmensführungen, zwischen Gewerkschaften und

---

34 Timo Luks, Der Betrieb als Ort der Moderne, 2010; vgl. auch Emil Walter-Busch, Faktor Mensch 2006, sowie Anson Rabinbach, Motor Mensch. Energie, Ermüdung und die Ursprünge der Moderne, Wien 2000.

Unternehmensverbänden umkämpften Arenen der betrieblichen Personal- und Sozialpolitik, scheint auf den ersten Blick der mikropolitische Ansatz hinreichend. Die Auseinandersetzungen sind organisatorisch an die Personal- und Sozialabteilungen der Unternehmen und an die Institutionen der Betriebsverfassung gebunden. Diese Orte und Institutionen gilt es deshalb zu analysieren und dabei die Feldstruktur des Betriebs in den Blick zu nehmen.

Bei näherer Betrachtung des Beispiels zeigt sich aber, dass es sich in ebenso starkem Maße um Themenfelder handelt, in denen vergemeinschaftende, individualisierende und monetarisierende Strategien des Managements mit individual- und kollektivrechtlichen Vorstellungen der Betriebsräte und Gewerkschaften konkurrieren und konfligieren. Zur Analyse dieser Vorstellungen und Strategien ist es hilfreich, auf das diskursanalytische Methodenarsenal zurückzugreifen, ohne die Analyse der betrieblichen Sozialordnung und das praxeologische Argument beziehungsweise die akteursanalytische Perspektive zu vernachlässigen. Denn es handelt sich wie weiter oben angesprochen um Arenen der Kämpfe um Deutungsmacht und Deutungshoheit im Betrieb und in den betrieblichen Umwelten.

Der methodische Pluralismus ist auch der Diversität des vorliegenden Quellenmaterials geschuldet. Es leuchtet inhaltlich und methodisch unmittelbar ein, zur Analyse der vergemeinschaftenden Strategien des Managements auch die sprachliche und semantische Ebene und die entsprechenden Quellen einzubeziehen. Aber auch gewerkschaftliche beziehungsweise alternative Ansätze der Organisation der Arbeiterinnen und Arbeiter erheben den Anspruch, zu definieren was „gute Arbeit", was Repräsentation der Arbeit und der Arbeiter bedeute. Auch dieser Anspruch schlägt sich in den entsprechenden Quellengattungen wie Flugblättern, Aufrufen und dergleichen nieder. Gerade, wenn man von der Vielfalt betrieblicher Quellen, nämlich einerseits der unternehmenshistorischen Überlieferung in den Unternehmensarchiven, der betriebsrätlichen und gewerkschaftlichen Überlieferung und der gerade in jüngeren Forschung zunehmenden Präsenz von Oral-History-Dokumenten ausgeht, liegt dieser geänderte Blick nahe, weil diese auch Bestandteil des Diskurses, der Selbstdeutungen und der betrieblichen Narrative sind. Der Betrieb ist eben auch ein kultur- und ideengeschichtlicher Ort.

Jenseits dieser methodischen Kernüberlegungen markiert die Frage nach den Beziehungen von Gewerkschaften zu den verschiedenen Akteursgruppen im Betrieb – zur Belegschaft, zu Unternehmensleitungen und Aufsichtsräten, zur betrieblichen Bürokratie und zu Experten im Betrieb – das weitere gemeinsame Erkenntnisinteresse der hier versammelten Beiträge. Schließlich sind aber auch der Wandel der Stellung verschiedener Beschäftigtengruppen wie Facharbeiter- und Facharbeiterinnen, Angestellte, weibliche Beschäftigte, Migrantinnen und Migranten, Ungelernte, Auszubildende sowie die damit verbundenen Auswirkungen auf betriebliche Mitbestimmung und gewerkschaftliche Organisation von Interesse.

2 Konzeptionelle und methodische Ansätze

Den Ausgangspunkt der hier vorgestellten Untersuchungen bilden theoretische Überlegungen, die eine Auswahl von konzeptionellen Ansätzen aus den beiden vergangenen Dekaden zusammentragen. Die vorliegenden Studien zu Betrieben und Gewerkschaften leisten deswegen auch einen Beitrag zur allgemeinen Theoriebildung und erproben, inwieweit mikropolitische Ansätze und Untersuchungen, die auf den Feldbegriff oder die Diskursanalyse rekurrieren, durch entsprechende Arbeiten weiterentwickelt werden können.

Einführend stellt *Thomas Welskopp* seinen praxeologischen Ansatz vor. Ausgehend von den grundlegenden Überlegungen seines bereits angeführten programmatischen Aufsatzes »*Der Betrieb als soziales Handlungsfeld*« spürt er den neueren Arbeiten nach, die seit 1996 diesem methodischen Pfad gefolgt sind. Er betont die Bedeutung der Analyse relationaler Beziehungen im Betrieb. Dazu schlägt Welskopp vor, die Arbeitsprozesse, die Gruppenstruktur der Beschäftigten, die Kommunikation während der Arbeit, die Faktoren Koordination, Anleitung und Kontrolle, die ökonomische Seite des Unternehmens sowie die formale und informelle Organisation des Betriebs zu analysieren, die er im Rahmen eines einheitlichen Interaktionszusammenhangs verortet. Zwar beschreibt Welskopp eine Machtasymmetrie im Betrieb, dennoch zeigt er die obengenannten Merkmale mikropolitisch umkämpfter Arenen auf, die von heftigen Kämpfen, Spielen, Strategien und Fronten durchzogen sind, und konstatiert, dass der Betrieb ein Ort ist, der durch die »Politikhaltigkeit bislang politikfrei geglaubte[r] Beziehungen« geprägt sei. Wenn es um konkrete Arbeitsvollzüge geht, dann verlaufen entscheidende Linien der Beschreibung anhand der Kriterien Qualifikation, Arbeitsautonomie und Gruppensolidarität im Arbeitsprozess, wobei ein materiell prägender Faktor die technische Organisation des Arbeitsvollzuges ist. Welskopp überprüft die Tragfähigkeit seines Analyserasters am Ende des Beitrags am Beispiel einer Fallstudie zum Hüttenwerker, für die er auch Dokumentarfilme auswertet, die er als Zeitzeugnisse betrachtet und nicht als diskursgenerierendes Artefakt.

Morten Reitmayer orientiert sein Analysemodell an zwei sich ergänzenden theoretischen Modellen: der bourdieuschen Feldanalyse und den Modellen der französischen Regulationsschule im Anschluss an Robert Boyer und Yves Sallard. Er verknüpft diese beiden Ansätze mit Fallstudien zu den staatsnahen Automobilkonzernen Volkswagen und Renault. Ziel dieser Darstellung ist die Entwicklung eines Zugangs zu einer methodisch erneuerten *Gewerkschaftsgeschichte als Unternehmensgeschichte*. »Feld« und »Strategie« sind zentrale Begriffe bei Pierre Bourdieu, obwohl die Ausformulierung einer allgemeinen Ökonomie der Felder bei ihm schließlich Desiderat blieb. Ein soziales Feld ist Bourdieu zufolge eine Struktur, innerhalb derer die Akteure ihre Position entsprechend der Verteilung der ökonomischen, sozialen und symbolischen Kapitalien finden. Auch Unternehmen können demzufolge als Felder gesehen werden, die durch die Auseinandersetzungen der in ihnen tätigen Gruppen geprägt und von Machtmitteln, Interessen und Motiven abhängig sind. Der Feldanalyse zufolge geht es um die Analyse der relational begründeten Logik der Handlungen der Feldakteure. Die französische Regulationsschule bedient sich, jedoch ohne Verweis auf Bourdieu, eines ähnlichen Erklärungsmodells, das auf relationalen Vorannahmen beruht. Die Analyse der Profitstrategien der Unternehmen zeigt, dass die Akteure ihre Strategien handlungstheoretisch betrachtet nicht beliebig wählen können, sondern stattdessen in einen weiteren Handlungskontext eingebunden sind, innerhalb dessen die Machtauseinandersetzungen ebenso wie im Betrieb spielerisch ausgetragen werden. Die Einsätze und die Handlungen sind geprägt durch den Habitus der Akteure, getragen von ihrem jeweiligen Spiel-Sinn. Die Ausfechtung einer Unternehmensstrategie ist mithin Produkt des Spiel-Sinns aller Akteure.

Timo Luks plädiert dafür, den Betrieb auch begrifflich zu historisieren. Der Ausgangspunkt von einem idealtypischen Betriebsbegriff (etwa in der weberschen Definition) sei deshalb fragwürdig, weil er den idealtypisch verstandenen »Betrieb« damit enthistorisiere. Luks schlägt als methodisches Instrumentarium daher die Begriffs- und Diskursgeschichte in Ergänzung zu einer praxeologischen Lesart des Betriebs vor, denn damit lasse sich die Konstituierung von Akteurstypen und Handlungsräumen erfassen. Aus diesem Grund plädiert er für »*eine diskursgeschichtliche Analyse historischer Problematisierungen des Industriebetriebs*«. Damit wird der Praxisbegriff nicht verabschiedet, denn es waren vor allem betriebsnahe Sozialpolitiker, Sozialwissenschaftler, Produktionsingenieure und Gewerkschafter, die den »Betrieb« verhandelten. Diese Herangehensweise schließt die verschiedenen Verwendungsweisen des Betriebsbegriffs im Rahmen von unternehmerischem, politischem oder gewerkschaftlichem Handeln ein. Der Beitrag leistet damit eine diskursgeschichtliche Historisierung des Betriebsbegriffes vom ausgehenden 19. Jahrhundert, in dem der Begriff im Rahmen tayloristischer Modelle aufkam, umgreift eine zentrale Abgrenzungsphase der 1920er-Jahre, thematisiert das aufkommende Werks- und Betriebsgemeinschaftsdenken im Übergang zur NS-Zeit und innerhalb des Nationalsozialismus, wirft Schlaglichter auf das Betriebsdenken der Nachkriegszeit und behandelt die Erosionstendenzen des Betriebsdiskurses seit den 1960er-Jahren. Dabei folgt die Periodisierung, die Luks vorschlägt, eher einer pragmatischen Herangehensweise, als dass sie harte Zäsuren markiert. Der Übergang zwischen verschiedenen Betriebsbegriffen ist eher fluide.

3   Der Betrieb als politischer Ort und als Ort des Politischen

Die nachfolgenden Fallstudien nehmen den Betrieb als politischen Ort und als Ort des Politischen in den Blick, da er der Ausgangspunkt der politischen und gewerkschaftlichen (Selbst-)Organisation der Arbeitnehmerinnen und Arbeitnehmer war. Die Beiträge werfen neues Licht auf die differenten politischen Betriebsgruppen, die mit und gegen die DGB-Gewerkschaften ihre Anhängerinnen und Anhänger für die

Betriebsratswahlen mobilisierten, auf handlungsleitende Wertorientierungen jenseits der vielbeschworenen These eines Wertewandels. Es werden die Betriebsratsarbeit im Hinblick auf die Entwicklungspotenziale der betrieblichen Mitbestimmung untersucht sowie die unterschiedlichen Stile der Austragung von Konflikten. Auch die Anlässe für Streiks, gar »wilde Streiks«, werden analysiert. Interessanterweise gruppieren sich gerade diese betrieblichen Fallstudien um die Zäsur von 1973/74, die in der Forschung als Strukturbruch gekennzeichnet wird.[35]

Jörg Neuheiser untersucht mit einer Fallstudie zur betriebsratsoppositionellen Plakat-Gruppe die auch zeitgenössisch bemühte Erklärungsformel, das Aufkommen von gewerkschaftsoppositionellen Gruppen im Betrieb sei mit dem »Wertewandel« sowie einem Generationskonflikt in Verbindung zu bringen. Die Wertewandelforschung, die zeitgenössische und retrospektive Deutungen zur Erklärung bemühen, war nach Neuheisers Befund hoch normativ aufgeladen und interessegeleitet. Dies zeigt sich besonders hinsichtlich der zeitgenössischen Aussagen zu Semantiken der Arbeit und der Arbeitsmoral. In seiner Fallstudie kann Neuheiser zeigen, dass auch die neuen Gegeneliten vielmehr ein traditionelles denn ein alternatives, postmaterialistischen Werten verpflichtetes Arbeitsethos zeigten.

Dimitrij Owetschkin untersucht mit seiner Fallstudie über die Mitbestimmungspraxis bei Opel in Rüsselsheim die sozialen und politischen Handlungsfelder der gewerkschaftlichen und betrieblichen Interessenvertretung der Arbeitnehmerinnen und Arbeitnehmer. Methodisch ist seine Untersuchung an das Modell der betrieblichen Sozialordnung in Anlehnung an Hermann Kotthoff und Thomas Haipeter angelehnt. Die Rahmenbedingungen in der Automobilindustrie sind in besonderem Maße für eine Analyse betrieblicher Sozialordnungen vielversprechend, da ein hoher Organisationsgrad für eine Verhandlungs- und Durchsetzungsmacht der Gewerkschaften steht, die nicht in allen Vergleichsbranchen gegeben ist. Der hohe Organisationsgrad prägt im besonderen Maße die industriellen Beziehungen. Zu beobachten ist, dass der fordistische Lohnkompromiss der Nachkriegszeit durch die Krisenentwicklungen seit den 1970er-Jahren herausgefordert wurde. Nicht zufällig traten Spannungen innerhalb der gewerkschaftlichen Organisation und zwischen der gewerkschaftlichen Organisation und konkurrierenden politischen Gruppen seit dieser Zeit auf. Der Beitrag untersucht die betriebsspezifische Bewältigung der Krise in den 1970er-Jah-

---

35 Es liegt mittlerweile uferlose Literatur zu den politischen Zäsuren des 20. Jahrhunderts vor. Hier sei nur auf die jüngste gewerkschaftsgeschichtliche Literatur, die den Strukturbruch der 1970er-Jahre diskutiert, hingewiesen: Knud Andresen/Ursula Bitzegeio/Jürgen Mittag (Hg.), »Nach dem Strukturbruch?«. Kontinuität und Wandel von Arbeitsbeziehungen und Arbeitswelt(en) seit den 1970er-Jahren, Bonn 2011 sowie als Ausgangspunkt Anselm Doering-Manteuffel/Lutz Raphael, Nach dem Boom. Perspektiven auf die Zeitgeschichte seit 1970, 2. Aufl., Göttingen 2010. Geplant ist des Weiteren Johannes Platz/Meik Woyke (Hg.), Arbeitnehmerinteressen in Krisenzeiten, Bonn [i. Vorb.]; der Sammelband hat Studien zu Krisen und Krisensemantiken im diachronen Vergleich zum Gegenstand.

ren bei Opel in Rüsselsheim, die die etablierten Handlungsmuster des praktizierten Mitbestimmungsmodells herausforderte. Es werden die Unterschiede zum Daimler-Benz-Werk Untertürkheim oder zum Bochumer Opel-Werk analysiert, insbesondere hinsichtlich der Integration der oppositionellen Kräfte. Schließlich geht es um die Beziehungen zwischen Betriebsrat und Unternchmensleitung, Belegschaft sowie gewerkschaftlicher Organisation.

Felix Heinrichs Studie zum Pierburg-Streik, der in die Welle »wilder Streiks« 1973 fällt, analysiert mit dem bourdieuschen Ansatz das betriebliche Macht- und Handlungsfeld und stellt die Frage, ob die Selbstorganisation der Beschäftigten einen Kontrollverlust der Gewerkschaften bedeutete. In seinem Beitrag wird die Rolle unterschiedlicher Gruppen in der Belegschaft (der migrantischen Arbeiterinnen und Arbeiter, der migrantischen und deutschen Gruppen, die eine alternative Organisation zum Betriebsrat aufwiesen) besonders plastisch; auch das Agieren der unterschiedlichen betrieblichen Akteure von Betriebsrat und Geschäftsleitung wird rekonstruiert. Heinrichs kann zeigen, wie die Geschäftsleitung auf Ansprüche unternehmensverbandlicher Akteure reagierte – eine Ebene, die verdeutlicht, dass die betrieblichen Akteurinnen und Akteure in andere Netzwerke und andere Felder außerhalb des Unternehmens eingebunden waren, die das unternehmerische Feld mitbestimmen.

4   Der Betrieb als Ort der Transformation

Sowohl Werner Milert als auch Karolina Mikołajewska untersuchen den Betrieb als sozioökonomischen Ort mit seinen spezifischen betrieblichen Sozialordnungen und Akteurskonstellationen in Transformationsphasen, die den Alltag der Arbeitnehmerinnen und Arbeitnehmer prägten. Methodisch sind die Untersuchungen unterschiedlich gelagert. Während Milert die mikrohistorische Methode der Fallrekonstruktion anhand von Quellenbeständen im Siemens-Archiv und im Archiv der sozialen Demokratie der Friedrich-Ebert-Stiftung aus der Nachkriegszeit und den Aufbaujahren wählt, nutzt Mikołajewska Methoden der Oral History, um die jüngste Zeitgeschichte der Transformation von einem staatssozialistischen zu einem marktliberalen Handlungsrahmen zu beschreiben.

Werner Milert setzt sich in seinem Beitrag mit dem Wandel zwischen der Konstituierungsphase der betrieblichen Sozialbeziehungen nach 1945 und der Zeit nach der Verabschiedung des Betriebsverfassungsgesetzes 1952 bis zu den beginnenden 1960er-Jahren auseinander, in dem die Nachkriegsaushandlungen und -kompromisse durch die neue gesetzliche Lage hinfällig wurden und zum Teil neu ausgehandelt und erkämpft werden mussten. Der Beitrag sieht im Betriebsverfassungsgesetz entgegen der überkommenen historiografischen Interpretation eine deutliche Zäsur für die betrieblichen Sozialordnungen, da das Gesetz ein einschneidendes (sozial-)politisches Ereignis war, das die betrieblichen Sozialbeziehungen in vielen Unternehmen auf die

Probe stellte. Milert analysiert die unterschiedlichen Strategien auf unternehmerischer und gewerkschaftlicher Seite, indem er herausarbeitet, inwiefern die unternehmerische Seite an vergemeinschaftende Strategien der Zwischenkriegszeit anknüpfte und welche Gegenstrategien die Träger der betrieblichen Mitbestimmung wählten. Der Ausgangspunkt, so der Autor, sei für die unternehmerische Seite in Zeiten tarifpolitischer Schwäche der Gewerkschaften nicht ungünstig gewesen, während die Arbeitnehmer auf eine »Vergewerkschaftlichung« des Betriebs setzten. Der Beitrag untersucht, wie die beiden Seiten in den 1950er-Jahren in den Betrieben für alle Akteure ihre Rollen unter Auslegung des Betriebsverfassungsgesetzes und betrieblicher Vereinbarungen neu aushandelten, an deren Ende das Modell der Konfliktpartnerschaft als einer Spielart der Sozialpartnerschaft stand.

Karolina Mikołajewska untersucht die Privatisierung und Kapitalisierung des Süßwarenherstellers E. Wedel in Polen, der von PepsiCo übernommen wurde, deren Management in der Schokoladenproduktion noch wenig erfahren war. Die Fallstudie ist von besonderer Relevanz, weil E. Wedel das erste staatseigene Unternehmen war, dessen Anteile an einen ausländischen Investor verkauft wurden und weil es zu den zehn ersten polnischen Unternehmen zählt, die an die Börse gingen. Die Fallstudie gibt Einsicht in die Geschichte des polnischen Kapitalismus nach 1990, gliedert sich aber auch in Langzeitperspektiven biografischer Erinnerungen ein. Der mikrohistorischen Perspektive des Untersuchungsansatzes trägt Mikołajewska durch lebensgeschichtlich orientierte narrative Interviews mit Angehörigen unterschiedlicher Ebenen des Managements und mit Mitgliedern der Gewerkschaft Solidarność (Solidarität) Rechnung, die sie mittels qualitativer Ansätze der »grounded theory« und des sozialen Konstruktivismus auswertet. Mikołajewska zeigt auf, wie sich die Schocktherapie der Kapitalisierung auf die polnische Wirtschaft, die Unternehmen und das Arbeitsleben ausgewirkt hat, wie sie sich in den verschiedenen Organisationsebenen und in der Produktion niederschlug und nicht zuletzt, wie sie wahrgenommen wurde und erinnert wird. Das Ziel der Untersuchung besteht darin, biografische Narrative der Akteure zu untersuchen, um den Einfluss der Privatisierung und Kapitalisierung auf die professionellen Selbstdeutungen der Akteure in der Transformationsphase, aber auch auf ihre private Lebensführung zu ergründen.

5   Der Betrieb als kultur- und ideengeschichtlicher Ort

Im abschließenden Abschnitt sind Untersuchungen versammelt, die sich dem Betrieb als kultur- und ideengeschichtlichen Ort widmen und nach Ordnungsmustern, -denken, -begriffen und -vorstellungen fragen. In den vorliegenden Fallstudien wird Expertenhandeln im Zuge der »Verwissenschaftlichung des Sozialen« an einem Fallbeispiel eines wissenschaftlichen Diskurses, der eine betriebliche Praxisnähe aufwies, untersucht; es werden Ordnungsvorstellungen des Korporatismus analysiert, die mittelbar auf betriebliche Ordnungsvorstellungen verwiesen und diese durch Gesetzesinitiativen und Vorschläge strukturierten. An konkreten Beispielen wird schließlich die diskursiv vermittelte Gestaltung der Arbeitsorganisation sowie das betriebliche Ordnungsdenken in der Weimarer Republik und im Nationalsozialismus analysiert.

Hannah Ahlheim analysiert den transatlantischen Expertendiskurs über Schlaf und Schichtarbeit. Ausgehend von einer wissenschaftsgeschichtlichen Rekonstruktion, die sich den verschiedenen Facetten des Schlafdiskurses befasst, geht es in der anschließenden betrieblichen Fallstudie konkret um die Frage, wie sich die Anwendung arbeitswissenschaftlichen Wissens auf die betriebliche Praxis im Arbeits- und Gesundheitsschutz auswirkte. Dieses Expertenwissen aktualisierte sich besonders im Rahmen des von gewerkschaftsnahen politischen Akteuren wie Bundesminister Hans Matthöfer angestoßenen Projekts der »Humanisierung des Arbeitslebens«.[36] Das Fallbeispiel beleuchtet besonders deutlich die Pfadabhängigkeiten und Brüche, die mit der Entwicklung vom *Social Engineering* der Zwischenkriegszeit zur Etablierung von *Human Relations* mit dem Import der arbeitswissenschaftlichen und sozialpsychologischen Ansätze im Betrieb in den 1950ern bis zur *Humanisierung der Arbeit* verknüpft sind.

Christian Marx rekonstruiert – ohne expliziten Rückgriff auf ein diskursgeschichtliches Methodenarsenal, aber unter Berücksichtigung gesellschaftlicher und politischer Diskussionsprozesse – das Handeln von DGB-Gewerkschaften und Unternehmensverbänden als politischen Akteuren im Rahmen der Aushandlungsprozesse, die zur Novelle des Betriebsverfassungsgesetzes von 1972 führten. Das Gesetz von 1972 war für die Gewerkschaften ein wichtiger Reformschritt, weil insgesamt die soziale und personelle Mitbestimmung der Betriebsräte ausgedehnt werden konnte. Das Gesetz garantierte zudem in stärkerem Maße die Kooperation zwischen Betriebsräten und Gewerkschaften und lieferte damit die Voraussetzung für Verbesserungen der gewerkschaftlichen Arbeit im Betrieb. So schrieb das Gesetz vor, dass arbeitswissenschaftliche Erkenntnisse bei Arbeitsgestaltung, -abläufen und -umgebung zu berücksichtigen waren. Damit war zum Beispiel das 1974 angelaufene Forschungsprogramm zur »Humanisierung der Arbeit« in den betrieblichen Akteurskonstellationen einfacher umzusetzen. Die Analyse von Marx ist deshalb für den Betrieb als sozialen und politischen Ort so bedeutend, weil im Rahmen dieses weitreichenden Aushandlungsprozesses nicht nur Deutungswissen über das, was politisches und gewerkschaftliches Handeln im Betrieb bedeutet, ausgetauscht wurde, sondern vermittelt durch diesen

---

36 Vgl. Anne Seibring, Die Humanisierung des Arbeitslebens in den 1970er-Jahren: Forschungsstand und Forschungsperspektiven, in: Knud Andresen/Ursula Bitzegeio/Jürgen Mittag (Hg.), »Nach dem Strukturbruch?«. Kontinuität und Wandel von Arbeitsbeziehungen und Arbeitswelt(en) seit den 1970er-Jahren, Bonn 2011, S. 107-126.

Prozess in ein die betriebliche Realität für die kommenden Jahrzehnte prägendes gesetzliches Rahmenwerk einschrieb.

Karsten Uhl widmet sich Untersuchungen des betrieblichen Ordnungsdenkens mittels einem an zwei Fallstudien orientierten Vergleich, die er in gendergeschichtlicher Perspektive interpretiert. Sein Ziel ist es, die Kontroll- und Autonomieregime in einem vorwiegend von einer männlichen Arbeiterschaft geprägten Werk der Deutzer Motorenwerke mit der auf die einer weibliche Belegschaft ausgerichteten Produktion bei der Schokoladenfabrik Stollwerck mittels eines Vergleichs zu untersuchen. Beide Unternehmen sind in Köln ansässig. Im männlich geprägten Betrieb wurden von Führungskräften bereits in der Zwischenkriegszeit Strategien der Subjektivierung der Produktion gewählt, indem die Produktionsorganisation der zunehmenden, wenngleich die hierarchisch abhängige Produktionskontrolle so genannten aus der Arbeiterschaft rekrutierten »Selbstkontrolleuren« unterworfen wurde. Das Kontrollregime in der weiblich geprägten Fabrik gewährte hingegen geringere Autonomiespielräume, insofern die Arbeiterinnen in der Produktion einem engmaschigen Netz räumlicher Produktionsorganisation unterworfen blieben. Die Kommunikation und die Autonomie der Arbeiterinnen wurden mittels der räumlichen Organisation der Fließfertigung eingeschränkt. Dies diente ebenso einem reibungslosen Ablauf der Produktion wie der Kontrolle als typisch weiblich imaginierter Handlungsweisen.

Die vorgestellten Untersuchungen beleuchten den Betrieb als sozialen, politischen und kulturgeschichtlichen Ort unter Einbezug unternehmenshistorischer Ansätze. Der Methodenpluralismus gestattet dabei einen Blick auf den Betrieb, der für weitere Forschungen in der Gewerkschaftsgeschichte und der Geschichte der Arbeitsbeziehungen anregend sein könnte.

I
Konzeptionelle und methodische Ansätze

Thomas Welskopp
Produktion als soziale Praxis. Praxeologische Perspektiven auf die Geschichte betrieblicher Arbeitsbeziehungen

1   Einleitung

Nach gut zwei Jahrzehnten so gut wie völliger Vernachlässigung wird die Geschichte der Arbeiter – und wird besonders die Geschichte der Arbeit – allmählich wieder zu einem gefragten Thema.[1] Offenbar sucht man in einem Zeitalter fortschreitend erodierender Arbeitsverhältnisse nach Orientierung an vermeintlichen Fixpunkten in der Vergangenheit. Neben der Entdeckung, dass es so wie heute auch unmittelbar vor und in der Industrialisierung zahlreiche nicht betrieblich organisierte Produktionsprozesse und prekäre Arbeitsverhältnisse gegeben hat – etwa in der Heimindustrie – hat sich das Interesse am historischen Produktionsbetrieb gesteigert und ein Niveau erreicht, das vielleicht sogar höher ist als in der »klassischen« Arbeiter- und Arbeiterbewegungsgeschichte, deren Charakteristikum gerade in Deutschland in einer ausgeprägten »Betriebsferne« bestand.[2]

Den Betrieb als Ort der zentralisierten Produktion vor allem im Kapitalismus – Max Weber hielt den »modernen Betriebskapitalismus« bekanntlich für ein definierendes Strukturmerkmal der Moderne – hat nicht zuletzt eine neuere Forschungsrichtung ins Zentrum ihres Interesses gerückt, die sich selber nicht ohne distanzierende Ironie als »neue Betriebsgeschichte« bezeichnet.[3] Vertreter dieser Richtung betrachten den Betrieb in erster Linie als »räumliche Ordnung« aus Bauten, Maschinen und Körpern, die historisch in vielfacher Form und vielfältiger Absicht zum Objekt unternehmerischer wie außerwirtschaftlicher Expertendiskurse geworden ist. Unter Aufnahme von Konzepten Michel Foucaults – wie dem der Gouvernementalité, der Macht als Relation oder der Biopolitik – werden beispielsweise Prozesse der Rationalisierung als aus komplexen Machtbeziehungen hervorgehende Vorgänge des Neuarrangierens

---

1   Dietmar Süß/Winfried Süß, Zeitgeschichte der Arbeit: Beobachtungen und Perspektiven, in: Knud Andresen/Ursula Bitzegeio/Jürgen Mittag (Hg.), »Nach dem Strukturbruch?«. Kontinuität und Wandel von Arbeitsbeziehungen und Arbeitswelt(en) seit den 1970er-Jahren, Bonn 2011, S. 345-368.
2   Thomas Welskopp, Arbeitergeschichte im Jahr 2000. Bilanz und Perspektiven, in: Traverse. Zeitschrift für Geschichte 7 (2000), S. 15-30.
3   Siehe v. a.: Lars Bluma/Karsten Uhl (Hg.), Kontrollierte Arbeit – disziplinierte Körper? Zur Sozial- und Kulturgeschichte der Industriearbeit im 19. und 20. Jahrhundert, Bielefeld 2012.

von Arbeitsprozessen mit der Absicht nicht nur ihrer Effizienzsteigerung, sondern auch ihrer generellen Regulierung, Disziplinierung und Normierung beschrieben.[4]

Diese neue Beschäftigung mit dem Betrieb ist zunächst einmal ausdrücklich zu begrüßen. Jedoch kommen auch Zweifel an diesem Ansatz auf, so differenziert und in sich uneinheitlich er sich bislang darstellt. Zunächst einmal setzt er sich von den Konzepten einer historischen Betriebsanalyse wie etwa dem der »Mikropolitik« ab, die aktuell waren, just als die Geschichte der Arbeiter und der Arbeit von der Geschichtswissenschaft »links liegen« gelassen wurde, und zwar mit dem Argument, sie hätte offen gelassen, »wie kontingent verstandene Handlungen im jeweils konkreten Kontext eines Betriebes auf eine übergeordnete Rationalität verweisen«.[5] Es trifft zu, dass die kritisierten Ansätze den jeweils sehr konkret ausgehandelten oder ausgekämpften Charakter betrieblicher Arbeitsarrangements betont und auch ihre strukturell widerständige Zähigkeit gegenüber geplanten Interventionen von außen hervorgehoben haben, aber nicht, ohne stets die Systemfrage, die Einbettung der konkreten Arbeitsbeziehungen in vor allem kapitalistische Abhängigkeitsstrukturen im Auge zu behalten. Im Gegenteil galten die vorgefundenen, komplexen betrieblichen »Realitäten« als konkrete Manifestationen jener Systemzusammenhänge.[6]

Es steht zu befürchten, dass die Suche nach übergeordneten »Rationalitäten« in der »neuen Betriebsgeschichte« überflüssigerweise wieder vom Betrieb wegzuführen droht, hin zu Strömungen und Schulen des Denkens »über den Betrieb«, deren wirklicher Referenzrahmen gar nicht zwingend »realer Betriebe« bedurfte und deren wirklichkeitsgestaltende Wirkmacht erst nachzuweisen wäre, was zumeist in den bisher vorliegenden empirischen Analysen entweder nicht gelingt oder sogar programmatisch verworfen wird. So wird der Betrieb und werden die Arbeiter (und Angestellten) erneut zu Objekten der Planung, der Regulierung, der Disziplinierung degradiert und hochtrabende, in aller Betriebsferne entstandene Pläne zumindest stillschweigend mit der betrieblichen »Wirklichkeit« gleichgesetzt. Schließlich ist von allen möglichen »Rationalitäten« die Rede, aber nicht mehr von der »kapitalistischen Ordnung«.[7]

---

4   Lars Bluma/Karsten Uhl, Arbeit – Körper – Rationalisierung. Neue Perspektiven auf den historischen Wandel industrieller Arbeitsplätze, in: ebd., S. 9-31, hier: S. 13, 18.
5   Ebd., S. 14 f.
6   Thomas Welskopp, Ein modernes Klassenkonzept für die vergleichende Geschichte industrialisierender und industrieller Gesellschaften, in: Karl Lauschke/Thomas Welskopp (Hg.), Mikropolitik im Unternehmen. Arbeitsbeziehungen und Machtstrukturen in industriellen Großbetrieben des 20. Jahrhunderts, Essen 1994, S. 48-106; ders., Class Structures and the Firm: The Interplay of Workplace and Industrial Relations in Large Capitalist Enterprises, in: Paul Robertson (Hg.), Authority and Control in Modern Industry, London/New York 1999, S. 73-119.
7   Thomas Welskopp, Rezension: Lars Bluma u. Karsten Uhl (Hg.), Kontrollierte Arbeit – disziplinierte Körper? Zur Sozial- und Kulturgeschichte der Industriearbeit im 19. und 20. Jahrhundert, Bielefeld 2012, in: Vierteljahrschrift für Sozial- und Wirtschaftsgeschichte [VSWG] 100 (2013), S. 483-484.

Das ist aber sicher nicht zwingend der Fall. Ohne Zweifel ist die diskursanalytische Untersuchung des Betriebs eine Bereicherung und ist auch eine erneute Beschäftigung mit dem Sozialsystem des Betriebs ein gewaltiger Zugewinn gegenüber dem Versinken des Themas ins Schweigen seit den letzten zwanzig Jahren. Die Fokussierung auf räumliche Ordnungen und die Anordnung von menschlichen Körpern darin sowie ihrer Körperbewegungen mithilfe von Artefakten (»Arbeitsvollzüge«) ist sicherlich ein Hauptanknüpfungspunkt zu einer praxeologischen Perspektive, die diese schon seit den 1980er-Jahren zu einem sehr konkreten Hauptanliegen gemacht hatte. In der Erweiterung und Ergänzung können sich sicherlich beide Ausrichtungen zu einem hoffentlich produktiven Neuaufbruch in Sachen betriebsorientierter Arbeits- und Arbeitergeschichte verbinden.

Ich möchte in meinem Beitrag für eine solche Wiederaufnahme der in den 1990er-Jahren gleichsam in der Schwebe gebliebenen Ansätze einer historischen Betriebsanalyse plädieren und insbesondere für ihre praxistheoretische Fundierung. Die Vorteile liegen meines Erachtens auf der Hand: Allen historisch »Beteiligten« wird ein echter Akteursstatus – wenn auch nicht der eines »heroischen Subjekts« – zugestanden. Der Betrieb – in seiner institutionellen Umwelt – rückt tatsächlich ins Zentrum der Betrachtung. Die »integrale Betriebsanalyse« ist zwar kompliziert und macht viel Arbeit, aber ist dennoch gerade deshalb in der Lage, zeitgenössische »Betriebswirklichkeiten« so vollständig wie möglich zu erfassen. Schließlich ist hier die Systemfrage, die Einbettung in kapitalistische Macht- und Abhängigkeitsstrukturen, zentraler Bestandteil des Konzepts.[8]

Aus einer praxeologischen Perspektive besteht der Betrieb aus Serien und Sequenzen spezialisierter Praktiken, in die alle Betriebsangehörigen relational involviert sind. Ihr Zweck ist die Herstellung eines bestimmten Produkts, sein Vertrieb oder die Organisation irgendeiner Dienstleistung. Viele Praktiken dienen der Vergemeinschaftung, der Machtausübung, dem alltäglichen sozialen Umgang miteinander, aber sie sind gewissermaßen in den übergeordneten Vorgang der Produktion mehr oder minder widerspruchsfrei eingelagert. Praxis benennt den Punkt, an dem aus Handlungen Handlungsfolgen werden, aus Absichten Vollzüge, aus Ressourceneinsatz Wirkungen. Hier kommen »Struktur« und »Handlung« zusammen, und zwar nicht nur beim isolierten Einzelakteur, sondern im Gesamtensemble sozialer Beziehungen, die im Fall des Betriebs in der Regel Arbeitsbeziehungen sind. Praxis bedeutet darüber hinaus, dass diese Arbeitsbeziehungen konkret in Raum und Zeit situiert – und damit historisch – sind. Sie haben daneben mit »Dingen« zu tun, mit »Dingen«, die produziert oder mit denen (Werkzeuge) oder an denen (Maschinen) produziert wird.

---

8 Thomas Welskopp, Der Wandel der Arbeitsgesellschaft als Thema der Kulturwissenschaften – Klassen, Professionen und Eliten, in: Friedrich Jaeger/Jörn Rüsen (Hg.), Handbuch der Kulturwissenschaften, Stuttgart 2004, Bd. 3: Themen und Tendenzen, S. 225-246.

Praxis besitzt damit ihre eigene, weniger hochgejazzte »Materialität« als sie die *Actor-Network-Theory* Bruno Latours propagiert.[9]

2 Integrale Betriebsanalyse aus praxistheoretischer Perspektive

Eine solche integrale Betrachtungsweise verlangt auch die Analyse des »Betriebs als sozialem Handlungsfeld«.[10] Geschichten der Arbeit und der Arbeiter in industriellen Betrieben des 19. und 20. Jahrhunderts sind lange Zeit eher in der Arbeitergeschichte als in der Unternehmensgeschichte geschrieben worden. Und anders als in der englischen und amerikanischen Arbeitergeschichte, wo die Geschichte des Arbeitsplatzes traditionell eine große Rolle gespielt hat, blieb die Betriebsebene in der deutschsprachigen Arbeiterhistoriographie stark randständig. Hier interessierte man sich weit stärker für die Organisation und die Programme der Arbeiterbewegung. Die betriebliche Ebene spielte zumeist nur die Rolle eines Hintergrunds von gleichförmigen Lohnarbeitererfahrungen, die dann in Impulse zur Organisation gleicher Interessen in Gewerkschaften und Parteien umgesetzt wurden. Wenn man einmal tatsächlich auf die Betriebsebene blickte, dann geschah das zumeist im Zusammenhang mit einer Untersuchung von Streikbewegungen, die dann schnell in den überbetrieblichen Raum übersprangen. Das bedeutete, dass die Arbeitergeschichte nur in der Lage war, die historische betriebliche Wirklichkeit von einer Ausnahmesituation – dem Arbeitskampf – her zu erfassen, nicht aber vom Normalfall der Routineproduktion.[11]

Auch die Unternehmensgeschichte kümmerte sich wenig bis gar nicht um die betriebliche Ebene der Produktion. Man schrieb Unternehmensleitungsgeschichte, allenfalls angereichert mit Untersuchungen der Produktionstechnik und ihrer Entwickler, einzelner Ingenieure.[12] Die Arbeiterschaft kam zumeist allenfalls als Zielobjekt betrieblicher Sozialpolitik in den Blick. Man könnte ein wenig ketzerisch formulieren, dass der Betrieb zum Opfer eines »Klassenkampfes« wurde, der zwischen Unternehmensgeschichte und Arbeitergeschichte auf der Ebene der Historiographie nachvollzogen wurde.

---

9   Thomas Welskopp, Die Dualität von Struktur und Handeln. Anthony Giddens' Strukturierungstheorie als »praxeologischer« Ansatz in der Geschichtswissenschaft, in: Andreas Suter/Manfred Hettling (Hg.), Struktur und Ereignis (Geschichte und Gesellschaft, Sonderheft 19), Göttingen 2001, S. 99-119.
10 Vgl. Thomas Welskopp, Der Betrieb als soziales Handlungsfeld. Neuere Forschungsansätze in der Industrie- und Arbeitergeschichte, in: Geschichte und Gesellschaft [GG] 22 (1996), S. 118-142.
11 Dietmar Süß, A scheene Leich? Stand und Perspektiven der westdeutschen Arbeitergeschichte nach 1945, in: Mitteilungsblatt des Instituts für Soziale Bewegungen 35 (2005), S. 51-70.
12 Paul Erker, Aufbruch zu neuen Paradigmen. Unternehmensgeschichte zwischen sozialgeschichtlicher und betriebswirtschaftlicher Erweiterung, in: Archiv für Sozialgeschichte [AfS] 37 (1997), S. 321-365.

Wenn man sich dagegen in Richtung einer integralen, sozialgeschichtlich und kulturgeschichtlich erweiterten Untersuchung des Betriebs orientiert, dann zeigt sich schnell, dass man es mit einem komplizierten Gegenstand zu tun hat. Was muss eine historische Betriebsanalyse alles umfassen?

1. Sie muss die historisch variierenden Arbeitsprozesse beschreiben und analysieren können. Dabei spielt die Produktionstechnik eine große Rolle, aber nicht vorrangig in ihren Eigenschaften, wie die Ingenieure sie in technischen Zeitschriften beschreiben würden, sondern in ihrer tatsächlichen Verwobenheit mit den Arbeitsabläufen und Kooperationshandlungen der Beschäftigten, die damit umgehen mussten. Die Produktionstechnik spielt für eine historische Betriebsanalyse *immer* eine wichtige Rolle, also auch in Bereichen, die ausgesprochen »low tech« waren. Das galt im 19. Jahrhundert zum Beispiel für die Zigarrenfertigung oder das Baugewerbe. Erst recht galt es für den Kanal- und Straßenbau, wo die Spitzhacke und die Schaufel lange Zeit als die zeitgenössische Spitzentechnologie gelten müssen.

2. Eine integrale Untersuchung des Betriebs muss sich darüber hinaus der Gruppenstruktur der Beschäftigten und ihrer Interaktion untereinander annehmen. Welche Kategorien von Arbeitern beispielsweise waren an einem bestimmten Produktionsvorgang beteiligt? Wie komplex war die Zusammensetzung der Beschäftigten? Wie tief war der Grad der Arbeitsteilung zwischen den einzelnen Mitarbeiterkategorien? Arbeiteten sie *als Gruppe* oder werkelten Arbeiter verschiedener Kategorien arbeitsteilig nebeneinander? Gab es kollektive Handlungsvollzüge wie etwa das gemeinsame Heben eines schweren Werkstücks, oder arbeitete man »Hand in Hand«, also selbständig und arbeitsteilig in einem gefügeartigen Arbeitsprozess, bei dem es darauf ankam, dass jeder Beteiligte zum richtigen Zeitpunkt das Richtige tat? Hier geht es also um eine der wichtigsten Fragen bei der Analyse historischer Produktionssysteme, nämlich die nach den *Kooperationsformen* bei der Arbeit.

3. Ein weiterer wichtiger Gesichtspunkt ist die *Kommunikation* während der Arbeit. War zum Beispiel mündliche Kommunikation am Arbeitsplatz möglich, oder wurde dies durch Maschinenlärm oder räumliche Trennung der Arbeitskräfte verhindert? Beschränkte sich die Kommunikation auf den Austausch von Signalen und damit auf die Kommunikation, die für die Bewältigung des Arbeitsprozesses notwendig war, oder ließen die Arbeitsprozesse Freiräume für eine nicht strikt arbeitsbezogene Kommunikation? Wodurch, schließlich, wurde der Produktionsvorgang koordiniert? Spielte mündliche Kommunikation eine Rolle (zum Beispiel Rufe, Anweisungen, Beratungen oder aber auch, bei gleichförmigen, monotonen Arbeitsverrichtungen in der Gruppe, rhythmisches Singen) oder gaben die technischen Anlagen den Takt und Einsatz der Arbeitsverrichtungen vor? Schließlich: War die *Koordination* der Arbeitsprozesse Sache der Arbeitsgruppen selber oder wurde sie von anderen Instanzen quasi von außen übernommen?

4. Koordination hängt eng zusammen mit *Anleitung* und *Kontrolle*. Das bedeutet zunächst, danach zu fragen, welche sozialen Gruppen im Betrieb beschäftigt waren, wer die Träger von Handlungsvollmachten waren, welche eigentlich dem Management zustanden und wie diese durch das Management an diese Funktionsträger betrieblicher Autorität delegiert wurden. Dabei geht es also um die Leitungsinstanzen auf Betriebsebene, um deren Zahl, Struktur und Organisation, um ihre Platzierung im Betrieb, ihre konkreten Aufgaben und Machtbefugnisse. Für das 19. Jahrhundert etwa ist es wichtig zu wissen, ob die betrieblichen Leiter die Autorität hatten, autonom Arbeiter einzustellen und zu entlassen. Im 20. Jahrhundert wurde das in aller Regel über andere Instanzen des Personalmanagements geregelt, aber auch dann blieb es eine entscheidende Frage, welche Positionen über Einstellung und Entlassung entschieden und welchen Einfluss das »Line-Management« auf eine solche Personalführung hatte. Welche Rolle spielten betriebliche Leitungsinstanzen bei innerbetrieblichen Kommunikationsprozessen? Wie eng überwachten sie die Arbeitsprozesse? Mussten sie die Arbeitsprozesse durch direkte Anweisungen anleiten oder konnten sie sich auf Beobachtung, Kontrolle und Sanktion zurückziehen? Welcher personelle und institutionelle Aufwand wurde betrieben, um die Arbeitsprozesse zu überwachen? Eine lückenlose Kontrolle konnte im Sinne des Managements sein, musste aber bei weitem nicht die effizienteste Form der Betriebsführung darstellen.[13] Die in erster Linie hier in Betracht kommenden Kategorien von Beschäftigten umfassen – für das 19. und 20. Jahrhundert typischerweise – die Vorarbeiter, Meister und Betriebsingenieure, deren Verhältnis zueinander wiederum historisch variabel und für eine historische Betriebsanalyse signifikant war. Auch in den Verwaltungen, in denen Angestelltenarbeit betrieblich organisiert war, müssen diese Fragen nach der internen Hierarchie gestellt und beantwortet werden. Die Rolle von Bürovorstehern und Abteilungsleitern, also mittleren Kadern, dürfte hier besonders von Interesse sein. Nicht zuletzt kommt hier die Gender-Frage ins Spiel.
5. Ein zentraler und oft vernachlässigter Faktor sind die betrieblichen Auswirkungen des unternehmerischen Handelns, selbst wenn die Entscheidungen des Top-Managements weit weg von der Produktionssphäre in den Konzernzentralen gefällt werden. Hier geht es vor allem um die ökonomische Seite des Unternehmens, die sich hier, auf Betriebsebene, als eine bestimmte *betriebsökonomische Konstellation* präsentiert. Dabei ist wichtig, dass solche in den Betrieb hineingefilterten Auswirkungen von Managemententscheidungen häufig technisch-organisatorischer Natur sind. Dies ist aber nicht ausschließlich der Fall. Veränderungen der Produktionstechnik sind nur einer unter mehreren Wirkungsfaktoren. Leistungsvorgaben, Ausstoßziele, Kostenrahmen und Qualitätskriterien sind weitere Formen, in

---

13 Vgl. Martin Fiedler, Vertrauen ist gut, Kontrolle ist teuer. Vertrauen als Schlüsselkategorie wirtschaftlichen Handelns, in: Geschichte und Gesellschaft [GG] 27 (2001), S. 576-592.

denen sich Managementhandeln auf der betrieblichen Ebene niederschlägt. Über diese Schnittstelle sind Produktionsbetriebe denn auch vorrangig mit ihrer Marktumwelt verbunden. Für eine Betrachtungsweise, die gerade auch die Verhältnisse in den Eigentümer-Unternehmen im Zeitalter der Industriellen Revolution einschließen muss, ist es darüber hinaus tatsächlich eine nicht unwichtige Frage, in welcher Form, wie oft und mit welchen Konsequenzen der Unternehmer oder das Top-Management persönlich im Produktionsbereich anwesend waren. Das ständige »Hineinregieren« des Chefs war zum Beispiel ein typisches, von den Arbeitern ebenso wie von ihren direkten Vorgesetzten gefürchtetes Handlungsmuster in patriarchalisch geführten Familienunternehmen.

6. Schließlich muss eine historische Betriebsanalyse zwischen der formellen Organisation und Struktur eines Betriebs und seiner informellen *Selbstorganisation und Gegenstruktur* unterscheiden. Betriebe funktionieren meist nicht so, wie der offizielle Organisationsplan den Anschein gibt. Auch die drakonischen Fabrikreglements des 19. Jahrhunderts spiegeln in keiner Weise die betriebliche Realität zu der Zeit; man kann mit guten Gründen vermuten: eher im Gegenteil. Würden die Beschäftigten in einer Verwaltung tatsächlich nur das tun, was in Büroordnungen und Arbeitsbeschreibungen steht, kämen alle Abläufe schnell zum Erliegen. »Dienst nach Vorschrift« ist daher eine gefürchtete Waffe im Arbeitskonflikt. Aber aus umgekehrter Richtung gedacht mag es sein, dass Betriebe nicht so funktionieren, wie sie offiziell sollen; gleichwohl funktionieren sie zumindest so leidlich, dass nicht allerorten jeden Tag alles immer wieder neu auf den Kopf gestellt wird. Genau auf diese Diskrepanz richtet sich das Augenmerk einer historischen Betriebsanalyse. Noch einmal: Dabei geht es hauptsächlich, aber nicht nur, um Produktionsbetriebe. Das Chefbüro eines Unternehmensvorstandes zum Beispiel funktioniert auch anders als der erste Augenschein zu erkennen zulässt. Das Vorzimmer mit der Chefsekretärin etwa ist vom formalen Rang her die Betriebsstätte einer nachrangigen Schreibkraft. Tatsächlich aber kann das Vorzimmer mitsamt seiner Besatzung zu einer Art Statussymbol des Managers werden, wobei Mobiliar, Täfelung und Erscheinung der Sekretärin als Attribute auf seinen Rang verweisen. Viel wichtiger aber ist die Funktion des Chefzimmers als Informationsfilter. Eine Chefsekretärin bildete in aller Regel eine Art menschliche »firewall« für ihren Vorgesetzten und konnte daraus häufig ein Maß an informeller Macht ableiten, das aus ihrem formalen Rang nicht ableitbar war. Ein umsichtiger Chef war daher bei der Rekrutierung sehr gewissenhaft, und bewährte Kräfte hatten einen hohen Marktwert, was ihnen im Verlauf des 20. Jahrhunderts wahrscheinlich auch zunehmend bewusst geworden ist.[14] Heutzutage gibt es natürlich ausdifferenzierte Vorstandsbüros mit eigenen Büroleitern mit Expertenstatus, die

---

14 Thomas Welskopp, Unternehmen Praxisgeschichte. Historische Perspektiven auf Kapitalismus, Arbeit und Klassengesellschaft, Tübingen 2014.

solche vormals informellen Machtpositionen mittlerweile professionalisiert und formalisiert haben.

Diese »Doppelwirklichkeit« des Betriebs weist darauf hin, dass er ein Institutionengefüge ganz eigener Art in der modernen Gesellschaft darstellt. Seine Besonderheit ergibt sich daraus, dass er zugleich viele, zum Teil miteinander unvereinbare Zwecke erfüllen muss – und das in einem *einheitlichen Interaktionszusammenhang*. Er bildet ein Handlungsfeld, in dem Akteure auf einander gegenüberstehenden Positionen, in sowohl formale als auch tatsächliche wechselseitige Abhängigkeiten eingebundene Vertreter entgegengesetzter Interessen und Träger ganz unterschiedlicher Bedürfnisse trotzdem miteinander kooperieren. Die betrieblichen Ziele gehen auch nicht annähernd in der Nutzenfunktion einer der beteiligten sozialen Gruppen auf. Sie zu einem für alle Seiten einigermaßen zufriedenstellenden Grad zu erreichen, erfordert zumindest ein hohes Maß an Opportunität, wenn nicht Solidarität seitens aller betrieblichen Sozialgruppen. Betriebliche Leistung lässt sich nur zu einem geringen Teil durch Machtausübung und direkte Herrschaft erzwingen. Man kann nicht ein Vorstandsmitglied neben jeden Arbeiter an der Werkbank stellen, zumal sich dieses mit dem speziellen Arbeitsprozess gar nicht auskennen würde. Ein größtmöglicher herrschaftlicher Zugriff auf die Person und Persönlichkeit einer Arbeitskraft mag – und auch das ist zu bezweifeln – bei den *U. S. Marines* einen gewissen Sinn machen; in der Werkstatt, der Fabrikhalle oder dem Büro tut er das nicht. In den wenigsten betrieblichen Zusammenhängen bewegen sich die Mitarbeiter wie Galeerensklaven. Für solche Kontrollformen würden sich auch nur die einfachsten, einförmigsten Tätigkeiten anbieten, weshalb Sträflings- und Zwangsarbeit typischerweise genau in solchen archaischen Arbeitsfeldern eingesetzt wurden. Dort, wo die Technik und die Arbeitszusammenhänge auch nur etwas komplizierter werden, kann übermäßige direkte Kontrolle schnell kontraproduktiv werden.

Arbeitgeber und Arbeitnehmer schließen am Arbeitsmarkt einen Vertrag, der auf einer Machtasymmetrie zugunsten des Arbeitgebers basiert. Der Vertragsabschluss hat nämlich für den Arbeitnehmer persönlich eine ungleich größere Bedeutung als für den Arbeitgeber, jedenfalls in den allermeisten Fällen. Der Arbeitgeber erwirbt mit dem Vertrag das Recht, die Arbeitskraft des Arbeitnehmers auf Zeit gegen Zahlung eines Lohns in eigener Regie zu verwerten. Daraus leiten sich Herrschaftsrechte und ein unspezifisches Machtübergewicht ab. Der Arbeitgeber, der *Prinzipal* als die befehlende Seite, setzt der Arbeitskraftverwertung Ziele, die er aber nur erreichen kann, wenn der Arbeitnehmer seine Vorgaben auch nach bestem Können ausführt. Denn er bleibt als eine komplette Person intakt, die von ihrer Arbeitskraft nicht zu trennen ist. Er bleibt der eigentliche Ausführende (sonst könnte das der Chef selber erledigen), der *Agent*. Der Kern des in der *Rational Choice Theorie* benannten »Principal-Agent-Problems« besteht nun darin, dass der Prinzipal will, dass der Agent sein volles Qualifikations- und Leistungspotenzial abruft, aber nicht sicher sein kann, dass dieser das auch tatsächlich tut. Obwohl er also ein Machtübergewicht besitzt und Herrschaftsrechte ausübt, befindet sich der Prinzipal in einer Situation, in der der Agent einen höheren Informationsstand hat als er selber. Dieses Wissen ist nicht erschöpfend anzapfbar, sondern in weiten Teilen unzugänglich. So wird der Prinzipal mit einer jeweils stark variierenden Mischung aus Anreizen, Sanktionsdrohungen, Regelsetzungen und technischen Vorgaben versuchen, sich die für ihn optimale oder zumindest zufriedenstellende Kooperation des Agenten zu sichern. Vieles dabei kann Gegenstand laufender Neuverhandlungen zwischen beiden Seiten werden. Viel mehr aber wird über informelle Machtproben geregelt werden, über ein »negotiation by doing«, ein Aushandeln durch schlichtes Tun und Unterlassen. Der Arbeitgeber kann natürlich Mitarbeiter anstellen, die die Arbeitskraft direkt kontrollieren und seine Leistung über detaillierte Anweisungen abrufen. Aber welchen Aufwand soll er hier betreiben, damit Zweck und Mittel in einem erträglichen – beziehungsweise *ein*träglichen – Verhältnis bleiben? Und schließlich: Wer kontrolliert die Kontrolleure? Mit jeder Neueinstellung eines Aufsehers hat sich der Arbeitgeber im Grunde ein zusätzliches »Principal-Agent-Problem« an Bord geholt, ohne das alte wirklich zu lösen.

Das Ganze wird noch einmal dadurch kompliziert, dass wir es nicht nur mit individuellen Arbeitskräften, sondern einer kollektiven sozialen Beziehungsstruktur im Betrieb zu tun haben, in die viele Gruppen und Kategorien eingebunden sind. Hier muss man sich einen zunächst undurchsichtigen Mix von Machtrangeleien, Herrschaftsansprüchen, Profilierungen, Autoritätsambitionen, Autonomieverteidigungen, Nischenbesetzungen, Widersetzlichkeiten, aber auch Ritualen und Spielen, Kooperationen, Solidaritätsformen und schlichtem opportunistischen Verhalten vorstellen, das die historische Betriebsanalyse in Muster bringen muss, die sich systematisieren, vergleichen und erklären lassen. Betriebe sind keine »Input-Output-Maschinen«, keine reibungs- und geräuschlos laufenden Räderwerke, keine »Black boxes«, sondern soziale Handlungsfelder, in denen kompetente Akteure handeln, Koalitionen schmieden und Gegnerschaften aufbauen, kooperieren und sich entziehen, also schlicht eine Art ständig laufender Politik in eigener Sache im Betrieb betreiben, die ihre eigene Position immer neu sichert oder neu justiert. Das Produktionsergebnis eines Betriebs ist dann letztlich die weitgehend ungeplante, jedenfalls nicht einseitig kontrollierbare Gemengelage aus Konsens und Konflikt, Kooperation und Kontrolle, Macht und Aushandlung, Allianzen und Gegnerschaften. Dafür hat man in der Betriebs- und Organisationssoziologie den Begriff der »Mikropolitik« geprägt.[15]

---

15 Vgl. den Begriff bei: Tom Burns, Micropolitics: Mechanisms of Institutional Change, in: Administrative Science Quarterly 6 (1961), S. 257-281; Willi Küpper/Günther Ortmann (Hg.), Mikropolitik. Rationalität, Macht und Spiele in Organisationen, 2. Aufl., Opladen 1992; Karl Lauschke/Thomas Welskopp (Hg.), Mikropolitik im Unternehmen. Arbeitsbeziehungen und Machtstrukturen in industriellen Großbetrieben des 20. Jahrhunderts, Essen 1994.

Organisationen aller Art – und darunter in einem speziellen Sinne Betriebe – entsprechen nicht dem geläufigen Bild zweckrational-herrschaftsintegrierter »Apparate«. Sie sind laut Willi Küpper und Günther Ortmann

»in Wirklichkeit Arenen heftiger Kämpfe, heimlicher Mauscheleien und gefährlicher Spiele mit wechselnden Spielern, Strategien, Regeln und Fronten. Der Leim, der sie zusammenhält, besteht aus partiellen Interessenkonvergenzen, Bündnissen und Koalitionen und auch aus Résistance, vor allem aber: aus machtvoll ausgeübtem Druck und struktureller Gewalt; denn wer wollte glauben, dass dieses unordentliche Gemenge anders zusammen- und im Tritt gehalten werden könnte?« –

»Mit dem Konzept der Mikropolitik setzen wir uns von beidem ab [vom Bild der Systemzwänge wie vom Bild kapitalistischer Gesetzmäßigkeiten] und fragen nicht nur nach Spielräumen innerhalb systematischer und struktureller Grenzen, sondern eben auch nach der Konstitution – oder: Lockerung, Verschiebung, Überschreitung und Aufhebung – dieser Grenzen durch das (mikropolitische) Agieren von Individuen und Gruppen in Organisationen.«[16]

Der Berliner Organisationssoziologe Horst Bosetzky formuliert aufgrund eigener Erfahrung den Eindruck, Organisationen seien keine geölten Maschinerien. Vielmehr erscheine es,

»als ginge es dort sehr wildwüchsig bis geradezu chaotisch zu, zwar schon irgendwie geregelt und zielgerichtet, aber nicht so, dass das gebräuchliche Bild vom Verwaltungsapparat Sinn gemacht hätte; eher schien mir der Vergleich mit einem Fußballspiel, einer Fußballmannschaft angebracht: Alle hatten ein mehr oder minder festes Ziel und durchaus klar definierte und sogar schriftlich fixierte (Arbeits-) Rollen, auch wurde auf den ersten Blick alles nach einem elaborierten Regelwerk gesteuert und geleitet, aber dennoch war die Berechenbarkeit der einzelnen und die Prognostizierbarkeit ihrer Handlungen ziemlich gering«.[17]

Der »Mikropolitik«-Ansatz beschäftigt sich also mit der »*Politikhaltigkeit bislang als politikfrei geglaubte[r] Beziehungen*«.[18] Das zielt auf die Erfassung jener komplexen »Doppelwirklichkeit« aus formalen und informellen Strukturen und Handlungsmustern ab, die eine »Realität *sui generis*«, eine Wirklichkeit eigener Art, ist. Allerdings

---

16 Willi Küpper/Günther Ortmann, Vorwort, in: dies. (Hg.), 1992, S. 7-9; Zitate: S. 7, 8.
17 Horst Bosetzky, Mikropolitik, Machiavellismus und Machtakkumulation, in: Küpper/Ortmann (Hg.), 1992, S. 27-37, hier: S. 27.
18 Martin Birke, Betriebliche Technikgestaltung und Interessenvertretung als Mikropolitik. Fallstudien zum arbeitspolitischen Umbruch, Wiesbaden 1992, S. 51.

muss dabei der Betrieb von anderen Organisationstypen präziser und bewusster unterschieden werden, als es die Vertreter des »Mikropolitik«-Ansatzes, sofern sie aus der allgemeinen Organisationssoziologie kommen, gemeinhin tun.[19] Organisationen mögen den verschiedensten Zwecken zugeordnet werden, und fraglos stellt der Betrieb *auch* eine Organisation eines bestimmten Typs dar. Aber anders als bei vielen anderen Organisationstypen verläuft bei Betrieben *die Klassenlinie mitten durch sein soziales Beziehungsnetzwerk hindurch* und werden potenziell gegenläufige Interessen – so viel Leistung wie möglich, so wenig Lohn wie nötig; so viel Lohn wie möglich, so wenig Leistung, wie gerade noch durchgeht – zur Kooperation gezwungen. Ferner prägt den Betrieb die ökonomische Seite des Unternehmens tiefgreifend und auf eine andere Weise, in der etwa Budgetgesichtspunkte bei anderen Organisationen wichtig werden. Schließlich steht bei Betrieben die stoffliche Seite der materiellen Produktion und Arbeit im Mittelpunkt aller Interaktionszusammenhänge, während das bei anderen Organisationstypen nicht so ist.

Der Industriesoziologe Heiner Minssen hat das wie folgt formuliert: Der Betrieb ist ein soziales Handlungsfeld, in dem die Transformation von Technologie in Produktionstechnik, von Organisationskonzepten in Organisationswirklichkeit und von Arbeitskraft in Arbeit im Mit-, Neben- und Gegeneinander aller Beteiligten vollzogen wird. Der erste und der dritte Transformationsprozess sind mithin für den Betrieb spezifisch; in ihrer Konstellation mit dem zweiten machen sie gemeinsam die komplexe »Wirklichkeit des Betriebes« aus.[20] Den Betrieb versteht Ludger Pries denn auch ebenfalls »nicht nur als Handlungseinheit der stofflichen Transformation (von Roh- und Hilfsstoffen unter Einsatz von Arbeitsmitteln durch menschliche Arbeit in fertige Produkte), sondern auch als Handlungseinheit der sozialen Transformation, das heißt der Deutung und Konstruktion inner- und außerbetrieblicher Wirklichkeit durch betriebliches Arbeitshandeln«.[21]

Damit wird klar, dass nicht nur der Betrieb als solcher ein spezifisches, von anderen Institutionentypen klar abgrenzbares Handlungsfeld bildet, sondern dass darüber hinaus auch die Spezifika, die sich aus einer bestimmten Technologie, einem bestimmten Marktzugang, einer bestimmten Arbeitskräftestruktur usw. ergeben, auf die »Realität eigener Art« im Betrieb einwirken. Das macht den Betrieb im engeren Sinne zu einem Gegenstand unternehmenshistorischer Forschung, denn diese Spezifika, abhängig von Branche, Region, Zeit, Marktkonstellation und sozio-politischem

---

19 Dietmar Süß, Mikropolitik und Spiele: Zu einem neuen Konzept für die Arbeiter- und Unternehmensgeschichte, in: Jan-Otmar Hesse/Christian Kleinschmidt/Karl Lauschke (Hg.), Kulturalismus, neue Institutionenökonomik oder Theorievielfalt. Eine Zwischenbilanz der Unternehmensgeschichte, Essen 2002, S. 117-136.
20 Heiner Minssen, Die Rationalität von Rationalisierung. Betrieblicher Wandel und die Industriesoziologie, Stuttgart 1992, S. 53-63.
21 Ludger Pries, Betrieblicher Wandel in der Risikogesellschaft. Empirische Befunde und konzeptionelle Überlegungen, Opladen 1991, S. 121.

Rahmen, konstituieren einen konkreten »*betriebshistorischen Kontext*«, dessen Rekonstruktion und Systematisierung ihre Aufgabe ist.[22] Neben dieser grundsätzlichen Historisierung aller systematischen Analysen historischer Betriebe wird klar, dass eine theoretische Konzeption des Betriebs immer nur typisierend vorgehen kann und nicht nach abstrakten »reinen« Strukturmustern fahnden sollte. Das, was die historische Bedeutung betrieblicher Sozialzusammenhänge im Rahmen einer Unternehmens-, Industrie- und Arbeitergeschichte ausmacht, liegt oftmals nicht in dem begründet, was für alle Betriebe generell gemeinsam war, sondern in spezifischen Konstellationen, die sich aus spezifischen Kontexten: Branche, Region, Umfeld, ethnische Zusammensetzung usw., und ihrem Zusammentreffen ergeben.

Dabei seien hier abschließend einige Bereiche genannt, die für eine historische Betriebsanalyse, die zum Beispiel nach der gewerkschaftlichen Organisierbarkeit fragt, wichtig sind: Die *Qualifikation* von Arbeitskräften ist eine für die Organisatoren von Betrieben entscheidende Größe. Sie kann – nach dem Schema gelernt/ungelernt – formalisiert und über feste Ausbildungszeiten geregelt sein; Qualifikation lässt sich aber auch informell erwerben, und die Auffassungen, die die Arbeitgeber und die Arbeitskräfte jeweils von einem bestimmten Qualifikationsprofil haben, können sehr weit auseinanderfallen. Zum Beispiel lassen sich auf manchen Arbeitspositionen »Qualifikationsreserven« bilden, die man in Ausnahmesituationen mobilisieren kann, in der Routineproduktion dem Arbeitgeber aber vorenthält. Qualifikation kann die Quelle von Berufsstolz sein, der in der Lage ist, Gruppenidentitäten zu stiften (und andere Arbeitergruppen auszuschließen). Diese wiederum waren historisch häufig starke betriebsbezogene Ressourcen im Arbeitskampf und Kristallisationskerne von Gewerkschaftsbildungen. Dabei war es in der Regel nicht entscheidend, ob diese Qualifikationen formell zertifiziert, also offiziell anerkannt waren oder ob es sich um informelle Qualifikationen handelte, die von den Arbeitern und ihren »peers« mit Selbstbewusstsein und Achtung behandelt wurden. Bestimmte Berufe, zum Beispiel bei den Schriftsetzern im Buchdruck, entwickelten ausgeprägte Ehrenkodizes, die das Verhalten regelten und eine Basis für Solidarität bildeten.

Arbeitsautonomie ist ein zweiter wichtiger Bereich der Analyse. Inwieweit waren Arbeiter bei der Verrichtung ihrer Tätigkeit selbständig oder von ständigen Anweisungen abhängig? Waren Vorgesetzte permanent am Arbeitsplatz anwesend oder zogen sie sich in der Routineproduktion auf die Kontrolle der Arbeitsergebnisse zurück? War eine Arbeitsgruppe in der Lage, ihren Arbeitsprozess selbst zu organisieren, oder gaben ihnen Vorgesetzte oder technische Anlagen den Ablauf und Rhythmus der Arbeit vor? Im Fall der Selbstorganisation kann man historisch häufig beobachten, dass sich informelle Gruppenbildungen, »Kameradschaften«, Freundschaftsbeziehungen unter

---

22 Rainer Trinczek, Zur Bedeutung des betriebshistorischen Kontextes von Rationalisierung, in: Heiner Minssen (Hg.), Rationalisierung in der betrieblichen Arena. Akteure zwischen inneren und äußeren Anforderungen, Berlin 1991, S. 63-76.

Kollegen, daraus ergaben, die wiederum zum Ausgangspunkt kampfkräftiger Solidarität werden konnten. Vor allem Arbeitszusammenhänge, die durch eine kollektive Verantwortlichkeit gekennzeichnet waren, welche wechselseitiges Vertrauen erforderte, förderten die Entstehung einer ausgeprägt *betriebsbezogenen* Gruppensolidarität. Ein wichtiger Gesichtspunkt bei der Analyse ist die Frage, inwieweit die technischen Anlagen und inwieweit die formellen Kontrollstrukturen Autonomiespielräume zuließen oder nicht. Formelle Kontrolle konnte zum Beispiel gegen die Anforderungen an die Arbeit mit bestimmten technischen Anlagen verstoßen und ausgesprochen kontraproduktiv wirken. In anderen Bereichen mochte es sein, dass die technischen Bedingungen der Produktion die Arbeit nicht hinreichend vorstrukturierten, um bestimmte Leistungsnormen vorzugeben. In der englischen Baumwollindustrie des frühen 19. Jahrhunderts etwa konnten qualifizierte Weber in der Fabrik weit höhere Akkordlöhne erzielen, als es in der Heimweberei möglich war. Wie S. R. H. Jones berichtet, war dazu freilich eine gesteigerte Arbeitsleistung und Verausgabung vonnöten. Diese gesteigerte Arbeitsleistung war durch die Produktionstechnologie nicht vorgegeben; allein der hohe Akkord diente als Anreiz. Offensichtlich tendierten die Fabrikweber nun dazu, mit ihrer Arbeitsleistung nachzulassen, bevor sie das Akkordoptimum erreicht hatten. Da sie auf der anderen Seite aber nicht gewillt waren, auf den vollen Akkordlohn zu verzichten, akzeptierten sie die Einsetzung von Aufsichtspersonal stillschweigend quasi als zusätzliche Stimulanz. Wenn sie den Vorarbeiter oder Meister in vielen Einzelfällen auch verflucht haben mochten, tolerierten sie sein Kontrollregime, weil dieses ihren Lohnüberschuss gegen die Trägheit ihrer eigenen Leistungszurückhaltung versicherte.[23]

Die Einbettung von *Technologie* in die sozioorganisatorische Welt des Betriebs ist ein von der Frage der Kontrolle daher prinzipiell unabhängiger Faktor. Wichtig dabei ist zunächst eine gewisse Vorsicht vor der These, die Einführung neuer Technologien sei immer dadurch motiviert gewesen, die Arbeitskräfte zu dequalifizieren und verstärkt auszubeuten. Dem steht entgegen, dass die Einführung einer neuen Produktionstechnik in der Regel sehr komplexe Auswirkungen auf die Organisation der Arbeitsprozesse hat. Zum Teil gehen Qualifikationselemente tatsächlich auf die Maschine über, zum Teil werden dafür die Qualifikationsanforderungen an die Einrichtung und Wartung der Maschine erhöht. Es entstehen im Bereich der Maschinenführung und Verfahrenssteuerung neue Qualifikationen, die sich nur in der Form von traditionellen handwerklichen Qualifikationen unterscheiden. In vielen Fällen fallen durch die Einführung eines neuen, mechanisierten Verfahrens gerade die ungelernten Arbeitspositionen weg, da sie durch die Maschine am leichtesten zu ersetzen sind. Ferner gibt es nicht präzise vorauskalkulierbare Effekte in benachbarten Arbeitsbereichen. Auch wenn die Einführung einer bestimmten Maschine seitens des Managements oder der Ingenieure be-

---

23 S. R. H. Jones, The Rise of the Factory System in Britain, in: Paul Robertson (Hg.), Authority and Control in Modern Industry. Theoretical and Empirical Perspectives, London/New York 1999, S. 17-44, hier: S. 34.

wusst durch den Zweck motiviert war, qualifizierte Arbeitskräfte zu ersetzen, so war es noch lange nicht ausgemacht, ob dieser Zweck auch tatsächlich erreicht wurde. Paul Robertson und Jonathan Zeitlin sind zu dem Schluss gekommen: »Das unternehmerische Ideal einer integrierten Maschinerie, die komplizierte Aufgaben verrichtet aber nur geringe Qualifikation zu ihrer Bedienung oder Wartung erfordert, wird in der Praxis nur schwer erreichbar sein.« Die nicht intendierten Nebenfolgen neuer Technologien waren seit jeher nicht sicher zu prognostizieren. Viel wichtiger noch: Die Einführung von Verfahrensinnovationen war und ist in der Mehrzahl der Fälle nicht primär von Arbeitsgesichtspunkten her motiviert; andere Kriterien: höherer Ausstoß, Einsparung von Energiekosten, größere Produktabmessungen hatten Priorität und machten die Reorganisation der Arbeit zu einem unvorhergesehenen Folgeproblem, das die Arbeitskräfte nicht selten durch Improvisation bewältigen mussten.[24]

Schließlich verbanden sich Qualifikation, Autonomie, Kontrolle und Produktionstechnologie zu einem betrieblichen Kontext, der für die dort beschäftigten Arbeitskräfte notgedrungen oder auch positiv immer auch ein Stück Lebenswelt war. Herrschaft, Leistungsdruck, Veraugabung, Berufsstolz, schöpferische Tätigkeit usw. stellten wesentliche Dimensionen der betrieblichen Arbeit dar. Aber die Arbeitskräfte verbrachten schlichtweg auch einen Großteil ihrer verfügbaren Zeit nicht unbedingt freiwillig an einem Ort, dessen Zweck die stoffliche Produktion und nicht das Wohlbefinden der dort Tätigen war. Man war ebenso wenig freiwillig mit einer ganzen Reihe anderer Arbeitskräfte zusammen, die weder Verwandtschaft noch von vornherein Freunde oder Bekannte waren, und der Arbeitsprozess erzwang einen Grad von Intimität, der enge soziale Beziehungen stiftete, ob die Beteiligten dies wollten oder nicht. Daraus ergaben sich Bindungen und Bewältigungsformen eigener Art, die immer den Versuch verkörperten, sich an diesem streng funktionalen Ort der Arbeit zumindest notdürftig lebensweltlich einzurichten. Es entwickelten sich die weit variierenden Formen von »Kollegenschaft«, eine spezifische Vertrautheit unter eigentlich Fremden, aus der sich Freundschaften und Solidarbeziehungen entwickeln konnten oder auch nicht. In die Arbeitsprozesse zogen Rituale ein, besondere Kommunikationsmuster, die starke »in-group«/»out-group«-Effekte auslösten und halfen, Gruppenidentitäten auszuformen. Elemente des Spiels und des Rituals gab es sogar und gerade bei den gleichförmigsten, monotonsten Tätigkeiten wie dem Graben eines Kanals oder der einfachen Fließbandarbeit, weil sie halfen, einen erträglichen Arbeitstakt vorzugeben und eine gewisse kollektive Trance zu schaffen, die das Bewusstsein abschweifen ließ, die Monotonie verdrängte und die »gefühlte« Arbeitszeit zu verkürzen schienen.[25] Arbeitsräume und

---

24 Paul L. Robertson/Lee J. Alston, Technological Choice and the Organization of Work in Capitalist Firms, in: Economic History Review 45 (1992), S. 330-349, hier: S. 344 f.; Steven Tolliday/Jonathan Zeitlin (Hg.), The Power to Manage? Employers and Industrial Relations in Comparative-Historical Perspective, London 1991.
25 Vgl. Michael Burawoy, Manufacturing Consent. Changes in the Labor Process under Monopoly Capitalism, Chicago/London 1979.

Maschinen wurden immer von den Arbeitskräften angeeignet; Abläufe wurden unterlaufen, um sich und der Gruppe Freiräume zu schaffen und Autonomie zu sichern. Auf diese Weise entstanden individuelle »Betriebskulturen«, die für die historische Betriebsanalyse einen zentralen Gegenstand bilden, ob sie nun aus der Perspektive der Unternehmensgeschichte oder aus der der Arbeitergeschichte vorgeht.

3 Fallbeispiel: Die Kollision von »Vertrauens-« und »Nicht-Vertrauenskulturen« in der deutschen und amerikanischen Eisen- und Stahlindustrie, 1920er- bis 1980er-Jahre

Visuelle Darstellungen von der Arbeit im Hüttenwerk sind selten, sieht man von der Vielzahl historischer Fotografien ab, von denen die meisten gestellt sind. Allerdings sind einige Dokumentarfilme überliefert, die der Göttinger Technikhistoriker Wilhelm Treue Ende der 1960er-Jahre produziert hatte. Diese Filme liegen heute im Unternehmensarchiv der *ThyssenKrupp AG* in Duisburg. Sie waren in den Mittel-, Feineisen- und Drahtwalzwerken der *Westfalenhütte* von *Hoesch* in Dortmund gedreht worden, die kurz darauf stillgelegt werden sollten. Treue hatte dabei mit filmischen Mitteln die Anlagen dokumentiert, vor allem aber protokollierte er minutiös die Arbeitsprozesse und -abläufe an Wärmeöfen, Walzen und Zurichterei. Er schuf das Protokoll einer untergehenden Arbeitswelt.

Denn an diesen Walzstraßen produzierte man noch per Hand. Selbstverständlich bediente man sich seit den 1920er-Jahren aller mechanischen Hilfseinrichtungen, die für diese Werkstoffarten zur Verfügung standen. Aber erst Ende der 1960er-Jahre war die technische Entwicklung so weit vorangeschritten, dass auch die Fertigung von Produkten mit kleinen Querschnitten wie Feineisen und Draht in eine Mechanisierungsstufe überführt werden konnte, die die Zeitgenossen nicht ganz treffend »Automatisierung« nannten. Das war denn auch der Zeitpunkt für den Übergang zu einer neuen Anlagengeneration, die die alten Produktionsstätten obsolet machte. Den Besatzungen dieser alten Walzstraßen standen Zangen und Hebel zur Verfügung, die über Ketten an einer unter der Hüttendecke befestigten Rollschiene liefen. Es gab einfache ebenerdige Rollgänge mit versenkbaren Verschiebehaken. Angetriebene Haspel erleichterten die Zugarbeit ebenso wie elektrische Laufkatzen und Drückerkräne das Heben und Bewegen der Werkstücke. Trotz allem blieben in diesem Arbeitsbereich die eigentlichen qualifizierten Tätigkeiten – die Zuführung des rot glühenden Walzgutes, die Einführung in das jeweilig richtige Walzkaliber und das Auffangen des länger gewordenen Stabes hinter den Triogerüsten – an die körperliche Arbeit gekoppelt.

Im Film erscheint der Routineablauf des Arbeitsvollzugs wie ein »Ballett schwerer Männer«. Die zwei- bis dreiköpfigen Arbeitsgruppen vor und hinter den Walzen verschmelzen zu einer aufs Feinste austarierten gemeinsamen Bewegung, die sich in einem strengen, kaum variierenden Rhythmus wiederholt. Jeder Arbeiter scheint instinktiv genau zu wissen, welcher Handgriff als nächster nötig, welches Kaliber als nächstes anzusteuern, wann und wo der mit erhöhtem Tempo austretende glühende Stab aufzufangen ist, um ihn mit dem Schwung derselben Ausholbewegung in den oberen Walzspalt wieder einzuführen. Es ist augenscheinlich, wie sehr die Arbeiter sich darauf verlassen müssen, dass ihre Kollegen im nächsten Moment das richtige tun. Sie müssen auf ein vorgreifendes Vertrauen auf die Fähigkeiten und die Geistesgegenwart der Anderen bauen, denn Zeit für Anweisungen oder Beratungen bleibt nicht, soll der Fluss der rhythmischen Arbeitstakte ununterbrochen bleiben.

Obwohl die Gesundheit oder gar das Leben der Walzwerker jederzeit gefährdet ist – schließlich hantieren sie mit mehrere Meter langen Stäben glühenden Stahls, die zwischen 250 und 500 kg wiegen – geht es während der Routinearbeit auffallend ruhig zu. Eine Dampfpfeife kündigt gelegentlich einen neuen Ofeneinsatz an oder alarmiert wegen eines Störfalls. Aber ansonsten verrichten die Männer an den Öfen und Walzen ihre kollektive Anstrengung in einer so schweigsamen Präzision, dass sie fast schon wieder graziös wirkt. Dabei wiegt die Zange, mit der Vor- und Hinterwalzer die Stäbe packen und steuern, allein an die 20 kg. Bereits die Bedienung des *Werkzeugs* ist körperliche Maloche. Treue hält die Exaktheit und Gleichförmigkeit der Arbeitszyklen in langen Einstellungen ausdrücklich fest. Das vermittelt dem Betrachter ein Gespür für ihre aufs Äußerste entwickelte Arbeitsökonomie. Die Ruhe des Arbeitsflusses ergibt sich aus dem sparsamsten Einsatz aller Körperbewegungen. In langjähriger Routine haben sich sämtliche überflüssigen Verausgabungen abgeschliffen – Ergebnis eines »Inkorporierungsprozesses«, der für den »werksfremden« Beobachter ebenso offenbar wie unbegreiflich ist. Der ruhige, rhythmische Fluss, in dem sich das Kollektiv der Arbeiter wie choreografiert bewegt, scheint das Auffälligste an der Arbeit im Walzwerk zu sein.

Der Film zeigt auf der einen Seite die Besonderheiten montanindustrieller Arbeit: »Arbeitshandlungen liegen hier vor«, schreibt der Industriesoziologe Gerhard Hergt in einem Essay aus dem Jahr 1985,

> »die die Gewandtheit des ganzen Körpers, Geistesgegenwart und Willenskraft ins Spiel bringen und daraus ein komplexes Gesamtverhalten aufbauen. In ihrer erstaunlichen Geschicklichkeit lassen sie selbst die Schwere ihrer Arbeit leicht erscheinen. Der Produzentenstolz, der sich auf solche Leistungen gründet, verbindet sich mit einem Selbstbewusstsein, das sich seinen Wert aus dem gekonnten Umgang mit dem Widerstand der Dinge holt.«[26]

---

26 Zit. n. Wolfgang Hindrichs u. a., Der lange Abschied vom Malocher. Sozialer Umbruch in der Stahlindustrie und die Rolle der Betriebsräte von 1960 bis in die neunziger Jahre, Essen 2000, S. 14.

Typisch für diese schwerindustrielle Arbeit sind die für fast jede Anlage speziellen Arbeitsvollzüge, die Anforderung, das menschliche Maß weit überschreitende Aggregate und Naturgewalten zu beherrschen, die Koppelung hoch qualifizierter Tätigkeiten an zehrende körperliche Verausgabung, der souveräne Umgang mit Risiken für Gesundheit und Leben, die Kollektivität der Arbeitsanstrengung sowie die demonstrative Männlichkeit dieser Arbeitswelt.

Zugleich macht gerade diese Kombination für Beobachter, denen die Eisen- und Stahlindustrie fremd ist, das Begreifen dieser Arbeitswelt schwer. Jene Fremdheit, gepaart mit den für Laien bedrohlich wirkenden Einwirkungen von Lärm, Hitze, Lichtreflexen und Staub, scheint nicht wenige der zeitgenössischen wie aktuellen Beobachter fasziniert zu haben. Die Hüttenwerker selbst sind bei Versuchen ihrer Überwindung durch Ansicht und Einsicht nicht sonderlich hilfreich. Sie »lesen« aus der Farbe des Materials, seinem Klang unter physischem Stress und der Stellung der Aggregate und den Bewegungen ihrer Kollegen ab, was nötig ist, und das Wissen, was nötig ist, haben sie über die vielfache Wiederholung des Arbeitsgangs inkorporiert, ohne dass man große Worte machen *dürfte*, denn die würden den Arbeitsfluss, von dem auch der Lohn abhängt, empfindlich stören. Der Arbeitsprozess selbst ist für sie zugleich das wichtigste Medium der Kommunikation.

Die Hüttenwerker haben aus der Unzugänglichkeit ihrer Arbeitswelt aus eigenem Antrieb ein Geheimnis gemacht und damit am Mythos ihrer »Zyklopenarbeit« eifrig mitgestrickt. Mit dem oft überwältigenden visuellen Eindruck konfrontieren und dann Erklärungen schuldig bleiben, stolz und wissend schweigen – das gehörte und gehört zur Selbstrepräsentation der Männer aus der Eisen- und Stahlindustrie. So berichtet ein Betriebsrat aus den 1960er-Jahren:

> »Dann sind wir zum Direktor gegangen und haben gesagt, wir möchten unsere Frauen mal durchs Stahlwerk führen. Aber da, wo es weh tut, nicht da, wo die Besucher immer herlaufen. Die Frauen sind noch zum Friseur gegangen, mit hohen Schuhen kamen sie da an. Unsere Frauen sind durch die Schleuse gegangen, und die ersten kamen schon wieder zurück. Auch die im Stahlwerk gewesen sind, die haben immer gedacht, ja, da läuft so ein 30-Tonner. Nachdem die zum ersten Mal die Kräne gesehen haben, 500 Tonnen, 550 Tonnen, fragten die ›Wie kann ein Mensch das überhaupt, wie siehst du überhaupt was?‹«[27]

Die betonte Körperlichkeit dieser Arbeitswelt war ihr Faustpfand für eine besondere Form von Männlichkeit, die auch noch gepflegt wurde, als die rein körperliche Schinderei zugunsten qualifizierterer Tätigkeitsarten schon wieder auf dem Rückzug war. Die Naturgewalten und die dämonischen Apparaturen mit den eigenen Körper-

---

27 Ebd., S. 85.

kräften auf eine Weise zu beherrschen, die Fremden rätselhaft bleiben musste – das machte den Kern des montanindustriellen Arbeits- und Arbeitermythos aus.[28]

Dieser Mythos hat eine gar nicht mal so alte Geschichte. Zwar waren die Eisenarbeiter der ersten Generation zwischen den 1850er- und den 1870er-Jahren umworbene Spezialisten gewesen, denen man hohe Löhne gezahlt hatte. Puddler und Walzer hatten als »Künstler« in ihrem Beruf gegolten. Die Umstellung der Produktionsprozesse und die dramatische Vergrößerung der Anlagen hatten dann seit Ende der 1870er-Jahre zu einer starken Aufblähung der Hüttenbelegschaften geführt. Die »ersten Männer«, die an den Konvertern und Walzen weiterhin qualifizierte Arbeit verrichteten, gingen in einem Heer ungelernter Hilfsarbeiter regelrecht unter. Die Eisen- und Stahlindustrie wurde zu einer Industrie der Ungelernten. Das hatte seinen Grund in der technologischen Lücke zwischen der Produktivitätssteigerung durch die modernen eigentlichen Produktionsaggregate und dem Fehlen mechanischer Einrichtungen zu ihrer Steuerung, Bewegung und Beschickung. Alle diese Tätigkeiten blieben Handarbeit, sodass mit der Steigerung der Dimensionen auch eine immer größere Anzahl von Hilfsarbeitern erforderlich wurde, die sie in fast militärisch angetriebener Kolonnenarbeit verrichteten.

Die Arbeit, die die meisten Hüttenwerker dabei zu erledigen hatten, hatte nichts von der derb-männlichen Poesie des späteren montanindustriellen Arbeitermythos. Sie war mörderische Knochenschinderei, eine Qual, ausgedehnt auf Zwölfstundenschichten und die 24-Stunden-Wechselschicht an jedem zweiten Sonntag. Die Unfallraten waren skandalös, und vielfach hielten es Neulinge in der Industrie nicht länger als ein paar Tage aus. Trotzdem war die Eisen- und Stahlindustrie dieser Zeit um 1900 ein Magnet für die abwanderungswilligen jungen Männer aus den agrarischen Provinzen des Ostens, die nirgendwo sonst ein höheres Einkommen für ungelernte Einsteiger in die industrielle Arbeit erzielen konnten. Anerkennung fanden diese damals wegen ihrer häufigen Stellungswechsel »Hüttenläufer« genannten Hilfsarbeiter keine. Vorgesetzte sprachen von ihnen wie von Wegwerfartikeln. »Wenns ihnen nicht passt, am Tore warten andere, oder wenn sie kaputt sind, kommen andere und wenn die kaputt sind, kommen wieder andere«, hieß es in einem Stahlwerk von Krupp.[29]

Diese Situation änderte sich rasch und umfassend in den zwei Jahrzehnten nach 1910. Die Vollmechanisierung reduzierte die Zahl der Hilfsarbeiter scharf. An ihre Stelle traten vermehrt qualifizierte Arbeitskräfte – obwohl ihre Ausbildung weiterhin ungeregelt »on the job« erfolgte –, und es kamen mit den technisch kompetenten Maschinenbedienern wie Kranfahrern weitere Spezialisten hinzu, die man heute als

---

28 Vgl. Thomas Welskopp, Leben im Rhythmus der Hütte. Geschlechterbeziehungen in Stahlarbeitergemeinden des Ruhrgebiets und Pennsylvanias, 1890–1920, in: Westfälische Forschungen 45 (1995), S. 205-241.
29 Zitat n.: Die Schwereisenindustrie im deutschen Zollgebiet. Ihre Entwicklung und ihre Arbeiter. Nach vorgenommenen Erhebungen im Jahre 1910 bearbeitet und herausgegeben vom Vorstand des Deutschen Metallarbeiter-Verbandes, Stuttgart 1912, S. 490 ff.

»Gelernte« bezeichnen würde. »Nunmehr werden die Arbeiten, für die früher ein Heer unqualifizierter Arbeiter nötig war, von mechanischen Vorrichtungen übernommen«, schrieb Otto Stillich schon 1904. »Die zur Bedienung derselben herangezogenen Arbeiter aber bestehen aus hochqualifizierten, technisch bis zu einem gewissen Grade vorgebildeten Männern.«[30]

Aus der Knochenschinderei wurde in weiten Bereichen anspruchsvolle Steuertätigkeit an vollmechanischen Anlagen: »Wir Maschinisten müssen mit den Augen und Ohren mehr arbeiten als mit der Hand. Man muss da eingearbeitet sein; man muss mit seinem Kran direkt verwachsen sein.«[31] Trotzdem verlor sich der Bezug auf die Körperlichkeit der Arbeit nicht. Elemente der puren Schufterei erhielten sich bei Störfällen und Reparaturarbeiten. Aber darüber hinaus verlagerte sich der Körperbezug auf die Selbstgewissheit, »übermannsgroße« Naturgewalten mit einer Riesenmaschinerie souverän zu beherrschen. Zugleich wurde dieser Bezug in einen stärker gewordenen Gruppenzusammenhalt eingebettet. Die Arbeitstätigkeiten an den mechanischen Anlagen verlangten das immer wieder beschworene »Hand-in-Hand-Arbeiten« der gesamten Anlagenbesatzung, einschließlich der Meister, der unmittelbaren Vorgesetzten:

> »Der Mann, der den Kantwagen und die Rollgänge fährt, muss gleichzeitig mit Händen und Füßen sechs Hebel bedienen. Während er den Block an die Walze heranfährt, muss sein Nebenmann schon wissen, mit wie viel Druck er die Oberwalze im ersten Kaliber auf den Block einwirken lassen darf. Gleichzeitig berechnet er, [...] mit wie viel Stichen der Block auf seinen Endquerschnitt zu bringen ist. [...] Die Augen stets auf das ›Spiel‹ der Walze gerichtet, schaltet sich der Steuermann, der die Rollgänge und den Kantwagen führt, in die Arbeit seines Nebenmannes ein. [...] Ähnlich, wie wir es beim Umwalzer gesehen haben, muss auch der Steuermann, besonders wenn der kurze, stumpfe Block schon länger geworden ist, gewissermaßen vorgreifen. Wie er dies machen muss, kann man nicht berechnen. Der Steuermann verlässt sich hierbei ganz auf sein Einfühlungsvermögen.«[32]

Immer wieder traten auch an mechanisierten Anlagen einzelne Arbeitssituationen ein, die nicht mit technischen Steuer- und Hilfsmitteln bewältigt werden konnten, sondern den ganzen Mann und sein körperliches Handanlegen forderten. Eine regelmäßig alle paar Stunden anfallende Situation dieser Art war zum Beispiel das Öffnen des Abstichlochs am Hochofen, bevor die elektrisch-hydraulisch gesteuerte Lanze dafür

---

30 Otto Stillich, Die Eisen- und Stahl-Industrie, Berlin 1904, S. 32.
31 Zit. n. Thomas Welskopp, Arbeit und Macht im Hüttenwerk. Arbeits- und industrielle Beziehungen in der deutschen und amerikanischen Eisen- und Stahlindustrie von den 1860er bis zu den 1930er Jahren, Bonn 1994, S. 499.
32 Werkszeitung August Thyssen-Hütte AG, Duisburg-Hamborn, 14 (1941) 2, 24.1.1941: Bei den Arbeitskameraden im Ruhrorter Blockwalzwerk der Hütte Ruhrort Meiderich, S. 4-5, hier: S. 4.

entwickelt wurde. Saß die Öffnung falsch, floss das Roheisen unkontrolliert aus dem Ofengestell heraus. War sie zu klein, konnte das flüssige Metall wegen des Drucks im Ofen mit der Gewalt einer Garbe aus einem Maschinengewehr in die Arbeitergruppe schießen. War sie zu groß, liefen die aus Sand geformten Abstichbahnen über. Der kollektive Handgriff, sensibel wie eine Wurzelbehandlung beim Zahnarzt, musste präzise sitzen und dennoch mit der Wucht und Kraft erfolgen, mit der man normalerweise den Vorschlaghammer schwingt. Eine ruhige und fließende Bewegung sieht man auch hier. Höchste Konzentration steht in den angespannten Gesichtern geschrieben. Offensichtlich wissen die Leute, was sie tun, und sie vertrauen auf ihre Kollegen, denen sie gewissermaßen ihr Leben anvertrauen.

Es war dieses kollektive Selbstbewusstsein, einen überdimensionalen Produktionsprozess selbstbestimmt zu beherrschen, mit Fertigkeiten und Tätigkeiten, die so in keiner anderen Industrie anfielen, was die Hüttenarbeiter an vollmechanisierten Anlagen mit ihren Kollegen an den Walzstraßen im Handbetrieb, wie sie eingangs beschrieben wurden, verband. Dieses Selbstbewusstsein zieht sich in den Quellen wie ein roter Faden von den 1920er- bis zu den 1980er-Jahren durch.[33] Es handelte sich um den Stolz auf besondere Qualifikationen mit einem überstarken Bezug auf den Betrieb, in dem man arbeitete, und die Arbeitsgruppe, in der man geschätztes Mitglied war, wenn sie sich auf seinen vollen Einsatz verlassen konnte:

> »Ja, Hüttenmänner waren Hüttenmänner, und ich würde sagen, die stolzesten waren wohl die, die mit dem flüssigen Eisen bzw. flüssigen Stahl umgingen, die Hochöfner und die Stahlwerker. Die wussten, welche verantwortungsvolle und schwere Tätigkeit sie hatten. Ähnliches gab es auch innerhalb des Walzwerkes, wobei die Leute mit der höchsten Lohngruppe dann gemeint haben, sie seien etwas Besonderes. Und die anderen, die nicht versäumten, sie darauf hinzuweisen, dass der Unterschied zwischen ihnen beiden ja nur in der Lohngruppe bestand, sonst nirgendwo.«[34]

Ihre Anerkennung holten sich die Hüttenarbeiter zuallererst aus ihrem unmittelbaren Arbeitszusammenhang mit den engsten Kollegen. Man war wer, wenn man in der Gruppe etwas galt. Die Gruppe wiederum weitete sich auf die Betriebsbesatzung aus, diese auf die Belegschaft eines Werks. Die sprichwörtlichen Bezeichnungen der »Kruppianer« oder »Hoeschianer« wiesen nicht auf eine besonders ausgeprägte Anhänglichkeit gegenüber dem jeweiligen Arbeitgeber hin, sondern auf das selbstbe-

---

33 Vgl. Karl Lauschke, Die Hoesch-Arbeiter und ihr Werk. Sozialgeschichte der Dortmunder Westfalenhütte während der Jahre des Wiederaufbaus 1945–1966, Essen 2000; Dietmar Süß, Kumpel und Genossen. Arbeiterschaft, Betrieb und Sozialdemokratie in der bayerischen Montanindustrie 1945 bis 1976, München 2003.
34 Zit. n. Hindrichs u. a., Der lange Abschied vom Malocher, 2000, S. 84.

wusste, zu gegebener Zeit auch rebellische Beharren darauf, die eigentliche Seele des Werks zu verkörpern, als diejenigen, die mit ihrer Leistung die Produktion trugen. »Man versteht [diese Überzeugung] vielleicht am besten, wenn man sich anschaulich die Perspektiven klarmacht, in denen die Arbeiter den Gesamtbetrieb sehen müssen«. Der Industriesoziologe Heinrich Popitz schrieb in einer seiner bekannten Studien über die Eisen- und Stahlindustrie aus den 1950er-Jahren:

> »Man versteht [diese Überzeugung] vielleicht am besten, wenn man sich anschaulich die Perspektiven klarmacht, in denen die Arbeiter den Gesamtbetrieb sehen müssen; sie selbst sind die ersten, die ihre Knochen herhalten müssen und Eisen, Stahl und Walzprodukte herstellen. Die ›da oben‹ – da oben in den Verwaltungsgebäuden – bewerkstelligen das übrige, was sonst noch zu tun ist. Ihre Distanz von dem, was eigentlich in einem Hüttenwerk geschieht, ist handgreiflich; ihre Funktion ist, vom Arbeiter und von der Produktion aus gesehen, sekundär; sie hat für ihn den Charakter der ›schlechten Allgemeinheit‹. Die Werte schafft der Arbeiter.«[35]

Die ausgeprägte Distanz, die man im Habitus vor allem gegenüber den Werksleitungen und ihren Funktionsträgern – Obermeistern und Betriebsingenieuren – an den Tag legte, resultierte aus immer wieder aktualisierten schlechten Erfahrungen, nämlich dass die selbstverantwortliche kollektive Organisation der Arbeitsabläufe bei der Betriebsführung nicht auf Anerkennung stieß, sondern mit tiefem Misstrauen betrachtet wurde. Es lässt sich sogar zuspitzen, dass es in den Hüttenwerken beiderseits des Atlantiks regelmäßig zu Kollisionen zwischen der »Vertrauenskultur« am Arbeitsplatz und der »Misstrauenskultur« kam, die die Art der Betriebsführung prägte und nur deshalb nicht für noch mehr Konflikte sorgte, weil dieses direkte Aufeinanderprallen nun doch nicht so häufig vorkam, vor allem, solange die Routineproduktion geschmeidig floss.[36]

Bei Problemen und Störungen im Produktionsfluss dagegen dauerte es nicht lange, bis ein ansonsten während der Routinefertigung abwesender Obermeister oder Ingenieur am Ort des Geschehens auftauchte und Druck machte und nicht selten die Anlagenbesatzungen beschimpfte. »Wenn die Charge zum erstenmal bei uns ist, dann ist jeder an seinem Platz; denn die Sache geht von Hand zu Hand besser«, beschrieb

---

35 Heinrich Popitz u. a., Das Gesellschaftsbild des Arbeiters. Soziologische Untersuchungen in der Hüttenindustrie, Tübingen 1957, S. 239.
36 Thomas Welskopp, Das institutionalisierte Misstrauen. Produktionsorganisation und Kommunikationsnetze in Eisen- und Stahlunternehmen des Ruhrgebiets während der Zwischenkriegszeit, in: Clemens Wischermann/Peter Borscheid/Karl-Peter Ellerbrock (Hg.), Unternehmenskommunikation im 19. und 20. Jahrhundert, Dortmund 2000, S. 199-225.

dies ein deutscher Thomasstahlwerker 1927. »Wenn der Betrieb langsam geht, dann kommt gleich der Obermeister und wir werden von ihm abgequatscht.«[37]

Das Misstrauen der Betriebsführungsinstanzen war strukturell angelegt. Zum einen resultierte es aus der einfachen Fortschreibung des absoluten Herrschaftsanspruchs im Betrieb, wie ihn die Stahlindustriellen seit dem späten 19. Jahrhundert vertraten und ihn nun an jene Instanzen delegierten, um auf der anderen Seite gute Produktionsergebnisse von ihnen einzufordern. Der harsche Umgangston, der daraus resultierte, schloss sie damit ebenso ein, wie er sich an einer mittlerweile weitgehend veränderten Arbeitsatmosphäre reiben musste, die auf stillschweigendem, ruhigem Konsens unter Kameraden basierte. Zum anderen hatten sich die Ingenieure gerade erst seit einer Generation ihre herausgehobene Position in den Hüttenwerken gesichert, die auf technischen Lösungen für Betriebsprobleme beharrte und gerade die Überlegenheit wissenschaftlicher Kenntnisse gegenüber empirisch-arbeitspraktischen Kompetenzen betonte. Beides mündete in einen übermäßigen Kontrollanspruch und eine auf Druck und Strafandrohung setzende betriebliche Herrschaftsausübung. »Das Risiko habe ich«, umriss ein Martinschmelzer aus dem Ruhrgebiet diese Situation in den 1920er-Jahren. »Wenn ich nicht droben stehe und dafür sorge, dass alles klappt und die richtige Hitze da ist, und es geht gerade einer der Herren vorbei, dann ist die Strafe fällig«, ein Abzug von »2 oder 3 RM … und der halbe Lohn ist futsch«.[38]

Ein solcher Kontrollanspruch musste sich an einem Arbeitssystem geradezu aufreiben, das sich – nicht aus Intention, sondern arbeitspraktischer Notwendigkeit – fast hermetisch nach außen abkapselte. Misstrauen gegenüber der Arbeitskompetenz der Beschäftigten resultierte zwingend aus dem wissenschaftlichen Überlegenheitsanspruch der Ingenieure, die deren Erfahrungswissen bei Problemfällen demonstrativ übergingen, was wiederum Ressentiments unter den Anlagenbesatzungen auslöste:

> »Wir haben uns schon oft darüber unterhalten, auch mit den Meistern, aber hier hat man kein Ohr dafür. Der Betrieb besteht nur auf der Produktion. Dem einzelnen Mann wird kein Vertrauen geschenkt. Wenn wir etwas bemängeln, wird uns einfach gesagt, es muss gehen.«[39]

Die latente Brisanz in den hierarchischen Arbeitsbeziehungen deutscher und amerikanischer Eisen- und Stahlwerke zwischen den 1920er- und den 1980er-Jahren brach

---

37 Ausschuss zur Untersuchung der Erzeugungs- und Absatzbedingungen der deutschen Wirtschaft (Enquete-Ausschuss), 4. Unterausschuss, Verhandlungen und Beratungen des Unterausschusses für Arbeitsleistungen, Bd. 7: Die Arbeitsleistung in Stahl- und Walzwerken und ihre Abhängigkeit von Arbeitszeit, Arbeitslohn und anderen Faktoren, Berlin 1930 [i. F. zit. als: Stahl- und Walzwerke], S. 93.
38 Ebd., S. 130.
39 Mannesmann-Archiv R 1 40 47.2: Berichte der sozialpolitischen Abteilung der Vereinigten Stahlwerke (Dortmunder Union-Hoerder Verein 9/1927-25/1927), Bl. 6.

nur deshalb nicht öfter offenen Konflikten Bahn, weil sie in Zeiten störungsfrei fließender Produktion unter der Latenzschwelle blieb. In der Routineproduktion waren die Obermeister selten, die Betriebsingenieure so gut wie nie anwesend, sondern mit der Erarbeitung technischer Problemlösungen und der kalkulatorischen Optimierung der Betriebsökonomie ausgelastet. Deswegen blieb auch der prinzipiell unbegrenzte Kontrollanspruch zumeist virtuell – bis auf die zum Teil regelmäßigen, zum Teil spontanen Kontrollgänge, die Effizienzexperten den Funktionsträgern als »gut eingedrillten Überwachungsdienst, der an militärische Patrouillengänge erinnert«, ans Herz legte.[40] Diese empfanden die Männer an den Hochöfen, Konvertern und Walzstraßen nicht nur als störend, sondern als gewaltsames Eindringen in ihre kollektive Arbeitssphäre, das ihnen ihre Abhängigkeit in kapitalistischen Klassenbeziehungen immer wieder drastisch vor Augen führte:

> »Untergründig störte die Anwesenheit [des Betriebsführers] den Rhythmus, die Beziehung zwischen dem Arbeiter und seiner Arbeit. Mit seinem Erscheinen trennte er den Ofen von den Männern. Nun war es sein Ofen und sie dessen Diener, und damit seine; für das Wohlergehen [des Ofens] waren sie nun nicht mehr dem Ofen und ihnen selbst verantwortlich, in ihrem Stolz, ihn richtig zu behandeln, sondern [dem Betriebsführer]. Er nahm ihnen alles weg. Sie hörten auf, Männer mit Fähigkeiten und Kenntnissen zu sein, Eisenmacher, und wurden auf den Status von Lohnempfängern degradiert, die für Geld machten, was man ihnen sagte, deren Gefühle nicht zählten, nicht einmal ihre wohlige Vertrautheit mit den Werkzeugen, den Maschinen, mit denen sie umgingen, oder mit der Arbeit, die sie taten.«[41]

Diese konfliktträchtigen Arbeitsbeziehungen übersetzen sich auch in die industriellen Beziehungen. Die Eisen- und Stahlarbeiter waren ebenso selbstbewusst wie betriebsbezogen; sie legten eine beträchtliche Militanz an den Tag, vor allem, wenn es um Belange des Arbeitsplatzes ging, aber wenig politische Radikalität. Für sie war sicher der Betriebsrat (oder »shop steward« – ein gewerkschaftlicher Vertrauensmann – auf amerikanischer Seite) wichtiger als der Gewerkschaftsfunktionär im Bezirk. Sie waren ausgesprochen wohlorganisiert – Organisationsquoten an die 100 % waren in den 1960er-Jahren in der IG Metall und den *United Steelworkers of America* keine Seltenheit – aber sie stellten alles andere als eine bequeme Gewerkschaftsklientel dar. Immer wieder gab es Tendenzen zu einer noch direkteren Vertretung der Belegschaftsinteressen im Betrieb, angefangen von den kurzlebigen Experimenten mit dem Syndikalismus im Ruhrgebiet nach dem Ersten Weltkrieg. Die Betriebsbezogenheit dieser Arbeitskultur war ihre Stärke – und wurde zur Schwäche, als die Eisen- und Stahlindustriellen ihnen in den 1980er-Jahren ihre Arbeitsplätze wegnahmen und ihre

---

40 Stahl- und Walzwerke, 1930, S. 93.
41 Thomas Bell, Out of this Furnace [zuerst 1941], Pittsburgh 1976, S. 166.

Werke schlossen. Da blieb nur ohnmächtiger Widerstand, dessen Wirkung bezeichnenderweise lokal blieb.

Morten Reitmayer

Das ökonomische Feld.
Sozialraumanalyse und Betrieb

Den Betrieb als sozialen und politischen Ort zu konzipieren – das bedeutet zunächst einmal, ein Unternehmen oder ein Unternehmensteil nicht allein als einen Ort der Produktion und Distribution ökonomischer Güter zu verstehen, sondern vor allem als einen Schauplatz von Auseinandersetzungen. Dieser Schauplatz wird von ganz unterschiedlichen Akteursgruppen bewohnt: Den Kapitaleignern und Kreditgebern mit ihren unterschiedlichen Interessen (etwa ihrem zeitlichen Anlagehorizont), den miteinander rivalisierenden Fraktionen des Managements, den verschiedenen Gruppen der Belegschaft (höher oder minder Qualifizierte, Experten innerhalb und außerhalb der Produktionsabläufe, Migranten und Einheimische, Männer und Frauen, Büro- und Handarbeiter, jüngere sowie ältere Arbeitnehmerinnen und Arbeitnehmer), den Lieferanten und Abnehmern, aber auch den externen Beratern und letztlich (weil sie eben die Handlungen all dieser Gruppen beeinflussen können) sogar von den Konkurrenten. Diese Akteure wiederum folgen in ihrem Handeln nicht einem imaginären Unternehmenszweck, sondern sie führen Auseinandersetzungen vor allem über die Verwendung der Ressourcen des Unternehmens und über die Verteilung der Profite aus der Verwertung der produzierten Güter. Gleichzeitig sind diese Auseinandersetzungen gekennzeichnet von immer neuen Versuchen, einen Konsens über die Unternehmensziele und die dafür eingesetzte Strategie zu erzielen – mit welchen Mitteln auch immer dieser Konsens erreicht wird.

Diese Perspektive einzunehmen verlangt allerdings auch, eine Reihe von Brüchen mit einigen hergebrachten Vorannahmen und Analysemodellen der Wirtschafts- und Unternehmensgeschichte sowie der Geschichte der (industriellen) Arbeitswelten zu vollziehen: Mit dem Markt als voraussetzungs- und ortlosem Ort des Austauschs von Gütern zwischen anonymen und vollinformierten Nutzenmaximierern ohne soziale Existenz, mit dem Unternehmen als herrschaftsfreiem Bündel von Verträgen, gegenseitigen Verpflichtungen und daraus abgeleiteten Verfügungsrechten[1], mit einer Unternehmerfigur, die entweder als genialischer Neuerer (wie im Gefolge der Schumpeter-Rezeption) oder als Verwerter von Informationen gedacht wird[2], mit der »Kultur« eines

---
1   Knut Borchardt, Der »Property-Rights-Ansatz« in der Wirtschaftsgeschichte – Zeichen für eine systematische Neuorientierung des Faches?, in: Jürgen Kocka (Hg.), Theorien in der Praxis des Historikers. Forschungsbeispiele und ihre Diskussion, Göttingen 1977, S. 140-156.
2   Mark Casson, Der Unternehmer. Versuch einer historisch-theoretischen Deutung, in: Geschichte und Gesellschaft 27 (2001), S. 524-544; ders., The Entrepreneur. An Economic Theory, Oxford

Unternehmens als konfliktfreiem Integrations- und Manipulationsinstrument³, aber auch mit der Vorstellung, ein Wirtschaftsunternehmen sei in der Wahl seiner Geschäftsstrategie und seiner Suche nach der »one best practice« der Unternehmensstrategie vollkommen frei oder aber folge allenfalls historisch sedimentierten Pfadabhängigkeiten.

Die neuere Unternehmensgeschichte, vor allem die zeithistorisch orientierte, hat sich von diesen Vorgaben durchaus gelöst, wobei gerade die einzelnen Teilgruppen der Beschäftigten viel differenzierter als früher in den Blick genommen worden sind.⁴ Andererseits ging bei dieser notwendigen Korrektur tendenziell die Beachtung des Möglichkeitsrahmens verloren, der (unter anderem) dem Handeln der untersuchten Gruppen von Beschäftigten Reichweite und Grenzen verlieh. Dieser Möglichkeitsrahmen wird durch die dauerhafte Überlebensfähigkeit der kapitalistischen Unternehmen definiert, die jene Gruppen beschäftigten. Diese Überlebensfähigkeit wiederum hängt davon ab, dass es den Unternehmen gelingt, eine kohärente Profitstrategie (zu diesem Begriff unten mehr) zu finden und unter den beteiligten Akteursgruppen konsensual zu verankern. Die Erkundung des systemischen Zusammenhanges zwischen den Strategien der Unternehmen und dem Agieren der Beschäftigten stellt deshalb nach wie vor ein großes Desiderat der Wirtschafts- und Unternehmensgeschichte dar.

    1982. Ein kurzer Überblick findet sich bei Hartmut Berghoff, Moderne Unternehmensgeschichte, Paderborn 2004, S. 39-41.

3 Vgl. exemplarisch Clemens Wischermann u. a. (Hg.), Unternehmenskommunikation im 19. und 20. Jahrhundert. Neue Wege der Unternehmensgeschichte, Dortmund 2000; Clemens Wischermann u. a. (Hg.), Unternehmenskommunikation deutscher Mittel- und Großunternehmen. Theorie und Praxis in historischer Perspektive, Münster i. Westf. 2003 (vgl. dazu die Rezension von Alexander Schug in: H-Soz-Kult, 16.8.2004, <http://hsozkult.geschichte.hu-berlin.de/rezensionen/2004-3-100> (letzter Abruf 26.9.2013). Zur weiteren Kritik vgl. Thomas Welskopp, Unternehmenskulturen im internationalen Vergleich – oder eine integrale Unternehmensgeschichte in typisierender Absicht, in: Hartmut Berghoff/Jakob Vogel (Hg.), Wirtschaftsgeschichte als Kulturgeschichte, Frankfurt a. M. 2004, S. 265-294, bes. S. 265-272.

4 Exemplarisch seien hier genannt Karl Lauschke, Die Hoesch-Arbeiter und ihr Werk. Sozialgeschichte der Dortmunder Westfalenhütte während der Jahre die Wiederaufbaus 1945–1966, Essen 2000; Dietmar Süß, Kumpel und Genossen. Arbeiterschaft und Sozialdemokratie in der bayerischen Montanindustrie, München 2003; Ruth Rosenberger, Experten für Humankapital. Die Entdeckung des Personalmanagements in der Bundesrepublik Deutschland, München 2008; vgl. auch den Diskussionsbeitrag von Mark Spoerer zum Stand der Unternehmensgeschichtsforschung, Mark Spoerer, Mikroökonomie in der Unternehmensgeschichte? Eine Mikroökonomik der Unternehmensgeschichte, in: Jan-Otmar Hesse u. a. (Hg.), Kulturalismus, Neue Institutionenökonomik oder Theorievielfalt. Eine Zwischenbilanz der Unternehmensgeschichte, Essen 2002, S. 175-195. Die neueren Einführungen und Überblick gebenden Sammelbände dokumentieren immerhin eine vorsichtige Öffnung des Mainstreams der Wirtschafts- und Unternehmensgeschichte gegenüber handlungs- und akteursorientierten Ansätzen; vgl. Toni Pierenkemper, Unternehmensgeschichte. Eine Einführung in ihre Methoden und Ergebnisse, Stuttgart 2000; Hartmut Berghoff, Moderne Unternehmensgeschichte, Paderborn 2004; Werner Plumpe, Unternehmen, in: Gerold Ambrosius/Dietmar Petzina/Werner Plumpe, Moderne Wirtschaftsgeschichte, 2. erw. Aufl., München 2006, S. 61-94; Karl Lauschke/Thomas Welskopp (Hg.), Mikropolitik im Unternehmen. Arbeitsbeziehungen und Machtstrukturen in industriellen Großbetrieben, Essen 1994.

1 Der Ansatz der Feldanalyse

Den Betrieb als sozialen und politischen Ort zu untersuchen bedeutet deshalb auch und vor allem, sowohl den unternehmensbezogenen Konflikt-, Konkurrenz- und Konsensbeziehungen zwischen all den oben genannten Akteursgruppen nachzugehen, als auch die soziale Organisation der Wertschöpfung im Unternehmen im Blick zu behalten. Dafür bietet es sich an, auf einige Konzepte der Soziologie beziehungsweise der Wirtschaftssoziologie zurückzugreifen. Im Folgenden wird deshalb zunächst kurz Pierre Bourdieus Begriff des sozialen »Feldes« sowie den daraus folgenden Terminus der »Strategie« skizziert, um daran anschließend eine Reihe von – mit diesem Analyseinstrumentarium einfach zu kombinierenden – Konzepten und Überlegungen der Politischen Ökonomie beziehungsweise der neueren Wirtschaftssoziologie und besonders der französischen Regulationsschule zu Fragen der Erfolgsbedingungen betrieblicher Arbeitsorganisation zu diskutieren. Diese Ansätze differenzieren nicht nur mehr oder weniger systematisch unterschiedliche »Produktionsmodelle« (etwa die »standardisierte Massenproduktion« von der »diversifizierten Qualitätsproduktion«); sie kulminieren auch in der Vorstellung, dass Unternehmen einen möglichst dauerhaften »Governance-Kompromiss« zwischen all den oben genannten Akteursgruppen schließen müssen, um erfolgreich wirtschaften zu können. Im Horizont dieses konzeptionellen Settings möchte ich abschließend zwei Beispiele für die erfolgreiche Anwendung dieser Konzepte vorstellen. Das Ziel dieser Unternehmung sollte darin bestehen, die aus den systematischen Sozialwissenschaften gewonnenen Ansätze für eine methodisch erneuerte Gewerkschaftsgeschichte als Unternehmensgeschichte fruchtbar zu machen. Es geht also nicht um eine »Totalgeschichte des Unternehmens«, wohl aber um ein anspruchsvolles Arbeitsprogramm, das dazu dienen kann, das selbstgewählte Metier der Unternehmensgeschichte einzulösen. Und nicht zuletzt erscheint es sinnvoll, dem etwas unübersichtlich gewordenen Werkzeugkasten der Wirtschafts- und Sozialgeschichte eine kurze Anleitung zur Benutzung einiger durchaus komplexer, aber nutzbringender Arbeitsverfahren beizulegen.

Beginnen wir also mit einer kurzen Skizze des bourdieuschen Feldansatzes. Bedauerlicherweise hat Bourdieu selbst seine »Allgemeine Theorie der Felder« – gelegentlich spricht er auch von einer »Allgemeinen Theorie der Ökonomie der Felder« – vor seinem Tod nicht mehr ausgearbeitet[5], sodass wir darauf angewiesen sind, Bourdieus an unterschiedlichen Orten gemachte Erklärungen und Einzelstudien (besonders diejenigen zu den Feldern der französischen »Elitehochschulen« und der

---

5   Pierre Bourdieu, Zur Genese der Begriffe Habitus und Feld, in: ders., Der Tote packt den Lebenden, Hamburg 1997, S. 59-78, hier: S. 71, 73; ders., Reflexive Anthropologie, Frankfurt a. M. 1996, S. 124-147.

Unternehmerschaft)[6] zusammenzufügen. Ein soziales Feld, wie Bourdieu es konzipiert hat, trägt einen Doppelcharakter: Einerseits stellt es eine Struktur dar, also ein System dauerhafter Relationen, innerhalb derer jeder relevante Akteur und jede Akteursgruppe seine beziehungsweise ihre Position findet. Diese Position wird definiert durch den Besitz an »Kapital«, das heißt an denjenigen Macht- und Einflussmitteln, die in dem jeweiligen Feld wirksam sein können. In einem Unternehmen sind dies vor allem Kontroll-, Herrschafts-, Partizipations- und Verfügungsrechte, Besitz von Anteilen am Unternehmenskapital, relevante Informationen über Produkte und Produktionsverfahren, Abhängigkeiten von beziehungsweise gegenüber Lieferanten, Abnehmern und Kreditgebern usw. Andererseits stellt ein solches Feld eine Arena von Auseinandersetzungen dar, einen Kampfplatz, auf dem jene Akteure gemäß ihrer jeweiligen Interessen (und zwar derart vorgestellt, wie diese selbst ihre Interessen wahrnehmen und definieren, nicht gemäß externer, häufig ökonomistisch reduzierter Theorien) um die arbeitsteilig erbrachten feldspezifischen Profite ringen. Übertragen auf die Unternehmensgeschichte bedeutet dies, dass eine Analyse des Unternehmens als Feld (also als Ort der Produktion materieller Güter und der Aneignung materieller Profite) die Auseinandersetzungen zwischen all diesen Gruppen, ihren Machtmitteln, ihren Interessen und Motiven, vor allem soweit sie die Entscheidungen über die herzustellenden Produkte, die Organisation ihrer Produktion sowie die Ausgestaltung der Arbeitsbeziehungen betreffen, und damit das Fortbestehen dieses Feldes (also des Unternehmens) zum Gegenstand ihrer Untersuchung hat mit dem Zweck, die spezifische Logik der Handlungen seiner Akteure zu rekonstruieren. Am Ende einer solchen Analyse wird hoffentlich deutlich, dass dieses Verfahren zum einen systematische Vergleiche (vor allem, aber nicht nur zwischen einzelnen Unternehmen) ermöglicht, und zum anderen den Wert von universalen Theorien über das Unternehmen »als solches« deutlich relativiert zu Gunsten genuin historischer Erkenntnisse.

Bourdieu hat den Erkenntniswert dieses Ansatzes mit Bezug auf die Beschäftigten eines Unternehmens sehr anschaulich beschrieben:

> »Um dieses Feld [die Rede ist von der französischen Uhrenindustrie; M. R.] wirklich zu beschreiben, muss man die Qualität der Arbeitskräfte einbeziehen, die sehr eng mit dem Ausbildungsniveau der Führungskräfte zusammenhängt, mit den Lohnunterschieden zwischen Führungskräften und Arbeitskräften, mit der Höhe des zirkulierenden Kapitals, mit dem Modernitätsgrad der Maschinen etc. Gestern habe ich ein Interview mit einem Ingenieur gemacht, der sagte: Die Deutschen können nicht verstehen – er ist Ingenieur bei Siemens –, sie sagen, dass sie eine sehr

---

6 Pierre Bourdieu, Der Staatsadel, Konstanz 2004; ders., Homo Academicus, Frankfurt a. M. 1988; Pierre Bourdieu u. a., Kapital und Bildungskapital. Reproduktionsstrategien im sozialen Wandel, in: Pierre Bourdieu u. a., Titel und Stelle. Über die Reproduktion sozialer Macht, München 1978, S. 23-87.

perfektionierte Maschine haben, und dass das in Frankreich nicht funktioniert. Die Deutschen denken sofort: Diese Franzosen, die verstehen das nicht. In Wirklichkeit ist das französische Gewerkschaftssystem so beschaffen, dass die Unternehmer gewisse Maschinen nicht verwenden können, weil sie wissen, dass die Verwendungskosten dieser Maschinen größer wären als ihre Produktionsgewinne. Warum? Weil die Arbeiter diesen Maschinen Widerstand leisten würden, und sie haben die soziale Kraft zum Widerstand. Daher ziehen die Unternehmer weniger perfektionierte Maschinen vor, die ihnen aber gewerkschaftliche Kämpfe ersparen. Der Ertrag einer Maschine wird von den sozialen Merkmalen beeinflusst, das Schulsystem gehört dazu etc. Man muss verrückt sein, um heutzutage eine Ökonomie ohne Analyse des Schulsystems zu betreiben. Man wird Ihnen sagen: Aber wir machen eine Ökonomie des Schulsystems. In Wirklichkeit geht es darum, das Schulsystem als ökonomischen Akteur zu behandeln, als Akteur der Produktion der Produzenten.«[7]

So weit, so abstrakt. Denn da der Feldansatz zwar in der Tat die Existenz einer allgemeinen Ökonomie der Felder unterstellt, andererseits aber davon ausgeht[8], dass jedes Feld seiner eigenen Logik folgt, weil es seine eigene – sich historisch wandelnde! – Struktur aufweist, ist es für jede neue Feldanalyse notwendig, sich die Untersuchungskategorien selbst zusammenzustellen, weil sich das intellektuelle Feld der Bundesrepublik in den 1950er-Jahren vom Feld der Großbanken in der 1. Hälfte des 20. Jahrhunderts (zu schweigen von den Unterfeldern der einzelnen Kreditinstitute) oder eines Automobilproduzenten vor und nach der ersten Ölkrise ganz offensichtlich vielfach unterscheidet. Die Arbeit an einer Feldanalyse ist also eine sehr zeitaufwändige und mühevolle. Deshalb ist es sinnvoll, auf Vorarbeiten zurückzugreifen.[9]

Bourdieu – und auch seine Schüler – haben den Feldansatz nicht auf die Untersuchungsebene einzelner Unternehmen oder Betriebe angewendet.[10] Zwar sind in seinem Umfeld einige herausragende Studien über mittlere und gehobene wirtschaftliche Führungskräfte und deren politisch-ideelle Bedürfnisse und Äußerungen[11] oder

---

7   Pierre Bourdieu, Für einen anderen Begriff der Ökonomie, in: ders., Der Tote packt den Lebenden, Hamburg 1997, S. 79-100, hier: S. 85 f.
8   Luc Boltanski, Die Führungskräfte. Die Entstehung einer sozialen Gruppe, Frankfurt a. M. 1990.
9   In der Soziologie bereits versucht: Klaus Dörre/Ulrich Brinkmann, Finanzmarkt-Kapitalismus. Triebkraft eines flexiblen Produktionsregimes?, in: Paul Windolf (Hg.), Finanzmarktkapitalismus. Analysen zum Wandel von Produktionsregimen, Wiesbaden 2005, S. 85-116.
10 Allerdings hat Bourdieu selbst eine kritische Analyse einiger wirtschaftswissenschaftlicher Grundkategorien und der sozialen Bedingungen ihrer praktischen Anwendung vorgelegt. Pierre Bourdieu, Das ökonomische Feld, in: ders., Der Einzige und sein Eigenheim. Schriften zu Politik & Kultur 3, Hamburg 1998, S. 162-204.
11 Luc Boltanski/Ève Chiapello, Der neue Geist des Kapitalismus, Konstanz 2003.

über die Arbeiter der Peugeot-Werke in Sochaux[12] erschienen, die auch ins Deutsche übersetzt worden sind. Aber sich in die besondere kapitalistische Logik eines Wirtschaftsunternehmens einzutauchen scheint für Bourdieu nicht besonders attraktiv gewesen zu sein; im Gegenteil: Vermutlich war es ihm sogar zuwider.

2   Der Ansatz der französischen Regulationsschule

Umso zwingender erscheint es, an eine weitere sozialwissenschaftliche Forschungsrichtung anzuknüpfen, die sich – ganz ohne Verweise auf Bourdieu – durchaus ähnlicher Vorannahmen bedient hat (vor allem des relationalen und praxeologischen Ansatzes), und diese Überlegungen schließlich in einem großen Forschungsprojekt auf einzelne Unternehmen der gleichen Branche angewendet hat, nämlich die Regulationsschule. Obendrein erscheint es sinnvoll, diese Arbeiten der Regulationsschule in Deutschland etwas besser bekannt zu machen, weil sie gerade unter deutschen Sozial- und Unternehmenshistorikern bislang wenig rezipiert worden sind.

Die Regulationsschule entstand (übrigens auch unter Einfluss einer geschichtswissenschaftlichen Strömung, nämlich der französischen Annales-Schule) in den 1970er-Jahren als marxistische, gleichwohl institutionenökonomische Antwort auf das Versagen keynesianischer Ansätze der Erkenntnis und Steuerung einer krisenfreien kapitalistischen Wirtschaft nach dem Auslaufen des großen Nachkriegsbooms.[13] In der zweiten Hälfte der 1990er-Jahre unternahm eine von Robert Boyer und Michel Freyssenet geleitete internationale Forschergruppe unter dem Logo GERPISA (Groupe d'Etude et de Recherche Permanent sur l'Industrie et les Salariés de l'Automobile) einen Vergleich der Wachstumsstrategien der weltweit operierenden großen Automobilproduzenten, die seinerzeit vor allem in Europa und den USA vor schweren Problemen standen. Dabei entstanden nach 1998 rund ein Dutzend Sammelbände.[14] Ansatzpunkt und intellektuelle Herausforderung war die bekannte MIT-Studie

---

12 Stéphane Beaud/Michel Pialoux, Die verlorene Zukunft der Arbeiter. Die Peugeot-Werke von Sochaux-Montbéliard, Konstanz 2004.

13 Robert Boyer/Yves Saillard (Hg.), Regulation Theory. The State of the Art, London 2002; J. Rogers Hollingsworth/Robert Boyer (Hg.), Contemporary Capitalism. The Embeddedness of Institutions, Cambridge 1998. Zur Kritik und Diskussion des Regulationssatzes vgl. Bob Jessop, Rezension von: Robert Boyer/Yves Saillard (Hg.), Regulation Theory: The State of the Art, in: New Political Economy 7 (2002) 3, S. 463-472; Roland Atzmüller, Fit mach mit? Theoretisch-politische Perspektiven des Regulationssatzes – ein Rezensionsessay, in: Grundrisse. Zeitschrift für linke Theorie & Debatte (<http://www.grundrisse.net/grundrisse10/10regulationsansatz.htm>, letzter Abruf 23.9.2013); Bernd Röttger, Glanz und Elend der Regulationstheorie. Einige Reflexionen zum Begriff der Regulation, in: Sozialistische Politik und Wirtschaft [SWP] 135, 2004 (<http://www.spw.de/data/rttger_spw135.pdf>) (letzter Abruf 23.9.2013).

14 Vgl. Robert Boyer/Michel Freyssenet, Produktionsmodelle. Eine Typologie am Beispiel der Automobilindustrie, Berlin 2003, S. 153 f.

»The Machine that Changed the World« von Womack und anderen aus dem Jahr 1990[15], der Boyer und Freyssenet die These »The World that Changed the Machine« entgegensetzten[16], nachdem sie nachdrücklich die Vorstellung des »einen besten Wegs« der Unternehmensstrategie in einer Branche (und erst recht darüber hinaus) zurückgewiesen hatten.[17] Die MIT-Studie hatte postuliert, dass die gesamte Automobilindustrie der Welt sich binnen kurzem dem japanischen Modell der »lean production« zuwenden – oder untergehen – werde. Mit einem ähnlichen wissenschaftlichen und gleichzeitig politisch engagierten Gestus wie Bourdieu wandten sich auch Boyer und Freyssenet gegen derart reduktionistische Vorstellungen mit Anspruch auf universale Gültigkeit. Dagegen entwarfen sie ein durchaus komplexes, aber operationalisierbares Modell der Vermittlung zwischen der Makro-Ebene des nationalen Wachstumsmodus', bestimmt durch Faktoren wie die wichtigste Wachstumsquelle, den Verteilungsmodus der Profite sowie durch die Marktstrukturen und die Mikro-Ebene der Unternehmen.

Diese Begriffe sollen hier kurz geklärt werden[18]:

Die primären Wachstumsquellen vor allem der westlichen Volkswirtschaften nach dem Zweiten Weltkrieg beruhten und beruhen sowohl auf einer sich rapide ausweitenden Binnennachfrage (vor allem nach Gütern des Massenkonsums) als auch auf Erlösen, die mit dem Export unterschiedlicher Güter erzielt werden konnten (und können): industrielle Massengüter auf preissensitiven Märkten oder aber spezialisierte und hochwertige Güter, für die keine ausgeprägte Preiskonkurrenz besteht. Umfangreiche Rohstoffexporte stellten eher eine Ausnahme dar (etwa in Großbritannien, dessen Wirtschaftswachstum aber zunächst – und seit Ende der 1970er-Jahre wieder – darauf beruhte, dass auf den weitgehend liberalisierten Märkten die Realpreise beständig sanken).

Der typische (»national regulierte«) Verteilungsmodus für die hier realisierten Profite bewirkte während der Jahrzehnte des Booms im historischen Vergleich relativ geringe Einkommensunterschiede, nicht zuletzt aufgrund der starken gewerkschaftlichen Organisationen. Allerdings wich das Ausmaß der Koordination der Einkommensverteilung auf nationaler Ebene je nach Tradition und Stärke der beteiligten Organisationen stark voneinander ab. Auch hier stellte Großbritannien aufgrund der ebenso flexiblen wie fragmentierten Arbeitsmärkte und der Bedeutung des Finanz-

---

15 James P. Womack u. a., The Machine that Changed the World. The Story of Lean Production, New York 1990.
16 Robert Boyer/Michel Freyssenet, The World that Changed the Machine. Synthesis of GERPISA Research Programs 1993–1996, <http://gerpisa.org/ancien-gerpisa/actes/31/31-3.pdf> (letzter Abruf 23.9.2013).
17 Michel Freyssenet u. a. (Hg.), One Best Way? Trajectories and Industrial Models of the World's Automobile Producers, Oxford 1998.
18 Vgl. für das Folgende Boyer/Freyssenet, Produktionsmodelle, 2003.

marktes während der Jahrzehnte des Booms wieder einen westeuropäischen Sonderfall dar (jedenfalls unter den demokratischen Gesellschaften).

Hinsichtlich der Marktstrukturen bestanden die größten nationalen Unterschiede trotz der allgemeinen Ausbreitung des Massenkonsums. Je geringer die Einkommensunterschiede während der Boomjahrzehnte waren, desto kontinuierlicher waren auch die Abstufungen der Marktsegmente, was es beispielsweise den Herstellern dauerhafter Konsumgüter (Automobile, Küchengeräte usw.) ermöglichte, ihre Produktpalette zu diversifizieren, das heißt, in jedem Marktsegment mit eigenen Produkten vertreten zu sein. Das Produktionsmodell »Volumen und Produktdifferenzierung« war deshalb weiter verbreitet (jedenfalls in der Automobilbranche) als das Modell der reinen »Großserienfertigung«, das darauf beruhte, tendenziell nur ein einziges Modell (exemplarisch: der »Käfer« von Volkswagen) in großen und weiter steigenden Stückzahlen zu produzieren und zu sinkenden Preisen anbieten zu können.

Derartige Skalenerträge, bei denen die Fixkosten auf ein größtmögliches Produktionsvolumen verteilt werden, um die Stückkosten niedrig zu halten, stellen daher die erste der sechs vom neueren Regulationsansatz systematisch differenzierten Profitquellen dar.[19] Auf diesen Profitquellen beruhen die Strategien der Unternehmen; allerdings stellen modelltheoretisch die Profitquellen an sich noch keine Strategien als solche dar, sondern müssen erst für solche nutzbar gemacht werden. Weitere Profitquellen sind erstens die Produktqualität, durch die sich höhere Preise erzielen und neue Märkte erobern lassen. Zweitens ermöglicht es die Produktdifferenzierung, die Nachfrage auf unterschiedlichen (Teil-)Märkten zu befriedigen. Drittens lassen sich durch die Produktinnovation Profite durch neue Produkte erzielen, vor allem wenn es gelingt, über einen längeren Zeitraum auf diesen neuen Märkten einen möglichst großen (im Grenzfall: als alleiniger Anbieter) Marktanteil zu erobern. Viertens und fünftens lass sich Profite nicht nur durch die Zahl und Beschaffenheit der Produkte, sondern auch durch Anpassungen der Produktionsorganisation erzielen: Einerseits durch Flexibilität, in dem die Produktionskosten schnell den Marktschwankungen angepasst werden, andererseits durch kontinuierliche Kostensenkungen, die eine Absicherung der Gewinnmargen erlaubt. In der kapitalistischen Praxis finden sich selbstverständlich nicht derartige Reinformen, sondern stets Mischformen, aber der Regulationsansatz geht doch davon aus, dass diese unterschiedlichen Profitquellen sich weder beliebig miteinander kombinieren lassen noch gleichmäßig ausgeschöpft werden können, weshalb es für die Unternehmen notwendig ist, Schwerpunkte zu setzen, indem sie Profitstrategien entwickeln. Diese Profitstrategien stellen gewissermaßen die Quersumme aus dem Abschöpfen der Profitquellen auf bestimmten Märkten (siehe oben: Marktstrukturen) mit bestimmten Beschäftigtengruppen durch eine spezifische Produktpolitik, der eine besondere Produktionsorganisation entspricht, die wiederum an eine je eigene Gestaltung der Arbeitsbeziehungen gebunden

---

19 Boyer/Freyssenet, Produktionsmodelle, 2003, S. 36 f.

ist. Unternehmen einer Branche unterscheiden sich, so die Annahme, hauptsächlich hinsichtlich ihrer Profitstrategien. Die »Quersumme« dieser Arbeitsgrößen stellt der so genannte »Governance-Kompromiss im Unternehmen« dar, den die (oben aufgezählten) relevanten Akteursgruppen aushandeln müssen, und der beständig sein muss, um die Profitmöglichkeiten des Unternehmens zu garantieren.

An dieser Stelle bestehen übrigens erhebliche Übereinstimmungen mit ähnlichen in der Politischen Ökonomie beziehungsweise der Wirtschaftssoziologie verwendeten Konzepten, die allerdings weniger systematisch aufeinander bezogen (weil aus unterschiedlichen Forschungskontexten stammend) konzipiert worden sind. Daneben erscheint die Vermittlung zwischen der Makroebene einer gesamten Volkswirtschaft, der Mesoebene der Branchen (oder der Regionen), und der Mikroebene der Unternehmen weniger stringent als im neueren Regulationsansatz: Gemeint sind Modelle wie »Standardisierte Massenproduktion«, »Diversifizierte Qualitätsproduktion«[20], »Flexible Massenproduktion«[21], »Flexible Spezialisierung«[22] und so weiter.

An der Einbettung der Profitstrategien in die jeweiligen oben erläuterten nationalen Wachstumsmodi[23] unterschieden Boyer und Freyssenet für die Automobilindustrie sechs verschiedene Produktionsmodelle:

> »Produktionsmodelle können als unternehmensspezifische Governance-Kompromisse definiert werden. Ein Produktionsmodell ermöglicht die dauerhafte Umsetzung einer Profitstrategie, wenn diese dem Wachstumsmodus des Landes angepasst ist, in dem das Unternehmen aktiv ist. Die eingesetzten Mittel (Produktpolitik, Produktionsorganisation, Arbeitsbeziehungen) müssen kohärent und für alle beteiligten Akteure akzeptabel sein.«[24]

Grundsätzlich ist den Unternehmen der Wechsel des Produktionsmodells möglich; doch ist ein solcher Wechsel mit erheblichen Kosten und Risiken verbunden, weshalb

---

20 Wolfgang Streeck, On the Institutional Conditions of Diversified Quality Production, in: Egon Matzner/Wolfgang Streeck (Hg.), Beyond Keynesianism. The Socio-Economics of Production and Full Employment, Aldershot 1991, S. 21-61.
21 Robert Boyer, The Eighties. The Search for Alternatives to Fordism, CEPREMAP Working Papers (1989), <http://econpapers.repec.org/scripts/redir.pf?u=http%3A%2F%2Fwww.cepremap.fr%2Fdepot%2Fcouv_orange%2Fco8909.pdf;h=repec:cpm:cepmap:8909> (letzter Abruf 23.9.2013).
22 Michael J. Piore/Charles Sabel, Das Ende der Massenproduktion, Frankfurt a. M. 1989 [im Orig. 1984], S. 286-307.
23 Dem Problem, das bei der »Verpflanzung« eines Produktionsmodells durch den Aufbau von Produktionsanlagen in Ländern mit einem anderen Wachstumsmodus auftritt – also bei der »Hybridisierung« von Produktionsmodellen – widmete der Regulationsansatz ein eigenes Forschungsfeld, vgl. Robert Boyer u. a., Between Imitation and Innovation. The Transfer and Hybridization of Productive Models in the International Automobile Industry, Oxford 1998.
24 Boyer/Freyssenet, Produktionsmodelle, 2003, S. 43.

er in der Regel nur in existenziellen Unternehmenskrisen durchgeführt wird. Zwei derartige Fälle werden unten exemplarisch vorgestellt. Bedeutsam für unseren Problemzusammenhang ist dabei besonders die Betonung der Ausgestaltung der Arbeitsbeziehungen durch Boyer und Freyssenet.

Für die bereits erwähnte Strategie der Großserienfertigung zeigt sich beispielsweise, dass sie mit einer vorwiegend nur angelernten Arbeiterschaft auskam – eben wie bei Volkswagen, dessen Produktionsstätten abseits der großen Industriegebiete lagen, und dessen Belegschaft bis in die 1960er-Jahre hinein zu einem großen Teil aus ehemaligen Flüchtlingen sowie Arbeitsmigranten bestand, die weniger von erfüllter und abwechslungsreicher Arbeit träumten, als vielmehr durch die hohen Löhne angezogen wurden.

Diese Beschäftigtengruppen waren zwar durchaus gut organisiert (was es ihnen ermöglichte, hohe Löhne durchzusetzen), aber sie sahen keinen Grund, eine höhere Autonomie am Arbeitsplatz zu erkämpfen, und für sie galt auch kein gruppenspezifisches, sondern ein auf den ganzen Betrieb bezogenes summarisches Entlohnungssystem. Boyer und Freyssenet bezeichnen das Modell der »Großserienproduktion« übrigens nach der in den 1910er-Jahren entwickelten Produktionsweise der Ford Motor Company als »Fordismus«, allerdings ohne die missverständliche normative Aufladung des Begriffs als »Gesellschaftsmodell des kurzen 20. Jahrhunderts« (das vor allem als Epochenbegriff für einen Teil der »Hochmoderne« für Ideologen und Praktiker autoritärer Regime attraktiv wurde) zu übernehmen.[25]

Höherqualifizierte Beschäftigte im Produktionsprozess, die ihre Arbeitsplatzautonomie und ihr Recht, gruppenbezogene Löhne von Vertrauensleuten aushandeln zu lassen, gelegentlich auch durchaus militant verteidigten (wie es bei zahlreichen britischen Herstellern der Fall war), verweigerten sich regelmäßig der spezifischen Produktionsorganisation und den Arbeitsbeziehungen, welche die Voraussetzungen für die reine Großserienproduktion darstellten, weshalb den betreffenden Unternehmen die Umstellung auf das »fordistische« Produktionsmodell auch dann nicht gelang, als die Marktstrukturen nach dem Zweiten Weltkrieg durch eine gleichmäßigere Einkommensverteilung die Möglichkeit dazu geboten hätten.

Standen dagegen ausreichend qualifizierte Arbeitskräfte zur Verfügung und blieben die Arbeitsbeziehungen überdurchschnittlich stabil, dann eröffneten sich weitere Optionen, vor allem wenn die Kapitalgeber geduldig blieben und keine kurzfristigen und überzogenen Renditeanforderungen erhoben. (Bemerkenswerterweise wurden und werden zahlreiche namhafte europäische Automobilhersteller entweder von

---

25 Rüdiger Hachtmann, Fordismus, Version: 1.0, in: Docupedia-Zeitgeschichte, 27.10.2011, <http://docupedia.de/zg/Fordismus?oldid=84605> (letzter Abruf 23.9.2013). Boyer/Freyssenet, Produktionsmodelle, 2003, S. 73-85. Ein flexibler und undogmatischer Fordismus-Begriff findet sich bei Robert Boyer, French Statism at the Crossroads, in: Colin Crouch/Wolfgang Streeck (Hg.), Political Economy of Modern Capitalism. Mapping Convergence and Diversity, London 1997, S. 71-101.

Eigentümerfamilien kontrolliert oder befanden sich zumindest teilweise in Staatsbesitz, was sie den Pressionen der Kapitalmärkte weitgehend entzog). Dann konnten Geschäftsleitungen auch in Krisenzeiten den Verzicht auf Kündigungen garantieren[26], was wiederum die Beschäftigten ermunterte, weitergehende Qualifikationen auch dann zu erwerben, wenn sie nur bei ihrem gegenwärtigen Arbeitgeber von Wert wären (und nicht auf andere Unternehmen übertragbar). Denn diese Konstellation ermöglichte es Unternehmen, in die Qualitätsproduktion einzusteigen und Produkte, die als Statussymbole für wohlhabende Kunden fungierten, auf Märkten anzubieten, auf denen kein Preis-, sondern ein Qualitätswettbewerb herrscht und deshalb höhere oder stabile Gewinnmargen zu erzielen waren und sind.[27] Kapitalgeber erwartete bei diesem Produktionsmodell vor allem eine stabile Verzinsung. Allerdings musste die Qualitätsstrategie bis zum Ende des 20. Jahrhunderts aufgrund der Marktstrukturen, das heißt der verhältnismäßig kleinen Marktnischen der Oberklasse, auf Nischenhersteller beschränkt bleiben. Erst um die Jahrtausendwende scheint es Volkswagen gelungen zu sein, durch ein aggressives Branding (zu dem auch der Kauf einiger derartiger Nischenhersteller gehörte) sowie durch eine qualitätsbewusste Produktpolitik hochwertige Modelle als Statussymbol in jedem Marktsegment anzubieten und auf diese Weise die Qualitätsstrategie mit der Profitstrategie »Volumen und Produktdifferenzierung« erfolgreich zu kombinieren und auf breiteste Käuferschichten zu übertragen (hierzu liegen noch keine gesicherten Forschungen vor).

Eine weitere Möglichkeit bestand darin, neue Marktnischen schnell zu besetzen, um mit innovativen Modellen hohe Profite zu erzielen, solange auf diesen Märkten nur wenige Konkurrenten aktiv waren. Dieses von Boyer und Freyssenet als »Hondaismus« bezeichnete Produktionsmodell basiert also auf einer sehr innovativen Produktpolitik und erfordert eine Produktionsorganisation, die einerseits in der Lage ist, rasche Modellwechsel zu vollziehen, und andererseits bei Misserfolgen auch schnell durch Produktionsumstellungen Verluste begrenzen kann. Dazu sind Arbeitskräfte notwendig, die hinreichend qualifiziert, anpassungsfähig und initiativ sind (was durch die Gestaltung der Arbeitsbeziehungen gefördert werden muss), um diese Flexibilität zu gewährleisten. Auch dieses Produktionsmodell ist auf geduldige Kapitalgeber

---

26 Diese Konstellation nahm beispielsweise bei Daimler-Benz in den 1970er-Jahren folgende Gestalt an: Üblicherweise mussten Kunden auf den Erhalt eines neuen Mercedes, also eines qualitativ hochwertigen Statussymbols, mehrere Monate warten. Sank der Auftragseingang, konnte das Unternehmen diese Wartezeit als »Puffer« nutzen und verkürzen, ohne einen einzigen Mitarbeiter entlassen zu müssen. Marktstruktur, Arbeitsbeziehungen und Profitstrategie befanden sich damit in einer sehr weitgehenden Kohärenz und stellten ein Vorbild für VW dar. Vgl. Ulrich Jürgens, The Development of Volkswagen's Industrial Model, in: Freyssenet u. a. (Hg.), 1998, S. 273-310, hier: S. 289.

27 Emphatisch am Beispiel des Unternehmens BASF hat dies beschrieben Werner Abelshauser, Die BASF. Eine Unternehmensgeschichte, München 2002; ders., Kulturkampf. Der deutsche Weg in die Neue Wirtschaft und die amerikanische Herausforderung, Berlin 2003; ders., Deutsche Wirtschaftsgeschichte von 1945 bis zur Gegenwart, München 2011.

angewiesen, die bereit sind, das Verlustrisiko der relativ häufigen Produktionsumstellungen und der aggressiven Marktstrategie zu tragen.

Über den Erfolg der Profitstrategien entscheidet also nicht allein die Frage, ob die Strategien der Unternehmen an den nationalen Wachstumsmodus angepasst sind, sondern ob es gelingt, einen stabilen Interessenausgleich innerhalb des Unternehmens zu etablieren. Dieser so genannte »Governance-Kompromiss im Unternehmen« muss nämlich die Produktpolitik, die Produktionsorganisation und die Arbeitsbeziehungen aufeinander abstimmen. Und damit sind wir zurück beim Feldansatz.

Denn schon auf den ersten Blick wird deutlich, dass eine Kategorie wie diejenige der »Profitstrategie« sich sehr leicht verstehen lässt als die spezifische Logik eines (als »Feld« konzipierten) Unternehmens, das in ein weiteres Feld – dasjenige des nationalen »Wachstumsmodus« – eingebettet ist. Das Feld »Unternehmen« stellt wiederum ein dauerhaftes Kräfteverhältnis zwischen den einschlägigen Akteuren dar, das seine eigene Handlungslogik – die »Profitstrategie« – hervorbringt. Diese Strategie, deren Gesamtheit den Akteuren nicht vollständig bewusst sein muss, manifestiert sich in mehr oder weniger stabilen Handlungsmustern, die der Logik des Spiels gehorchen (müssen).

3   Die Vermittlung zwischen den beiden analytischen Ansätzen

Offensichtlich bestehen hinsichtlich des handlungstheoretisch zentralen Strategie-Begriffs zwischen dem Regulationsansatz und den bourdieuschen Kategorien große Ähnlichkeiten. Die größte Übereinstimmung besteht sicherlich in der beidseitigen grundsätzlichen Annahme, dass Akteure keineswegs eine beliebige Strategie frei auswählen können, sondern dass sie an den weiteren Handlungskontext gebunden sind. Einige der Faktoren, die im Horizont des Regulationsansatzes über die Auswahl einer erfolgreichen Profitstrategie durch ein Unternehmen entscheiden (Arbeitskräfte, Marktstrukturen), wurden oben bereits genannt. Bourdieu wiederum beschreibt den Handlungskontext im Allgemeinen und bezeichnet ihn als »Spiel«:

> »Unter ›Spiel‹ lässt sich auch verstehen: dass eine Reihe von Leuten an einer geregelten Tätigkeit teilnehmen, einer Tätigkeit, die sich nicht notwendig aus der Befolgung von Regeln ergibt, sondern die bestimmten Regelmäßigkeiten gehorcht. ›Spiel‹ ist der Ort, an dem sich eine immanente Notwendigkeit vollzieht, die zugleich eine immanente Logik ist. In einem Spiel darf man nicht einfach irgendetwas tun.«[28]

---

28   Pierre Bourdieu, Von der Regel zu den Strategien, in: Rede und Antwort, Frankfurt a. M. 1992, S. 79-98, hier: S. 85.

In dieses »Spiel« sind alle Akteure und Gruppen eines Betriebs eingebunden, aber sie spielen das Spiel nicht alle gleich gut – sonst gäbe es keine Konkurse, keine erfolglosen Streiks, keine egoistischen shop-stewards, aber enorme gewerkschaftliche Organisationsquoten. Denn zu »Spiel« gehört auch der »Spiel-Sinn«:

> »Der ›Spiel-Sinn‹, der zu jener Notwendigkeit und Logik beiträgt, stellt eine Art Kenntnis dieser Notwendigkeit und Logik dar. Wer beim Spiel gewinnen, sich Einsätze aneignen, den Ball fangen will, das heißt zum Beispiel eine gute Partie samt der damit verknüpften Vorteile, der muss über den ›Spiel-Sinn‹ verfügen, also ein Gespür für die innere Notwendigkeit und Logik des Spiels besitzen.«[29]

Der Spiel-Sinn zielt also nicht auf bewusst kalkulierte Handlungen ab, sondern stellt vielmehr ein Resultat früher erworbener Erfahrungen (und damit letztlich der Geschichte der Akteure!) dar: Bourdieu definiert den Strategie-Begriff ausdrücklich nicht als »Ausfluss eines bewussten rationalen Kalküls«, sondern

> »die Strategie ist vielmehr das Produkt des praktischen Sinns als eines ›Spiel-Sinns‹, eines Sinns für ein historisch bestimmtes, besonderes soziales Spiel […] Der gute Spieler, gewissermaßen das Mensch gewordene Spiel, tut in jedem Augenblick das, was zu tun ist, was das Spiel verlangt und erfordert. Das setzt voraus, dass man fortwährend erfindet, um sich den unendlich variablen, niemals ganz gleichen Situationen anzupassen.«[30]

Damit ist die Auswahl einer bestimmten Strategie durch einen Akteur (oder eine Gruppe) nicht frei, sondern sozial determiniert, und doch gleichzeitig offen, und ihr Erfolg ist abhängig vom Vermögen, den weiteren Verlauf der Geschichte (des »Spiels«) vorwegzunehmen.

Die Nähe eines solchen Strategie-Begriffs zu Bourdieus eigener (und für seinen Ansatz zentraler) Kategorie des »Habitus« liegt nun auf der Hand: »Der Habitus als ›Spiel-Sinn‹ ist das zur zweiten Natur gewordene, inkorporierte soziale Spiel. Nichts ist zugleich freier und zwanghafter als das Handeln des guten Spielers.«[31] Modelltheoretisch – und die empirischen Befunde widerlegen diese Annahme nicht – vermag deshalb keiner der Akteure im Betrieb aus den habituell gesetzten Grenzen seiner Handlungsmöglichkeiten auszubrechen, der Pförtner so wenig wie der Personalvorstand. Die Bedeutung habitueller Prägungen für die Auswahl und das Handeln wirtschaftlicher Entscheidungsträger – zu denen natürlich nicht allein Unternehmens-

---

29 Bourdieu, Von der Regel zu den Strategien, 1992, S. 85.
30 Bourdieu, Von der Regel zu den Strategien, 1992, S. 83.
31 Bourdieu, Von der Regel zu den Strategien, 1992, S. 84.

leiter zu rechnen sind, siehe oben! – wird in der neueren Wirtschaftssoziologie und -psychologie übrigens als außerordentlich hoch erachtet.[32]

Auch im Regulationsansatz stellt die Profitstrategie der Unternehmen beziehungsweise ihr Produktionsmodell weniger eine Abfolge bewusst kalkulierter Handlungen dar als vielmehr einen »weitgehend unintendierten [sic!] Prozess zur Herstellung der internen Kohärenz von Veränderungsprozessen und der Abstimmung auf externe Anforderungen«.[33] Auf der Handlungsebene der strategischen Ausrichtung des Unternehmens durch die Unternehmensführung liegt das Augenmerk jedoch weniger auf der Untersuchung des Handelns einzelner Individuen; vielmehr stellt die Strategie hier gewissermaßen das Produkt des »kollektiven Spiel-Sinns« aller beteiligten Akteure dar.

Zwei kleine Beispiele sollen nun die Möglichkeiten dieses »kombinierten Feldansatzes« verdeutlichen.

4 Zwei Fallstudien: VW und Renault als staatsnahe Automobilkonzerne

Die beiden großen europäischen Automobilproduzenten Volkswagen und Renault erlebten im Verlauf der 1970er- und 80er-Jahre weit reichende Veränderungen ihrer Produktionsmodelle[34]: Dabei verwandelte sich VW von einem »fordistisch« organisierten Ein-Typen-Volumen-Hersteller zum Anbieter einer abgestuften Modellpalette, allerdings nach wie vor mit großen (sogar zunehmenden) Produktionsvolumina. Dieser Wandel des Produktionsmodells – von der reinen Großserienfertigung zum Modell »Volumen und Produktdifferenzierung« – folgte einer schweren Unternehmenskrise 1974/75, als der VW-Käfer (der »eine Typ«) in Technik und Design offensichtlich überholt war, und er gelang nur, weil die Unternehmensleitung einen neuen Governance-Kompromiss mit den Beschäftigten wie mit den Anteilseignern aushandeln konnte. Der Übergang vom »Käfer« zur Produktion von Golf, Polo und Passat (sowie den neuen Audi-Modellen), der VW im Jahr 1976 zurück in die Gewinnzone

---

32 Vgl. Barbara Koller, Psychologie und Produktion. Die Entwicklung der persönlichkeitsbezogenen Anforderungsprofile an die Wirtschaftselite seit den sechziger Jahren, in: Volker Berghahn u. a. (Hg.), Die deutsche Wirtschaftselite im 20. Jahrhundert. Kontinuität und Mentalität, Essen 2003, S. 337-351.
33 Boyer/Freyssenet, Produktionsmodelle, 2003, S. 25.
34 Ulrich Jürgens, The Development of Volkswagen's Industrial Model, in: Freyssenet u. a. (Hg.), 1998, S. 273-310; ders., The Final Chapter of the »VW Model«? The VW Trajectory 1995–2005, in: Michel Freyssenet (Hg.), The Second Automobile Revolution. Trajectories of the World Carmakers in the 21st Century, Basingstoke 2009, S. 225-245; ders., Renault. From Diversified Mass Production to Innovative Flexible Production, in: Freyssenet u. a. (Hg.), 1998, S. 365-394, hier: S. 371-377; ders., Renault. 1992–2007. Globalization and Strategic Uncertainties, in: Freyssenet (Hg.), 2009, S. 267-286.

brachte, war nämlich mit gravierenden Einschnitten in der Produktionsorganisation wie in den Arbeitsbeziehungen verbunden. So musste der große Anteil automatisierter Prozesse im Karosseriebau vermindert und die Flexibilität der eingesetzten Maschinen deutlich erhöht werden, um den Golf in unterschiedlichen Varianten bauen zu können. Dies hatte erhebliche Auswirkungen auf die Belegschaft, weil Volkswagen nun »überbesetzt« war und die verbleibenden Mitarbeiter eine Absenkung ihres Lohnniveaus zu befürchten hatten. Dennoch gelang es dem Betriebsrat (Volkswagen gehörte nicht dem Arbeitgeberverband Gesamtmetall an, weshalb Haustarifverträge ausgehandelt wurden), mit dem Management eine einvernehmliche Lösung auszuhandeln, allerdings erst nachdem die im Aufsichtsrat prominent vertretene IG Metall 1975 dazu beigetragen hatte, dass der Vorstandsvorsitzende Kurt Lotz durch Toni Schmücker, ehemals Arbeitsdirektor eines montanmitbestimmten Stahlkonzerns, ersetzt worden war: Die Lösung bestand einerseits im Verzicht auf betriebsbedingte Kündigungen, und andererseits aus einem neuen Vergütungssystem (allerdings dauerte es bis 1980, bis dieses eingeführt wurde), das die Einkommensrisiken für die Beschäftigten durch Herabstufungen minimierte und neue, paritätisch besetzte (sic!) Lohnkomitees schuf. Eine Mitgliedschaft im Arbeitgeberverband hätte ein derartiges Abkommen unmöglich gemacht, und in der Tat attackierte Gesamtmetall das Abkommen sofort.[35] Der »sozialverträgliche« Beschäftigungsabbau erfolgte vor allem mittels dreier Maßnahmen: Erstens der Nichtverlängerung von Zeitverträgen (dies traf unter anderem 13.000 Arbeitsmigranten), zweitens durch Abfindungen bei freiwilligen Kündigungen und drittens durch Vorruhestandsregelungen. Außerdem wurde ein Einstellungsstopp verkündet. Die besondere Ausgestaltung der Arbeitsbeziehungen und die spezifische Governance-Struktur des Unternehmens hatten Handlungsspielräume eröffnet, die es ermöglichten, die Umstellung der Profitstrategie von Volkswagen im Konsens zu bewältigen. Dazu gehörten die engen Beziehungen zwischen Vorstandschef und Betriebsratsvorsitzendem, die zu dem gegenseitigen Vertrauen zwischen Management und Beschäftigten erheblich beitrugen; ein Vertrauen, das durch die gesetzlichen Mitbestimmungsregeln institutionell verankert war. Außerdem garantierte der staatliche Einfluss bei Volkswagen eine gewisse »Geduld« seitens der Anteilseigner, die allen Akteuren Zeit zur Bewältigung eines Strategiewechsels verschaffte. Die guten Arbeitsbeziehungen und der intakte Governance-Kompromiss erleichterten deshalb der Unternehmensleitung den Wechsel der Profitstrategie und damit des Produktionsmodells.

Diese einvernehmliche Form der Krisenüberwindung, in der rund 30.000 Beschäftigte den Konzern verließen, zeichnete den Weg vor für die Überwindung der nächsten Unternehmenskrise 20 Jahre später. Wieder hatte VW 30.000 Beschäftigte zu viel an Bord, wieder kam es zu einer einvernehmlichen Lösung (diesmal unter Einschluss der Zulieferer, also von Akteursgruppen, die die konventionelle Unternehmensgeschichte

---

35 Jürgens, The Development of Volkswagen's Industrial Model, 1998, S. 290.

häufig vernachlässigt). Ulrich Jürgens hat in mehreren Beiträgen zu den oben genannten GERPISA-Sammelbänden gezeigt, dass weder diese Krisenüberwindung noch die Bedingungen der Krisen selbst das Resultat irgendwelcher »frei« getroffenen Entscheidungen des VW-Managements waren, sondern dass das gesamte Kräftefeld des Unternehmens zu deren Erklärung rekonstruiert werden muss. In diesem Kräftefeld standen sich auch nicht einfach Unternehmensleitung und Belegschaft – Kapital und Arbeit – konflikthaft und/oder kooperativ gegenüber. Vielmehr bestimmte erneut die Kombination aus der deutschen Mitbestimmung in Großunternehmen und der durch das VW-Gesetz von 1960[36] abgesicherten starken Position des (industriell eher strukturschwachen und deshalb am Bestand des Unternehmens und seiner Arbeitsplätze stark interessierten, thatcheristischen Krisenlösungen deshalb abgeneigten) Landes Niedersachsen die Struktur der Kräfte im »Feld VW« auf einzigartige Weise. Die ausgehandelten Kompromisse führten unter anderem zu einer Verminderung der individuellen Arbeitszeit auf 28,8 Stunden und zur Einführung des Modells »5000 mal 5000« im Jahr 2001 (was durch die Kompetenzverteilung bei der Ausgestaltung der Arbeitsbedingungen die VW-Betriebsräte stärkte) mit dem ausdrücklichen Ziel, die Arbeitslosigkeit in Stadt Wolfsburg und den umliegenden Landkreisen zu begrenzen. Die Betriebsräte hatten auch durchgesetzt, dass die 51.000 älteren Beschäftigten, die zwischen 1975 und 1996 frühverrentet wurden, durch 26.000 jüngere nach Absolvierung ihrer Ausbildung ersetzt wurden. Zusätzlich wurden Ende der 1990er-Jahre so genannte »Standort-Symposien« ins Leben gerufen, in denen der Austausch zwischen dem Vorstand und dem Gesamtbetriebsrat sowie der Leitung und dem Betriebsrat des jeweiligen Standortes institutionalisiert wurde. All diese Maßnahmen waren weder selbstverständlich noch unumstritten. Immerhin brachten sie Volkswagen in den Ruf, eine Art »sozialistisches Unternehmen« (so das Wall Street Journal Europe)[37] zu sein.

Dagegen ließe sich jedoch argumentieren, dass es gerade die deutschen Mitbestimmungsgesetze waren (und sind), die dem Management Krisenlösungen ermöglichten, die Unternehmen außerhalb Deutschlands verschlossen sind. Im Horizont des Feldansatzes vergrößert die Mitbestimmung der Arbeitnehmer deshalb die Entscheidungsspielräume und damit die »Macht« der Unternehmensführungen (anstatt sie, wie häufig behauptet, einzuschränken). Allein für diese Erkenntnis, das heißt natürlich zur genaueren Untersuchung dieser These, lohnt sich eine vergleichende Feldanalyse.

Doch nicht nur gegenüber diesen starken Mitspielern verfolgte das VW-Management in den 1990er-Jahren einen kooperativen, integrierenden Kurs zur Neubestätigung des Governance-Kompromisses, sondern auch gegenüber den Zulieferfirmen, die zwar durch Ignacio Lopez, Vorstandsmitglied für Einkauf und Produktionsorga-

---

36 Gesetz über die Überführung der Anteilsrechte an der Volkswagenwerk Gesellschaft mit beschränkter Haftung in private Hand (VWGmbHÜG) v. 9. Mai 1960, in: BGBl. 1960, 21.7.1960, S. 585 ff.
37 Zit. n. Jürgens, The Development of Volkswagen's Industrial Model, 1998, S. 238.

nisation, zu Preiszugeständnissen genötigt, dafür aber auch durch Technologietransfer in die Entwicklung der von VW benötigten Komponenten eingebunden wurden.

Demgegenüber spielte eine ansonsten immer stärker werdende Akteursgruppe in diesen Entscheidungen kaum eine Rolle (was geradezu die Bedingung der Möglichkeit der skizzierten Krisenlösungsstrategie darstellte): die Vertreter der Finanzmärkte. Sie kritisierten nicht nur diese Strategie, sondern die Corporate Governance von VW schlechthin: das VW-Gesetz, den Staatsanteil am Kapital, die Mitbestimmung. All dies schützte Volkswagen vor feindlichen Übernahmen, dämpfte jede »Kursphantasie« – und schwächte die Position dieser selbstbewussten Akteursgruppe im Feld. Solange VW wirtschaftlich erfolgreich blieb, stärkte diese relative Autonomie gegenüber den Finanzmärkten offensichtlich das Produktionsmodell des Unternehmens, indem es ihm Zeit und Handlungsspielräume verschaffte, um die eigene Profitstrategie immer wieder den wandelnden Märkten anzupassen.

Auch Renault vollzog nach dem Auslaufen des großen Nachkriegsbooms in den 1970er-Jahren einen Wechsel seines Produktionsmodells. Allerdings hatte Renault bis dahin keineswegs die reine Großserienfertigung des fordistischen Produktionsmodells praktiziert, sondern war bereits in den 1960er-Jahren in die »Diversifizierte Massenproduktion« eingestiegen. Eines der Probleme für Renault bestand darin, dass dieser Übergang mitten in einer Periode erfolgte, die in Frankreich durch eine »Krise der Arbeit« gekennzeichnet war.[38] Der Begriff »Krise der Arbeit« bezeichnet in diesem Zusammenhang allerdings nicht das behauptete Fehlen von Arbeitsplätzen, sondern geradezu umgekehrt eine nicht zuletzt durch die anhaltende Vollbeschäftigung genährte erhebliche Zunahme von sozialen Konflikten über die Löhne, die Arbeitsbedingungen usw., die zu einer Krise der Arbeitsbeziehungen und damit in den 1970er-Jahren zu einer schweren Krise des Governance-Kompromisses des Unternehmens führten.

Hinsichtlich der Produktpolitik, des Lohnsystems und der Produktionsorganisation (in der beispielsweise Fließbandfertigung nur eine geringe Rolle spielte) folgte Renault spätestens seit etwa 1960 dem Produktionsmodell der Volumen und Produktdifferenzierung, und die Dynamik des einheimischen Massenkonsums machte diese Strategie zunächst sehr erfolgreich. Eine Grundlage des Erfolgs war das Abkommen von 1955 mit mehreren Gewerkschaften (darunter der stärksten von ihnen, der CGT), das für rund 20 Jahre die Arbeitsbeziehungen stabilisierte, unter anderem durch den Verzicht auf Aussperrungen und Streiks sowie durch die Koppelung der Löhne an den Lebenshaltungsindex, das heißt faktisch an die Inflationsrate. Die Gewerkschaften bei Renault waren stark, allerdings ohne dass sich auch ein belastbares Vertrauensverhältnis zwischen Unternehmensleitung und Beschäftigten herausgebildet hätte.

---

38 Freyssenet, From Diversified Mass Production, 1991, S. 365.

Als dann seit Ende der 1960er-Jahre die Fließbandfertigung zunahm, stieg auch der Anteil der ungelernten Arbeiter – darunter viele Arbeitsmigranten – unter der schnell wachsenden Belegschaft (eine durchaus politisch gewollte Entwicklung beim Staatsunternehmen Renault), und die Arbeitszufriedenheit nahm angesichts der sinkenden Arbeitsplatzautonomie rapide ab.[39] Gleichzeitig ging die Profitabilität deutlich zurück, vor allem durch gestiegene Löhne und einen hohen Abschreibungsbedarf. Bei den Aufbegehrenden handelte es sich vor allem um die jungen, ungelernten Arbeiter, denen die Chancen des innerbetrieblichen Aufstiegs (den die gelernten Arbeiter hatten gehen können) verwehrt blieben. Außerdem wechselten die Monatseinkommen ständig durch die fortwährenden Umsetzungen, was die Unzufriedenheit verstärkte und eine hohe Fluktuation unter der Belegschaft – ermöglicht durch die Vollbeschäftigung – sowie Absentismus bewirkte. Verschärft wurden diese Konflikte auch dadurch, dass die der Kommunistischen Partei nahestehende CGT Konkurrenz »von links« durch die maoistische Gauche Proletarienne bekam, sodass die Auseinandersetzungen über Bezahlung und Arbeitsbedingungen überlagert wurden von Versuchen, den politischen Klassenkampf in die Betriebe zu tragen, wobei das Staatsunternehmen Renault ein besonders prominentes Ziel abgab.

In der Folge gab es zwischen 1968 und 1973 kein Jahr ohne größere Arbeitskonflikte in einer der Renault-Fabriken, und die Urheber waren stets die ungelernten Arbeiter. Die übliche Lösung bestand in der Gewährung von Lohnerhöhungen (und nicht in einer Veränderung der Arbeitsorganisation, die für die Unzufriedenheit verantwortlich war!) und einer Verringerung der Lohnstufen. Die Gewerkschaften setzten unter dem Schlagwort »gleiche Arbeit, gleicher Lohn« (das im Arbeitsgesetzbuch auch kodifiziert war) durch, dass zwischen 1972 und 1975 nicht weniger als ein Viertel der ungelernten Arbeiter (rund 15.000) in die oberste Lohnkategorie der Facharbeiter eingestuft wurde.

Das Renault-Management reagierte allerdings nur sehr zögerlich auf diese Probleme. Es unternahm weder energische Anstrengungen, den Produktionsapparat flexibler zu machen, noch gelang es ihm, die Arbeitsbeziehungen wieder zu stabilisieren. Zudem übernahm Renault in den 1970er-Jahren auf staatliches Geheiß diverse angeschlagene fremde Unternehmen, was die Steuerungsfähigkeit des Konzerns erschwerte und die Schulden weiter steigen ließ. Als die erste Ölkrise den französischen Wachstumstrend einer hohen, von den Kaufkraftzuwächsen breiter Bevölkerungsschichten getragenen Binnennachfrage brach, geriet der Konzern tief in die roten Zahlen.[40] Das Unternehmenswachstum ging zwar weiter, denn Renault wurde dank attraktiver Modelle (vor allem dem R4 und dem R5) vom Einbruch der Verkaufs-

---

39 Renault beschäftigte 1965 in Frankreich knapp 63.000 Mitarbeiter, 1973 waren es bereits über 100.000; der Anteil der Arbeitsmigranten stieg im gleichen Zeitraum von 13,2 % auf 21,5 %, vgl. Freyssenet, From Diversified Mass Production, 1991, S. 373.
40 Vgl. die Zahlen im Anhang, ebd., S. 391 f.

zahlen auf dem französischen und dem europäischen Automobilmarkt weniger stark getroffen als seine Konkurrenten. Doch die Kosten waren nicht mehr unter Kontrolle zu halten, und die Unternehmensleitung versuchte, die Lohnsteigerungen zu reduzieren. Außerdem forderten die Arbeiter, dass alle in der Produktion Beschäftigten als Facharbeiter eingestuft werden sollten. Daraufhin eskalierten die Arbeitskonflikte im Jahr 1977, als aufgebrachte Streikende den Vorstandschef Bernard Vernier-Paillez in der Fabrik von Billancourt festsetzten und das Management daraufhin den dortigen CGT-Obmann entließ. Der Governance-Kompromiss von Renault lag in Trümmern.

Die steigende Arbeitslosigkeit in Frankreich verschob bald darauf die Machtbalance zu Gunsten des Managements. Auf staatlichen Druck wurde die Lohnentwicklung von der Entwicklung der Inflationsrate entkoppelt, und Streiks gelegentlich unter Einsatz der Polizei niedergeschlagen. Doch die Sparprogramme des Unternehmens kamen zu spät, die Verschuldung des Unternehmens nahm zu (bis auf 46 % des Umsatzes), die Marktanteile in Frankreich nahmen in den frühen 1980er-Jahren wieder dramatisch ab, und im Jahr 1984 stand Renault kurz vor dem Bankrott.

In dieser existenziellen Krise änderte Renault seine Profitstrategie und sein Produktionsmodell. Das Modell Volumen und Produktdifferenzierung mit seinen inhärent hohen Kosten und seiner tendenziell geringen Steuerungskapazität wurde aufgegeben. Mit der CGT wurden keine Gespräche mehr geführt, um die Gewerkschaft zu schwächen; Unternehmensbeteiligungen und Tochterunternehmen wurden verkauft und die Unternehmensorganisation zentralisiert, um die unternehmensinterne Steuerungsfähigkeit zu erhöhen; die Volumenstrategie wurde aufgegeben, um die Gewinnschwelle abzusenken. Vor allem aber wurde ein dramatischer Stellenabbau vorangetrieben; Renault baute zwar nun »Autos zum Leben« (so ein offizieller Werbeslogan aus den 1990er-Jahren), schuf aber keine Arbeitsplätze für ein ganzes (Berufs-)Leben mehr. In nur drei Jahren, zwischen 1984 und 1987, nahm die Zahl der Beschäftigten im PKW-Bau um mehr als 25 % ab, wobei die Älteren in den Vorruhestand geschickt wurden. Hierüber gab es keine Verhandlungen mit den Gewerkschaften: Nach Bekanntwerden der Kürzungsprogramme kam es zwar zu Fabrikbesetzungen durch die Arbeiter, doch wurden diese schnell durch Polizeieinsätze beendet, und die CGT-Obleute entlassen. Die sozialistische Regierung hatte sich klar auf die Seite der Unternehmensführung gestellt.

Im Jahr 1987 war der Turnaround geschafft; Renault kehrte in die Gewinnzone zurück. Im Jahr zuvor allerdings war der Chef des Unternehmens von linksradikalen Terroristen erschossen worden.

Bis 1990 hatte das neue Produktionsmodell von Renault deutliche Konturen angenommen: Mit neuen und innovativen Modellen wie dem Clio, dem Espace und dem R19 und einer Qualitätsoffensive besetzte oder schuf Renault erfolgreich verschiedene Marktbereiche, in den Fabriken konnte nicht nur die Produktion flexibel organisiert werden, flexiblere Arbeitszeiten, anspruchsvollere Arbeitsplätze sowie innerbetriebliche Qualifizierungsprogramme und Aufstiegsmöglichkeiten (die sich nicht zuletzt durch den Weggang der vielen älteren Kollegen eröffnet hatten) legten den Grundstein für verbesserte Arbeitsbeziehungen. Im Jahr 1989 schloss die Konzernführung ein Abkommen mit verschiedenen Gewerkschaften (nicht jedoch mit der CGT!), das den neuen Governance-Kompromiss begründete. Das Produktionsmodell »Innovation und Flexibilität« bescherte Renault kontinuierlich steigende Gewinne, auch wenn Konflikte über die Entlohnung weiter an der Tagesordnung blieben. Im Jahr 1995 erfolgte die Privatisierung des Konzerns – der Staat als Eigentümer wurde nicht mehr gebraucht.

5 Fazit

Die unterschiedlichen Laufbahnen, die Volkswagen und Renault seit den 1960er-Jahren nahmen, weisen sowohl starke Gemeinsamkeiten als auch deutliche Unterschiede auf. Einerseits handelte es sich in beiden Fällen um staatliche beziehungsweise staatsnahe Unternehmen mit einer starken gewerkschaftlichen Repräsentanz, die in einer schweren Unternehmenskrise ihr bislang so erfolgreiches Produktionsmodell wechseln mussten. Andererseits vollzog Renault im Gegensatz zu Volkswagen den Wechsel der Profitstrategie ohne Rücksicht auf die Gewerkschaften, ja versuchte sogar (erfolgreich), deren Macht zu brechen.

Ein solcher Vergleich zeigt nicht nur, wie sehr sich Unternehmen der gleichen Branche hinsichtlich ihrer Strategien unterscheiden können; er wird systematisch überhaupt erst möglich durch die Bildung einheitlicher Untersuchungskategorien, wie der neuere Regulationsansatz und die Feldanalyse sie bereitstellen. Gleichzeitig wird deutlich, dass die Strategien der an diesen Auseinandersetzungen beteiligten Akteure keineswegs immer auf unmittelbare Profit- oder Lohnmaximierung gerichtet waren, und dass Kategorien wie »Vertrauen« – und dessen institutionelle Absicherung – eine große Rolle spielten, was wiederum die Bedeutung kulturhistorisch angereicherter Erklärungsansätze und Methoden hervorhebt.

In diesem Sinne haben die Wirtschafts- und Unternehmensgeschichte sowie die Geschichte der industriellen Arbeitswelten noch ein weites Feld vor sich; erst in dieser Perspektive wird der Betrieb als sozialer und politischer Ort ganz sichtbar.

Timo Luks

Heimat – Umwelt – Gemeinschaft. Diskurse um den Industriebetrieb im 20. Jahrhundert

Die Industrie-, Arbeiter- und Gewerkschaftsgeschichte kam lange Zeit ohne ein theoretisch und methodisch reflektiertes Konzept des Betriebs aus. Diese »Betriebsblindheit« hat sich inzwischen allerdings deutlich abgemildert. Thomas Welskopp plädiert seit einiger Zeit für eine (Re-)Konzeptualisierung des Betriebs als soziales Handlungsfeld entlang praxeologischer Theorieangebote[1], Morten Reitmayer diskutiert die Möglichkeiten einer Sozialraumanalyse des Betriebs entlang des bourdieuschen Feldbegriffs und regulationstheoretischer Ansätze[2], Lars Bluma und Karsten Uhl schlagen vor, Industrie- und Arbeitergeschichte entlang des foucaultschen Konzepts der Gouvernementalität auszurichten, um »eine historische Rekonstruktion der industriellen Körperpraktiken und -identitäten« zu bewerkstelligen. Bluma und Uhl lenken die Aufmerksamkeit auf den Betrieb als räumliches Setting, das in seiner Materialität ernst genommen werden muss.[3]

Gerade die Bemühungen um einen theoretisch tragfähigen, idealtypischen Begriff des Betriebs stoßen jedoch insofern an Grenzen, als dass sie zwar vergleichende Perspektiven eröffnen, dies aber mit einer gewissen Enthistorisierung des sozialen »Dings« Betrieb einhergeht. Der vorliegende Beitrag unterbreitet den Vorschlag, den gegenteiligen Weg zu gehen. Zu diesem Zweck kann verstärkt auf das Instrumentarium der Begriffs- und vor allem Diskursgeschichte gesetzt werden, wie sie von Michel Foucault entwickelt wurde. Der entscheidende Unterschied dieses Vorgehens, gerade auch gegenüber einer immer stärker an Pierre Bourdieu orientierten Sozialgeschichte, liegt darin, dass sowohl die Beschreibung »objektiver« Sozialformationen als auch eine bestimmte Form der Akteurszentrierung aufgegeben werden – zugunsten einer Perspektive, die an der Konstituierung von Akteurstypen und Handlungsräumen mittels diskursiver Praktiken interessiert ist. Bisher hat die Industrie- und Arbeitergeschichte ihre Gegenstände (Betrieb, soziale Frage, Klassengesellschaft, Rationalisierung, Faktor Mensch usw.) entweder schlicht als gegeben vorausgesetzt oder sie rückte die Suche nach »anwendbaren« heuristischen Konzepten in den Mit-

---

1 Vgl. den Beitrag in diesem Band.
2 Vgl. den Beitrag in diesem Band.
3 Vgl. Karsten Uhl/Lars Bluma, Arbeit – Körper – Rationalisierung. Neue Perspektiven auf den historischen Wandel industrieller Arbeitsplätze, in: dies. (Hg.), Kontrollierte Arbeit – disziplinierte Körper? Zur Sozial- und Kulturgeschichte der Industriearbeit im 19. und 20. Jahrhundert, Bielefeld 2012, S. 9-31.

telpunkt. Gerade in der letzten Zeit ist allerdings wiederholt auf die methodischen und theoretischen Herausforderungen hingewiesen worden, die sich ergeben, wenn sozialgeschichtliche Forschungen den für das 20. Jahrhundert so zahlreichen sozialwissenschaftlichen Analysen, Erhebungen und Konzepten *als Quelle* begegnen, diese aber gleichzeitig als Impulsgeber für die eigene Theorie- und Begriffsbildung zu verwenden suchen.[4] Benjamin Ziemann hat kürzlich überzeugend argumentiert, dass diese Dopplung im Gebrauch sozialwissenschaftlicher Empirie und soziologischer Theoriebildung nicht aufrechterhalten werden kann, dass Historikerinnen und Historiker sich daher ausschließlich auf den Quellencharakter – und damit: auf eine konsequente Historisierung – des Materials konzentrieren sollten.[5] Es ist also durchaus nicht unproblematisch, den historisch-empirischen Gehalt des Betriebsbegriffs aus sozialwissenschaftlich-empirischem Quellenmaterial herausarbeiten zu wollen. Wenn der Versuch einer kritischen Verwendung des »empirischen Kerns« sozialwissenschaftlicher Quellen überhaupt produktiv werden soll, dann muss das zumindest eine Diskursanalyse konfligierender »Empirien« umfassen.

Vor diesem Hintergrund plädiere ich – mit Foucault – für *eine diskursgeschichtliche Analyse historischer Problematisierungen des Industriebetriebs*. Der foucaultsche Begriff der Problematisierung meint die »Gesamtheit der diskursiven oder nicht-diskursiven Praktiken«, die »etwas in das Spiel des Wahren und des Falschen eintreten« lässt und es »als Objekt für das Denken (sei es in der Form der moralischen Reflexion, der wissenschaftlichen Erkenntnis, der politischen Analyse usw.)« konstituiert.[6] Der Industriebetrieb ist ein solches »Objekt für das Denken«. Begreift man den Betrieb mit Foucault als *Problem, das einer Lösung harrt*, dann besteht die zentrale Aufgabe in einer Archäologie des Betriebsbegriffs selbst, das heißt in einer historisierenden Analyse primär sozialwissenschaftlicher und sozialpolitischer Betriebsdiskurse. Dass Sozialpolitiker, Soziologen, Produktionsingenieure oder Gewerkschafter seit den 1920er-Jahren vom »Betrieb« redeten, ist nämlich keineswegs eine triviale Feststellung. Mit der Rede vom Betrieb waren vielmehr eine ganz bestimmte Interpretation der produktions-sozialen Verhältnisse und ein sehr spezifisches Interventionsprogramm verbunden. Was dabei in den Blick gerät, ist ein mehrstufiger Prozess: eine »Verbetrieblichung« industrieller Arbeit, auf deren Grundlage eine »Politisierung«

---

4   Nach wie vor grundlegend: Lutz Raphael, Die Verwissenschaftlichung des Sozialen als methodische und konzeptionelle Herausforderung für eine Sozialgeschichte des 20. Jahrhunderts, in: Geschichte und Gesellschaft [GG] 22 (1996), S. 165-193.
5   Vgl. Benjamin Ziemann, Sozialgeschichte und Empirische Sozialforschung. Überlegungen zum Kontext und zum Ende einer Romanze, in: Barbara Lüthi/Pascal Maeder/Thomas Mergel (Hg.), Wozu noch Sozialgeschichte? Eine Disziplin im Umbruch, Göttingen 2012, S. 131-149.
6   Michel Foucault, Die Sorge um die Wahrheit (Gespräch mit François Ewald) [1984], in: ders., Schriften in vier Bänden. Dits et Ecrits, Bd. 4, Frankfurt a. M. 2005, S. 823-836, Zitat: S. 826; vgl. auch Robert Castel, »Problematization« as a Mode of Reading History, in: Jan Goldstein (Hg.), Foucault and the Writing of History, Oxford/Cambridge/MA 1994, S. 237-252.

des Betriebs möglich wurde.⁷ Der Betriebsdiskurs blieb dabei nicht unumstritten. Aus diskursgeschichtlicher Perspektive geht es darum, wie verschiedene Problematisierungen des Betriebs zur (De-)Legitimierung politischen, unternehmerischen und gewerkschaftlichen Handelns beitrugen.

Die folgende Rekonstruktion des Betriebsdiskurses erfolgt in fünf Schritten. Zunächst werden die Grundzüge tayloristischer Zugriffe auf Arbeit und Produktion zwischen 1880 und 1920 skizziert (I.), da diese für die anschließend zu diskutierenden Betriebsdiskurse der 1920er- und 1930er-Jahre (II.) einen wesentlichen Abgrenzungspunkt darstellten. Die explizit soziale Problematisierung des Betriebs – Kernstück der Betriebsdiskurse der Zwischenkriegszeit – konkretisierte sich in einem Werk- und Betriebsgemeinschaftsdenken, das im Nationalsozialismus zu voller Blüte kam und noch einmal gesondert auszuführen ist (III.). Im Anschluss daran werden eher kursorisch einige Schlaglichter auf den Betriebsdiskurs der unmittelbaren Nachkriegszeit bis in die frühen 1960er-Jahre geworfen (IV.). Schließlich werden Erosionstendenzen des Betriebsdiskurses seit den späten 1960er-Jahren skizziert (V.). Die angebotene Periodisierung hat eher pragmatischen Charakter. Es geht mir nicht so sehr um »harte« Zäsuren als vielmehr um bestimmte Tendenzen und Schwerpunktverlagerungen. Dabei wird deutlich, dass Betriebsdiskurse des 20. Jahrhunderts immer wieder zahlreiche Überschneidungen aufwiesen, die einer Sortierung entlang etablierter Periodisierungen der politischen Geschichte wie auch einer eindeutigen Verortung innerhalb des Koordinatensystems politischer Systeme und Ideologien Grenzen setzen.

1 Hegemonie und Erosion tayloristischer Perspektiven um die »Jahrhundertwende«

Zwischen 1880 und 1920 dominierten quasi-tayloristische Perspektiven die Problematisierung des Betriebs. Im Zentrum stand die Idee eines zerlegenden und disziplinierenden, letztlich mechanisierenden Zugriffs auf individuelle Körper.⁸ Taylor und sein Gefolge reduzierten die Arbeiter einerseits auf eine Ansammlung körperlicher Vorgänge und strebten andererseits eine extensive Mechanisierung körperlicher Abläufe an.⁹ Bereits der Taylorismus begnügte sich jedoch nicht mit der infinitesimalen

---

7 Vgl. Werner Milert/Rudolf Tschirbs, Die andere Demokratie. Betriebliche Interessenvertretung in Deutschland, 1848 bis 2008, Essen 2012, S. 19 f.
8 Vgl. Philipp Sarasin, Die Rationalisierung des Körpers. Über »Scientific Management« und »biopolitische Rationalisierung«, in: ders., Geschichtswissenschaft und Diskursanalyse, Frankfurt a. M. 2003, S. 61-99.
9 Vgl. Craig R. Littler, Understanding Taylorism, in: British Journal of Sociology 29 (1978), S. 185-202; Ernest J. Yanorella/Herbert Reid, From Trained Gorilla to Humanware. Repoliticizing the Body-Machine Complex between Fordism and Post-Fordism, in: Theodore Schatzki/Wolfgang Natter (Hg.), The Social and Political Body, New York 1996, S. 181-219.

Zerlegung von Arbeitsvorgängen und körperlichen Verrichtungen. Zerlegung galt als Voraussetzung einer Neuzusammensetzung der einzelnen Tätigkeiten zu einem effizienten »System«. Systemdenken speiste sich in dieser Zeit vor allem aus Ideen, die aus dem Bereich der *technischen* Ingenieure kamen. Der Blick des *mechanical engineer* wirkte – egal, worauf er sich richtete – zunächst zerlegend und individuierend. Er behandelte das Soziale so, *als ob* es sich um technische Vorgänge handelte.[10] Neben dem Taylorismus sowie dem frühen Organisations- und Managementwissen war auch die Arbeitswissenschaft sichtbarer Ausdruck eines vielfältigen sozio-technischen Rationalisierungsprozesses. Insbesondere die Metapher des Human Motor stellte einen Rahmen bereit, um Natur, Industrie und menschliche Arbeit aus einer materialistisch-energetischen Perspektive zu verbinden. Dabei veränderte sich das Bild der Arbeit. Arbeit wurde zu Arbeits-Kraft. Fragen sozialer Ordnung sollten explizit mittels einer Rationalisierung des Körpers angegangen werden.[11] Weder der Taylorismus noch die populäre Metapher des Human Motor führten allerdings dazu, dass man soziale Probleme mit sozialen Mitteln zu lösen suchte. Genau das änderte sich nach dem Ersten Weltkrieg. Wo bisher technische und mechanische Dimensionen industriebetrieblicher Arbeit dominierten, werden nun soziale in den Vordergrund gerückt. Wo bisher individuelle Körper in den Blick genommen wurden, werden nun konkrete sozial-räumliche Gefüge fokussiert.

2 Die soziale Problematisierung des Betriebs in den 1920er- und 1930er-Jahren

Ideen des Human Motor und tayloristisch grundierte Rationalisierungsbemühungen verschwanden natürlich nicht einfach. Im Gegenteil: die 1920er- und 1930er-Jahre brachten einen wahren Boom der Rationalisierungsbewegung, den Durchbruch der Arbeitswissenschaft sowie eine ausufernde Taylor-Rezeption. Allerdings ging damit, wie Charles Maier vor vielen Jahren gezeigt hat, eine mitunter stillschweigende, mitunter offene Revision grundlegender Prinzipien einher. Taylorismus (und Fordismus) fanden in Europa, so Maiers Beobachtung, weniger Interesse hinsichtlich ihrer technischen Seite, als vielmehr mit Blick auf ihre sozialen und politischen Implikationen.[12] Die neue *soziale* Problematisierung des Betriebs privilegierte ein Denken in konkre-

---

10 Vgl. Mauro F. Guillén, Models of Management. Work, Authority, and Organization in a Comparative Perspective, Chicago/London 1994; Yehouda A. Shenhav, Manufacturing Rationality. The Engineering Foundations of the Managerial Revolution, Oxford u. a. 1999.

11 Vgl. Anson Rabinbach, The Human Motor. Energy, Fatigue, and the Origins of Modernity, Berkeley/Los Angeles 1992.

12 Vgl. Charles S. Maier, Between Taylorism and Technocracy. European Ideologies and the Vision of Industrial Productivity in the 1920s, in: Journal of Contemporary History 5 (1970), S. 27-61. Zum Fordismus als soziales Ordnungsmodell vgl. Adelheid von Saldern/Rüdiger Hachtmann,

ten Sozial-Ordnungen und brachte immer wieder Begriffe wie Heimat, Milieu oder Umwelt ins Spiel.[13]

Der Begriff des Betriebs stand im Zentrum des neuen Problematisierungsmodus, und er war der wesentliche Hebel, um zerlegende, individuierende Zugriffe auf Arbeit und Produktion zu überwinden. Der Betriebsbegriff ist in gewisser Weise eine deutsche Spezialität, für die es im Englischen oder Französischen keine direkte Entsprechung gibt. In Deutschland bildete sich in den 1920er-Jahren eine eigene Bindestrichsoziologie heraus, eben die Betriebssoziologie, die den Versuch unternahm, die *betriebliche Verfasstheit* als zentrales Merkmal moderner Arbeits- und Produktionsverhältnisse sichtbar zu machen und dabei die Dimensionen des modernen Industriebetriebs *als Sozialgebilde eigener Art* sowie seinen konstitutiven Bezug zur Ordnung der Gesellschaft herauszuarbeiten. Dieser Ansatz einer expliziten *Betriebs*soziologie findet sich in anderen Ländern nicht in dieser Zuspitzung. Fragen, die in Deutschland unter dem Label Betriebssoziologie gebündelt werden[14], begegnen in Britannien im Rahmen von Industriesoziologie, »industrial relations« und »personnel management«[15], während Betriebsthemen in Frankreich innerhalb des sehr viel weiteren Rahmens der »sociologie du travail« verhandelt werden.[16]

Der Übergang von betriebssoziologischer Diagnose zu betriebs- und sozialpolitischer Praxis war fließend. Ludwig Heinrich Adolph Geck, gleichermaßen Akteur wie erster Historiograph der Betriebssoziologie, bemerkte in den 1950er-Jahren, dass Schriften wie diejenigen von Eugen Rosenstock-Huessy und Willy Hellpach »im Grunde vom Streben nach Sozialreform, vorzüglich nach Sozialreform des Betriebes, getragen und insofern nicht als soziologisch zu vermerken [seien], entsprechend unserem modernen Begriff von Soziologie, der rein seinswissenschaftlich orientiert ist«.[17] René König kritisierte ebenfalls in den 1950er-Jahren rückblickend, dass eine Reihe deutscher Betriebssoziologen, deren

---

Das fordistische Jahrhundert: Eine Einleitung, in: Zeithistorische Forschungen 6 (2009) 2, S. 174-185.

13 Im Rahmen meiner Arbeit zu Ordnungsdenken und Social Engineering habe ich dies »sozialökologischen Industrialismus« genannt. Vgl. Timo Luks, Der Betrieb als Ort der Moderne. Zur Geschichte von Industriearbeit, Ordnungsdenken und Social Engineering im 20. Jahrhundert, Bielefeld 2010, insb. S. 51-133.

14 Vgl. Peter Hinrichs, Um die Seele des Arbeiters. Arbeitspsychologie, Industrie- und Betriebssoziologie in Deutschland, Köln 1981; Hans-Michael Rummler, Die Entstehungsgeschichte der Betriebssoziologie in Deutschland. Eine wissenschaftshistorische Studie, Frankfurt a. M. u. a. 1984; Helmuth Schuster, Industrie und Sozialwissenschaften. Eine Praxisgeschichte der Arbeits- und Industrieforschung, Opladen 1987.

15 Das betonte bereits aus deutscher Perspektive Ludwig Heinrich Adolph Geck, Zur Entstehungsgeschichte der Betriebssoziologie, in: Karl Gustav Specht (Hg.), Soziologische Forschung in unserer Zeit, Köln/Opladen 1951, S. 107-122, hier: S. 118.

16 Vgl. Klaus Düll, Industriesoziologie in Frankreich. Eine historische Analyse zu den Themen Technik, Industriearbeit, Arbeiterklasse, Frankfurt a. M. 1975.

17 Geck, Entstehungsgeschichte, in: Specht (Hg.), 1951, S. 110 f.

»Herkunft aus den zwanziger Jahren datiert«, sich »noch regelmäßig dadurch aus[zeichnet], daß sie die behandelten betriebswirtschaftlichen Probleme mit Sozialkritik und sozialpolitischen Reformplänen verquickt, was die an und für sich schon unklare Situation nur noch mehr verwirrt. […] Damit flossen dann Industrie- und Betriebssoziologie, Sozialpolitik, betriebliche Sozialpolitik, soziale Betriebspolitik, Gruppenpflege im Betrieb und eine Unmenge anderer Dinge ganz hemmungslos durcheinander.«[18]

Derartige Feststellungen sind als Beobachtung zutreffend, sie unterschlagen allerdings, dass die vermeintlichen Mängel innerhalb einer bestimmten Tradition[19] eben gerade kein Defizit oder Ausdruck eines Unvermögens waren. Vielmehr wurde nach dem Ersten Weltkrieg und der Novemberrevolution von der Soziologie erwartet, in die Gestaltung der industriellen Verhältnisse *einzugreifen*. Betriebssoziologie und soziale Betriebspolitik, »Seinswissenschaft« und (sozialpolitische) Intervention sind hier eben kein Widerspruch.[20]

Von Anfang an fokussierte die Betriebssoziologie auf die Gefährdung der betrieblichen Sozialordnung, die als Gefahr für eine stabile Ordnung der Gesellschaft insgesamt betrachtet wurde. Ihr Betriebsbegriff war von Anfang an ein Ordnungs- *und* Krisenbegriff, der sich erkennbar von zum Beispiel Max Webers tätigkeitsbezogenem Betriebsbegriff unterschied, in dem »Betrieb« noch wesentlich von »betreiben« abgeleitet wurde.[21] Das war der Grund, weshalb René König 1961 mit Blick auf die Betriebssoziologie leicht enerviert resümierte:

»Wir haben mehr als genug höchst allgemeine Krisenanalysen, so daß man ihrer seit hundert Jahren nachgerade überdrüssig geworden ist. Was wir dagegen benö-

---

18 René König, Einige grundsätzliche Bemerkungen über die Mikroanalyse in der Betriebssoziologie, in: ders., Schriften, Bd. 16, Opladen 2002, S. 235-255 [1956], Zitat: S. 242.
19 Vgl. Thomas Etzemüller (Hg.), Die Ordnung der Moderne. Social Engineering im 20. Jahrhundert, Bielefeld 2009.
20 Der unangefochtene Pate derartiger Soziologie war Hans Freyer. Freyer bescheinigte der »deutschen Soziologie« einen »tapferen Realismus«, wies zugleich aber darauf hin, dass die »realistische Haltung« nicht bedeute, die bürgerliche Gesellschaft des neunzehnten Jahrhunderts hinzunehmen »als die naturgesetzliche Ordnung des menschlichen Gemeinschaftslebens und sie wird nicht anerkannt als endgültige Struktur«, Hans Freyer, Gegenwartsaufgaben der deutschen Soziologie, in: Zeitschrift für die gesamte Staatswissenschaft 95 (1934/35), S. 116-144, Zitat: S. 119 f.
21 Vgl. Max Weber, Wirtschaft und Gesellschaft. Grundriss der verstehenden Soziologie [1921], 5., rev. Aufl., Studienausgabe, Tübingen 1972, S. 28. Dort heißt es: »Betrieb soll ein kontinuierliches Zweckhandeln bestimmter Art, Betriebsverband eine Vergesellschaftung mit kontinuierlichem Verwaltungsstab heißen. […] Unter den Begriff des ›Betriebs‹ fällt natürlich auch der Vollzug von politischen und hierurgischen Geschäften, Vereinsgeschäften usw., soweit das Merkmal der zweckhaften Kontinuierlichkeit zutrifft.«

tigen, sind konkrete und präzise Analysen, wie sich diese Krisen und Konflikte im Einzelfall innerhalb des Betriebs darstellen.«[22]

Der Industriebetrieb ließ sich immer wieder innerhalb eines nahezu allumfassenden Krisenszenarios situieren. Er hatte sich in diesem Diskurs mit einer *allgemeinen Krise* auseinanderzusetzen, die *von außen* hereinbrach, deren Wirkungen aber mit Beseitigung der äußeren Störfaktoren verschwinden konnten. Gleichzeitig stellte sich die Frage, inwiefern die *Ursachen der Krise* nicht *in der Industrie selbst* liegen konnten. Das »soziale Betriebsproblem«, so Rudolf Schwenger 1931, gründe einerseits »in der innerbetrieblichen Gefährdung der Realisierung des sozialen Betriebszweckes«, andererseits gebe es aber auch »Störungen in der sozialen Umwelt«, die »eine Menge neu hinzukommender Komplikationen, Spannungen und Konflikte« bewirkten. Diese hätten »aber nicht ihren Ursprung und ihre Ursache im Betrieb selbst, sondern in einer betriebsfremden Welt«.[23] In derartigen Krisendiagnosen schwang zweierlei mit: erstens die explizite Relationierung von Betrieb und Gesellschaft unter Ordnungsgesichtspunkten; zweitens die behauptete Notwendigkeit, gestaltend auf den Betrieb einwirken zu müssen. Als Ordnungs- und Krisenbegriff war der Begriff des Betriebs immer auch Interventionsbegriff.

Der Betriebsbegriff, der sich im Spannungsfeld von Ordnung und Krise bewegte, warf immer auch die Frage nach den Grenzen des Betriebs[24] auf und setzte eine kontinuierliche Grenzziehungsarbeit[25] in Gang. Dem Betrieb, so Goetz Briefs 1931,

»eignet im höchsten Maße Organplastizität, an die soziale Rückwirkungen anschließen; andererseits hat ihm gegenüber auch die Gesellschaft Organplastizität [...]. Ebenso wie der Betrieb für das Gesellschaftsgefüge in einem Akt zerstörendes und neuaufbauendes Gefüge sein mag, so kann die Gesellschaft durch Regeln und Normen für ihn Hemmung, Begrenzung und Förderung sein. [...] Dort, wo Gesellschaft autonomes, ihr Leben durch Normen und Regeln umfassendes und ordnendes Gebilde ist, steht auch der Betrieb unter diesem Normensystem und seinen geltenden Werten. [...] Dort aber, wo die Gesellschaft individualistisch verflüchtigt, ihre Autonomie der Autonomie der Individuen geopfert ist, da kann der

---

22 René König, Die informellen Gruppen im Industriebetrieb, in: ders., Schriften, Bd. 16, Opladen 2002, S. 256-312 [1961], Zitat: S. 260.
23 Rudolf Schwenger, Soziale Frage im Betrieb, in: Görres-Gesellschaft (Hg.), Die soziale Frage und der Katholizismus, Paderborn 1931, S. 291-311, Zitat: S. 293; vgl. auch Waldemar Koch, Die Krise des Industriebetriebes, Berlin 1933.
24 Varianten der sozialpolitisch und sozialwissenschaftlich grundierten Verknüpfung betrieblicher und »außer-betrieblicher« Räume diskutiert Hannah Ahlheim in diesem Band.
25 Dieser Begriff wurde in wissenssoziologischem Kontext geprägt, vgl. Thomas F. Gieryn, Boundary-Work and the Demarcation on Science from Non-Science. Strains and Interests in Professional Ideologies of Scientists, in: American Sociological Review 48 (1983), S. 781-795.

Betrieb [...] geradezu das Kristallisationszentrum einer echten gesellschaftlichen, von der Wirtschaft her bestimmten Gliederung werden.«[26]

Immer wieder musste verhandelt werden, was überhaupt zum Betrieb gehörte. Betrieb und Gesellschaft durchdrangen sich gegenseitig. Betriebssoziologen war das nicht nur bewusst, sondern sie machten diese Einsicht zum Dreh- und Angelpunkt ihrer Argumentation.

»Die menschliche oder soziale Betriebsproblematik ist zunächst eine im Betrieb selbst gegebene oder innerbetriebliche Problematik, dann aber auch eine außerbetriebliche oder gesellschaftliche Problematik, insofern der Betrieb in das außerbetriebliche gesellschaftliche Leben hineinwirkt, wie umgekehrt das außerbetriebliche gesellschaftliche Leben in das Betriebsleben hineinwirkt. Auch diese außerbetriebliche Betriebsproblematik ist für die soziale Betriebsführung von Bedeutung.«[27]

Gerhard Albrecht formulierte in einem Rezensionsaufsatz aus dem Jahr 1935 mit Blick auf die Positionen wichtiger Vertreter der Betriebssoziologie und sozialen Betriebspolitik die entscheidende Herausforderung: Neben der Untersuchung der innerbetrieblichen Sozialbeziehungen sei es notwendig, die »Bedingtheit der betriebssoziologischen Phänomene aus der sozialen Umwelt« *und* die »Rückwirkungen der sozialen Betriebsverhältnisse auf die gesellschaftliche Umwelt« gleichrangig in den Blick zu nehmen.[28] Dieser Topos der Umwelt ließ sich spielend »lebensräumlich« fassen.

»Daß der Sitz der Krankheit des Maschinenzeitalters«, so schrieb der Soziologe und Mitbegründer der Daimler Werkszeitung Eugen Rosenstock-Huessy 1922,

»heute wie gestern im Leben des einzelnen Arbeiters zu suchen ist, zeigt sich sofort darin, daß wir bei diesen Untersuchungen über den ›Lebensraum‹ des Industriearbeiters mit dem rückhaltlosen Eingeständnis beginnen müssen: der Ort, wo dieser Lebensraum gesucht werden kann, ist durch den politischen Kampf zwischen

---

26 Goetz Briefs, Betriebssoziologie, in: Alfred Vierkandt (Hg.), Handwörterbuch der Soziologie, Stuttgart 1931, S. 31-53, Zitat: S. 34.
27 Ludwig Heinrich Adolph Geck, Soziale Betriebsführung nach den Grundsätzen einer Seinstheologie des Industriebetriebs, in: Josef Kolbinger, (Hg.), Betrieb und Gesellschaft. Soziale Betriebsführung, Berlin 1966, S. 19-49, Zitat: S. 22. Betriebe, so Geck, wirkten »sozial über ihren eigenen Raum hinaus« und veranlassten »auch im außerbetrieblichen Leben soziale Gestaltung«, ders., Entstehungsgeschichte, in: Specht (Hg.), 1951, S. 113.
28 Gerhard Albrecht, Betriebssoziologie und soziale Betriebspolitik, in: Jahrbücher für Nationalökonomie und Statistik 141 (1935), S. 737-744, Zitat: S. 738.

Kapital und Arbeit so heimgesucht worden, daß die Parteien selbst über seine genaue Lage im ungewissen zu sein scheinen.«[29]

Allerdings, so Rosenstock-Huessy, zeigten sich bereits zarte Tendenzen eines Wandels. Inzwischen werde der Arbeiter immer häufiger

> »als tätiges Glied im Produktionsprozeß von sich und von der Welt betrachtet. Er heißt nicht mehr Arbeiter des Unternehmers, sondern Angehöriger eines Betriebes. [...] Dem Mitgliede eines Prozesses, dem Mitarbeiter an einer Aufgabe, dem Angehörigen eines Betriebes, wandelt sich notwendig die Welt und der Raum seiner Arbeit. [...] Nur eines steht fest: der Arbeiter muß jetzt Kräfte seines Lebens in den ›Betrieb‹ einströmen lassen, die er dem Unternehmer und dessen Fabrik grundsätzlich vorenthielt. Kräfte seines Lebens sagen wir, zum Unterschied von der bloßen Kraft seiner Arbeit, von der nackten Arbeitskraft, die er bisher allein in den Arbeitsraum hineinzuliefern wünschte. Durch den Einstrom seiner Lebenskräfte muß also der Arbeitsraum zu einem Teil seines Lebensraumes werden.«[30]

Eine wesentliche Funktion des Betriebsbegriffs bestand demnach – das zeigt das Zitat in aller Deutlichkeit an – in der nachhaltigen Verankerung einer »lebensräumlichen« Perspektive und damit in einer Transformation des Arbeiters, der nun als »ganzer Mensch« in den Blick genommen werden sollte.[31] Wer in den 1920er-Jahren »Betrieb« sagte, meinte einen spezifischen »Lebensraum«, ein möglichst stabil geordnetes sozial-räumliches Gebilde, das dem Einzelnen eine »Heimat« bieten sollte.[32] »Ein Haus der Industrie«, so setzte Rosenstock-Huessy seine Überlegungen fort,

> »führt auch bezeichnender Weise einen anderen Namen, je nachdem, ob man es auf das Produkt oder auf die Arbeit oder auf die Menschen in ihm ansieht. Als Fabrikationsort heißt es Fabrik, als Produktionsstätte für den Weltmarkt Unternehmen, als Aufenthaltsort der Arbeiter Betrieb.«[33]

Rosenstock-Huessy und vielen seiner Zeitgenossen galt der Betrieb als »eine der intensivsten Verdichtungsformen menschlichen Lebensraumes«. Das »Fabrikproblem« wurde – bei Willy Hellpach zum Beispiel unter Rekurs auf Friedrich Ratzel – zu

---

29 Eugen Rosenstock-Huessy, Werkstattaussiedlung. Untersuchungen über den Lebensraum des Industriearbeiters, Berlin 1922, S. 5.
30 Ebd., S. 7 f.
31 Vgl. dazu den Beitrag von Karsten Uhl in diesem Band.
32 Für die Forderung nach Maßnahmen, die ein »Verwachsen« des Arbeiters mit dem Werk ermöglichen und dieses so zur »Heimat« werden lassen sollen, vgl. z. B. Karl Vorwerck, Werksgemeinschaft, in: Soziale Praxis 37 (1928), S. 145-151.
33 Rosenstock-Huessy, Werkstattaussiedlung, 1922, S. 96 f.

einem »Teil des Lebensraumproblems«. Auf Basis der Unterscheidung von »Daseinsraum«, »Artraum« und »Werkraum« rückte Hellpach das »Fabrikproblem« an die Schnittstelle von Natur und Kultur. Mit dem »Werkraum«, so fasste Hellpach sein Programm einer ambivalenten Biologisierung des Sozialen zusammen, gehe der »Lebensraum« von einer »Naturtatsache« in eine »Kulturtatsache« über. »[U]nd von dieser Umwandlung her werden auch seine Erscheinungsformen als Spielraum und Artraum kulturlich veredelt, verfeinert, anspruchsvoller gemacht.«[34] Die Karriere des Lebensraumbegriffs ist wiederholt rekonstruiert worden, zuletzt von Ulrike Jureit. »Lebensraum« gehörte, so Jureit, »schon bald zum Grundwortschatz imperialer Rechtfertigungsdiskurse« und wurde zunehmend zu »einem nach rassenbiologischen Kriterien homogenisierten Ordnungskonzept […], das vorrangig auf die Eroberung, Besiedlung und Beherrschung von Großräumen ausgerichtet war.«[35] Gegenüber diesem Lebensraumbegriff zeichnet sich, blickt man auf die Betriebsdiskurse der 1920er- und 1930er-Jahre, eine sozialökologische Akzentverschiebung ab. »Lebensraum« wurde in Anwendung auf den Betrieb als Habitat im Sinn von »Umwelt« oder »Milieu« gedeutet, in dem materielle, soziale und psychische Komponenten ineinandergreifen. Von soziologischer Bedeutung sei, so Goetz Briefs 1931, »ob der Betriebsraum reiner Zweckraum ist oder nicht« und ob sich darüber hinaus Tendenzen abzeichneten, wonach der »Zweckraum« allmählich »lebensräumliche Elemente sich wieder zu assimilieren« trachte.[36]

Der »lebensräumliche Blick« auf den Betrieb war bereits in den späten 1920er-Jahren zur Mode geworden. Theodor Geiger, der in dieser Zeit im gewerkschaftlichen Umfeld regelmäßig über industrie- und betriebssoziologische Themen berichtete, spöttelte bereits damals über diesen Trend. Er komme nicht umhin, so Geiger, »einige Anmerkungen über den Betrieb als Lebensraum und Werkmilieu des Arbeiters« zu machen.

> »Der Betrieb als Raumbereich, innerhalb dessen sich ein grosser Teil des Arbeiterlebens abspielt, ist ein in der Sozialpolitik vielberedetes Thema. Man wird nicht müde, nach Mitteln zu suchen, wie die Bindung des Arbeiters an den Betrieb verstärkt werden könnte, und man glaubt vielfach auf diese Weise das fördern zu können, was man ›Arbeitsgesinnung‹ nennt, seit man den Traum der Klassenversöhnung aufgegeben hat.«[37]

---

34 Vgl. Willy Hellpach, Gruppenfabrikation, Berlin 1922, S. 8-12.
35 Ulrike Jureit, Das Ordnen von Räumen. Territorium und Lebensraum im 19. und 20. Jahrhundert, Hamburg 2012, S. 27.
36 Briefs, Betriebssoziologie, 1931, S. 32.
37 Theodor Geiger, Zur Soziologie der Industriearbeit und des Betriebs, in: Die Arbeit 6 (1929), S. 673-689 u. 766-781, Zitat: S. 775. Mit Bezug auf die Allgemeine Soziologie sprach auch Norbert Elias in einem zunächst unveröffentlichten Text aus dem Jahr 1939 von einer weitverbreiteten »Milieutheorie« und dem Kautschukbegriff der »Umwelt« (vgl. Norbert Elias, Die Gesellschaft

Vertreter dieser Richtung verfielen, so Geiger, dem »sonderbaren Irrtum«, das Betriebsmilieu als »dingliches Zentrum einer Vergesellschaftung« zu begreifen.[38]

Der Topos des Lebensraums und Werkmilieus war anschlussfähig an zahlreiche Versuche, den Betrieb zu einer überhistorischen Sozialordnung zu erklären. Wer in den 1920er-Jahren »Betrieb« sagte, tat dies in der Regel unter Etablierung eines antiindividualistischen, anti-liberalistischen Menschen- und Weltbilds; einerseits mit dem Ziel einer expliziten Ausklammerung der zeitgenössisch heftig diskutierten Systemfrage, andererseits in Frontstellung gegen überbetriebliche, das heißt vor allem: gewerkschaftliche und sozialpolitische Regelungsversuche. Die letzten hundert Jahre, so schrieb Rudolf Schwenger 1931, standen

> »unter dem Zeichen des Kampfes gegen jede seinsmäßig begründete, natürliche Ordnung, gegen den Anspruch einer von zufälliger Willkür der Einzelnen unabhängigen objektiven Institution, die vor den Individuen besteht und sich gegen den Einzelwillen durchzusetzen vermag. […] Neuerdings und insbesondere in den Nachkriegsjahren ist die betriebliche Ordnung in ihrer Eigenständigkeit ebenfalls in Frage gestellt worden.«[39]

Gegenüber den »Bestrebungen zur Veröffentlichung des Betriebs«, so Schwengers Schlussfolgerung, müsse man »die Eigenberechtigung der betrieblichen Ordnung und die Regelung der sozialen Beziehungen vom Betrieb her betonen«.[40] Hier zeichnen sich für die 1920er- und 1930er-Jahre typische Stellungnahmen gegen überbetriebliche Einrichtungen ab, die in den Betrieb hineinwirkten und seine eigene Sozialordnung zu verschütten drohten. Gewerkschaften, Arbeitgeberverbände und Staat, so der Tenor, reichten »an gewisse, das individuelle Betriebsverhältnis zwischen Arbeitgeber und Arbeitnehmer betreffende Dinge«[41] nicht heran, wiesen also eine Leerstelle auf und drohten die betriebliche Ordnung zu zerreiben. Der damals prominente Werksgemeinschaftsdenker Josef Winschuh stellte 1930 eine entsprechende Diagnose:

> »[D]ie Verbandsfronten marschieren gegeneinander auf, saugen aus den Betrieben soziale Initiative und Selbständigkeit von beiden Seiten – vom Arbeiter und Unternehmer – und machen den Verkehr zwischen beiden Lagern ganz mittelbar.

---

der Individuen [1939], in: ders., Die Gesellschaft der Individuen, Frankfurt a. M. 2001 [Gesammelte Schriften, Bd. 10], S. 15-98.
38 Ebd.
39 Schwenger, Soziale Frage im Betrieb, in: Görres-Gesellschaft (Hg.), 1931, S. 291.
40 Ebd., S. 303.
41 Goetz Briefs, Die Problemstellung der sozialen Betriebspolitik, in: ders. (Hg.), Probleme der sozialen Betriebspolitik, Berlin 1930, S. 1-10, Zitat: S. 8.

[...] Aus den überbetrieblichen sozialen Fronten muß wieder soziale Initiative und soziale Freiheit zurückfließen in den Betrieb, der zwischen diesen Fronten steht.«[42]

Zeitgenössische, oft gewerkschaftsnahe Kritiker wie Theodor Geiger beharrten dagegen darauf, dass der Betrieb nur als abhängige und damit historische Größe im Wirtschaftsleben zu begreifen sei.[43] Argumente wie diejenigen Schwengers (oder Winschuhs) wurden als Versuch interpretiert, historische Formen betrieblicher Autorität zu verabsolutieren. Schwengers Idee einer »autonomen Betriebsherrschaft« liefe auf die unhaltbare Behauptung hinaus, dass der Betrieb »an und für sich mit der kapitalistischen Wirtschaft gar nichts zu tun« habe. Ziel dieser Trennung von Betrieb und kapitalistischer Wirtschaftsordnung sei es, die antikapitalistischen Affekte der Betriebsangehörigen auszuschalten, indem man behaupte, »daß die funktionelle Betriebsordnung mit der hierarchisch-herrschaftlichen Sozialverfassung notwendig verknüpft zu sein scheint.«[44] Er glaube nicht, so Theodor Geiger, »dass der wirtschaftsgrundsätzliche Gegensatz: Kapitalismus – Sozialismus, wenn er einmal zu einem bestimmten Grad der Schärfe gediehen ist, mit diesen innerbetrieblichen Mitteln abgedämmt werden könne.«[45] Derartiges wies nun wieder Rudolf Schwenger als »marxistische Deduktion« zurück.[46] Statt »marxistischer Deduktion« bot sich eine ausufernde Gemeinschaftssemantik an.

3 »Betriebsgemeinschaft«: Weimarer Traditionen und nationalsozialistische Akzente

In der Weimarer Republik wurde die Werks- beziehungsweise Betriebsgemeinschaft zunehmend als Lösung für die als brennend wahrgenommene Frage des sozialen wie auch des Wirtschafts- und Arbeitsfriedens propagiert.[47] In exemplarischer Bündelung kommt das in einem durch seine entwicklungslogische Brillanz, man könnte auch

---

42 Josef Winschuh, Gedanken zum Problem einer neuen Werkspolitik, in: Goetz Briefs (Hg.), Probleme der sozialen Betriebspolitik, Berlin 1930, S. 144-153, Zitat: S. 146.
43 Vgl. Geiger, Zur Soziologie der Industriearbeit, in: Die Arbeit 6 (1929), S. 673 f.
44 Heinrich Mertens, Feudalherrschaft im Betrieb? Ein Ziel der faschistischen Reaktion, in: Betriebsräte-Zeitschrift 13 (1932), S. 76-79; vgl. auch Rudolf Schwenger, Erwiderung auf den Artikel »Feudalherrschaft im Betrieb«, in: ebd., S. 155; sowie Heinrich Mertens, Ist der industrielle Betrieb eine »überhistorische Kategorie«?, in: ebd., S. 155 f.
45 Theodor Geiger, Sozialpolitik im Betriebe, in: Die Arbeit 7 (1930), S. 831-840.
46 Rudolf Schwenger, Gewerkschaften und soziale Betriebspolitik, in: Die Arbeit 7 (1930), S. 742-748, Zitat: S. 742 f. Schwenger reagierte auf Fritz Fricke, Gewerkschaften und soziale Betriebspolitik. Positive oder negative Haltung, in: ebd., S. 608-618.
47 Vgl. Joan Campbell, Joy in Work, German Work. The National Debate 1800–1945, Princeton/NJ 1989, S. 158-177; Matthias Frese, Betriebspolitik im Dritten Reich. Deutsche Arbeitsfront, Unternehmer und Staatsbürokratie in der Westdeutschen Großindustrie 1933 bis 1939, Pader-

sagen: Vulgärdialektik gekennzeichneten Artikel Hermann Meissingers zum Ausdruck. Unmittelbar nach der Novemberrevolution, so Meissinger, habe sich eine Idee durchgesetzt, wonach Interessenorganisationen und Staat die Wirtschaft zu gestalten hätten. Gegenwärtig, 1926, komme das Gegenstück zum Tragen, wonach dem Betrieb als »Wurzel eines Wirtschaftskörpers« wieder zu seinem Recht verholfen werde. Aus diesem Gegensatz leitete Meissinger die »angemessene« Perspektive auf den Betrieb und seine Gestaltung ab:

> »Zwischen die bisherige These der Organisationspolitik und die Antithese reiner Betriebspolitik ist die für uns allein gangbare und nutzbringende Synthese der Betriebsgemeinschaft mit eigenen Betriebsaufgaben als gleichberechtigter Faktor unserer Arbeits- und Wirtschaftsverfassung neben die Organisation zu stellen.«[48]

Der Werks- und Betriebsgemeinschaftsdiskurs schloss an die bereits skizzierten Auseinandersetzungen um die Grenzen des Betriebs an und verhandelte erneut die Rolle kollektiver Interessenvertretung. Dabei wurde von Anfang an deutlich, dass hier gegenüber der durch das Betriebsrätegesetz (1920) etablierten Betriebsverfassung ein Konkurrenzentwurf betrieblicher Ordnung vorgelegt wurde, dessen Wirkmächtigkeit in der betrieblichen Realität allerdings begrenzt blieb.[49] Karl Vorwerck beispielsweise betonte, dass Gewerkschaften und überbetriebliche Tarifverträge vergemeinschaftende Tendenzen im Betrieb untergrüben.[50] Josef Winschuh sprach von einer »Überfremdung der Betriebsgemeinschaftsformen durch Tarifvertrag und Gewerkschaft«.[51] Schließlich sei es allein der Betrieb, der das »organische Verhältnis von leitender und ausführender Arbeit, auf der alle Produktion beruht«, als »lebendige Wirklichkeit« bewahren könne. All das, was »dem Wesen nach seinen Sitz im Betriebe hat«, dürfe nicht zu einer Klassen- oder Interessengruppenangelegenheit werden. Ziel der Werksgemeinschaft müsse es daher sein, für die Arbeiter eine Art »Heimatsberechtigung am Betriebe« zu gewinnen, damit sie als »Glieder mit besonderen Funktionen zu Mitträgern des Gesamtproduktionsvorganges« werden.[52] Gewerkschaften und Unternehmerverbände verkörperten dagegen, so Gerhard Albrecht 1928, das Prinzip der Zerreißung:

---

born 1991, S. 10-35; Gertraude Krell, Vergemeinschaftende Personalpolitik. Normative Personallehren, Werksgemeinschaft, NS-Betriebsgemeinschaft, Betriebliche Partnerschaft, Japan, Unternehmenskultur, München 1995, S. 85-120.

48 Hermann Meissinger, Die Betriebsgemeinschaft, in: Heinz Potthoff (Hg.), Die sozialen Probleme des Betriebes, Berlin 1925, S. 245-253, Zitat: S. 253.
49 Vgl. Milert/Tschirbs, Die andere Demokratie, 2012, S. 146-186.
50 Vgl. Karl Vorwerck, Werksgemeinschaft, in: Soziale Praxis 37 (1928), S. 145-151.
51 Josef Winschuh, Die psychologischen Grundlagen der Werksarbeitsgemeinschaft, in: Heinz Potthoff (Hg.), Die sozialen Probleme des Betriebes, Berlin 1925, S. 254-279, Zitat: S. 261 f.
52 Gerhard Albrecht, Arbeitsgemeinschaft, Betriebsgemeinschaft, Werksgemeinschaft, in: Jahrbücher für Nationalökonomie und Statistik 128 (1928), S. 530-562, hier: S. 526-538.

»der Zerreißung nämlich dessen, was seinem Wesen nach zusammengehört, der durch die einander ergänzenden Wirtschaftsfunktionen verbundenen Arbeiter und Unternehmer. […] Alles das kann nur so überwunden […] werden, indem in den Betrieb zurückverlegt wird, was ursprünglich und dem Wesen der wirtschaftlichen Produktion nach dort seinen Sitz hat. […] Nur die Verlegung alles dessen, was allein im Betriebe lebendige Wirklichkeit ist, in diesen, ist die Wirtschaft wieder auf der Kraft der Persönlichkeit auszurichten, statt daß ›Masse Mensch ringend der Masse Mensch gegenübersteht‹ und in diesem Gegeneinanderwirken die Wirtschaft entpersönlicht wird.«[53]

Die Gewerkschaften reagierten kritisch. Das Problem der Werksgemeinschaftsidee, so argumentierte man hier, sei ihre völlig unangemessene Sicht auf die betriebliche Realität unter kapitalistischen Bedingungen. »Dieser in der geschichtlichen Situation gegebene sachliche Gegensatz [von Arbeitern und Unternehmern] wird nicht durch wohlgemeinte Sentimentalitäten über den Fluch des Klassenkampfes aus der Welt geredet. Es gilt seine Ursachen zu beseitigen, um seiner Wirkungen Herr zu werden.«[54] Zudem wohne der sozialistischen Idee selbst sehr viel größere »gemeinschaftsbildende Kraft« inne. Historisch habe sich schließlich erwiesen, dass der Betrieb zwar Lebenssphäre, nicht aber Lebensinhalt der Arbeiter sei. »Der Betrieb ist zwar Schicksal des Arbeiters – gewiss, aber deswegen ist die Betriebsgemeinschaft noch nicht das Mittel, dieses Schicksal im Sinne der Arbeiterbewegung zu beeinflussen.«[55] Gerade das die Gewerkschaften tragende Prinzip gesamtwirtschaftlicher Solidarität – also Kameradschaft unter Arbeitskollegen, die nicht mit »Betriebspatriotismus« zu verwechseln sei – habe schon so manches Mal den Sieg errungen über den »Individualismus ihrer Gegner«.[56] Auch dem gewerkschaftlichen, über den Begriff der Solidarität präzisierten Gemeinschaftsgedanken war mithin ein strenger Antiindividualismus eingeschrieben. Dabei handelte es sich um einen Abgrenzungspunkt jedweden Gemeinschaftsdenkens – egal, ob es sich innerhalb einer solidarischen oder völkischen Tradition verortete. Die jeweilige Tradition bestimmte dann aber weitgehend die politische Praxis und Folgen des Gemeinschaftsdenkens. Hier traten enorme Unterschiede auf.[57]

Das nationalsozialistische Gemeinschaftsdenken zielte auf eine Ersetzung klassenkämpferischer, aber auch liberal-pluralistischer Vorstellungen durch die Idee und

---

53 Ebd., S. 539 f.
54 Lothar Erdmann, Gewerkschaften, Werksgemeinschaften und industrielle Demokratie, in: Die Arbeit 2 (1925), S. 131-142, Zitat: S. 134.
55 Ebd., S. 135.
56 Ders., Zum Problem der Arbeitsgemeinschaft, in: Die Arbeit 3 (1926), S. 315-320, hier: S. 379-390 u. 641-652, Zitat: S. 646.
57 Vgl. Stefan Vogt, Nationaler Sozialismus und Soziale Demokratie. Die sozialdemokratische Junge Rechte 1918–1945, Bonn 2006.

Realität einer Volksgemeinschaft.[58] Der Betriebsgemeinschaft kam innerhalb dieser gemeinschaftlichen Ordnung zentrale Bedeutung zu.[59] Elisabeth Mieder schrieb 1939:

> »Die Stelle, an der für den Einzelnen Gemeinschaftsleben und Gemeinschaftsstreben ihren sinnfälligsten und unmittelbarsten Ausdruck finden, ist die Stätte der alltäglichen Arbeit, der Betrieb. Das ständig wiederkehrende Zusammenwirken der in ihm Tätigen zwingt sie, ein bestimmtes Verhältnis zu seiner Ordnung, seiner sozialen Gestalt und seiner Zwecksetzung innerhalb des sozialen Ganzen zu finden; und so muß der Betrieb zum Ansatzpunkt der Erziehung zur Gemeinschaftshaltung gemacht werden.«[60]

In der »Weite und Vielgestaltigkeit seiner Gemeinschaftserlebnisse, die jedes seiner Gefolgschaftsmitglieder gewollt oder ungewollt hinnimmt«, sei der Betrieb »die wichtigste Quelle für die Erkenntnis dieses volksgemeinschaftlichen Sinnes.«[61]

Im »Gesetz zur Ordnung der nationalen Arbeit«, dem Arbeitsordnungsgesetz (AOG) vom Januar 1934, fanden die verschiedenen Gemeinschaftsideologeme auf dem Gebiet der Arbeitsbeziehungen eine rechtliche Kodifizierung.[62] Wenngleich das AOG, wie Werner Milert und Rudolf Tschirbs betonen, einen Bruch sowohl mit dem etablierten Arbeitsrecht als auch mit den betrieblichen Realitäten der Weimarer Republik bedeutete, weil hier ganz entschieden die demokratische Komponente der Betriebsräte entfernt und durch »betriebsdiktatorische« Prinzipien ersetzt wurde[63], so bleiben aber doch zumindest zwei Kontinuitätslinien unverkennbar: einerseits das

---

58 Vgl. Michael Wildt, Volksgemeinschaft als Selbstermächtigung. Gewalt gegen Juden in der deutschen Provinz 1919 bis 1939, Hamburg 2007; ders./Frank Bajohr (Hg.), Volksgemeinschaft. Neue Forschungen zur Gesellschaft des Nationalsozialismus, Frankfurt a. M. 2009; Detlef Schmiechen-Ackermann (Hg.), »Volksgemeinschaft«: Mythos, wirkungsmächtige soziale Verheißung oder soziale Realität im Nationalsozialismus. Zwischenbilanz einer kontroversen Debatte, Paderborn 2012.
59 Vgl. Campbell, Joy in Work, 1989, S. 337-375.
60 Elisabeth Mieder, Die Betriebsgemeinschaft und ihre Verwirklichung. Die sozialen Aufgaben des Unternehmens, Stuttgart/Berlin 1939, S. V.
61 Ebd., S. 141.
62 Vgl. Martin Becker, Arbeitsvertrag und Arbeitsverhältnis während der Weimarer Republik und in der Zeit des Nationalsozialismus, Frankfurt a. M. 2004, S. 387-401; Frese, Betriebspolitik, 1991, S. 93-113; Andreas Kranig, Das Gesetz zur Ordnung der nationalen Arbeit (AOG): Grundgesetz der nationalsozialistischen Arbeitsverfassung?, in: Harald Steindl (Hg.), Wege zur Arbeitsrechtsgeschichte, Frankfurt a. M. 1984, S. 441-500; Timothy W. Mason, Zur Entstehung des Gesetzes zur Ordnung der nationalen Arbeit vom 20. Januar 1934: Ein Versuch über das Verhältnis »archaischer« und »moderner« Momente in der neuesten deutschen Geschichte, in: Hans Mommsen/Dietmar Petzina/Bernd Weisbrod (Hg.), Industrielles System und politische Entwicklung in der Weimarer Republik, Düsseldorf 1974, S. 322-351; Wolfgang Spohn, Betriebsgemeinschaft und Volksgemeinschaft. Die rechtliche und institutionelle Regelung der Arbeitsbeziehungen im NS-Staat, Berlin 1987, S. 9-43.
63 Vgl. Milert/Tschirbs, Die andere Demokratie, 2012, S. 223 u. 230-237.

Anknüpfen an Spielarten industriebetrieblichen Ordnungsdenkens (die Milert und Tschirbs etwas unpräzise als »sozialreaktionären Kurs der Schwerindustrie des Westens« etikettieren) und andererseits die Bemühungen, einen »Schutzwall« um den Betrieb zu errichten.[64] Das AOG, so Werner Mansfeld, der seit 1933 Ministerialdirektor im Reicharbeitsministerium und dort einer der federführenden Autoren des Arbeits-Ordnungsgesetzes war, »ist inhaltlich nämlich nichts anderes als die Uebertragung der Weltanschauung unseres Reiches auf das wichtige Gebiet des sozialen Lebens.«[65] Kern und Grundlage des Gesetzes war die Idee der Betriebsgemeinschaft, die samt ihren Organisationen an die Stelle der bisherigen Träger der sozial- und arbeitspolitischen Verfassung treten sollte. Das Arbeits-Ordnungsgesetz war Ausdruck eines Bestrebens, die Betriebsgemeinschaft als »konkrete Ordnung« zu realisieren. Wolfgang Siebert, wie Mansfeld prominenter nationalsozialistischer Arbeitsrechtler, verwies darauf, dass im Betrieb »diejenige lebendige Gemeinschaft begründet werden [solle], deren Verwirklichung der Kernpunkt der nationalsozialistischen Ordnung der Arbeit« sei. »Damit sind Betrieb und Betriebsgemeinschaft auch entscheidend für die Gestaltung des Arbeitsverhältnisses als der konkreten Rechtsbeziehung zwischen dem Träger des Betriebes und dem Beschäftigten.«[66]

Timothy Mason hat herausgearbeitet, dass Theoretiker und Praktiker der betrieblichen Sozialpolitik den Standpunkt vertraten, »daß die Probleme der antagonistischen Gesellschaftsordnung vor allem dort angepackt und gelöst werden konnten, wo sie am schärfsten zum Ausdruck kamen: nämlich im Betrieb.«[67] Konflikte und Störfaktoren wurden auf Betriebsebene einzuhegen versucht, um sie ihres politischen und sozialen Konfliktpotenzials zu entkleiden. Das schloss einen verantwortlichen Umgang mit Konfliktsituationen ein.

> »Auf dem Boden dieser Gemeinschaft können dann sehr wohl Spannungen zwischen den Gliedern der Gemeinschaft bestehen. Diese Spannungen schaden der Gemeinschaft nicht, vielmehr setzt die Gemeinschaft sie zu ihrem inneren Leben, zu ihrer Kraftentfaltung und als Quelle von Leistungen vielfach geradezu voraus. Nur – und das ist eben der grundsätzliche Unterschied zum sozialen Ausgleichsdenken: diese Spannungen sind nicht das Wesentliche des Arbeitsverhältnisses, sie sind nicht der notwendige Ausgangspunkt, sie werden durch den Gemeinschaftsgedanken nicht zurückgedrängt und gebändigt, sondern sie werden von vornherein nur auf dem Boden einer echten konkreten und lebendigen Gemeinschaft rechtlich

---

64 Vgl. ebd., S. 257.
65 Werner Mansfeld, Das Gesetz zur Ordnung der nationalen Arbeit vom 20. Januar 1934, in: Deutsches Arbeitsrecht 2 (1934), S. 33-39, Zitat: S. 34.
66 Wolfgang Siebert, Das Arbeitsverhältnis in der Ordnung der nationalen Arbeit, Hamburg 1935, S. 13 f.
67 Mason, Entstehung, in: Mommsen/Petzina/Weisbrod (Hg.), 1974, S. 339 f.

anerkannt und verstanden. Der Ausgleich ist dann also nur praktische Folge, nicht wesensmäßiges Grundprinzip.«[68]

Die Betriebsgemeinschaft war im Nationalsozialismus kein ausschließlich arbeitsrechtliches, sondern auch ein soziologisches und betriebsorganisatorisches Problem. Die soziologischen Gemeinschaftsdenker der Weimarer Republik setzten ihr Wirken mehrheitlich im Nationalsozialismus fort. Sie diskutierten die Frage, ob es sich bei den mit dem Arbeits-Ordnungsgesetz etablierten betriebs-sozialen Verhältnissen um eine Betriebsgemeinschaft im soziologischen Sinn handelte. Der stark im soziologischen Gemeinschaftsdenken verankerte Gerhard Albrecht schrieb 1936 in der *Festgabe für Ferdinand Tönnies* mit kritischem Unterton, dass im Betrieb gerade *kein* »Treueverhältnis zwischen Führer und Gefolgschaft« vorliege. »Das hierfür im Leben gebräuchliche Wort ›Betriebsgemeinschaft‹ hat mit der soziologischen, das engste und lebenswärmste Verhältnis von Menschen bezeichnenden Kategorie der Gemeinschaft nichts zu tun.«[69] Ganz anders sah das Karl Arnhold. Der Betrieb als ein Ganzes sei ohne Frage eine »geschlossene Gemeinschaft«, die es auch gegen Widerstände zu wahren gelte.

> »Der werdende neue Betrieb ist nicht mehr ein technisch-organisatorisches Gebilde, er ist etwas Lebendiges, das seinen Ausdruck in der Arbeitsgemeinschaft, Leistungsgemeinschaft und in der Führungseinheit findet. Wie sich alles Leben aus Zellen entfaltet, wie die Urzelle des Staates die Familie, die Urzelle der Politik die Gemeinde ist, so ist die Urzelle der Wirtschaft der Betrieb.«[70]

Die Betriebsgemeinschaft müsse als eigenständiges Gebilde verstanden werden. Sie

> »bedeutet mehr als das reibungslose Zusammenspiel aller betrieblichen Faktoren. Das unerforschliche Geheimnis gemeinschaftlichen Wollens unter einheitlicher Führung offenbart sich darin, daß die Einzelkräfte [sich] nicht nur addieren, sondern multiplizieren. Hier versagt der Rechenstift und fängt das Wirken jener geheimen Kräfte an, von denen wir im Kriege oft einen lebendigen Hauch verspürten.«[71]

Warum nun gerade angesichts der Multiplikation der Rechenstift versagen soll, bleibt Arnholds Geheimnis.

---

68 Siebert, Arbeitsverhältnis, 1935, S. 14.
69 Gerhard Albrecht, Der Wirtschaftsbetrieb als soziales Gebilde, in: ders. (Hg.), Reine und angewandte Soziologie. Festgabe für Ferdinand Tönnies, Leipzig 1936, S. 180-195, Zitat: S. 187 f.
70 Karl Arnhold, Der Deutsche Betrieb. Aufgaben und Ziele Nationalsozialistischer Betriebsführung, Leipzig 1942, S. 27.
71 Ebd., S. 57.

4 Kontinuitäten: 1945–1965

Wesentliches Kennzeichen des Wiederaufbaus nach dem Ende des Zweiten Weltkriegs war ein demonstrativ partnerschaftliches Zusammenarbeiten auf betrieblicher Ebene.[72] In der Nachkriegszeit schrieb sich eine betriebszentrierte Haltung großer Teile der Arbeiterschaft fort.[73] Auch die Arbeit betrieblicher Human- und Sozialexperten war durch ein Bemühen geprägt, jenseits der großen ordnungspolitischen Debatten »Maßnahmen zur Entspannung betrieblicher Sozialbeziehungen vor Ort« in pragmatischer Hinsicht zu entwickeln. Seit etwa 1947, so Ruth Rosenberger, intensivierten sich Bemühungen um eine Gestaltung der Arbeitsbeziehungen. Als Leitideen wirkten »betriebliche Harmonie«, »überbetrieblicher Interessensausgleich« und »Sozialpartnerschaft«. Vor allem der Begriff der Partnerschaft wurde für unternehmerische Neuorientierungen und Selbstdeutungen wichtig.[74] Derartige Konzepte trugen nach wie vor Züge des Gemeinschaftsdenkens der Zwischenkriegszeit. In den eigentümlich vermischten Adaptionen amerikanischer Managementmethoden sowie einiger Entwicklungen der Zwischenkriegszeit zeigt sich der Versuch, die Tradition betriebsgemeinschaftlichen Denkens unter Herauslösung aus seinem eben auch nationalsozialistischen Kontext fortzuschreiben.[75] Eine der Aufgaben der Betriebssoziologie, so schrieb Helmut Schelsky 1954 innerhalb dieses Horizonts, sei die Analyse von Gruppen- und Gemeinschaftsbeziehungen im Betrieb. Vom Begriff der Werksgemeinschaft solle und müsse man aufgrund der ideologischen Verfälschungen und Wandlungen, die er vollzogen habe, allerdings Abstand nehmen.[76]

Freilich, ähnlich wie Theodor Geiger und andere in den 1920er- und 1930er-Jahren Kritik an vergemeinschaftenden Konzepten übten, so finden sich auch in den 1950er-Jahren kritische Stimmen. Als ein Beispiel für diesen Umstand mag die Klarstellung dienen, die Max Horkheimer 1955 der Betriebsklimastudie des Frankfurter Instituts

---

72 Vgl. Michael Fichter, Von der Volksgemeinschaft zur Sozialpartnerschaft. Betriebe und Betriebsvertretung im Raum Stuttgart, 1945–1950, in: 1999. Zeitschrift für die Sozialgeschichte des 20. und 21. Jahrhunderts 5 (1990) 3, S. 81-97.

73 Vgl. Till Kössler, Eine neue Ordnung in den Betrieben. Vergleichende Überlegungen zum Wandel der industriellen Beziehungen in der Bundesrepublik und Italien nach 1945, in: Jörg Calließ (Hg.), Die Geschichte des Erfolgsmodells BRD im internationalen Vergleich, Rehburg-Loccum 2006, S. 103-123. Damit soll aber nicht unterschlagen werden, dass das auch in Form eines Anknüpfens an die betriebsrätliche Tradition der Weimarer Republik geschah, vgl. Milert/Tschirbs, Die andere Demokratie, 2012, S. 335-229.

74 Vgl. Ruth Rosenberger, Experten für Humankapital. Die Entdeckung des Personalmanagements in der Bundesrepublik Deutschland, München 2008.

75 Vgl. Christian Kleinschmidt, Der produktive Blick. Wahrnehmung amerikanischer und japanischer Management- und Produktionsmethoden durch deutsche Unternehmer 1950–1985, Berlin 2002; Krell, Vergemeinschaftende Personalpolitik, 1995, S. 168-205.

76 Helmut Schelsky, Aufgaben und Grenzen der Betriebssoziologie, in: ders./Hermann Böhrs, Die Aufgaben der Betriebssoziologie und der Arbeitswissenschaften, Stuttgart/Düsseldorf 1954, S. 7-40, Zitat: S. 19.

für Sozialforschung beifügte.[77] Horkheimer trat einseitigen Interpretationen der Ergebnisse entgegen, ohne eine eigene Interpretation festzuschreiben. In einem Punkt wurde er aber doch deutlich: Den unkritischen Begriff und die unreflektierte Rede vom »Betrieb« ordnete er in den Kontext einer Betriebsideologie ein, die er ihrerseits als in hohem Maß von einer vergemeinschaftenden Argumentationsstrategie der Unternehmerseite wie auch seitens einiger Betriebspolitiker und Soziologen normativ überformt sah. Soziologie und Öffentlichkeit, so Horkheimer, hätten seit langem »die Bedeutung des Betriebes für die Gesamtgesellschaft entdeckt«, allerdings neigten einige soziologische »Tatsachen-Forscher« dazu, die Probleme des Betriebs mit jenen der industriellen Gesellschaft überhaupt gleichzusetzen.[78] Horkheimer hielt das für einen Kurzschluss und gesellschaftstheoretisch unbefriedigend. Und so beendete er seine Ausführungen mit der Feststellung, dass die »Betriebe der Großindustrie […] weder akute Krisenherde noch in sich gefestigte Arbeits- und Lebensräume [sind], die lediglich einer etwas besseren Inneneinrichtung bedürfen, um als stabile Ordnungen gelten zu können.«[79] Horkheimer schloss mit diesen Bemerkungen einerseits an kritische Positionen der 1920er-Jahre an, bekräftigte andererseits aber auch die fortdauernde Wirkmächtigkeit jenes Problematisierungsmodus, der skizziert wurde. Seit dem Ende der 1960er-Jahre geriet diese sozial-räumliche Problematisierung des Betriebs dann freilich doch in die Defensive.

5 Erosion und Umdeutung des Betriebsbegriffs »nach dem Boom«

In dem, was vor einigen Jahrzehnten als postindustrielle Gesellschaft[80] ins Spiel gebracht wurde, fand ein eigentümlicher Wandel des Betriebsdiskurses statt.

Erstens geriet die Hegemonie des Betriebsbegriffs und damit diejenige des sozialökologischen Industrialismus von Seiten eines neuen Management- und Organisationsdenkens unter Druck. Dabei trugen nicht zuletzt kybernetische Beschreibungsmodelle zum forcierten Bedeutungsverlust des Betriebsbegriffs bei.[81] Die Einführung

---

77 Vgl. zum gesamten Kontext Johannes Platz, Die Praxis der Kritischen Theorie. Angewandte Sozialwissenschaft und Demokratie in der frühen Bundesrepublik 1950–1960, Trier 2012 <http://ubt.opus.hbz-nrw.de/volltexte/2012/780/pdf/Die_Praxis_der_kritischen_Theorie.pdf> (letzter Abruf 15.12.2014).
78 Max Horkheimer, Menschen im Großbetrieb, in: ders., Gesammelte Schriften, Bd. 8, Frankfurt a. M. 1985, S. 95-105 [1955], Zitat: S. 96.
79 Ebd., S. 105.
80 Zu den Implikationen dieser Diagnose sozialen Wandels aus zeithistorischer Perspektive vgl. Anselm Doering-Manteuffel/Lutz Raphael, Nach dem Boom. Perspektiven auf die Zeitgeschichte seit 1970, Göttingen 2008, S. 61-66.
81 Vgl. Philipp Aumann, Mode und Methode. Die Kybernetik in der Bundesrepublik Deutschland, Göttingen 2009; Lars Bluma, Norbert Wiener und die Entstehung der Kybernetik im Zweiten

kybernetischer Ansätze in Management und Produktionsorganisation konnte einerseits an Argumente und Topoi anknüpfen, die bereits angesichts des Fließbands in der Zwischenkriegszeit diskutiert worden waren. Die Kybernetik der 1950er- und frühen 1960er-Jahre markierte andererseits aber auch einen Übergang. Auf lange Sicht bewerkstelligten kybernetische Zugriffe eine diskursive Transformation des Betriebs von einer sozial-räumlichen Institution in ein abstraktes, kontingentes Kommunikations- und Kontrollsystem. Die neuen kybernetischen Instrumente, mit denen Probleme im Betrieb gelöst werden sollten, erschütterten nachhaltig den sozialen Problematisierungsmodus von Arbeit und Produktion, der sich um den Betriebsbegriff seit den 1920er-Jahren herausgebildet hatte. Flankiert wurde das durch neue Formen des Personalmanagements, die dazu führten, dass der Einzelne nicht mehr über seine Stellung in einer fest gefügten Sozialordnung definiert wurde, sondern als Produkt eines individuell-flexiblen Lebenslaufs.[82] Robert Castel spricht in diesem Zusammenhang von einer »Deinstitutionalisierung« des Lebens der Subjekte.[83] Daneben durchliefen seit dem Ende der 1970er-Jahre Organisationstheorie und Organisationsforschung einen signifikanten Wandel. Vor dem Hintergrund der Diskussion um Moderne und Postmoderne kam es zu einer Fragmentierung der klassischen Metanarration, die Organisationen als Ort der Verschränkung von individueller Freiheit und kollektiver Ordnung sowie als Verkörperung einer universellen Rationalität fasste (genau das galt eben lange Zeit auch für den Betrieb).[84] Besonderes Interesse finden seither »projektbasierte« und »netzwerkartige« Organisationsformen, wie sie von Luc Boltanski und Ève Chiapello als Ausdruck eines »neuen Geistes des Kapitalismus« beschrieben worden sind.[85] Die Problematisierung von Arbeits- und Sozialverhältnissen kreist infolgedessen nicht länger um die Kategorie des Betriebs. Wo früher der Betrieb als soziale Institution und bürokratische Anstalt im Zentrum stand, dreht sich nun alles um das Unternehmen – und zwar nicht im Sinne von »corporation«, sondern von

---

Weltkrieg. Eine historische Fallstudie zur Verbindung von Wissenschaft, Technik und Gesellschaft, Münster i. Westf. 2005. Die Verbindung von Kybernetik und Managementdenken wurde zunächst vor allem in Britannien, maßgeblich von Stafford Beer, forciert, vgl. Roger Harnden/Allenna Leonard (Hg.), How Many Grapes went into the Wine. Stafford Beer on the Art and Science of Holistic Management, New York u. a. 1994.

82 Vgl. Rosenberger, Experten für Humankapital, 2008, S. 381.
83 Robert Castel, Die Metamorphosen der sozialen Frage. Eine Chronik der Lohnarbeit, Konstanz 2000, S. 407 f.
84 Vgl. Martin Parker, Post-Modern Organizations or Postmodern Organization Theory?, in: Organization Studies 13 (1992), S. 1-17; Michael I. Reed, Organizational Theorizing. A Historically Contested Terrain, in: Stewart R. Clegg u. a. (Hg.), Handbook of Organization Studies, London 1996, S. 31-56.
85 Vgl. Luc Boltanski/Ève Chiapello, Der neue Geist des Kapitalismus, Konstanz 2006.

»enterprise«. Dabei wird, so ließe sich im Anschluss an Andreas Reckwitz argumentieren, die Organisationsform »Unternehmen« verallgemeinert und individualisiert.[86]

Zweitens kochte der Betriebsbezug seit den mittleren und späten 1960er-Jahren noch einmal an unerwarteter Stelle hoch: im neo- beziehungsweise heteromarxistischen alternativen Milieu dieser Zeit. Die neuen Revolutionäre entdeckten den Betrieb in einer Weise neu, die so manchen Gewerkschafter an die reaktionär-konservativen Betriebsdiskurse der Zwischenkriegszeit erinnert haben dürfte. So, wie die Ordnungsdenker und Sozialingenieure der Zwischenkriegszeit im Betrieb den Rettungsanker für eine zerfallende Sozialordnung sahen, wurde der Betrieb nun zum Ausgangspunkt und entscheidenden Kampfplatz revolutionärer Umwälzung stilisiert. Begrenzt einflussreich wurde in dieser Hinsicht der italienische Operaismus. Die argumentative Linie des Operaismus lief darauf hinaus, dass die »Fabrik« (deren begriffliche Bezüge zum »Betrieb« nicht immer klar sind) die gesamte Struktur der kapitalistischen Industriegesellschaft im Kleinen enthalte, ja, mehr noch: die Gesellschaft selbst inzwischen vollends von der Fabrik absorbiert worden sei. Daher glaubte man, die »Maschinerie der bürgerlichen Gesellschaft« in der Fabrik angreifen und zerstören zu müssen.[87] Aber auch innerhalb der Gewerkschaften kam es zu Versuchen, neue Formen betriebsbezogener Arbeit zu etablieren, forciert beispielsweise von Hans Matthöfer in der IG Metall. Der Betrieb wurde hier Mitte der 1960er-Jahre akzentuiert als »der eigentliche Ort der Gewerkschaftsarbeit, ihr ›Schützengraben‹.«[88] Das geschah mitunter in bewusster Kooperation mit Teilen der Studentenbewegung und unter expliziter Einbeziehung industriesoziologischer Ansätze, die ebenfalls dazu übergingen, den Betrieb als wesentlichen Determinationsfaktor bei der Bildung des Arbeiterbewusstseins zu akzentuieren.[89] Was innerhalb der Gewerkschaften auf pragmatische Fragen betriebsbezogener Tarifpolitik oder der Mobilisierung zielte, lief bei Teilen der 68er auf eine Hypostasierung des Betriebs hinaus, die zum »Schritt vom Seminar in die Fabrik« führte. Die in Italien theoretisch entfaltete Idee der Arbeiter*autonomie*[90] diente einigen Spaltprodukten des zerfallenden SDS als Legitimation einer neuen Form von Betriebsarbeit, die paradoxerweise in einer Zeit stattfand, als die Arbeiterjugendlichen gerade anfingen, sich dagegen zu wehren, dass

---

86 Vgl. Andreas Reckwitz, Das hybride Subjekt. Eine Theorie der Subjektkulturen von der bürgerlichen Moderne zur Postmoderne, Weilerswist 2006, S. 500-527.
87 Vgl. Steve Wright, Den Himmel stürmen. Eine Theoriegeschichte des Operaismus, Berlin/Hamburg 2005.
88 Vgl. Klaus Peter Wittemann, Ford-Aktion. Zum Verhältnis von Industriesoziologie und IG Metall in den sechziger Jahren, Marburg 1994, S. 63.
89 Vgl. ebd., S. 56-72.
90 Das kann hier nicht mehr ausgeführt werden, daher mag der Hinweis genügen, dass die Kategorie der Autonomie seit spätestens den 1960er-Jahren zu einer Leitfigur post-industrieller und zunehmend neo-liberaler Subjektformen und Subjektivierungspraktiken wurde.

der Betrieb ihr ganzes Leben vereinnahmte.[91] In diesen Zusammenhang der Rekonfiguration des Betriebsbegriffs gehören auch die Wiederbelebung der syndikalistischen und gildensozialistischen Gewerkschaftstradition sowie die intensiven Diskussionen um Arbeiterkontrolle, die ausgehend von Britannien in den späten 1960er- und frühen 1970er-Jahren zumindest die radikalen Ränder der bundesdeutschen Gewerkschaften erreichten. In der Kombination all dieser Ansätze kam es zu einer neuerlichen Fokussierung auf die »betriebliche Realität«. Innerhalb der bundesdeutschen Gewerkschaften kam allerdings selbst eine wohlwollende Rezeption dieser Versuche nicht ohne den Verweis aus, dass die »Forderung nach Arbeiterkontrolle« solange »bruchstückhaft« bleibe, wie sie »isoliert auf den Ebenen der Werkstatt und des Betriebes erhoben wird«.[92] Der Wandel der Arbeitsbeziehungen seit den 1970er-Jahren stellte also auch die Gewerkschaften vor neue Herausforderungen und setzte eine Suche nach neuen Praxisformen in Gang, die einerseits eine partielle Entbetrieblichung der Arbeitswelt und andererseits Bemühungen um eine Neubesetzung des Betriebs als Ort sozialer und politischer Konflikte reflektieren musste.[93]

6 Fazit und Ausblick

Eine diskursgeschichtliche Archäologie des Betriebsbegriffs, seiner Implikationen und Effekte kann, das ist in der vorangegangenen Analyse vielleicht deutlich geworden, der Industrie-, Arbeiter- und Gewerkschaftsgeschichte eine Reihe neuer Fragen und Kontexte erschließen. Einerseits lassen sich Bezüge zu jüngeren Forschungsansätzen herstellen, die an einer Geschichte der Moderne insgesamt interessiert sind und diese über eine Analyse von Expertenkulturen oder sozialtechnischen Interventionen im weitesten Sinn profilieren. Dabei wird deutlich, wie sehr Praktiken der Gestaltung und Ordnung des Betriebs gestaltenden und ordnenden Zugriffen auf andere gesellschaftliche Bereiche ähneln.[94] Die Betriebsgeschichte lässt sich so in eine vergleichende gesellschaftsgeschichtliche Perspektive rücken. Andererseits wird es möglich, »betriebliche« Praktiken von Gewerkschaften und zahlreichen anderen Akteuren auf inhärente Konzepte des Betriebs hin zu befragen, die die entsprechenden Praktiken

---

91 Vgl. Jan Ole Arps, Frühschicht. Linke Fabrikintervention in den 70er Jahren, Berlin/Hamburg 2011.
92 Rudolf Kuda, Arbeiterkontrolle in Großbritannien. Theorie und Praxis, Frankfurt a. M. 1970, S. 71.
93 Vgl. Knud Andresen/Ursula Bitzegeio/Jürgen Mittag (Hg.), »Nach dem Strukturbruch?«. Kontinuität und Wandel von Arbeitsbeziehungen und Arbeitswelt(en) seit den 1970er-Jahren, Bonn 2011, sowie die Beiträge von Jörg Neuheiser und Felix Heinrichs in diesem Band.
94 Vgl. David Kuchenbuch, Geordnete Gemeinschaft. Architekten als Sozialingenieure – Deutschland und Schweden im 20. Jahrhundert, Bielefeld 2010; Anette Schlimm, Ordnungen des Verkehrs. Arbeit an der Moderne – deutsche und britische Verkehrsexpertise im 20. Jahrhundert, Bielefeld 2011.

strukturierten. Die Hegemonie des Betriebsbegriffs in den Beschreibungsmodi industrieller Arbeit und Produktion zwischen ca. 1920 und 1960 war durchaus folgenreich. Sie führte dazu, dass bestimmte ideologische Vorannahmen und politische Positionen mal direkt, mal indirekt auf das Handeln »vor Ort« durchschlugen. Hinzu kommt, dass der »Betrieb« innerhalb der symbolischen Ordnung moderner Industriegesellschaften erhebliche Bedeutung erlangte, die sich auf kulturelle Repräsentationen wie auch auf die Formierung spezifischer Selbstverhältnisse erstreckte. So argumentiert zum Beispiel Peter-Paul Bänziger, dass vor dem Hintergrund der Bedeutung des Betriebs in Debatten über Produktionsorganisation seit den 1920er-Jahren der Begriff der Betriebsamkeit ins Zentrum zeitgenössischer Identitätsangebote rückte, die weit über die Sphäre der industriellen Produktion hinausgingen.[95] Der Industrie-, Arbeiter- und Gewerkschaftsgeschichte bietet sich im Anschluss an derartige Überlegungen die Chance einer nachhaltigen kulturhistorischen Erweiterung.

---

95 Peter-Paul Bänziger, Der betriebsame Mensch – ein Bericht (nicht nur) aus der Werkstatt, in: Österreichische Zeitschrift für Geschichtswissenschaften 23 (2012) 2, S. 222-236.

II

Der Betrieb als politischer Ort und Ort des Politischen

Jörg Neuheiser

Postmaterialismus am laufenden Band? Mitbestimmung, Demokratie und die »Humanisierung der Arbeitswelt« in den Konflikten zwischen »plakat«-Gruppe und IG Metall bei Daimler-Benz in Untertürkheim

Im Oktober 1973 protestierten Heinrich Böll und Günter Wallraff gemeinsam mit etwa 35 anderen deutschen Schriftstellern und Künstlern in einem offenen Brief an den IG Metall-Vorsitzenden Eugen Loderer gegen das Vorgehen der Gewerkschaft gegen drei Betriebsräte aus dem Daimler-Benz Werk in Stuttgart-Untertürkheim.[1] Der Schweißer Willi Hoss, später bekannt geworden als Gründungsmitglied der Grünen und Bundestagsabgeordneter von 1983–85 sowie von 1987 bis 1990, der Maschinenschlosser Hermann Mühleisen und der Bandarbeiter Mario D'Andrea waren im Frühjahr 1972 bei den Betriebsratswahlen mit einer eigenen Liste gegen die Kandidaten der IG Metall angetreten, um auf die undemokratischen Strukturen innerhalb der Gewerkschaft und die mangelnde Beteiligung der Belegschaft bei der innergewerkschaftlichen Listenaufstellung aufmerksam zu machen. Mit ihrer zentralen Forderung nach umfassender Demokratisierung in Gewerkschaft, Betrieb und Gesellschaft hatten die drei offensichtlich den Nerv ihrer Kollegen getroffen: Spontan erreichte die Liste rund 27 % der Stimmen des damals mit etwa 28.000 Beschäftigten zweitgrößten Daimler-Benz Werks.[2] Zugleich zogen sie den Zorn der Gewerkschaftsfunktionäre auf sich, die auf die innergewerkschaftliche Opposition ausgesprochen empfindlich reagierten und die neu gewählten Betriebsräte umgehend aus der IG Metall ausschlossen oder mit mehrjährigen Funktionsverboten belegten. Aus Sicht der Schriftsteller ein entschieden falscher Schritt: Sie sahen die Gewerkschaftsführung im

---

1   Der Brief der Schriftsteller und die Antwort Eugen Loderers sind abgedr. i.: »plakat«, ohne Nummer, ohne Datum [November 1973].
2   Für ausführliche, allerdings bewusst parteinehmende Darstellungen vgl. Horst Sackstetter, Wahlbetrug und Neuwahlen bei Daimler-Benz, Untertürkheim, in: Otto Jacobi u. a. (Hg.), Arbeiterinteressen gegen Sozialpartnerschaft. Kritisches Gewerkschaftsjahrbuch 1978/79, Berlin 1979, S. 96-107; Peter Grohmann/Horst Sackstetter (Hg.), plakat. 10 Jahre Betriebsarbeit bei Daimler-Benz, Berlin 1979, und »plakat«-Gruppe/Helmuth Bauer, Daimler-Benz von Innen, in: Hamburger Stiftung für Sozialgeschichte des 20. Jahrhunderts/Angelika Ebbinghaus (Hg.), Das Daimler-Benz-Buch. Ein Rüstungskonzern im »Tausendjährigen Reich«, Nördlingen 1987, S. 594-689. Im Werk Untertürkheim waren zu Beginn der 1970er-Jahre rund 22.000 Arbeiter beschäftigt; hinzu kamen rund 6.000 Angestellte in der mit dem Werk verbundenen Konzernzentrale.

Gegensatz zu einem »Wunsch nach Demokratisierung unserer Gesellschaft«, der »in allen Bereichen ständig stärker« werde und auch die Gewerkschaften erfassen müsse. Die »Möglichkeit kritischer Haltung« sollte auch innerhalb der eigenen Organisationen gegeben sein, sonst drohten die Gewerkschaften ihre Stellung als »wesentlichen Garanten des demokratischen Fortschritts in der BRD« zu verlieren.[3] Fast zeitgleich mit den ersten Meldungen über den »Ölpreisschock« im Herbst 1973 und mitten in der Hochphase der sozial-liberalen Reformpolitik schienen Gewerkschaftspositionen und Demokratisierung bei linken Intellektuellen plötzlich einen scharfen Gegensatz zu bilden. Hatten die Gewerkschaften also schon Ende 1973 den Anschluss an den »linken Zeitgeist« verloren?

Der Konflikt zwischen der örtlichen IG Metall und der bald darauf nach dem Namen der von ihr verteilten Betriebszeitung als »plakat«-Gruppe bekannt gewordenen Gewerkschaftsopposition bei Daimler-Benz ist ein frühes Beispiel für das schwierige Verhältnis zwischen traditionellen Gewerkschaften und Gruppen aus der Neuen Linken beziehungsweise den Neuen Sozialen Bewegungen der 1970er-Jahre. In der folgenden Analyse der Auseinandersetzungen soll gezeigt werden, dass betriebliche Fallstudien wie die aus dem Werk in Untertürkheim dazu beitragen können, sehr viel differenzierter auf die Entwicklung der Gewerkschaften und ihre Reaktion auf neue Herausforderungen seit etwa 1970 zu schauen, als das bisher üblich ist. Der Artikel wird zunächst knapp die Linien skizzieren, entlang derer der Weg der Gewerkschaften »in die politische Defensive« meist beschrieben wird, und in diesem Zusammenhang insbesondere auf die Rolle des Wertewandels als Erklärungsfaktor eingehen. Im zweiten Schritt wird anhand der Auseinandersetzungen im Daimler-Benz-Werk argumentiert, dass die klassische Beschreibung von schwerfälligen traditionellen Gewerkschaften, die zwischen der industriekritisch-postmaterialistischen Herausforderung von links und dem gleichzeitig augenscheinlich werdenden Strukturwandel mit seinen negativen wirtschaftlichen Folgen dauerhaft in die Krise geraten, zu kurz greift. Vielmehr zeigen die betrieblichen Auseinandersetzungen wechselnde Versuche sowohl von »plakat« als auch von IG-Metall-Vertretern, über unterschiedliche Deutungen der Leitbegriffe »Demokratie«, »Mitbestimmung« und »Humanisierung« eine Belegschaft zu mobilisieren, deren Vorstellungen von Arbeit, Betrieb und sozialer Gerechtigkeit sich langsamer wandelten, als die Betriebsratsakteure beider Seiten vermuteten.

---

3   Vgl. plakat, ohne Nummer, ohne Datum [November 1973].

1 Klassische Forschungsperspektiven auf die Gewerkschaftsgeschichte seit den 1970er-Jahren und die problematische Rolle des »Wertewandels« als Erklärungsfaktor

Der Blick auf die Geschichte der Gewerkschaften in der Bundesrepublik Deutschland seit den 1970er-Jahren wird üblicherweise von zwei Momenten bestimmt: Um 1970 herum erkennen Historiker im Umfeld der »68er-Proteste« und der Entstehung der sozial-liberalen Koalition auf Bundesebene so etwas wie einen »Indian summer« der westdeutschen Gewerkschaftsbewegung im ausgehenden Industriezeitalter. Zum ersten Mal seit der Gründung der Republik sahen sich die DGB-Gewerkschaften in einem engen Bündnis mit der Bundesregierung und partizipierten in breiter Front an der linken Aufbruchstimmung dieser Jahre. Lang gehegte Vorstellungen einer anderen Wirtschafts- und Sozialpolitik schienen in greifbarer Nähe, eine soziale »Umgründung« der Bundesrepublik und ein Ausbau der Demokratie gerade auch in Fragen der betrieblichen Mitbestimmung galten jetzt als reale Optionen der unmittelbaren Zukunft.[4] Innerhalb der Betriebe machten sich die aufgestauten Erwartungen »von unten« Luft: Wellen von »wilden Streiks«, etwa die so genannten Septemberstreiks des Jahres 1969 und eine Reihe weiterer nicht-gewerkschaftlich organisierter Arbeitsniederlegungen bis in die Mitte der 1970er-Jahre zeigten kämpferische Belegschaften an, die die traditionellen Gewerkschaftsorganisationen zwar einerseits zu unterlaufen drohten, sich andererseits aber relativ schnell mit einer neuen aggressiveren Tarifpolitik in die etablierten Strukturen einbinden ließen.[5] Zwischen 1968 und 1974 stiegen sowohl die Mitgliederzahlen der DGB-Gewerkschaften als auch der gewerkschaftliche Organisationsgrad bei den Beschäftigten insgesamt stark an, hohe Tarifabschlüsse zu Beginn der 1970er-Jahre dokumentierten die verbesserte Stellung der Gewerk-

---

4 Vgl. Klaus Lompe, Gewerkschaftliche Politik in der Phase gesellschaftlicher Reformen und der außenpolitischen Neuorientierung der Bundesrepublik 1969 bis 1974, in: Hans-Otto Hemmer/Kurt Thomas Schmitz (Hg.), Geschichte der Gewerkschaften in der Bundesrepublik Deutschland. Von den Anfängen bis heute, Köln 1990, S. 281-338; Michael Schneider, Kleine Geschichte der Gewerkschaften. Ihre Entwicklung in Deutschland von den Anfängen bis heute, Bonn 2000, insb. Kap. XII, S. 328-362; Klaus Schönhoven, Geschichte der deutschen Gewerkschaften: Phasen und Probleme, in: Wolfgang Schroeder/Bernhard Weßels (Hg.), Die Gewerkschaften in Politik und Gesellschaft der Bundesrepublik Deutschland. Ein Handbuch, Wiesbaden 2003, S. 40-64; Klaus Kempter, Gefolgschaft, Kooperation und Dissens. Die Gewerkschaften in der sozialliberalen Ära 1969–1982, in: Oliver von Mengersen/Matthias Frese/Klaus Kempter u. a. (Hg.), Personen. Soziale Bewegungen. Parteien. Beiträge zur Neuesten Geschichte. Festschrift für Hartmut Soell, Heidelberg 2004, S. 281-298.
5 Vgl. Michael Kittner, Arbeitskampf. Geschichte, Recht, Gegenwart, München 2005, insb. S. 682 ff.; Peter Birke, Wilde Streiks im Wirtschaftswunder. Arbeitskämpfe, Gewerkschaften und soziale Bewegungen in der Bundesrepublik und in Dänemark, Frankfurt a. M./New York 2007; Udo Achten, Flächentarifvertrag & betriebsnahe Tarifpolitik. Vom Anfang der Bundesrepublik bis in die 1990er Jahre, Hamburg 2007, insb. S. 71 ff.

schaften gegenüber den Arbeitgebern und die Bonner Gesetzgebung, vom neuen Betriebsverfassungsgesetz von 1972 über die Rentenreform bis hin zur Bildungs- und Gesundheitspolitik, schien deutlich gewerkschaftlichen Positionen zu folgen.[6]

Spätestens die langwierigen Auseinandersetzungen um das neue Mitbestimmungsgesetz von 1976 zeigten dann aber das Ende einer kurzen euphorischen Phase und einen fundamentalen »Strukturbruch« auch innerhalb der Gewerkschaften an. Das lag nicht nur daran, dass man die zentrale Forderung nach einer Ausweitung der paritätischen Mitbestimmung nach Vorbild der Montanindustrie letztlich nicht hatte durchsetzen können. Grundsätzlicher wogen die Neuausrichtung der Politik der Bundesregierung nach den wirtschaftlichen Krisen der Jahre 1973 und 1974, die aufkommende neue Massenarbeitslosigkeit und die allgemeine Wahrnehmung, dass angesichts der zunehmend schwierigen konjunkturellen Lage auf Dauer nur noch kleine Verteilungs- und sozialpolitische Handlungsspielräume bestanden.[7] Als noch schwerwiegender gilt, dass die immer noch stark von Industriearbeitern geprägten Gewerkschaften angesichts vom Wandel zur Dienstleistungsgesellschaft und der zunehmenden Rationalisierungsmöglichkeiten innerhalb der klassischen produzierenden Industrien den Anschluss an die wirtschaftliche Dynamik zu verlieren drohten.[8] Rückständig und defensiv erschienen die Gewerkschaften zudem in ihrer Auseinandersetzung mit der Neuen Linken und den Neuen Sozialen Bewegungen, deren gerade junge Menschen stark mobilisierenden Themen – Umweltschutz und Ablehnung der Atomenergie, Kritik an Wohlstandsgesellschaft und industrieller Wachstumspolitik, aber auch die Forderung nach einem neuen demokratischen Politikstil – mit klassischen gewerkschaftlichen Positionen nur schwer in Einklang zu bringen waren.[9]

Diese Erzählung vom Weg der Gewerkschaften in die politische Defensive ist eingebettet in eine verbreitete Gesamtdarstellung der bundesrepublikanischen 1970er-Jahre, die den wirtschaftlichen Strukturbruch um 1973/74 mit einem sehr weit reichenden Mentalitätswandel verbindet.[10] Schon die Zeitgenossen brachten ihn auf den

---

6 Vgl. zu den Organisationszahlen Schneider, Kleine Geschichte, 2000, hier: S. 356-362. Zum Verhältnis der SPD-geführten Bundesregierung zu den Gewerkschaften vgl. Bernd Faulenbach, Das sozialdemokratische Jahrzehnt. Von der Reformeuphorie zur Neuen Unübersichtlichkeit. Die SPD 1969–1982, Bonn 2011, insb. S. 321-328.

7 Vgl. Faulenbach, Das sozialdemokratische Jahrzehnt, 2011, insb. Kap. XI; dort findet sich auch ein Überblick über die generelle Diskussion über den »Strukturbruch« und die Deutung der Jahre 1973/74 als »Epochenwende«.

8 Vgl. die in Anm. 4 zitierten Studien; daneben Klaus Schönhoven, Die deutschen Gewerkschaften, Frankfurt a. M. 1986, insb. S. 232-250; Klaus von Beyme, Gewerkschaftliche Politik in der Wirtschaftskrise I – 1973 bis 1978, in: Hemmer/Schmitz (Hg.), 1990, S. 339-374, sowie Walther Müller-Jentsch, Gewerkschaftliche Politik in der Wirtschaftskrise II – 1978/79 bis 1982/83, in: ebd., S. 375-412.

9 Vgl. insb. Wolfgang Schroeder, Gewerkschaften als soziale Bewegung – soziale Bewegung in den Gewerkschaften in den Siebzigerjahren, in: AfS 44 (2004), S. 243-256.

10 Für Darstellungen der Geschichte der Bundesrepublik, die den Wertewandel in den 1970er-Jahren als zentrales Moment betrachten, vgl. etwa Hans-Ulrich Wehler, Deutsche Gesellschaftsge-

Begriff des »Wertewandels«. So beschrieb Ronald Inglehart eine »stille Revolution« innerhalb der Wertvorstellungen in der westlichen Welt: Mit dem Generationsbruch um 1970 sei, so seine breit rezipierte These, eine Verschiebung von traditionellen »materiellen Werten«, die auf soziale Stabilität und wirtschaftliches Wachstum zielten, zu so genannten »postmateriellen Werten« einhergegangen, die sich in Zielen wie Mitspracherechte in Politik und Gesellschaft, dem Schutz der freien Meinungsäußerung oder dem Streben nach einer humanen Gesellschaft, in der Ideen mehr zählten als Geld, niederschlug.[11] Mit Blick auf Westdeutschland brachte Helmut Klages den Prozess auf den Begriff eines Wandels von »Pflicht- und Akzeptanzwerten« (dazu gehören etwa Disziplin, Gehorsam, Leistung, Ordnung, Pflichterfüllung) hin zu »Selbstentfaltungswerten« (diese umfassen zum Beispiel Emanzipation von Autoritäten, Gleichbehandlung, Gleichheit, Demokratie, Partizipation) und datierte ihn auf eine »Schubphase« von etwa 1965 bis 1975.[12] Kaum eine Darstellung der jüngeren Gewerkschaftsgeschichte kommt heute ohne einen Hinweis auf den in dieser Form gefassten Wertewandel aus, wenn es darum geht, die besonderen Schwierigkeiten der Gewerkschaften seit Mitte der 1970er-Jahre zu skizzieren: Gerade die schwerfällige Reaktion auf die industriekritisch-postmaterialistische Herausforderung habe die westdeutschen Organisationen lange Zeit besonders rückwärtsgewandt und strukturkonservativ erscheinen lassen und zur Abwendung vor allem jüngerer Arbeitnehmer von den klassischen Gewerkschaften beigetragen.[13]

---

schichte, Bd. 5, Bundesrepublik und DDR, 1949–1990, München 2008, S. 291 f.; Eckart Conze, Die Suche nach Sicherheit. Eine Geschichte der Bundesrepublik Deutschland von 1949 bis in die Gegenwart, München 2009, S. 554-560; Edgar Wolfrum, Die geglückte Demokratie. Geschichte der Bundesrepublik Deutschland von ihren Anfängen bis zur Gegenwart, Stuttgart 2006, S. 253-260 und Manfred Görtemaker, Geschichte der Bundesrepublik Deutschland. Von der Gründung bis zur Gegenwart, München 1999, S. 620 f.

11 Vgl. Ronald Inglehart, The silent revolution in Europe. Intergenerational change in post-industrial societies, in: American Political Science Review 65 (1971), S. 991-1017; ders., The silent revolution. Changing values and political styles among western publics, Princeton, NJ 1977.

12 Vgl. insb. Helmut Klages, Wertorientierungen im Wandel. Rückblick, Gegenwartsanalyse, Prognosen, Frankfurt a. M. 1984. Für einen Überblick über die Entwicklung der Wertewandelsforschung insgesamt vgl. Karl-Heinz Hillmann, Zur Wertewandelsforschung. Einführung, Überblick und Ausblick, in: Georg W. Oesterdiekhoff/Norbert Jegelka (Hg.), Werte und Wertewandel in westlichen Gesellschaften. Resultate und Perspektiven der Sozialwissenschaften, Opladen 2001, S. 15-39, und Helmut Thome, Wertewandel in Europa aus der Sicht der empirischen Sozialforschung, in: Hans Joas/Klaus Wiegandt (Hg.), Die kulturellen Werte Europas, Frankfurt a. M. 2005, S. 386-443.

13 Explizite Hinweise auf den Wertewandel und das Vordringen postmaterialistischer Wertvorstellungen seit den 1970er-Jahren finden sich etwa bei Hans-Otto Hemmer/Werner Milert/Kurt Thomas Schmitz, Gewerkschaftliche Politik unter der konservativ-liberalen Regierung seit 1982, in: Hemmer/Schmitz (Hg.), 1990, S. 413-458, hier: S. 418 f.; Schönhoven, Geschichte der deutschen Gewerkschaften, 1986, S. 57; Schneider, Kleine Geschichte, 2000, S. 367; Schroeder, Gewerkschaften als soziale Bewegung, in: AfS 44 (2004), S. 249.

Wenig beachtet wird dabei, wie sehr die sozialwissenschaftliche Umfrageforschung, auf deren Ergebnissen die Vorstellung vom Wertewandel beruht, in die Netzwerke der politischen Organisationen in der Bundesrepublik eingebunden war: In vielerlei Hinsicht waren gerade in Westdeutschland die beteiligten Wissenschaftler alles andere als unvoreingenommene Beobachter, sondern aktive und interessierte Teilnehmer am politischen Geschehen. Insbesondere mit Blick auf den Wertewandel lässt sich ein ausgesprochen intensives Wechselspiel zwischen Parteien, Verbänden und interessierten Institutionen wie etwa Ministerien oder der Europäischen Kommission auf der einen, kommerziellen Meinungsforschungsinstituten und Forschungseinrichtungen der empirischen Sozialwissenschaft auf der anderen Seite beobachten. Die Zusammenarbeit ging nicht nur weit über ein interessegeleitetes Auftraggeber-Auftragnehmer-Verhältnis hinaus, sondern schloss auch die detaillierte Einflussnahme von politisch-gesellschaftlichen Auftraggebern auf die Konzeption von Befragungsstrategien sowie die gezielte Absprache von Deutungsmustern, zentralen Begriffen und Publikationsstrategien ein. Selbst wenn man die wissenschaftliche Qualität der eigentlichen Befragungen selber vor diesem Hintergrund nicht infrage stellen will, lässt sich kaum bezweifeln, dass sozialwissenschaftliche Umfrageergebnisse zum Wertewandel zumindest ein breites Bedürfnis nach Antworten auf Fragen zu aus Sicht der Akteure schon vor den Untersuchungen wahrgenommenen Einstellungsveränderungen reflektierten.[14] Die Umfrageforschung führte daher in den 1970er-Jahren nicht zu einem besseren Verständnis der Prozesse, die sie beschreiben sollte, sondern war ein Teil davon und täuschte nicht selten einen Wandel vor, der in dieser Form nicht stattgefunden hatte.[15]

Vor diesem Hintergrund ist es nicht erstaunlich, dass auch die wissenschaftliche Diskussion um den Wertewandel in der Bundesrepublik in einem hohen Maße politisiert wurde: Bekannterweise charakterisierte insbesondere Elisabeth Noelle-Neumann die Einstellungsveränderung höchst öffentlichkeitswirksam als bedrohlichen

---

14 Vgl. Jörg Neuheiser, Vom bürgerlichen Arbeitsethos zum postmaterialistischen Arbeiten? Arbeit und Nicht-Arbeit in gesellschaftlichen und wissenschaftlichen Debatten um den Wertewandel seit den siebziger Jahren, in: Jörn Leonhard/Willibald Steinmetz (Hg.), Semantiken von Arbeit im internationalen Vergleich, erscheint Köln 2015. Vgl. auch Anja Kruke, Demoskopie in der Bundesrepublik Deutschland. Meinungsforschung, Parteien und Medien 1949–1990, Düsseldorf 2007, und dies., Der Kampf um die politische Deutungshoheit. Meinungsforschung als Instrument von Parteien und Medien in den Siebzigerjahren, in: Archiv für Sozialgeschichte [AfS] 44 (2004) S. 293-326.

15 Vgl. zur Kritik an der Wertewandelsforschung und der Übernahme ihrer Ergebnisse durch Zeithistoriker Rüdiger Graf/Kim Christian Priemel, Zeitgeschichte in der Welt der Sozialwissenschaften. Legitimität und Originalität einer Disziplin, in: Vierteljahrshefte für Zeitgeschichte [VfZG] 59 (2011), S. 479-508; Benjamin Ziemann, Sozialgeschichte und empirische Sozialforschung. Überlegungen zum Kontext und zum Ende einer Romanze, in: Barbara Lüthi/Pascal Maeder/Thomas Mergel (Hg.), Wozu noch Sozialgeschichte? Eine Disziplin im Umbruch. Festschrift für Josef Mooser, Göttingen 2012, S. 131-149.

Verfall und betonte insbesondere einen dramatischen Niedergang des »bürgerlichen Arbeitsethos«.[16] Dagegen interpretierten Sozialdemokraten und Arbeitnehmervertreter den Wertewandel als positive Erneuerung. Gerade gewerkschaftliche Akteure konnten den Mentalitätswandel geradezu euphorisch begrüßen und etwa das neue Verständnis von Arbeit und Freizeit als spezifisches Kennzeichen einer »spätkapitalistischen Industriegesellschaft« verstehen, auf das eine gezielte Anpassung der eigenen Programmatik an die gewandelten gesellschaftlichen Leitbilder erfolgen musste, um die Attraktivität der Gewerkschaften zu sichern.[17] Einig waren sich alle Akteure nur in einem: Am »wissenschaftlich« belegten grundsätzlichen Wandel der Werte konnte es keinen Zweifel geben. Die Wahrnehmung einer fundamentalen Mentalitätsveränderung war auf allen Ebenen handlungsleitend. Was aber, wenn der Wandel zumindest in bestimmten Bereichen gar nicht so umfassend war?

2 Postmaterialistische Semantiken von Arbeit und Wertvorstellungen im Betrieb: Das Fallbeispiel Daimler-Benz in Untertürkheim

Die Frage nach dem Verhältnis von allgegenwärtiger Wahrnehmung eines tiefgreifenden Wertewandels und tatsächlichen Veränderungen in den Einstellungen zur Arbeit führt zurück nach Untertürkheim und zum Konflikt zwischen der örtlichen IG Metall und der »plakat«-Gruppe im Stammwerk der Daimler-Benz AG. Inwiefern lassen sich die innerbetrieblichen Konflikte bei Daimler und das Auftreten einer gewerkschaftsoppositionellen Gruppe als Ausdruck eines tiefgreifenden Strukturbruchs sehen, mit dem ein grundlegender Wertewandel einherging? Welche Rolle spielte die Wahrnehmung entsprechender Veränderungen bei den handelnden Akteuren?

Dazu ist zunächst ein Blick auf die Entstehung der »plakat«-Gruppe notwendig. Die eingangs geschilderten Auseinandersetzungen im Umfeld der Betriebsratswahlen von 1972 waren nur der vorläufige Höhepunkt eines Konflikts, der eigentlich bereits Mitte der 1960er-Jahre begonnen hatte. Damals entstand im Werk eine kommunistische Betriebsgruppe, die zunächst versuchte, Positionen der illegalen KPD, später der 1968

---

16 Vgl. Elisabeth Noelle-Neumann, Werden wir alle Proletarier?, in: Die Zeit, 13.6.1975; dies., Werden wir alle Proletarier? Wertewandel in unserer Gesellschaft, Zürich 1978.
17 Winfried Süß/Dietmar Süß, Zeitgeschichte der Arbeit: Beobachtungen und Perspektiven, in: Knud Andresen/Ursula Bitzegeio/Jürgen Mittag (Hg.), »Nach dem Strukturbruch?«. Kontinuität und Wandel von Arbeitswelt(en) seit den 1970er-Jahren, Bonn 2011, S. 345-368, insb. S. 351-354, geben Hinweise auf eine Einbindung des Wertewandels in gewerkschaftsnahe Argumentationen. Vgl. daneben Wolfgang Sofsky, Vom Wert der Arbeit, in: Frankfurter Hefte 36 (1981), 16, S. 29-36; Mario Helfert, Wertewandel, Arbeit, technischer Fortschritt, Wachstum, Köln 1986. Ausführlich zur Entwicklung einer sozialdemokratisch-gewerkschaftlichen Deutung des Wertwandels Neuheiser, Vom bürgerlichen Arbeitsethos, in: Leonhard/Steinmetz (Hg.), 2015.

neugegründeten DKP unter der Belegschaft und innerhalb der IG Metall zu verbreiten. Im Umfeld der 1968er-Proteste in Stuttgart veränderte sich die Gruppe jedoch schnell. Es kam zum Bruch mit dem orthodoxen Parteikommunismus, gleichzeitig entwickelte sich zum einen eine große Nähe zu studentischen Kreisen im Stuttgarter Raum, zum anderen das Selbstverständnis, Teil der außerparlamentarischen Opposition zu sein.[18] Ab 1969 gab man zunächst gemeinsam mit Studenten eine Betriebszeitung unter dem Namen »plakat« heraus, die unregelmäßig im Untertürkheimer Werk verteilt wurde und in der die zentralen Themen der Gruppe propagiert wurden. Das waren insbesondere die Leistungsverdichtung und der steigende Druck im Betrieb infolge von Rationalisierungsmaßnahmen, die aus Sicht von »plakat« zu zögerliche, sozialpartnerschaftliche Haltung der IG Metall im Werk sowie die mangelnde innere Demokratie der Gewerkschaft.[19] Daneben versuchten die Mitglieder aber auch, Themen der protestierenden Studenten zu vermitteln, etwa Fragen der inneren Demokratie und des Vietnamkriegs anzusprechen. Keines der Themen wurde abstrakt verhandelt: Die Gruppe agierte mit einer eher antikollektiv-individuellen Vorstellung von direkter Partizipation, die stets vom einzelnen Arbeiter in seiner Kolonne beziehungsweise an seinem Band her dachte, und verband diese Perspektive mit scharfer Kritik an einer immer unmenschlicheren Organisation der industriellen Betriebsabläufe. Ihre Suche nach einer anderen Form des Fortschritts und grundlegend neuen Wegen des Arbeitens führte sie dabei im Laufe der 1970er-Jahre auch zu anderen Fragen: Ökologie, Rüstungsproduktion oder die Ausbeutung der Dritten Welt wurden für die Mitglieder am Ende des Jahrzehnts zunehmend wichtiger. Die Auseinandersetzungen mit der IG Metall gingen unterdessen bis 1990 weiter: Regelmäßig erzielte die Gruppe bei Betriebsratswahlen zwischen 20 % und 30 % der abgegebenen Stimmen, bevor 1990 nach längeren Verhandlungen die Wiedereingliederung in die Gewerkschaft erfolgte.[20]

Auf den ersten Blick scheinen die Erfolge der »plakat-Gruppe« ein klares Zeichen für eine zunehmende Verbreitung postmaterialistischer Vorstellungen von Arbeit selbst innerhalb der klassischen Industriearbeiterschaft zu sein und im engeren Sinne die »Ankunft des Wertewandels« bei Daimler-Benz zu symbolisieren. Allerdings standen sich linke Opposition und traditionelle Gewerkschaft dabei nicht völlig entgegengesetzt gegenüber: Demokratisierung, Mitbestimmung und der Kampf für eine humane

---

18 Vgl. zur Entstehung der »plakat«-Gruppe insb. Grohmann/Sackstetter, plakat, 1979, und Willi Hoss, Komm ins Offene, Freund. Autobiographie, Hg. von Peter Kämmerer, Münster i. Westf. 2004.
19 »plakat« erschien zunächst unregelmäßig etwa vier Mal im Jahr mit jeweils zwei bis vier großformatigen Seiten; neben der Zeitung gab die Gruppe unregelmäßig Flugschriften und Flugblätter heraus. Die Darstellung hier und im Folgenden beruht auf einer Durchsicht aller erhaltenen Ausgaben von 1969 bis 1990 und bezieht sich zunächst vor allem auf die Ausgaben der 1970er-Jahre.
20 Vgl. für die 1980er-Jahre »plakat«-Gruppe/Helmuth Bauer, Daimler-Benz von Innen in: Hamburger Stiftung für Sozialgeschichte des 20. Jahrhunderts/Angelika Ebbinghaus (Hg.), 1987; Rainer Fattmann, 125 Jahre Arbeit und Leben in den Werken von Daimler und Benz. Die Geschichte der Beschäftigten und ihrer Interessenvertretung, Ludwigsburg 2011, insb. S. 165-169.

Gestaltung von Arbeit waren spätestens seit Anfang der 1970er-Jahre auch wichtige Themen der IG Metall. Gerade das Werk in Untertürkheim spielte – wiederum Mitte Oktober 1973 – eine entscheidende Rolle in einem der bekannteren Arbeitskämpfe der Bundesrepublik, in der die streikenden Metaller unter Führung von Franz Steinkühler, damals baden-württembergischer Bezirksleiter der IG Metall, im Tarifbezirk Nordbaden-Württemberg nicht vordringlich Lohnerhöhungen forderten, sondern bessere Arbeitsbedingungen.[21] Das Ergebnis war der so genannte Lohnrahmentarifvertrag II, der die bekannte »Steinkühler-Pause« schuf und umfangreiche Bestimmungen zur Begrenzung von Rationalisierungsmaßnahmen beziehungsweise zur notwendigen Beteiligung des Betriebsrats bei Rationalisierungs- und Automatisierungsmaßnahmen umfasste.[22]

Fragen der »Humanisierung der Arbeitswelt«, wie sie Bundeskanzler Willy Brandt schon 1969 in seiner Regierungserklärung gefordert hatte, rückten in der Folge in den Mittelpunkt der Auseinandersetzungen zwischen Arbeitnehmern und Geschäftsführung bei Daimler.[23] Dabei ging es zum Teil um eher banale erscheinende Aspekte wie die Qualität des Waschwassers für die Arbeiter, die Bereitstellung von genügend Parkraum für die Belegschaft oder die sommerliche Hitzeentwicklung in schlecht belüfteten Werkshallen, bei denen sich das Unternehmen durchaus kompromissbereit zeigte.[24] Schon 1972 hatte die Konzernleitung einen hochrangig besetzten »Arbeitskreis Gestaltung der menschlichen Arbeit« ins Leben gerufen, der einerseits eine Reaktion auf die von der Bundesregierung angestoßene Humanisierungsdiskussion darstellte, andererseits daran interessiert war, durch die Umgestaltung von Arbeitsprozessen Produktivitätsgewinne zu erzielen und den Krankenstand in der Belegschaft zu reduzieren. Vor allem nach Abschluss des Lohnrahmentarifvertrags II spielte der Arbeitskreis dann eine wichtige Rolle bei den Streitigkeiten um die be-

---

21 Vgl. Schneider, Kleine Geschichte, 2000, S. 354; Lompe, Gewerkschaftliche Politik, in: Hemmer/Schmitz (Hg.), 1990, S. 325. Zum Hintergrund des Streiks und zur Öffnung der IG Metall für Fragen der humanen Gestaltung von Arbeitsplätzen vgl. Franz Steinkühler, Kommentar zum neuartigen Charakter des Arbeitskampfes 1973, in: Der Gewerkschafter 11 (1973), S. 419 ff.
22 Vgl. Helmut Schauer/Hartmut Dabrowski/Uwe Neumann u. a., Tarifvertrag zur Verbesserung industrieller Arbeitsbedingungen. Arbeitspolitik am Beispiel des Lohnrahmentarifvertrags II., Frankfurt a. M./New York 1984.
23 Zum Begriff der »Humanisierung« vgl. Anne Seibring, Die Humanisierung des Arbeitslebens in den 1970er-Jahren: Forschungsstand und Forschungsperspektiven, in: Knud Andresen/Ursula Bitzegeio/Jürgen Mittag (Hg.), »Nach dem Strukturbruch?«. Kontinuität und Wandel von Arbeitsbeziehungen und Arbeitswelt(en) seit den 1970er-Jahren, Bonn 2011, S. 107-126.
24 Vgl. für entsprechende Forderungen der »plakat«-Gruppe den Artikel »Kleiner Erfolg für plakat«, in: plakat, 15.5.1973 und den Leserbrief »Eine Schweinerei«, in: plakat, 20.6.1973; für Bemühungen der IG Metall in ähnlichen Fragen vgl. das Schreiben von Otto Gotschlich (IG Metall Verwaltungsstelle Stuttgart) an Dr. Hirschbrunn (Kaufmännische Werksleitung der Daimler Benz AG), 21.6.1979, Archiv der sozialen Demokratie [AdsD] 5/IGMC000472 (Akten der IG Metall Verwaltungsstelle Stuttgart, Unterlagen Betriebsrat Daimler-Benz AG).

triebliche Umsetzung der neuen Tarifbedingungen.[25] Grundsätzlich galt bei Daimler: Während unmittelbare Fragen des Arbeitsschutzes zwischen Geschäftsführung und Belegschaftsvertretern eher unstrittig waren, führten weitreichendere Rationalisierungsmaßnahmen wie die Einführung von neuen computergestützten Verfahren zur Arbeitsplatzbewertung oder strukturelle Veränderungen in der Fließbandarbeit, aber auch die gewerkschaftliche Forderung nach einer Ersetzung monotoner Betriebsabläufe durch abwechslungsreichere Gruppenarbeit zu langwierigen Auseinandersetzungen bis hin zu arbeitsgerichtlichen Verfahren.[26]

Das Auftreten der »plakat«-Mitglieder und der IG-Metall-Vertreter im Betrieb unterschied sich in diesen Konflikten eher im Ton als in der grundsätzlichen Haltung beziehungsweise den erhobenen Forderungen: Zwar präsentierte sich »plakat« stets radikaler und kritisierte regelmäßig die mangelnde kämpferische Grundhaltung der »Etablierten«, agierte aber letztlich mit gleicher Stoßrichtung. Bis in die frühen 1980er-Jahre lassen sich inhaltliche Differenzen am ehesten darin erkennen, dass die »plakat«-Gruppe ihre Kritik an Umstrukturierungs- und Rationalisierungsmaßnahmen im Betrieb stärker in eine industriekritische Perspektive einband und die Entmenschlichung der Arbeit in der modernen Gesellschaft als zentrales Motiv herausstellte.[27] Entsprechende Aspekte finden sich beispielsweise aber auch in den Stellungnahmen und Schriften der IG-Metall-Funktionäre zur Einführung neuer Arbeitsbewertungssysteme oder zur Umstrukturierung von Produktionsbereichen wie dem Motorenprüffeld.[28] Viel stärker als inhaltliche Differenzen prägte ein gegenseitiges Misstrauen die Auseinandersetzungen zwischen beiden Gruppen, das sich aus dem Streit um das Verfahren bei der Listenaufstellung für die Wahl der Vertrauensleute beziehungsweise der Betriebsratskandidaten zu Beginn der 1970er-Jahre und den daran anschließenden Streit um die eigenständige Kandidatur der »plakat«-Liste erklärte. Nach dem Gewerkschaftsausschluss der »plakat«-Kandidaten von 1973 verschärfte sich der Ton zwischen beiden Seiten am Ende des Jahrzehnts massiv, als gravierende Unregelmä-

---

25 An den Sitzungen des Arbeitskreises nahmen Vertreter der technischen Planung, der Produktionsleitung, des Personalbereichs, des Werksärztlichen Dienstes und des Arbeitsschutzes teil, später auch Vertreter des Gesamtbetriebsrats. Vgl. Richard Osswald, Lebendige Arbeitswelt. Die Sozialgeschichte der Daimler-Benz AG von 1945 bis 1985, Stuttgart 1986, insb. S. 75 und S. 124 f.
26 Ebd.
27 Vgl. z. B. Artikel »Morgens, mittags, abends – das Band läuft und läuft und läuft« in: plakat Nr. 1, Juli 1969, Artikel »Vorschläge eines Bandarbeiters«, in: plakat Nr. 3, Herbst 1969, Artikel »Produktionsausfall soll nachgeholt werden!«, in: plakat Nr. 13, Januar 1972, Artikel »Akkorddrücker«, in: plakat, 20.7.1973, sowie die Broschüre zur Betriebsratswahl 1978: Liste Hoss/Mühleisen, Was der Betriebsrat anders machen kann, Stuttgart 1978.
28 Vgl. etwa die interne Ausarbeitung von Manfred Leiss zur Einführung des »Informationssystems Arbeitseinsatz und Arbeitsplatzplanung in der Daimler Benz AG« vom 6.6.1978 oder die Stellungnahmen von Betriebsrat und IG Metall zur Umgestaltung des Motorenprüffelds »Die IG Metall informiert«, 5.4.1979, beide gesammelt in: AdsD 5/IGMC000488 (Akten der IG Metall Verwaltungsstelle Stuttgart, Unterlagen Betriebsrat Daimler-Benz AG).

ßigkeiten bei den Betriebsratswahlen 1978 zu Neuwahlen führten, und die »plakat«-Gruppe mit scharfen Vorwürfen gegen die »Wahlfälscher der IG Metall« ein Rekordergebnis von über 40 % der Stimmen der Belegschaft einfuhr.[29] Aus Sicht der meist an die SPD gebundenen Gewerkschaftsfunktionäre waren die »plakat«-Mitglieder dabei entweder Linksradikale, gegen die man aus Angst vor kommunistischer Unterwanderung massiv vorgehen musste, oder aber »Störenfriede« und »wilde Agitatoren«, die die Belegschaft spalteten, bewusst falsch informierten und damit insgesamt die Position der Arbeitnehmer im Konflikt mit der Unternehmensleitung schwächten.[30] Die »plakat«-Gruppe sah ihre Aufgabe dagegen darin, den »saturierten Betriebsratsfürsten« Dampf zu machen und wetterte regelmäßig gegen innerbetriebliche Kompromisse und zu voreilig geschlossene Betriebsvereinbarungen oder das vermeintliche »Verspielen« von eigentlich schon durchgesetzten Forderungen.[31]

Beide Gruppen verstanden sich dabei als betriebliche Avantgarde, deren Aufgabe es war, insgesamt eher schwerfällige Kollegen für eine fortschrittliche Politik zu mobilisieren, die sich in der humanen Gestaltung von Arbeitsplätzen, der Verteidigung von individuellen Spielräumen in den Arbeitsabläufen und einer Schaffung von mehr zeitlicher Flexibilität sowie dem Aufbrechen starrer Arbeitskontrollen widerspiegeln sollte. Ungeachtet der eher skeptischen Einschätzung der Aktivierbarkeit der Belegschaft – aus Sicht von »plakat« war dies natürlich nicht zuletzt auch eine Folge der mangelnden direkten Beteiligung in der gewerkschaftlichen Entscheidungsfindung – sahen alle Arbeitnehmervertreter ihre Positionen im Einklang mit neuen Trends und Stimmungen, glaubten, dass bestimmte Formen der Arbeitsorganisation und der Erwartungen an die Leistungsbereitschaft der Belegschaft »heute« nicht mehr zeitgemäß seien oder dem neuen Verständnis von »Arbeit« in der individuellen Lebensgestaltung und der Infragestellung von sturer Diszplin- und Pflichterfüllung widersprachen.[32]

---

29 Vgl. Sackstetter, Wahlbetrug, in: Jacobi u. a. (Hg.), 1979; Fattmann, 125 Jahre, 2011, S. 166 f.
30 Vgl. etwa die Einschätzung der »plakat«-Gruppe in einem Positionspapier zur Betriebsrats- und Gewerkschaftsarbeit bei Daimler-Benz Untertürkheim nach der Betriebsratswahl 1978, Vorlage für die Ortsverwaltungssitzung am 23.10.1978, AdsD 5/IGMC000473 (Akten der IG Metall Verwaltungsstelle Stuttgart, Betriebsakten Daimler-Benz).
31 Vgl. Willi Hoss/Hermann Mühleisen/Mario D'Andrea, Vorschlag zu den Betriebsratswahlen 1975, Stuttgart 1974; Liste Hoss/Mühleisen, Was der Betriebsrat besser machen kann, Stuttgart 1978. Noch heftiger scheinen die Vorwürfe gegen die IG Metall mündlich formuliert worden zu sein: Vgl. Gedächtnisprotokoll zu einer Veranstaltung der Hoss-Gruppe am 18. Mai 1978 in der Sängerhalle in Untertürkheim, AdsD 5/IGMC000475 (Akten der IG Metall Verwaltungsstelle Stuttgart, Unterlagen Betriebsrat Daimler-Benz AG).
32 Ein derartiges Selbstverständnis als Akteure einer neuen Zeit ist in den Stellungnahmen gewerkschaftlicher Akteure im Betrieb zu Beginn der 1970er-Jahre allgegenwärtig; explizit artikuliert wurde es von der »plakat«-Gruppe etwa gleich in der ersten Ausgabe 1969 (Artikel »Unser Geld wird verpulvert«) und im Rahmen der Veröffentlichung des eingangs zitierten Protestschreibens von prominenten Schriftstellern. Vgl. Artikel »Böll u. a. an Loderer«, in: plakat, undat. Ausg. [Herbst 1973].

Entscheidend ist dabei: Während sowohl Vertreter der IG Metall als auch der »plakat«-Gruppe ihre Forderungen nicht zuletzt im Sinne eines neuen Trends erhoben und für sich in Anspruch nahmen, die Zeichen einer neuen Zeit richtig zu deuten, scheint die Unterstützung der Belegschaft für die neuen, über klassische Lohnforderungen hinausgehenden Positionen weitgehend darauf beruht zu haben, dass die neue Semantik der Humanisierung und die starke Betonung von Mitbestimmung und Demokratisierung am Arbeitsplatz mit traditionellen Vorstellungen von Arbeit verbunden werden konnten, mit denen große Teile der Arbeiterschaft ihre Tätigkeit nach wie vor betrachteten. In den im Werk intensiv geführten Kämpfen gegen die ständige Forderung nach Leistungssteigerungen und die Erhöhung der individuellen Produktivität kam ungeachtet einer Sprache des »neuen« und »anderen« Arbeitens in erster Linie der Protest gegen die Dequalifizierung der Mitarbeiter zum Ausdruck, die letztlich einen unbeabsichtigten Leistungsverfall zur Folge hätte: Monotonie führe zu Frustration, zum Verlust der Kontrolle über den eigenen Arbeitsprozess, zu schnellerem gesundheitlichem Verschleiß und zu immer höherem psychischen Druck.[33] Wichtig ist hier, dass die neuen Schlagwörter von der Humanisierung und dem Widerstand gegen Leistungsdruck nicht als Merkmale eines völlig neuen Arbeitsverständnisses verstanden werden mussten, sondern sich unmittelbar mit einem klassischen Facharbeiterethos verbinden ließen, das stark von der Würde der Arbeit, der Anerkennung der erlernten Fähigkeiten und der Qualität der erbrachten Leistung her gedacht wurde.[34] Die in radikal neuen Begriffen vorgetragenen Forderungen spielten durchweg mit traditionellen Motiven, die sich deshalb auch leicht mit alten gewerkschaftlichen Forderungen nach höheren Löhnen und der Verkürzung der Arbeitszeit verbinden ließen. Während die Vertreter der Arbeitnehmer sich nicht selten als Stimmen einer neuen Zeit und eines gewandelten Zeitgeistes verstanden, artikulierten sie mit ihrer vermeintlich neuen »postmaterialistischen Agitation« auf betrieblicher Ebene letztlich ein eher traditionelles Ideal des »guten Arbeitens« und der Bedeutung von Arbeit für das Leben des einzelnen Arbeitnehmers, dem man durch die betrieblichen Veränderungen nicht zuletzt den Stolz auf seine Tätigkeit nahm.

Wie sehr Erfolg oder Misserfolg der Arbeit der Arbeitnehmervertreter letztlich darauf beruhten, dass in ihrem Handeln und Sprechen gerade solche Momente zum Ausdruck kamen, lässt sich etwa an der Selbstwahrnehmung der eigenen Stellung innerhalb der Belegschaft durch führende Akteure der »plakat«-Gruppe zeigen. Denn ihre Selbstbeschreibungen zeigen überraschend einvernehmlich, dass ihre Erfolge bei den Kollegen zunächst auf fachlicher Anerkennung beruhten. Das Selbstbild der

---

33 Vgl. die in Anm. 27 und 31 zitierten Texte der »plakat«-Gruppe sowie die Artikel »Der Abgruppierungsvertrag«, in: plakat 26.4.1979, und »Humanisierung des Arbeitsplatzes«, in: plakat, Dezember 1981.

34 Vgl. ebd. Explizite Hinweise auf die »Würde« des Arbeitenden finden sich etwa in den Artikeln »Der Firma vertrauen...«, in: plakat, Oktober 1981, und »Maschinen werden besser behandelt«, in: plakat, Februar 1982.

Aktiven war zwar das trotziger Kämpfer: Leute, die den Mund aufmachen, für ihre Kollegen in Konfliktfällen einstehen, die sich nicht abschrecken lassen und Prozesse durchschauen, die anderen verborgen bleiben.[35] Aber alle betonten stets auch, dass sie in ihrer Tätigkeit besonders gut waren und gerade durch ihre fachlichen Leistungen die Anerkennung ihrer Kollegen gewinnen konnten. Der Stolz auf das Geleistete und die eigenen Fähigkeiten ist noch spürbar in den frustrierten Berichten über Fließbandarbeit und kurze Taktzeiten – gerade auch bei den Mitgliedern der Gruppe, die man zu den studentischen linken Aktivisten zählen kann, die in den 1970er-Jahren den Weg vom Hörsaal an die Werkbank beziehungsweise das Fließband gefunden hatten.[36] Selbst für sie standen Leistung, die Qualität und der »Eigensinn« des Arbeitens in enger Verbindung. Grundlage für ihr erfolgreiches Agieren im Betrieb war also nicht ein neues Arbeitsverständnis, sondern zunächst ein ganz traditionelles Berufsethos, die Fähigkeit »anpacken« zu können und die starke Präsenz in den Abteilungen und Kolonnen selbst, durch die sie sich von den als »abgehoben« wahrgenommenen langjährigen IG-Metall-Vertretern im Betriebsrat unterschieden.[37] Nicht die Radikalität ihrer Forderungen oder eine grundsätzlich veränderte Erwartung an die Ziele gewerkschaftlicher Arbeit im Betrieb waren ausschlaggebend für den Erfolg der »plakat«-Gruppe, sondern ihre Wahrnehmung als »gute Arbeiter und Kollegen«, die im entscheidenden Moment vor Ort waren und vor dem Hintergrund eigener Erfahrung in betrieblichen Konflikten, gerade auch im alltäglichen Arbeitsprozess, intervenieren konnten. Die gewerkschaftliche Ausgrenzungspolitik gegen solche Akteure fand in der Belegschaft eben deshalb keine Unterstützung, weil die Mitglieder der »plakat«-Gruppe nicht als »kommunistische Agitatoren« und »Störenfriede« wahrgenommen

---

35 Vgl. hier und im Folgenden Hoss, Komm ins Offene, 2004, insb. S. 66 f., Mario D'Andrea, Aufzeichnungen eines italienischen Daimler-Benz-Arbeiters (1961–1977), in: Grohmann/Sackstetter, plakat, 1979, S. 37-63; Hermann Mühleisen, Ich habe angefangen zu widersprechen und zu schimpfen, in: »plakat«-Gruppe/Bauer, in: Hamburger Stiftung für die Sozialgeschichte des 20. Jahrhunderts u. a. (Hg.), 1987, S. 608-618.

36 Vgl. Helmuth Bauer: »Von hier aus wird ein Stern aufgehen …«, in: »plakat«-Gruppe/Bauer, Daimler-Benz von Innen, in: Hamburger Stiftung für die Sozialgeschichte des 20. Jahrhunderts u. a. (Hg.), 1987, S. 594-602. Zur Rolle von Studenten in der »plakat«-Gruppe und in der Belegschaft vgl. auch Hoss, Komm ins Offene, 2004, S. 107-110, und Kurt Randecker, »… geschrieben und hergestellt von Kollegen der Werksteile Untertürkheim, Mettingen, Hedelfingen, Brühl«, in: Grohmann/Sackstetter, plakat, 1979, S. 78-92.

37 Vgl. dazu die IG-Metall-interne Einschätzung zum Erfolg der »Hoss-Gruppe«: »Sie hat vor allem die Politik des Schulterklopfens und Händeschüttelns betrieben und war damit oberflächlich gesehen basis- und belegschaftsnäher als unsere Kollegen«, in: Positionspapier zur Betriebsrats- und Gewerkschaftsarbeit bei Daimler-Benz Untertürkheim nach der Betriebsratswahl 1978, Vorlage für die Ortsverwaltungssitzung am 23.10.1978, AdsD 5/IGMC000473 (Akten der IG Metall Verwaltungsstelle Stuttgart, Betriebsakten Daimler-Benz), S. 21.

wurden, sondern als Kollegen, die im Sinne klassischer Vorstellungen von »guter Arbeit« sinnvolles Engagement zeigten.[38]

Dagegen macht eine Betrachtung der innerbetrieblichen Auseinandersetzungen vor allem in den frühen 1980er-Jahren sehr deutlich, dass die »plakat«-Gruppe immer dann auf Schwierigkeiten bei der Belegschaft stieß, wenn sie ökologische Fragen, die Arbeitsbedingungen der Daimler-Beschäftigten in der Dritten Welt oder die Rolle der Rüstungsproduktion für den Konzern in den Mittelpunkt der eigenen Aktivitäten stellte.[39] Viele der Forderungen, die aus der Belegschaft an die Gruppe herangetragen wurden, waren von der Angst vor Arbeitslosigkeit geprägt, setzten sich mit konkreten Arbeitsbedingungen im Werk auseinander oder spiegelten ganz individuelle Nöte der Arbeitnehmer vor Ort wider – etwa den Wunsch nach großzügigen Möglichkeiten des firmeninternen Arbeitsplatzwechsels zwischen den Werken. Nicht selten hatten die Belegschaftswünsche dabei auch die regionalen Interessen der Firma im Blick. So befürworteten weite Teile der Arbeiterschaft in Untertürkheim den Bau einer Teststrecke in einem Naturschutzgebiet, den »plakat« entschieden bekämpfte. Gerd Rathgeb, einer der führenden »plakat«-Aktiven in den 1980er-Jahren, beklagte deshalb vehement, dass sich im Konfliktfall viele Beschäftigte auf die Seite der Pragmatiker oder gar der Geschäftsleitung stellten und den vermeintlichen »Träumern« herbe Niederlagen bescherten.[40] Derartige »Grenzen der betrieblichen Interessensvertretung« mussten Akteure bedrücken, die ihrem eigenen Selbstverständnis nach die »wirklichen« Interessen der Belegschaft vertraten. Sie lassen sich allerdings erklären, wenn man akzeptiert, dass das Handeln weiter Teile der Belegschaft im Betrieb bis weit in die 1980er-Jahre eben nicht von neuen Einstellungen zur Arbeit gekennzeichnet war, sondern ganz im Gegenteil ein Beharren auf Vorstellungen von Arbeit, ihrer Würde und Qualität ausdrückte, die von einem weitgehend unveränderten traditionellen Facharbeiterethos zeugten und im Widerspruch zu einer Wahrnehmung einer grundlegenden Mentalitätsverschiebung auch durch die aktiven Arbeitnehmervertreter standen. Genauer: Unterhalb einer neuen postmaterialistischen Semantik blieben ältere Vorstellungen von Arbeit nicht nur stabil und relevant, sondern wirkten unmittelbar handlungsleitend. Erfolg konnten IG Metall und »plakat« nur haben, wenn sie sich in ihren Positionen nicht zu weit von einem klassischen Arbeitsethos entfernten:

---

38 Darin bestand auch der Unterschied zu anderen linken und kommunistischen Betriebsgruppen, die im Untertürkheimer Werk ebenfalls aktiv waren, aber anders als die »plakat«-Gruppe keine nennenswerten Erfolge erzielen konnten. Einen Eindruck von der Breite der Agitation linker Gruppen bei Daimler vermittelt die interne »Auswertung der vor den Werkstoren verteilten Informationsschriften sowie von den Schriften extremistischer Herkunft, 1. bis 28. Februar 1981«, Daimler-Benz Archiv, Personal 7 (Gewerkschaften, Parteien und andere Gruppen, 1930–1999).
39 Vgl. Hoss, Komm ins Offene, 2004, S. 118 f.
40 Vgl. Gerd Rathgeb, Die Grenzen der betrieblichen Interessenvertretung, in: »plakat«-Gruppe/ Bauer, Daimler-Benz von Innen, in: Hamburger Stiftung für die Sozialgeschichte des 20. Jahrhunderts u. a. (Hg.), 1987, S. 682-689.

Aus Sicht der Beschäftigten forderte der Wandel in den betrieblichen Arbeitsabläufen in erster Linie traditionelle Einstellungen zur Arbeit heraus und verlangte nach einer demonstrativen Bekräftigung des Ideals »guter Arbeit«.

3   Fazit

Zumindest bei Daimler-Benz in Untertürkheim lassen sich innergewerkschaftliche Konflikte und das Aufkommen oppositioneller Gruppen aus dem Umfeld der Neuen Linken und der Neuen Sozialen Bewegungen nicht als Ausdruck eines Generationskonfliktes oder der Herausforderung »eingefahrener« gewerkschaftlicher Positionen durch einen neuen Zeitgeist und die Verbreitung neuer, postmaterialistischer Ideale verstehen.[41] Der Erfolg oder Nichterfolg der Akteure auf der betrieblichen Ebene war nicht so sehr abhängig von der Artikulation richtiger Positionen oder der mit Verve vertretenen eigenen Radikalität, sondern von der alltäglichen Verankerung in Betrieb und Belegschaft. Die erfolgreiche Mobilisierung der Arbeitnehmer hing vor allem davon ab, ob die Vertreter der einzelnen Gruppen einen »stimmigen« Gesamteindruck hinterließen – dazu gehörte die Wahrnehmung von »im Grunde richtigem Engagement«, aber auch der Eindruck, dass es sich bei »denen, die den Mund aufmachen«, um tüchtige und in der täglichen Arbeit kompetente Kollegen handelte. Fachliches Wissen schuf dabei Spielräume, die für die Vertretung von Interessen auf ganz unterschiedlichen Ebenen genutzt werden konnte – es war zum Beispiel auch zentral dafür, dass Vertreter der »plakat«-Gruppe im Austausch mit der Geschäftsführung, mit Werksleitern und unmittelbaren Vorgesetzten ein offenes Wort führen konnten und als kompetente Gesprächspartner wahrgenommen wurden.

Die Vorstellung einer eigenen Avantgarde-Funktion und die Ausrichtung der eigenen Politik an vermeintlich »zeitgemäßen« oder »neuen« Werten waren dagegen eher schädlich, weil weite Teile der Belegschaft zumindest in ihren Vorstellungen von Arbeit, Leistung und gerechtem Lohn eher traditionellen Idealen verhaftet blieben und nur wenig von den fundamentalen Mentalitätsverschiebungen beeinflusst schienen, die in den Darstellungen zur Geschichte nach dem »Strukturbruch« beziehungsweise »nach dem Boom« eine so große Rolle spielten.[42] Oft machte gerade

---

41 So etwa die Deutung von Konflikten in der Dortmunder Stadtverwaltung zu Beginn der 1970er-Jahre bei Karl Lauschke, Der Wandel in der betrieblichen und gewerkschaftlichen Interessensvertretung nach den westdeutschen Septemberstreiks, in: Bernd Gehrke/Gerd-Rainer Horn (Hg.), 1968 und die Arbeiter. Studien zum »proletarischen Mai« in Europa, Hamburg 2007, S. 76-92.

42 Für Studien, die aus völlig anderen Blickwinkeln auch in mentalitätsgeschichtlicher Hinsicht mit Blick auf gewerkschaftliche Akteure eher lange Linien betonen und den »Strukturbruch« um 1973/74 herum in Frage stellen, vgl. Rüdiger Hachtmann, Gewerkschaften und Rationalisierung: Die 1970er-Jahre – ein Wendepunkt?, in: Knud Andresen/Ursula Bitzegeio/Jürgen Mittag (Hg.), »Nach dem Strukturbruch?«. Kontinuität und Wandel von Arbeitsbeziehungen und Arbeits-

die Fehlwahrnehmung eines grundlegenden Wertewandels den organisierten betrieblichen Akteuren zu schaffen, weil sie in falsche Auseinandersetzungen über richtige Strategien und notwendige Verteidigungslinien gegen Herausforderungen von links oder durch wirtschaftliche Veränderungen führten.

Insgesamt macht die detaillierte Untersuchung betrieblicher Auseinandersetzungen auf Konfliktlinien aufmerksam, die quer zu den gängigen Perspektiven der Gewerkschaftsgeschichte und der westdeutschen Zeitgeschichtsschreibung liegen, wenn es um die Betrachtung der 1970er-Jahre geht. Sie widerlegt damit nicht alles, was über die Entwicklung der Gewerkschaften üblicherweise geschrieben wird, aber sie zeigt Wege auf, über die eine differenzierte und weniger von scharfen Brüchen am Beginn des Jahrzehnts gekennzeichnete Darstellung zu einem besseren Verständnis des gewerkschaftlichen Handelns und seiner Probleme führen kann.

---

welt(en) seit den 1970er-Jahren, Bonn 2011, S. 181-209; Christian Testorf, Welcher Bruch? Lohnpolitik zwischen den Krisen: Gewerkschaftliche Tarifpolitik von 1966 bis 1974, in: ebd., S. 293-315.

Dimitrij Owetschkin

Die Wandlungen der betrieblichen Mitbestimmung in der Automobilindustrie in den 1970er-Jahren. Das Beispiel Opel Rüsselsheim

Die 1970er-Jahre als eine Krisen- und Konfliktdekade bildeten auch für die westdeutsche Automobilindustrie eine Periode von konjunkturellen Einbrüchen und Schwankungen, Umstrukturierungen und Wandlungsschüben.[1] Durch die gesamtwirtschaftliche Bedeutung dieser Branche – Mitte des Jahrzehnts war neben den unmittelbar Beschäftigten schätzungsweise jeder siebente Arbeitsplatz von der Automobilproduktion abhängig[2] – hatten die Entwicklungen und Prozesse in ihr eine hohe gesellschaftliche Relevanz. Auch für die Strategien und die politische Praxis der Gewerkschaften spielte die Automobilindustrie eine gewichtige Rolle. Der gewerkschaftliche Organisationsgrad war in dieser Branche verhältnismäßig hoch, die Beschäftigten stellten insgesamt mehr als ein Fünftel der IG-Metall-Mitglieder.[3] Die Entwicklungen der industriellen Beziehungen in der Automobilbranche spiegelten somit wesentliche Aspekte des Wandels der sozioökonomischen Strukturen und der Arbeitswelten in der Bundesrepublik »nach dem Boom« wider.[4]

---

1 Vgl. als Überblick Reinhold Bauer, Ölpreiskrisen und Industrieroboter. Die siebziger Jahre als Umbruchsphase für die Automobilindustrie in beiden deutschen Staaten, in: Konrad H. Jarausch (Hg.), Das Ende der Zuversicht? Die siebziger Jahre als Geschichte, Göttingen 2008, S. 68-83; Stephanie Tilly, »Die guten Zeiten ... sind vorbei.« Zum Verhältnis von Automobilindustrie, Politik und Automobilverband in den 1970er Jahren, in: Morten Reitmayer/Ruth Rosenberger (Hg.), Unternehmen am Ende des »goldenen Zeitalters«. Die 1970er Jahre in unternehmens- und wirtschaftshistorischer Perspektive, Essen 2008, S. 209-232; Rainer Schultz-Wild, Betriebliche Beschäftigungspolitik in der Krise, Frankfurt a. M./New York 1978, S. 176-193.
2 Tilly, Zeiten, in: Reitmayer/Rosenberger (Hg.), 2008, S. 224.
3 Vgl. beispielsweise Gerhard Brandt/Otto Jacobi/Walther Müller-Jentsch, Anpassung an die Krise: Gewerkschaften in den siebziger Jahren, Frankfurt a. M./New York 1982, S. 191 f.; Michael Schwarz, Grenzen und Möglichkeiten einer beschäftigungsorientierten betrieblichen Interessenvertretung. Ergebnisse und Schlussfolgerungen aus betrieblichen Fallstudien in der Automobilindustrie, München 1987, S. 64; Kathleen A. Thelen, Union of Parts. Labor Politics in Postwar Germany, Ithaca/London 1991, S. 140 f.
4 Vgl. Knud Andresen/Ursula Bitzegeio/Jürgen Mittag (Hg.), »Nach dem Strukturbruch«? Kontinuität und Wandel von Arbeitsbeziehungen und Arbeitswelt(en) seit den 1970er-Jahren, Bonn 2011; Anselm Doering-Manteuffel/Lutz Raphael, Nach dem Boom. Perspektiven auf die Zeitgeschichte seit 1970, 3. Aufl., Göttingen 2012; zugespitzt auf die industriellen Arbeitswelten dies., Der Epochenbruch in den 1970er-Jahren: Thesen zur Phänomenologie und den Wirkungen des Strukturwandels »nach dem Boom«, in: Andresen/Bitzegeio/Mittag (Hg.), 2011, S. 25-40. Im Kontext der

Für die industriellen Beziehungen im automobilproduzierenden Sektor stellten vor allem der konjunkturelle Abschwung um die Mitte des Jahrzehnts mit dem begleitenden Arbeitsplatzabbau, die Flexibilisierung des Einsatzes von Arbeitskraft, die fortschreitende Rationalisierung, die Verschärfung der internationalen Konkurrenz und die zunehmende Konfliktbereitschaft der Beschäftigten maßgebliche Faktoren dar, die weitgehende Auswirkungen auf die gewerkschaftliche Politik und die Praxis der Mitbestimmung hatten. Mit diesen Faktoren konfrontiert, entwickelten die Mitbestimmungsträger entsprechende Handlungsmuster, die auf der einen Seite auf die geänderten Bedingungen reagierten, auf der anderen aber zugleich an Topoi und Prozesse anknüpften, die – wie etwa der Rationalisierungsschutz, die Verkürzung der Arbeitszeit oder die betriebsnahe Tarifpolitik – bereits seit den 1960er- beziehungsweise späten 1950er-Jahren innerhalb der Gewerkschaften an Bedeutung gewannen und breit diskutiert wurden.[5]

Der Wandel der industriellen Beziehungen und der betrieblichen Mitbestimmungspraxis in der Automobilindustrie hatte in verschiedenen Unternehmen beziehungsweise Werken unterschiedliche Erscheinungsformen. Gleichwohl wurde dabei auch eine allgemeine Stoßrichtung manifest, die bei allen Unterschieden der jeweiligen Betriebe deutlich zutage trat. Diese Doppelseitigkeit lässt sich exemplarisch am Beispiel der Interessenvertretung bei Opel Rüsselsheim veranschaulichen. Die Mitbestimmungspraxis in diesem Werk in den 1970er-Jahren ist in mehrfacher Hinsicht bezeichnend. Neben einer spezifischen Ausprägung des Beziehungskomplexes von Betriebsrat, Belegschaft und Geschäftsleitung spiegelten sich darin auch innergewerkschaftliche Konflikt- und Spannungsfelder wider. Darüber hinaus brachte sie vielfach die Ambivalenzen der Mitbestimmungsentwicklung in der Branche als Ganzes zum Ausdruck.

Vor diesem Hintergrund seien im Folgenden die Rahmenbedingungen und Strukturen sowie die Praxis der betrieblichen Mitbestimmung bei Opel Rüsselsheim – vorwiegend im Bereich der Auseinandersetzungen um Sonderschichten, Kurzarbeit und

---

Automobilindustrie vgl. auch die Beiträge in: Stephanie Tilly/Florian Triebel (Hg.), Automobilindustrie 1945–2000. Eine Schlüsselindustrie zwischen Boom und Krise, München 2013.

5   Vgl. exemplarisch Brandt/Jacobi/Müller-Jentsch, Anpassung, 1982, S. 138-164; Thelen, Union, 1991, S. 86-96; Klaus Lompe, Gewerkschaftliche Politik in der Phase gesellschaftlicher Reformen und der außenpolitischen Neuorientierung der Bundesrepublik 1969 bis 1974, in: Hans-Otto Hemmer/Kurt Thomas Schmitz (Hg.), Geschichte der Gewerkschaften in der Bundesrepublik. Von den Anfängen bis heute, Köln 1990, S. 281-338, hier: S. 321-326; für die IG Metall Jürgen Peters (Hg.), In freier Verhandlung. Dokumente zur Tarifpolitik der IG Metall 1945 bis 2002, Göttingen 2003, S. 295-473. Zu den industriellen Beziehungen in den 1960er-Jahren vgl. auch Wolfgang Schroeder, Industrielle Beziehungen in den 60er Jahren – unter besonderer Berücksichtigung der Metallindustrie, in: Axel Schildt/Detlef Siegfried/Karl Christian Lammers (Hg.), Dynamische Zeiten. Die 60er Jahre in den beiden deutschen Gesellschaften, Hamburg 2000, S. 492-527; mit spezifischen Akzenten auch Rüdiger Hachtmann, Gewerkschaften und Rationalisierung: Die 1970er-Jahre – ein Wendepunkt?, in: Knud Andresen/Ursula Bitzegeio/Jürgen Mittag (Hg.), »Nach dem Strukturbruch?«. Kontinuität und Wandel von Arbeitsbeziehungen und Arbeitswelt(en) seit den 1970er-Jahren, Bonn 2011, S. 181-209.

Erholzeiten – erörtert, um anschließend diese Praxis im Kontext der Mitbestimmungsmuster in der Automobilindustrie zu verorten. Als Kontrastfolie dafür dient das Handeln der betrieblichen Interessenvertretung bei Volkswagen in Wolfsburg. Zum Schluss werden die differenten Ausprägungen der Mitbestimmung im Zusammenhang der industriellen Beziehungen theoretisch-konzeptionell eingeordnet und im Rahmen von deren Entwicklung in der Automobilindustrie in den 1970er-Jahren interpretiert. Dabei treten diese Ausprägungen nicht als einander entgegengesetzte Momente der betrieblichen Mitbestimmungspraxis, sondern eher als Unterschiede der Form auf, während ihr Inhalt weitgehend durch gemeinsame Tendenzen, Probleme und Aufgaben gekennzeichnet war.

1 Bedingungen, Hintergründe und Schwerpunkte der Mitbestimmungspraxis bei Opel Rüsselsheim in den 1970er-Jahren

Die Adam Opel AG gehörte nach dem Zweiten Weltkrieg zu den größten Automobilproduzenten. Gemessen am Anteil der produzierten Fahrzeuge war das Unternehmen in den 1970er-Jahren der zweitgrößte, gemessen am Umsatz der drittgrößte Pkw-Hersteller in der Bundesrepublik.[6] Das Stammwerk in Rüsselsheim hatte Anfang der 1970er-Jahre etwa 38.000 Beschäftigte, von denen etwa 90 % gewerkschaftlich (IG Metall) organisiert waren.[7] Die Praxis der Interessenvertretung entfaltete sich in diesem Jahrzehnt in einer besonderen »innerbetrieblichen Handlungskonstellation«[8], für die vor allem zwei Faktoren bestimmend waren. Zum einen führte der konjunkturelle Einbruch infolge der ersten Ölkrise um 1974 zu einer starken Reduktion des Arbeitsvolumens. Das Unternehmen reagierte auf die Krise mit Einstellungsstopp, Aufhebungsverträgen, Kurzarbeit und Entlassungen (unterhalb der Grenze für Massenentlassungen). Die Belegschaft wurde bis 1975 um mehr als 10.000 Beschäftigte reduziert.[9] Bereits im Frühjahr 1975 hatte sich die Konjunktur jedoch erholt, sodass es wieder zu Neueinstellungen und einem massiven Einsatz von Mehrarbeit, unter

---

6 Dietmar Düe/Jörg Hentrich, Krise der Automobilindustrie – Das Beispiel des Multi General Motors/Opel AG, Frankfurt a. M. 1981, S. 32.
7 Ebd., S. 110.
8 Zu diesem Konzept vgl. Friedrich Weltz/Veronika Lullies, Das Konzept der innerbetrieblichen Handlungskonstellation als Instrument der Analyse von Rationalisierungsprozessen in der Verwaltung, in: Ulrich Jürgens/Frieder Naschold (Hg.), Arbeitspolitik. Materialien zum Zusammenhang von politischer Macht, Kontrolle und betrieblicher Organisation der Arbeit, Opladen 1984 (Leviathan, Sonderheft 5/1983), S. 155-170 sowie weiter unten.
9 Vgl. Schwarz, Grenzen, 1987, S. 96; Winfried Britscho, Betriebsratswahlen bei Opel Rüsselsheim, in: Otto Jacobi/Walther Müller-Jentsch/Eberhard Schmidt (Hg.), Gewerkschaften und Klassenkampf. Kritisches Jahrbuch 1975, Frankfurt a. M. 1975, S. 58-63, hier: S. 61, sowie Düe/Hentrich, Krise, 1981, S. 64-68.

anderem in Form von Sonderschichten, kam. Diese Erfahrung eines raschen, abrupten Übergangs von Abfindungen und Kurzarbeit zu Neueinstellungen und Sonderschichten stellte einen folgenreichen Hintergrund der Betriebsratspolitik dar.[10]

Den zweiten Faktor bildete die Situation innerhalb der betrieblichen Interessenvertretung in Rüsselsheim in der ersten Hälfte beziehungsweise Mitte der 1970er-Jahre selbst. Wie in anderen Automobilunternehmen kam auch bei Opel in den späten 1960er-Jahren eine basisorientierte Strömung im Vertrauenskörper auf, die für eine Demokratisierung der Interessenvertretungspraxis eintrat und die zunehmende Verselbständigung des Betriebsrats sowie dessen Entfremdung von der Belegschaft kritisierte. Dementsprechend forderte diese Strömung in erster Linie mehr Einfluss der Vertrauensleute, der »Basis«, auf die Aufstellung der Betriebsratskandidaten und die Betriebsratspolitik. Auch in Rüsselsheim waren es Repräsentanten der jüngeren Generation von Vertrauensleuten, die die vorwiegend auf der Ebene der Verhandlungen zwischen Betriebsrat und Geschäftsleitung – das heißt ohne Beteiligung der Beschäftigten – stattfindende, kompromissbereite Politik der bisherigen Interessenvertretung nicht akzeptierten und auf einen Wechsel der Mitbestimmungspraxis im Werk hinarbeiteten.

Die Gruppe um die linken Sozialdemokraten Richard Heller und Rudolf Müller[11] agierte zunächst innerhalb des Vertrauenskörpers, nach den Wahlen 1972 kamen ihre Vertreter auch in den Betriebsrat, blieben aber in der Minderheit. Im Unterschied etwa zum Daimler-Benz-Werk Untertürkheim[12] oder auch zum Bochumer Opel-Werk verzichteten sie aber auf die Bildung einer oppositionellen Gruppierung beziehungsweise die Aufstellung einer oppositionellen Liste und versuchten, für ihre Positionen Mehrheiten zu gewinnen, wenn auch zunächst ohne nachhaltigen Erfolg. Bei der Betriebsratswahl 1972 in Rüsselsheim verlor die IG Metall im Vergleich zu 1968 mehr als 17 % der Stimmen.[13] Die Unzufriedenheit mit der bisherigen Politik

---

10 Vgl. Richard Heller, Die Einigungsstelle als Schrittmacher neuer Arbeitszeitregelungen. Eine alternative Opel-Chronik für die Jahre 1975–1981, in: Das Mitbestimmungsgespräch [MitbestG] 27 (1981), S. 283-286, hier: S. 283; Schwarz, Grenzen, 1987, S. 96; Wolfgang Streeck, Industrial Relations in West Germany. A Case Study of the Car Industry, London 1984, S. 118 f.
11 Richard Heller (Jg. 1934) war von 1975 bis 1993 Vorsitzender des Rüsselsheimer Betriebsrats. Rudolf Müller (Jg. 1939), sein Stellvertreter während der ganzen Zeit, wurde 1993 auch sein Nachfolger (bis 2000). Beide gehörten dem Opel-Werk seit 1956 an.
12 Vgl. den Beitrag von Jörg Neuheiser in diesem Band.
13 1968 bekam die IG Metall noch 83 %, 1972 lediglich 65,6 % der Stimmen. Die restlichen Stimmen verteilten sich 1972 auf den Christlichen Metallarbeiter-Verband (13,8 %) und die von der DAG dominierte »Gemeinschaftsliste von Opel-Arbeitern und Angestellten« (20,6 %), auf der auch einige IG-Metall-Mitglieder kandidierten. Vgl. Betriebsrat der Adam Opel AG, Standort Rüsselsheim (Hg.), Betriebsratswahlen Opel Rüsselsheim 1945–2002, Rüsselsheim 2002, S. 16 f.; Britscho, Betriebsratswahlen, in: Jacobi/Müller-Jentsch/Schmidt (Hg.), 1975, S. 60.

des Betriebsrats und die inneren Spannungen innerhalb der Interessenvertretung wurden somit, zumal mit dem Einbruch der Krise, immer deutlicher.[14]

In einer solchen Situation, in der die für unterschiedliche Ausrichtungen der Interessenvertretungspolitik stehenden »Lager« ungefähr gleich stark waren, wurde im Vertrauenskörper beschlossen, bei der Betriebsratswahl 1975 zwei offizielle IG-Metall-Listen aufzustellen. Einen Hintergrund mochte dabei die Gefahr einer möglichen Wahlniederlage bilden. Beide Listen traten nicht gegeneinander, sondern zusammen, in Rahmen eines gemeinsamen IGM-Wahlkampfes, auf.[15] Die Wahl endete mit dem Sieg der Heller-Gruppierung, und auf die IG Metall insgesamt entfielen ca. 70 % der Stimmen.[16] Die Gruppe um Heller und Müller bestimmte seitdem maßgeblich die Betriebsratspolitik; die Vertreter der alten Mehrheit beziehungsweise der zweiten Liste wurden entweder in die neue IGM-Fraktion integriert (unter anderem der Listenführer Rudolf Hahn) und trugen die neue Betriebsratspolitik mit oder sie kandidierten bei der nächsten Wahl 1978 auf weiteren Listen gegen die einheitliche IG-Metall-Liste und wurden mit Disziplinarmaßnahmen belegt.[17]

Diese Form der Organisation, Austarierung und Neutralisierung von Interessen beziehungsweise Spannungsmomenten innerhalb der Arbeitnehmervertretung und Gewerkschaft hatte eine Stärkung der Position des Betriebsrats zur Folge, der, durch den Vertrauenskörper gestützt, seine relative Stärke als Instrument bei den Verhandlungen mit der Geschäftsleitung nutzen konnte. Die Zwei-Listen-Strategie führte also nicht zur Zersplitterung und Entzweiung, sondern zur Konsolidierung der Interessenvertretung. Eine solche Entwicklung kennzeichnete die Mitbestimmungsstrukturen in Rüsselsheim im Gegensatz etwa zum Bochumer Opel-Werk.[18] Die Mitbestimmungspraxis in Rüsselsheim in der zweiten Hälfte der 1970er und den 1980er-Jahren entwickelte sich mithin unter strukturellen Voraussetzungen weiter, die es ermöglichten, eine aktive und offensive Interessenvertretungspolitik – wenn auch im Rahmen

---

14 Vgl. dazu ebd., S. 58-61.
15 Ebd., S. 61 f.; Streeck, Relations, 1984, S. 119. Vgl. auch die Verteidigung der Zwei-Listen-Strategie auf der Vertrauensleute-Konferenz der IG Metall 1976 durch den Vorsitzenden der Rüsselsheimer Vertrauenskörperleitung: 9. Konferenz der Industriegewerkschaft Metall für Vertrauensleute, 14. und 15. Oktober 1976, Nürnberg. Protokoll über den Verlauf der Konferenz, Frankfurt a. M. 1976, S. 170 f.
16 Britscho, Betriebsratswahlen, in: Jacobi/Müller-Jentsch/Schmidt (Hg.), 1975, S. 62 f.; Betriebsrat der Adam Opel AG, Betriebsratswahlen, 2002, S. 18.
17 Winfried Britscho, Betriebsratswahlen bei Opel, Rüsselsheim, in: Otto Jacobi/Walther Müller-Jentsch/Eberhard Schmidt (Hg.), Arbeiterinteressen gegen Sozialpartnerschaft. Kritisches Gewerkschaftsjahrbuch 1978/79, Berlin 1979, S. 108 f.; Friedrich Schwarz, Opel Rüsselsheim. »Bestätigung der bisherigen Politik«, in: Express, 14. Juni 1978, Nr. 6, S. 3 f.
18 Zu den Entwicklungen in Bochum vgl. u. a. Düe/Hentrich, Krise, 1981, S. 110-115; Rolf Stuppardt, Betriebsratswahl bei Opel Bochum, in: Jacobi/Müller-Jentsch/Schmidt (Hg.), 1975, S. 49-58; Kollegen der »Gruppe oppositioneller Gewerkschafter in der IG Metall«, Listenvielfalt bei Opel, Bochum, in: Jacobi/Müller-Jentsch/Schmidt (Hg.), 1979, S. 110-115.

der allgemeinen Tendenzen der betrieblichen Mitbestimmung, die sich zunehmend professionalisierte und differenzierte – zu verfolgen.

Mit dem Wechsel in der Zusammensetzung der Interessenvertretung änderten sich auch die Ausrichtung und die Schwerpunkte von deren Politik. Sie bewegten sich vor allem um die Beschäftigungs- und Arbeitszeitfragen, Arbeitsbedingungen und den Arbeitnehmerschutz bei organisatorischen Umstrukturierungen und der Einführung von neuen Technologien. Die Zielsetzungen konzentrierten sich dabei unter anderem auf die Verstetigung des Personaleinsatzes und die Einflussnahme auf die Verwendung von Arbeitskraft, das heißt letzten Endes auf den Erhalt von Arbeitsplätzen, aber auch auf die Verbesserung der Arbeitsorganisation.[19] Welche Gestalt eine solche Politik – zumal unter den relativ günstigen Bedingungen der kurzfristigen konjunkturellen Erholung nach der Krise um 1974 – annahm und welche Rolle dabei die innerbetrieblichen oder auch die innergewerkschaftlichen Kräftekonstellationen spielten, wird besonders deutlich an den Auseinandersetzungen um Sonderschichten, Kurzarbeit und Erholzeiten.

Das Problem der Sonderschichten erwies sich als ein Angelpunkt für Intentionen, Wirkungen und Reichweite des Betriebsratshandelns. Vor dem Hintergrund der bereits erwähnten Krisenerfahrungen bei Opel, in erster Linie des raschen Wechsels von Kurz- und Mehrarbeit und der damit verbundenen Beschäftigungsinstabilität, richtete sich die Politik der Interessenvertretung darauf, das Unternehmen zu einer längerfristigen Personalpolitik und -planung zu bewegen.[20] Mit dieser Zielsetzung hing auch die zentrale Forderung des Betriebsrats – nach einem Kurzarbeiterfonds, das heißt nach Rücklagen für Zuschüsse zum Kurzarbeitergeld – zusammen. In deren Verknüpfung mit der Ablehnung der Sonderschichten schlug sich die Hauptintention der Interessenvertretung, nämlich die Verteuerung von Mehr- und vor allem von Kurzarbeit, nieder.[21] Damit war auch eine Ausweitung der Mitbestimmungsfelder verbunden, die, wie noch zu zeigen sein wird, im Kontext der zunehmenden Professionalisierungsprozesse zu einer Äußerung des Wandels von Reaktionsmustern und Strategien der Mitbestimmungsträger unter den sich ändernden Bedingungen wurde.[22]

Die Zustimmungspflichtigkeit der Sonderschichten wurde vom Betriebsrat in der Phase des Aufschwungs als Druckmittel eingesetzt, um seine Forderungen durchzusetzen. Durch seine ablehnende Haltung erreichte er in mehreren Einigungsstellenverfahren zwischen 1975 und 1977 eine Reihe von Zugeständnissen beziehungsweise

---

19 Vgl. Schwarz, Grenzen, 1987, S. 96 f., 99, 101 u. ö.; Heller, Einigungsstelle, in: MitbestG 27 (1981), S. 284.
20 Vgl. ebd., S. 283–286; Schwarz, Grenzen, 1987, S. 97.
21 Streeck, Relations, 1984, S. 121 f., 125.
22 Zu diesen Prozessen vgl. ausführlich Werner Milert/Rudolf Tschirbs, Die andere Demokratie. Betriebliche Interessenvertretung in Deutschland, 1848 bis 2008, Essen 2012, S. 481–492, für die 1950er- und 1960er-Jahre auch S. 455–462.

Verbesserungen, wenngleich die Forderung nach dem Kurzarbeiterfonds vorerst nicht realisiert werden konnte. So wurden beispielsweise als Gegenleistung zu Sonderschichten unter anderem der Verzicht der Unternehmensleitung auf betriebsbedingte Kündigungen oder auch auf Kurzarbeit für etwa halbjährige Perioden, Hitzepausen von zehn Minuten, Überstundenzuschläge, zusätzliche bezahlte Urlaubstage oder die Überführung befristeter Arbeitsverträge in unbefristete in Betriebsvereinbarungen festgeschrieben.[23] Diese Ergebnisse tangierten dadurch neben der Beschäftigungspolitik auch den Bereich der Arbeitsbedingungen und der betrieblichen Leistungspolitik.

Mit diesem Bereich war auch die weitere substanzielle Forderung des Betriebsrats – nach einer Ausweitung der Erholzeiten – verbunden. Von dem Vorbild des Lohnrahmentarifvertrages II für Nordwürttemberg-Nordbaden (1973) ausgehend, trat die Interessenvertretung in Rüsselsheim für fünfminütige Pausen je Arbeitsstunde ein.[24] 1975 konnte zunächst jedoch, wiederum im Zusammenhang mit der Zustimmung zu Sonderschichten, nur eine zehnminütige Pause pro Schicht durchgesetzt werden. Im Jahre 1980, nach langwierigen Verhandlungen, in denen es unter anderem um Berechnungsverfahren ging, und nach einem Streit um die Zuständigkeit der Einigungsstelle, wurde die Dauer der Erholungspausen auf 16 Minuten pro Schicht erhöht.[25] Um diese Zeit, 1979, stimmte das Unternehmen nunmehr auch dem Kurzarbeiterfonds zu, nachdem die Geschäftsleitung wegen des erneuten Konjunktureinbruchs zum ersten Mal seit 1975 wieder Kurzarbeit beantragt hatte.[26]

Im Ganzen griff die Praxis des Betriebsrats in Rüsselsheim durchaus Motive der qualitativen Tarifpolitik der IG Metall auf.[27] Deren Umsetzung erfolgte allerdings im spezifischen Kontext der betrieblichen Situation und der industriellen Beziehungen bei Opel. Indem die Arbeitnehmervertretung Forderungen der Pausenregelungen mit der Zustimmung zu Sonderschichten verknüpfte, verstand sie es, sie mit dem Interesse der Unternehmensleitung an der Erhöhung der Produktion zu verbinden. Zugleich bedeutete die Zunahme von – ausgehandelten – Sonderschichten beziehungsweise Mehr-

---

23 Vgl. die Zusammenstellung bei Streeck, Relations, 1984, S. 124; Heller, Einigungsstelle, in: MitbestG 27 (1981), S. 285.
24 Schwarz, Grenzen, 1987, S. 99, 139.
25 Vgl. Heller, Einigungsstelle, in: MitbestG 27 (1981), S. 284 f.; Schwarz, Grenzen, 1987, S. 139-149.
26 Vgl. z. B. Kurzarbeit bei Opel Rüsselsheim, in: Express, 13. Dezember 1979, Nr. 12, S. 2; Heller, Einigungsstelle, in: MitbestG 27 (1981), S. 284.
27 Vgl. am Beispiel des LRTV II Helmut Schauer/Hartmut Dabrowski/Uwe Neumann u. a., Tarifvertrag zur Verbesserung industrieller Arbeitsbeziehungen. Arbeitspolitik am Beispiel des Lohnrahmentarifvertrags II, Frankfurt a. M./New York 1984, sowie Eva Brumlop/Wolf Rosenbaum, »Humanisierung der Arbeitsbedingungen« durch gewerkschaftliche Tarifpolitik, in: Joachim Bergmann (Hg.), Beiträge zur Soziologie der Gewerkschaften, Frankfurt a. M. 1979, S. 264-297; Gudrun Trautwein-Kalms/Gerhard Gerlach, Gewerkschaften und Humanisierung der Arbeit. Zur Bewertung des HdA-Programms, Frankfurt a. M./New York 1980, insb. S. 67-86.

arbeit aber auch eine Arbeitsintensivierung und wirkte somit zum Teil den Intentionen der Interessenvertretungspolitik entgegen. Dies führte zu Unzufriedenheiten innerhalb der Belegschaft. Um diesen zu begegnen, beschloss der Rüsselsheimer Betriebsrat gegen Ende des Jahres 1975, nicht mehr als zwei Sonderschichten im Monat zuzustimmen.[28]

In einer solchen Zwiespältigkeit von Interessen, Intentionen, Forderungen und Ergebnissen im Umfeld der Auseinandersetzungen um Sonderschichten, Kurzarbeit und Erholzeiten wurden auch die Grenzen der Betriebsratspolitik deutlich. Denn die Verhandlungsmacht und die Durchsetzungsfähigkeit des Betriebsrats hingen im Wesentlichen von der Zustimmungspflichtigkeit der Maßnahmen der Geschäftsleitung ab. Wurden vonseiten des Managements keine zustimmungspflichtigen Anträge gestellt oder im Laufe der Verhandlungen zurückgezogen – wie 1977, als der Betriebsrat erneut versuchte, die Forderung nach dem Kurzarbeiterfonds zu realisieren –, ließen sich keine weitreichenden Ergebnisse erzielen.[29] Die Forderungen der Interessenvertretung blieben dann nicht oder nur partiell erfüllt, was zu Unbehagen innerhalb der Betriebsräte und der Belegschaften führte. So hatten beispielsweise 1976 zwei getrennte Einigungsstellenverfahren für Rüsselsheim und Bochum zur Folge, dass für Bochum vier und für Rüsselsheim nur zwei Sonderschichten bewilligt wurden. Das durchschnittliche Einkommen der Arbeitnehmer im Bochumer Werk fiel dadurch höher aus, und dies beeinflusste wiederum die Berechnung der jeweiligen Weihnachtszulage. Darüber hinaus führte die Taktik des Managements dazu, dass die Bewilligung der Sonderschichten durch die Einigungsstelle ohne Gegenleistungen des Unternehmens für die Beschäftigten erfolgte.[30]

Solche Erfahrungen, in denen sich die Schwierigkeit oder die Unmöglichkeit spiegelte, ihre Anliegen und Interessen unter den – der tariflichen Ebene gewissermaßen nachgelagerten – strukturellen Bedingungen der betrieblichen Mitbestimmung durchzusetzen, bildeten einen der wesentlichen Hintergründe für die Überlegungen innerhalb der Rüsselsheimer Interessenvertretung über die Etablierung einer Automobilsparte in den Tarifverhandlungen der IG Metall. Diese Überlegungen standen dabei im Kontext der tarifpolitischen Entwicklung in der Metallindustrie, etwa in Hessen, bei der weitergehende Forderungen der Opel-Gewerkschafter nicht berücksichtigt wurden. Dadurch blieben bei Opel sowohl die Lohndrift als auch ein Rückstand gegenüber dem Haustarifvertrag von VW, zum Beispiel im Hinblick auf die Gestaltung der Arbeit und Arbeitsbedingungen, weiter bestehen. Die Diskussion über die Automobilsparte beziehungsweise einen Branchentarifvertrag, die zum Teil quer zu politischen Richtungen und Strömungen im Vertrauenskörper und Betriebsrat verlief, zog mithin intensive innergewerkschaftliche Auseinandersetzungen nach sich, zumal sie auch mit

---

28 Vgl. Streeck, Relations, 1984, S. 125.
29 Ebd., S. 131–135.
30 Ebd., S. 126 f.; Opelarbeiter und Sonderschichten, in: Express, 15. November 1976, Nr. 11, S. 3.

Bestrebungen zur Bildung einer Automobilgewerkschaft in Zusammenhang gebracht wurde.[31]

Auf dem Gewerkschaftstag der IG Metall 1977 sprachen sich Richard Heller, Rudolf Müller und der Vorsitzende der Rüsselsheimer Vertrauenskörperleitung Gerhard Wink allerdings nachdrücklich gegen eine separate Gewerkschaft der Automobilarbeiter und auch gegen Branchentarifverträge aus, obwohl Vertreter des Rüsselsheimer Betriebsrats gleichzeitig für tarifvertragliche Öffnungsklauseln und Zusatztarifverträge eintraten – die vom Gewerkschaftstag wiederum zurückgewiesen wurden.[32] All diese Auseinandersetzungen und Diskussionen hingen also mit dem Bewusstsein der Grenzen und der Eingeschränktheit der betrieblichen Interessenvertretungspolitik in Rüsselsheim zusammen, auch wenn sich die Letztere innerhalb jener Grenzen als relativ erfolgreich darstellte.

2 Charakteristische Merkmale des Betriebsratshandelns in Rüsselsheim gegenüber der Mitbestimmungspraxis bei VW

Wie lässt sich nun die Tätigkeit der Rüsselsheimer Interessenvertretung im Kontext der Mitbestimmungsstrukturen und -praxis in der Automobilindustrie näher bestimmen und einordnen? Der Betriebsrat in Rüsselsheim gehörte zu einem konfliktorientierten, kämpferischen, »progressiven« Betriebsratstypus, der eine aktive und offensive Gegenmachtpolitik unter Inklusion und Aktivierung der Beschäftigten verfolgte.[33] Vom grundsätzlichen Interessengegensatz zwischen Arbeit und Kapital, zwischen Arbeitnehmern und Unternehmensleitung ausgehend, richtete sich das Handeln der Interessenvertretungen dieses Typus vor allem auf Probleme der Arbeitsbedingungen und Arbeitsgestaltung, aber auch auf die Durchsetzung und Erweiterung von Mit-

---

31 Vgl. dazu Streeck, Relations, 1984, S. 128 ff.
32 Vgl. Zwölfter ordentlicher Gewerkschaftstag der Industriegewerkschaft Metall für die Bundesrepublik Deutschland. Stadthalle, Düsseldorf, 18. September bis 24. September 1977, Frankfurt a. M. 1977, Protokoll, S. 295 f., 301 f., 307; Zwölfter Gewerkschaftstag der IG Metall, Entschließungen, Anträge, Materialien, S. 282.
33 Zur Typologie der Interessenvertretungen, u. a. mit Bezug zur Automobilindustrie, vgl. etwa Schauer/Dabrowski/Neumann, Tarifvertrag, 1984, S. 204-218; Horst Kern/Michael Schumann, Das Ende der Arbeitsteilung? Rationalisierung in der industriellen Produktion: Bestandsaufnahme, Trendbestimmung, München 1984, S. 126 f. Kathleen Thelen teilt die Politik der Betriebsräte in drei Typen – »social partnership«, »politicized legalism« und »depoliticized legalism« – ein, wobei die Automobilindustrie unter den zweiten Typus subsumiert wird. Vgl. Thelen, Union, 1991, S. 126 ff., 139-146. Zum Typus des Betriebsrats als »kooperativer Gegenmacht« vgl. auch Hermann Kotthoff, Betriebsräte und betriebliche Herrschaft. Eine Typologie von Partizipationsmustern im Betrieb, Frankfurt a. M./New York 1981, S. 212-243. Zeitgenössisch wurde das Konzept der »Gegenmacht« vornehmlich mit Blick auf die Gewerkschaften diskutiert. Vgl. v. a. Eberhard Schmidt, Ordnungsfaktor oder Gegenmacht. Die politische Rolle der Gewerkschaften, Frankfurt a. M. 1971.

bestimmungsansprüchen.³⁴ Im Hinblick darauf waren für die Praxis des Opel-Betriebsrats in Rüsselsheim unter anderem drei wesentliche Merkmale charakteristisch.

Erstens war sie explizit basisorientiert. Die Einbeziehung der Basis, des Vertrauenskörpers wie der Belegschaft, in die Betriebsratspolitik gehörte zu den erklärten Zielen der neuen Betriebsratsmehrheit nach 1975. Diese Einbeziehung äußerte sich etwa in funktionalen Verflechtungen zwischen dem Betriebsrat und der Vertrauenskörperleitung – so war deren Vorsitzender Mitglied im Betriebsausschuss – oder im Informationsfluss zwischen Betriebsrat, Vertrauenskörper und Belegschaft, der eine Transparenz der Interessenvertretungspolitik ermöglichte.³⁵ Durch einen demokratischen Wahlmodus, für den sich die Heller-Strömung einsetzte und der 1981 offiziell etabliert wurde, gewannen die Vertrauensleute und auch die Gewerkschaftsmitglieder in den Bereichen des Betriebs einen maßgeblichen Einfluss auf die Aufstellung der Kandidaten zur Betriebsratswahl.³⁶

Auch die Aufstellung und Durchsetzung von Forderungen an die Unternehmensleitung erfolgte nicht nur auf der Ebene der Verhandlungen zwischen Betriebsrat und Management, sondern wurde durch Diskussionen und Arbeitskreise, Flugblätter, Belegschaftsversammlungen, Aktionen und Protestveranstaltungen begleitet und unterstützt.³⁷ Um über die Politik, die sich gegen Sonderschichten richtete, einen Diskussionsprozess anzuregen, wurde beispielsweise 1976 statt mehrerer getrennter zum ersten Mal eine gemeinsame Betriebsversammlung von deutschen und ausländischen Arbeitnehmern durchgeführt, auf der der Ablehnung von Sonderschichten Nachdruck verliehen wurde.³⁸ Anfang der 1980er-Jahre, während der Auseinandersetzungen um die Einführung eines Personalinformationssystems (PAISY), wurde eine Unterschriftensammlung gegen eine unkontrollierte Benutzung von personenbezogenen Daten organisiert und der Einigungsstelle übergeben.³⁹

Die Basisorientierung der Betriebsratspraxis drückte sich auch in einer Politik im Interesse der unteren Lohngruppen aus. Der Rüsselsheimer Betriebsrat setzte sich für lineare Lohnerhöhungen und feste Beträge bei Zusatzleistungen und Son-

---

34 Schauer/Dabrowski/Neumann, Tarifvertrag, 1984, S. 211 ff.
35 Vgl. Düe/Hentrich, Krise, 1981, S. 114; Schwarz, Grenzen, 1987, S. 85.
36 Vgl. etwa Nils C. Nagel, Metaller bei Opel nehmen an mehreren »Vorwahlen« teil. Basisnahe Auswahl, in: Metall, 25. Februar 1981, Nr. 4, S. 11 f.; Düe/Hentrich, Krise, 1981, S. 114.
37 Schwarz, Grenzen, 1987, S. 123 ff.
38 Opelarbeiter und Sonderschichten, in: Express, 15. November 1976, Nr. 11, S. 3; Winfried Britscho, Opel Rüsselsheim: Konflikte um Sonderschichten, in: Otto Jacobi/Walther Müller-Jentsch/Eberhard Schmidt (Hg.), Gewerkschaftspolitik in der Krise. Kritisches Gewerkschaftsjahrbuch 1977/78, Berlin 1978, S. 151-154, hier: S. 152.
39 Vgl. dazu z. B. Schwarz, Grenzen, 1987, S. 117; Klaus Franz, PAISY aber wie? Die Auseinandersetzung um die Einführung eines Personalinformationssystems bei Adam Opel AG in Rüsselsheim, in: WSI-Mitteilungen 36 (1983), S. 146-149, hier: S. 148.

derzahlungen ein, wie 1977 auf dem Gewerkschaftstag der IG Metall.[40] Im gleichen Jahr erreichte er bei der Umsetzung des Tarifvertrags – ebenfalls im Rahmen der Verhandlungen über Sonderschichten –, dass die tariflichen Lohnerhöhungen nicht im Verhältnis zu den Tarif-, sondern zu den effektiven Opel-Löhnen berechnet wurden, wobei die unteren Lohngruppen überproportional angehoben wurden.[41] Die Praxis des Betriebsrats verband also basisdemokratische Elemente mit »qualitativen« wie »quantitativen« Forderungen in der Lohn-, Tarif- und Betriebspolitik.

Zweitens schöpfte die Interessenvertretung alle rechtlichen und formalen Mitbestimmungsmöglichkeiten aus. Auch die Grenzen, die diesen Möglichkeiten gesetzt waren, akzeptierte sie nicht als gegeben, sondern problematisierte diese immer wieder, hinterfragte sie und trug so dazu bei, die Grenzen jeweils neu zu verhandeln und abzustecken. Es wurde auch versucht, sie zu erweitern und über sie hinauszugehen, wie die Auseinandersetzungen um PAISY oder etwa um die Produktionsverlagerungspläne von Rüsselsheim nach Kaiserslautern zu Beginn der 1980er-Jahre zeigten.[42] Informationsoffensiven, Ausnutzung offizieller und inoffizieller Informationsflüsse, Einbeziehung der Öffentlichkeit im Rahmen einer aktiven betrieblichen und außerbetrieblichen Öffentlichkeitsarbeit spielten dabei eine bedeutende Rolle. Diese Strategie sollte das Unternehmen unter anderem in Unsicherheit über den Informationsstand der Interessenvertretung bringen und so zu einer offeneren Informationspolitik veranlassen.[43] Eine solche »informelle« Mitbestimmung nahm in den Strategien des Betriebsrats und des Vertrauenskörpers einen gewichtigen Platz ein.[44]

Drittens zeichnete sich die Praxis des Rüsselsheimer Betriebsrats durch eine eigentümliche Doppelseitigkeit aus: Auf der einen Seite verfolgte er eine betriebsbezogene Politik, die auf die Sicherung von Arbeitsplätzen, den Schutz vor konjunkturellen Schwankungen und die Verbesserung von Arbeitsbedingungen gerichtet war. Auf der anderen Seite stellte er auch Forderungen beziehungsweise thematisierte Probleme, die sich auf betrieblicher Ebene nicht durchsetzen oder lösen ließen. Sein Ziel war es, die Belegschaft und die Öffentlichkeit für solche überbetrieblichen Probleme, aber auch für die Begrenztheit der existierenden Mitbestimmungsstrukturen und -politik im betrieblichen Rahmen sowie für deren mögliche Folgen im Sinne einer Entsolidarisierung der Beschäftigten zu sensibilisieren, zu mobilisieren beziehungsweise

---

40 Vgl. Zwölfter Gewerkschaftstag der IG Metall, Entschließungen, Anträge, Materialien, 1977, S. 565.
41 Streeck, Relations, 1984, S. 130 f.; Britscho, Opel Rüsselsheim: Konflikte um Sonderschichten, in: Jacobi/Müller-Jentsch/Schmidt (Hg.), 1978, S. 154.
42 Vgl. Schwarz, Grenzen, 1987, S. 105-108, 114-121; Düe/Hentrich, Krise, 1981, S. 118 f.; Franz, PAISY, in: WSI-Mitteilungen 36 (1983), passim.
43 Vgl. 10. Konferenz der Industriegewerkschaft Metall für Vertrauensleute, 25. bis 27. Oktober 1979, Dortmund. Protokoll über den Verlauf der Konferenz, Frankfurt a. M. 1979, S. 143 f.
44 »Auf den Schultern der Belegschaft«. Interview mit dem Betriebsratsvorsitzenden der Adam Opel AG, Rüsselsheim, Richard Heller, in: Die Mitbestimmung 31 (1985), S. 92 ff., hier: S. 93; Schwarz, Grenzen, 1987, S. 123.

das Problembewusstsein dafür zu entwickeln und zu schärfen.[45] In diesem Kontext kritisierte der Rüsselsheimer Betriebsrat zum Beispiel Erweiterungsinvestitionen, Produktionsverlagerungspläne und die zunehmende Konkurrenz zwischen Automobilherstellern und -belegschaften, forderte mehr Einfluss der Interessenvertretung auf den Rationalisierungsprozess und die Investitionsplanung.[46]

In dieser Doppelseitigkeit offenbarte sich auch die allgemeine Ambivalenz der Mitbestimmungsentwicklung in den 1970er-Jahren. Neben der schwerpunktmäßigen Konzentration der Mitbestimmungspolitik auf die Bewältigung der Krise und der Krisenfolgen, auf die Sicherung der Beschäftigung auf Betriebs- und Unternehmensebene, wurden, wie oben gezeigt, durchaus Ziele gesetzt und Forderungen formuliert, die über den Rahmen der traditionellen Schutz- und Verteilungspolitik hinausgingen und die Grenzen der Mitbestimmungspraxis der Betriebsräte und Vertrauensleute hervortreten ließen. Solche Zielsetzungen und Forderungen – etwa im Kontext der qualitativen Tarifpolitik oder der »Humanisierung des Arbeitslebens« – stellten eine Äußerung des allmählichen Bewusstseinswandels in den Gewerkschaften beziehungsweise bei den Mitbestimmungsträgern dar, der, wenn auch mit Einschränkungen, im Rahmen des Generationen- oder auch Wertewandels interpretiert werden kann.[47]

Zugleich gingen diese Prozesse noch mit alten Struktur- und Politikmustern der Mitbestimmung einher. So bedeutete die qualitative Tarifpolitik als Reaktion auf veränderte Produktionsbedingungen und wirtschaftliche Lage zunächst Forderungen, die über reine Lohnforderungen hinausgingen.[48] Erst in den 1980er-Jahren gewannen in der IG Metall und anderen DGB-Gewerkschaften fortschrittsskeptische oder -kritische, ökologische und ähnliche Themen, wie alternative Produktion, Geschwindigkeitsbegrenzung, neue Verkehrskonzepte, die Zukunft des Autos, an Relevanz,

---

45 Ebd., S. 120 f., 127 f.; Heller, Einigungsstelle, in: MitbestG 27 (1981), S. 285; Franz, PAISY, in: WSI-Mitteilungen 36 (1983), S. 148. Vgl. in diesem Zusammenhang auch Hellers Kritik am »betriebswirtschaftlichen Gewerkschaftsegoismus«: Fortschritt heißt nicht nur Geschwindigkeit. Gespräch mit Richard Heller, in: Gewerkschaftliche Monatshefte [GMH] 38 (1987), S. 619-628, hier: S. 622.

46 Vgl. z. B. Schwarz, Grenzen, 1987, S. 105 f., 128 f.; Fortschritt heißt nicht nur Geschwindigkeit, in: GMH 38 (1987), S. 621 f.; »Auf den Schultern der Belegschaft«, in: Die Mitbestimmung 31 (1985), S. 93 f.

47 Vgl. beispielsweise Wolfgang Schroeder, Gewerkschaften als soziale Bewegung – soziale Bewegungen in den Gewerkschaften in den Siebzigerjahren, in: Archiv für Sozialgeschichte [AfS] 44 (2004), S. 243-265, hier: S. 243 f. u. ö.; Walther Müller-Jentsch, Industrielle Demokratie – Von der repräsentativen Mitbestimmung zur direkten Partizipation, in: ders., Arbeit und Bürgerstatus. Studien zur sozialen und industriellen Demokratie, Wiesbaden 2008, S. 173-179; Milert/Tschirbs, Demokratie, 2012, S. 476-492 sowie den Beitrag von Jörg Neuheiser in diesem Band.

48 Schauer/Dabrowski/Neumann, Tarifvertrag, 1984, insb. S. 90-99, 131. Vgl. auch Walther Müller-Jentsch, Arbeitsorganisation und neue Techniken als Gegenstand betriebs- und tarifpolitischer Konzeptionen und Strategien der IG Metall, in: Ben Dankbaar/Ulrich Jürgens/Thomas Malsch (Hg.), Die Zukunft der Arbeit in der Automobilindustrie, Berlin 1988, S. 263-280, insb. S. 263-267.

und der Rüsselsheimer Betriebsrat gehörte zu denjenigen Interessenvertretungen, die diese Themen aufgriffen, diskutierten und aktiv unterstützten.[49]

Vor dem Hintergrund dieser Entwicklungen und Zusammenhänge gewinnt die Frage, welche Stellung der Rüsselsheimer Betriebsrat und seine Praxis im Wandlungsprozess der Mitbestimmung in der Automobilindustrie in den 1970er-Jahren einnahmen, eine besondere Bedeutung. Als eine konfliktorientierte, zugleich aber auch erfolgreiche Interessenvertretung, die basisorientierte und »linke« Themen aufnahm, ohne dass es zu einer Spaltung kam, ließ er sich gleichsam in der »Mitte«, etwa zwischen einem zerstrittenen und weniger effizienten Betriebsrat, wie im Bochumer Opel-Werk, auf der einen und einer konsolidierten, wenn auch partnerschaftlich-konsensual orientierten Interessenvertretung, die am deutlichsten durch den VW-Betriebsrat in Wolfsburg repräsentiert wurde, auf der anderen Seite, verorten.[50] Der Vergleich mit dem Wolfsburger Volkswagen-Werk erscheint dabei besonders ertragreich, stellte dessen Betriebsrat doch den Typus einer ebenfalls erfolgreichen Interessenvertretung dar, die paradigmatisch für das kooperative, »mikrokorporatistische« Mitbestimmungsmuster stand[51] und weitgehende Forderungen und Verbesserungen – zum Teil weit über tarifliche und sonstige Regelungen in anderen Betrieben und Unternehmen der Automobilindustrie hinaus – durchsetzen beziehungsweise erreichen konnte.

Die Praxis des »pragmatisch-pluralistischen« VW-Betriebsrats war stärker betriebsorientiert, reaktiv und auf einen, wenn auch dynamischen Interessenausgleich gerichtet.[52] Sie bezweckte vor allem eine soziale Abfederung der Folgen von Produktionsumstrukturierungen, Krisentendenzen, Rationalisierungsprozessen und technologischen Innovationen.[53] Die institutionelle Stärke und weitgehende Professionalisierung der Interessenvertretung stand in einer Wechselwirkung mit dem Prinzip der Geschlossenheit, das die innere Kohäsion der Mitbestimmungsorgane gewährleistete und als »Sanktions- und Akzeptanzmittel« diente. Dies hatte unter anderem zur Folge, dass Meinungsverschiedenheiten oder Konflikte innerhalb der Interessenvertretung keine größeren Auseinandersetzungen nach sich zogen und sie – weitgehend von

---

49 Vgl. z. B. Fortschritt heißt nicht nur Geschwindigkeit, in: GMH 38 (1987), S. 624-628; Schwarz, Grenzen, 1987, S. 128; Schroeder, Gewerkschaften, in: AfS 44 (2004), S. 261 f.
50 Vgl. Lowell Turner, Democracy at Work. Changing World Markets and the Future of Labor Unions, Ithaca/London 1991, S. 117-137. Diese Verortung bezog sich allerdings hauptsächlich auf die Politik der Interessenvertretungen im Hinblick auf die Arbeitsreorganisation, insbesondere die Einführung von Gruppenarbeit, in den 1980er-Jahren.
51 Ebd., S. 117; Reinhard Doleschal/Rainer Dombois (Hg.), Wohin läuft VW? Die Automobilproduktion in der Weltwirtschaftskrise, Hamburg 1982, S. 10.
52 Zur Charakteristik dieses Typus der Interessenvertretungen vgl. Schauer/Dabrowski/Neumann, Tarifvertrag, 1984, S. 214-218; Kern/Schumann, Ende, 1984, S. 127, 134 f.
53 Vgl. z. B. Schwarz, Grenzen, 1987, S. 109-113, 129 f., 174-180.

der IG Metall dominiert – ihre Position sowohl in den 1970er-Jahren als auch darüber hinaus behaupten konnte.[54]

Unter solchen Bedingungen und im Kontext einer spezifischen Ausformung der industriellen Beziehungen bei Volkswagen, die nicht zuletzt auf die Eigentümerstruktur, den Haustarifvertrag und die entsprechende Zusammensetzung des Aufsichtsrats zurückging[55], waren die Interessenvertreter im Wolfsburger Werk in der Mitte und der zweiten Hälfte der 1970er-Jahre mit ähnlich gelagerten Problemen und Aufgaben wie ihre Rüsselsheimer Kolleginnen und Kollegen konfrontiert. Mit dem konjunkturellen Aufschwung nach der Krise 1973–75 wurde auch in Wolfsburg auf Mehrarbeit beziehungsweise Sonderschichten zurückgegriffen, denen der Betriebsrat seine Zustimmung erteilen musste. Diese Zustimmung wurde jedoch nicht als Druckmittel eingesetzt, vielmehr vereinbarte der Betriebsrat auf dem Verhandlungsweg mit dem Management entsprechende Gegenleistungen, wie etwa Verzicht auf Entlassungen und Kurzarbeit, Zuschläge, Freistellungen oder zusätzliche Urlaubstage. Die Erholzeiten – weit über die 16 Minuten bei Opel hinaus – wurden dabei in einem Tarifvertrag geregelt.[56]

Im Rahmen der kooperativ-partnerschaftlichen Mitbestimmungspraxis wurde bei Volkswagen nach der Krise die so genannte »Beschäftigungspolitik der mittleren Linie« verfolgt, die sich an einer mittleren Absatzprognose orientierte. Diese Politik zielte darauf ab, das Beschäftigungsniveau aufrechtzuerhalten und mithin nur so viele Arbeitnehmer zu beschäftigen, wie in der Abschwungphase gehalten werden konnten.[57] Es war naheliegend, dass die »Politik der mittleren Linie« unter den Bedingungen von steigenden Arbeitslosenzahlen innerhalb der IG Metall nicht unumstritten blieb und um 1976–77 zu intensiven Kontroversen führte, an denen sich auch die Rüsselsheimer Betriebsräte und Vertrauensleute beteiligten.[58] Denn die »mittlere Linie« bedeutete während des Aufschwungs eine Begrenzung von Neueinstellungen und unter Umständen einen extensiven Einsatz von Sonderschichten (um in der nächsten

---

54 Günther Koch, Arbeitnehmer steuern mit. Belegschaftsvertretung bei VW ab 1945, Köln 1987, S. 162 f., 169 f., 208-211.
55 Mit der Teilprivatisierung wurde Volkswagen 1960 in eine Aktiengesellschaft umgewandelt. Bund und Land Niedersachsen behielten je zur Hälfte 40 % der Aktien und besaßen damit eine Sperrminorität im Aufsichtsrat. Dabei neigte sich die Stimmenverteilung in diesem Gremium unter der sozial-liberalen Koalition in den 1970er-Jahren – trotz der formalen Parität – zur Arbeitnehmerseite, da sowohl die (sozialdemokratischen) Repräsentanten der Regierung als auch der Vertreter der Bank für Gemeinwirtschaft als Aufsichtsratsmitglieder eher zu gewerkschaftsfreundlichen Positionen tendierten. Vgl. u. a. Streeck, Relations, 1984, S. 40-55.
56 Vgl. Schwarz, Grenzen, 1987, S. 100, 132; Koch, Arbeitnehmer, 1987, S. 160.
57 Vgl. ebd., S. 148 f., sowie etwa Werner Widuckel, Paradigmenentwicklung der Mitbestimmung bei Volkswagen, Wolfsburg 2004, S. 19; Ulrich Jürgens/Thomas Malsch/Knuth Dohse, Moderne Zeiten in der Automobilfabrik. Strategien der Produktionsmodernisierung im Länder- und Konzernvergleich, Berlin/Heidelberg u. a. 1989, S. 112.
58 Vgl. Streeck, Relations, 1984, S. 117 f.

Krise beziehungsweise Rezession Entlassungen nach Möglichkeit zu vermeiden). Aus der Perspektive der Rüsselsheimer Interessenvertretung erschwerte eine solche, im Grunde »betriebsegoistische« Politik den Einsatz der Zustimmungsverweigerung zu Sonderschichten als Druckmittel im Interesse der Arbeitnehmer und trug nicht zur Bekämpfung der Arbeitslosigkeit bei.[59]

Im Jahre 1977 beschloss allerdings auch der VW-Betriebsrat, die Zahl der Sonderschichten, unter anderem auf Wunsch der Belegschaft, auf zwei pro Monat zu beschränken – was der vorausgegangenen Entscheidung der Rüsselsheimer Interessenvertretung entsprach.[60] Die Ergebnisse der Mitbestimmungspraxis in den beiden Werken waren in den 1970er-Jahren insgesamt durchaus ähnlich – Erweiterung der Erholzeiten (das heißt Verkürzung der effektiven Arbeitszeit), Zuschüsse zum Kurzarbeitergeld[61], flexibler Einsatz und dann Beschränkung von Sonderschichten und Überstunden, aber auch eine realistische Einschätzung der Grenzen der Mitbestimmung –, wenngleich das Niveau und der Umfang der Regelungen differierten. Diese Konvergenz der Resultate, die trotz der Unterschiede in der Ausrichtung, den Orientierungen, dem Selbstverständnis und dem Politikstil beider Interessenvertretungen zutage trat und mit einer Parallelität der in den Mittelpunkt rückenden Zielsetzungen (Sicherung der Beschäftigung) einherging, führt zu der Frage nach dem Verhältnis der beiden Mitbestimmungsmuster zueinander im Rahmen der Mitbestimmungsentwicklung in der Automobilindustrie in theoretisch-konzeptioneller Sicht.

3 Mitbestimmungsmuster im Kontext betrieblicher Sozialordnungen

Überschaut man Zusammenhänge und Prozesse in der Betriebsratspraxis der 1970er-Jahre im weiteren Kontext der industriellen Beziehungen, stellen sich zwei auf den ersten Blick entgegengesetzte Varianten der Mitbestimmung – die kämpferische, konfliktorientierte Interessenvertretung bei Opel in Rüsselsheim und der partnerschaftlich ausgerichtete VW-Betriebsrat in Wolfsburg – ähnlich wie der kämpferische vs. kooperative Gewerkschaftstyp, die beide Ausprägungen der Gewerkschaft als intermediärer, zwischen differenten Interessen vermittelnder Organisation waren[62], als keine wirklichen Gegensätze, sondern als zwei Ausprägungen ein und derselben Tendenz dar. Diese Tendenz schlug sich vor allem in einer zunehmenden Orientierung der Interessenvertretungsstrategien und -taktiken auf die Mitwirkung an der Unter-

---

59 Vgl. Schwarz, Grenzen, 1987, S. 99 f.; Streeck, Relations, 1984, S. 117 f., 129 f.
60 Vgl. ebd., S. 116 f.; Schwarz, Grenzen, 1987, S. 100.
61 Im Volkswagenwerk waren die Ausgleichszahlungen bei Kurzarbeit tarifvertraglich geregelt. Vgl. Koch, Arbeitnehmer, 1987, S. 159; Schwarz, Grenzen, 1987, S. 70.
62 Vgl. Walther Müller-Jentsch, Gewerkschaften als intermediäre Organisationen, in: ders., Arbeit, 2008, S. 51-78 (ursprünglich in: Brandt/Jacobi/Müller-Jentsch, Anpassung, 1982, S. 17-44).

nehmenspolitik, in erster Linie im Hinblick auf den Einsatz von Personal und den Erhalt von Arbeitsplätzen, nieder. Die Arbeitsplatzsicherheit trat dabei gegenüber der traditionellen Verteilungs- und Schutzpolitik in den Vordergrund.

Die Einbeziehung der Betriebsräte in unternehmerische Entscheidungsprozesse ergab sich unter anderem aus den Erfordernissen dieser Politik unter den Bedingungen der Krise, der fortschreitenden Rationalisierung und des Wandels des Produktionssystems in Richtung auf eine nachfordistische beziehungsweise -tayloristische Organisation.[63] Aus der Perspektive der Modernisierung der Produktion konnte sie auch als Ausdruck der »strukturellen Notwendigkeiten« erscheinen.[64] Die jeweilige Ausrichtung der Mitbestimmungspraxis stellte somit eine Antwort auf veränderte Bedingungen in Abhängigkeit von der besonderen Beschaffenheit der industriellen Beziehungen dar. Systematisierend und verallgemeinernd lässt sich ein solcher Zusammenhang mit dem weit gefassten, mikropolitisch akzentuierten Konzept der betrieblichen Sozialordnung umgreifen.[65]

Eine in diesem Sinne verstandene betriebliche Sozialordnung umfasste das jeweilige System von Sozial- und Machtbeziehungen, Umwelteinflüssen, formellen und informellen Regelungen, Erwartungen, Deutungen und Ansprüchen, die verhaltensbestimmend oder -relevant waren. Daraus ergaben sich denn auch entsprechende Handlungs- und Einstellungsmuster der betrieblichen Akteure. Im Hinblick darauf gingen die unterschiedlichen Varianten der Mitbestimmungspraxis bei Opel in Rüsselsheim und bei Volkswagen in Wolfsburg im Wesentlichen auf historisch gewachsene Erwartungs- und Interaktionsstrukturen und insbesondere auf die Grunderfahrungen der beiden Interessenvertretungen und Belegschaften in der Krise Mitte der 1970er-Jahre zurück.

---

63 Vgl. Müller-Jentsch, Arbeitsorganisation, 1988, S. 263 ff.; Thomas Haipeter, Mitbestimmung bei VW. Neue Chancen für die betriebliche Interessenvertretung?, Münster i. Westf. 2000, S. 91-96. Zur Kritik an der These vom »Ende des Fordismus« vgl. u. a. Hachtmann, Gewerkschaften und Rationalisierung, in: Andresen/Bitzegeio/Mittag (Hg.), 2011, S. 207 ff.
64 Kern/Schumann, Ende, 1984, S. 118.
65 Vgl. dazu u. a. Hermann Kotthoff, »Betriebliche Sozialordnung« als Basis ökonomischer Leistungsfähigkeit, in: Jens Beckert/Christoph Deutschmann (Hg.), Wirtschaftssoziologie, Wiesbaden 2010 (KZfSS, Sonderheft 49/2009), S. 428-446; mit kritischen Akzenten Joachim Bergmann, Bemerkungen zum Begriff der »betrieblichen Sozialordnung«, in: Eckart Hildebrandt (Hg.), Betriebliche Sozialverfassung unter Veränderungsdruck. Konzepte, Varianten, Entwicklungstendenzen, Berlin 1991, S. 49-54. Dieses Konzept kann mit weiteren Ansätzen, wie etwa »betriebliche Sozialverfassung«, »innerbetriebliche Handlungskonstellation« oder »politische Kultur innerbetrieblicher Austauschbeziehungen«, die ähnliche Sachverhalte, wenn auch mit unterschiedlichen Akzentuierungen beschreiben, verknüpft werden. Vgl. als Überblick Rainer Trinczek, Betriebliche Mitbestimmung als soziale Interaktion. Ein Beitrag zur Analyse innerbetrieblicher industrieller Beziehungen, in: Zeitschrift für Soziologie 18 (1989), S. 444-456; Heiner Minssen, Arbeits- und Industriesoziologie. Eine Einführung, Frankfurt a. M./New York 2006, S. 77-88; Haipeter, Mitbestimmung, 2000, S. 59-63.

Während bei Opel, wie oben dargestellt, vor allem der Wechsel von Kurzarbeit und Entlassungen auf der einen und Sonderschichten und Neueinstellungen auf der anderen Seite eine zentrale Rolle spielte, kam bei Volkswagen in erster Linie dem drastischen Personalabbau nach dem so genannten S1-Plan eine entscheidende Bedeutung zu. Der 1975 nach schwierigen Auseinandersetzungen vom Aufsichtsrat gegen den Widerstand der Arbeitnehmervertreter angenommene S1-Plan sah einen massiven Einsatz von Aufhebungsverträgen und auch Kündigungen vor. Wegen des bald darauf einsetzenden konjunkturellen Aufschwungs kam es zu keinen Entlassungen mehr, wobei die Ausweitung der Produktion, etwa durch Sonderschichten, noch während der Abwicklung des Abfindungsprogramms begann.[66] Diese Erfahrungen und frühere Entscheidungen beziehungsweise Interaktionsmuster bildeten damit einen Rahmen für die weitere Entwicklung von Handlungs- und Beziehungsstrukturen in beiden Werken und präformierten zum Teil signifikant die Entwicklungsrichtung. Sie ermöglichten dadurch bestimmte spätere Entscheidungen und führten dazu, dass wiederum bestimmte Optionen ausgeschlossen werden konnten.[67] Die Entwicklung der Mitbestimmungspraxis verlief also jeweils pfadabhängig.[68]

Zu dieser Pfadabhängigkeit gehörten auch die äußeren Bedingungen, unter denen sich die Praxis entfalten und formen konnte. Eine bedeutende Rolle spielte hierbei die tarifliche Situation. Es waren die in manchen Punkten eher eingeschränkten Bestimmungen des hessischen Tarifvertrags, die die Forderungen und auch den Einsatz von Druckmitteln und Verhandlungsmacht der Rüsselsheimer Interessenvertretung nach sich zogen, während die VW-Tarifverträge viel weitergehende Möglichkeiten zur Gestaltung von Arbeitsbedingungen, -bewertung und -organisation boten und dementsprechend eine andere Ausrichtung der Betriebsratspolitik zur Folge hatten.[69] Einen weiteren Faktor, in dem sich zudem die inner- und außerbetrieblichen Handlungsbedingungen miteinander verschränkten, bildete die Stellung der gewerkschaft-

---

66 Vgl. dazu Streeck, Relations, 1984, S. 70-81; Rainer Dombois, Beschäftigungspolitik in der Krise. VW als Modell großbetrieblichen Krisenmanagements, in: Doleschal/Dombois (Hg.), 1982, S. 273-290; Jürgens/Malsch/Dohse, Zeiten, 1989, S. 112; Manfred Grieger, Der neue Geist im Volkswagenwerk. Produktinnovation, Kapazitätsabbau und Mitbestimmungsmodernisierung 1968–1976, in: Morten Reitmayer/Ruth Rosenberger (Hg.), Unternehmen am Ende des »goldenen Zeitalters«. Die 1970er Jahre in unternehmens- und wirtschaftshistorischer Perspektive, Essen 2008, S. 31-66, hier: S. 54-64.
67 Minssen, Arbeits- und Industriesoziologie, 2006, S. 82 f.
68 Vgl. etwa die Einbeziehung der Pfadabhängigkeit in den von Walther Müller-Jentsch herausgearbeiteten erweiterten institutionalistischen Ansatz zur Theorie der industriellen Beziehungen: Walther Müller-Jentsch, Theorien industrieller Beziehungen, in: ders., Arbeit, 2008, S. 239-283, hier: S. 277, 279, 283. Zum Stellenwert dieses Ansatzes vgl. Hansjörg Weitbrecht, Der theoretische Blick auf die sich verändernde Wirklichkeit der industriellen Beziehungen – der Theorieansatz Walther Müller-Jentschs und seine Erweiterung, in: Jörg Abel/Hans Joachim Sperling (Hg.), Umbrüche und Kontinuitäten. Perspektiven nationaler und internationaler Arbeitsbeziehungen. Walther Müller-Jentsch zum 65. Geburtstag, München/Mering 2001, S. 15-30.
69 Schwarz, Grenzen, 1987, S. 62-74, 130.

lichen Organisation in den Macht- und Interaktionsstrukturen der Betriebe, und in erster Linie das Verhältnis von Vertrauenskörper und Betriebsrat.

Eine Voraussetzung für eine offensive, konfliktorientierte und durchsetzungsfähige Interessenvertretungspolitik stellte eine starke und gefestigte Position der Vertrauensleute dar. Es waren betriebliche Vertrauenskörper, von denen seit den 1960er-Jahren vielfach Forderungen nach einer Demokratisierung dieser Politik, nach mehr Betriebsnähe bei den Tarifverhandlungen sowie nach verstärkter Berücksichtigung und – gegebenenfalls unter Einsatz kämpferischer Mittel – Durchsetzung von verbesserten Arbeitsbedingungen, Verkürzung der Arbeitszeit, Zusatzleistungen oder linearen Lohnerhöhungen ausgingen.[70] Wenn der Vertrauenskörper einen solchen Einfluss gewann und in die Betriebsratsarbeit einbezogen wurde, entwickelte sich ein Verhältnis zwischen Gewerkschaft und Betriebsrat, das die Form einer »Verschränkung« annahm.[71]

In einer solchen Handlungskonstellation – die sich in Rüsselsheim nach der Entschärfung des Widerstreits zwischen den unterschiedlichen Strömungen innerhalb der Interessenvertretung etablierte – konnte sich eine mehr oder weniger radikale Opposition nicht entfalten.[72] Sie wurde, wie die Entwicklungen in anderen Unternehmen und Betrieben der Automobilindustrie in den 1970er-Jahren zeigten[73], lediglich dort zu einem relevanten Faktor, wo das Zusammenspiel von Betriebsrat und Vertrauens-

---

70 Vgl. dazu allgemein Milert/Tschirbs, Demokratie, 2012, S. 462, 478 f. sowie Eberhard Schmidt, Die Rolle der Betriebsräte in der Gewerkschaftsbewegung, in: Otto Jacobi/Walther Müller-Jentsch/Eberhard Schmidt (Hg.), Gewerkschaften und Klassenkampf. Kritisches Jahrbuch 1973, Frankfurt a. M. 1973, S. 177-193, hier: S. 189-193; für die IG Metall ders., IG Metall 1966–1972. Von der Opposition zur Kooperation, in: Otto Jacobi/Walther Müller-Jentsch/Eberhard Schmidt (Hg.), Gewerkschaften und Klassenkampf. Kritisches Jahrbuch 1972, Frankfurt a. M. 1972, S. 62-76, hier: S. 69-75; ders., Die Auseinandersetzungen um die Rolle der Vertrauensleute in der IG Metall, in: Otto Jacobi/Walther Müller-Jentsch/Eberhard Schmidt (Hg.), Gewerkschaften und Klassenkampf. Kritisches Jahrbuch 1974, Frankfurt a. M. 1974, S. 130-145.
71 Zur Typologie des Verhältnisses zwischen Betriebsrat und Gewerkschaft vgl. u. a. Rudi Schmidt/Rainer Trinczek, Duales System: Tarifliche und betriebliche Interessenvertretung, in: Walther Müller-Jentsch (Hg.), Konfliktpartnerschaft. Akteure und Institutionen der industriellen Beziehungen, München/Mering 1991, S. 167-199, hier: S. 182-188. Die von Schmidt und Trinczek beschriebenen Varianten dieses Verhältnisses – »Verschmelzung«, »Verschränkung« und »Entkoppelung« – lassen sich nicht unmittelbar auf die Automobilindustrie übertragen. Vgl. auch Hermann Kotthoff, Zum Verhältnis von Betriebsrat und Gewerkschaft. Ergebnisse einer empirischen Untersuchung, in: Joachim Bergmann (Hg.), Beiträge zur Soziologie der Gewerkschaften, Frankfurt a. M. 1979, S. 298-325.
72 Die radikale Liste der »Arbeiteropposition« (KPD/ML-nah), die in Rüsselsheim bei den Betriebsratswahlen 1978 kandidierte, bekam vier Prozent der Stimmen. Bei den anderen Wahlen in den 1970er- und 1980er-Jahren trat sie nicht an. Vgl. Britscho, Betriebsratswahlen, in: Jacobi/Müller-Jentsch/Schmidt (Hg.), 1979, S. 109; Betriebsrat der Adam Opel AG, Betriebsratswahlen, 2002, S. 17-22.
73 Außer Opel Bochum ist dabei das Beispiel von Daimler-Benz charakteristisch. Zu den Entwicklungen in verschiedenen Werken dieses Unternehmens vgl. aus gewerkschaftlicher Sicht überblicksartig: Arbeitstagung mit Funktionären aus Betrieben der Daimler-Benz AG am 17. Okto-

körper beziehungsweise Gewerkschaft nicht oder nur unzureichend realisiert wurde und wo das Verhältnis zwischen den beiden zu einer »Entkoppelung« tendierte.

Im Kontext der betrieblichen Sozialordnung bei Volkswagen in Wolfsburg ergab sich in dieser Hinsicht ein anders gelagerter Interaktionszusammenhang. Wegen der Größe, Stärke und professionalisierten Kapazitäten des Betriebs- beziehungsweise des Gesamtbetriebsrats ließ sich ein unabhängiges, kritisches Potenzial im Vertrauenskörper gewissermaßen »absorbieren«. Der gewerkschaftliche Vertrauenskörper wurde dadurch zu einer Art »funktionaler Verlängerung« des Betriebsrats.[74] Andererseits erhielt die Gewerkschaft durch die spezifische Struktur der industriellen Beziehungen bei VW einen erweiterten Zugang zum Betrieb und wurde, auch über tarifvertragliche Fragen hinaus, in die Regelung der Werks- und Unternehmensangelegenheiten weitgehend einbezogen.[75] Dadurch wurden die Möglichkeiten und Ressourcen des Vertrauenskörpers als alternatives Handlungszentrum und Triebkraft von – etwa wie in Rüsselsheim basisdemokratisch konturierten – Reformveränderungen wesentlich reduziert.

Diese zwei unterschiedlichen Konstellationen im Hinblick auf das Verhältnis zwischen Betriebsrat und Gewerkschaft, das noch durch eine dritte Größe – die Belegschaft – zu erweitern wäre, spielten auch in einem weiteren Handlungskontext eine zentrale Rolle. Spätestens seit der zweiten Hälfte der 1960er-Jahre wurde die Legitimation der Gewerkschaften und der gewerkschaftlichen Betriebsräte, vor allem durch spontane Arbeitsniederlegungen, Forderungen und Kritik der Basis, Stimmenentzug bei den Betriebsratswahlen, zunehmend infrage gestellt oder zumindest problematisiert.[76] Die Legitimation beziehungsweise der Loyalitätsentzug erwiesen sich in dieser Hinsicht als ein Problem, das weitreichende Konsequenzen für die Handlungs- und Durchsetzungsfähigkeiten der Gewerkschaften als Arbeitnehmerorganisationen hatte, war dabei doch deren Vertretungs- und Streikmonopol betroffen.[77]

Die Lösungsversuche dieses Problems hingen im Wesentlichen ebenfalls mit den Besonderheiten der betrieblichen Sozialordnungen zusammen. Unter den Bedingun-

---

ber 1980 in Sindelfingen, IG-Metall-Archiv im Archiv der sozialen Demokratie Bonn, Verwaltungsstelle Stuttgart, 5/IGMC 000474.
74 Streeck, Relations, 1984, S. 52.
75 Ebd.
76 Vgl. beispielsweise Brandt/Jacobi/Müller-Jentsch, Anpassung, 1982, S. 88; Lompe, Politik, in: Hemmer/Schmitz (Hg.), 1990, S. 322-325. Zur Frage der Legitimität vgl. auch Britta Rehder, Legitimitätsdefizite des Co-Managements. Betriebliche Bündnisse für Arbeit als Konfliktfeld zwischen Arbeitnehmern und betrieblicher Interessenvertretung, in: Zeitschrift für Soziologie 35 (2006), S. 227-242.
77 Brandt/Jacobi/Müller-Jentsch, Anpassung, 1982, S. 88 f. Vgl. auch Joachim Bergmann/Otto Jacobi/Walther Müller-Jentsch, Gewerkschaften in der Bundesrepublik, Bd. 1: Gewerkschaftliche Lohnpolitik zwischen Mitgliederinteressen und ökonomischen Systemzwängen, Frankfurt a. M. 1976, S. 393-415. Zum Legitimationsproblem allgemein vgl. u. a. Jürgen Habermas, Legitimationsprobleme im modernen Staat, in: ders., Zur Rekonstruktion des historischen Materialismus, Frankfurt a. M. 1976, S. 271-303.

gen eines starken, aktiven und in der Organisation verankerten Vertrauenskörpers bestand eine der Möglichkeiten, das Legitimationsproblem zu entschärfen, zum Beispiel in der Aufnahme und Integration von basisorientierten Forderungen beziehungsweise entsprechender Politik. Durch eine solche Integration konnten potenziell oppositionelle Stimmungen und Strömungen innerhalb der Organisation selbst neutralisiert werden. Insofern erschien die Integrationslösung auch als eine Äußerung des Lernprozesses der gewerkschaftlichen Organisation.[78]

Wie die Entwicklungen in Rüsselsheim in den 1980er-Jahren allerdings zeigen, führte diese Lösung nicht zwangsläufig zu einer Verstetigung der konfliktorientierten und kämpferischen Praxis. Vielmehr gingen mit der Verfestigung der Position der vormaligen Vertreter der »linken« IG-Metall-Liste von 1975, deren Etablierung als langjährige Betriebsratsspitze, der zunehmenden Professionalisierung der Interessenvertretungsarbeit, aber auch mit den Wandlungen in der Haltung und Politik des Managements eine Abschwächung der ursprünglichen konfliktorischen Einstellungen und kooperativere Beziehungsformen im Betrieb einher.[79] Der Entwicklungsprozess der industriellen Beziehungen in Rüsselsheim folgte also einer Logik, die durch die Verschränkung von äußeren Bedingungen beziehungsweise Einflüssen und dem Wandel innerbetrieblicher Konstellationen geprägt war.

Waren die innerbetriebliche Konstellation und vor allem das Verhältnis von Betriebsrat und Gewerkschaft nicht durch die Stärke und den Einfluss des Vertrauenskörpers, sondern durch diejenigen des professionalisierten und über umfangreiche Ressourcen verfügenden Betriebsrats – dessen funktionale Verlängerung der Vertrauenskörper bildete – gekennzeichnet, konnte den Legitimationsschwierigkeiten der Interessenvertretung mit dem Einsatz der starken und anerkannten Position als Sozialpartner zur Durchsetzung weitgehender Forderungen auf betrieblicher Ebene, etwa im Rahmen der qualitativen Tarifpolitik, begegnet werden. Da die Mitbestimmungsergebnisse tarifvertraglich verankert waren, der gewachsene Einfluss der Mitbestimmungsträger auf die Unternehmenspolitik, unter anderem durch das Einbringen eigener Planungs- und Gestaltungsvorschläge, gesichert werden konnte und die betrieblichen Mitbestimmungsträger das Prinzip der Geschlossenheit beibehielten, festigte sich bei Volkswagen die Stellung der Interessenvertretung im Gefüge der industriellen Beziehungen, sodass diese in den 1980er- und 1990er-Jahren zu einem »Promotor des Wandels« und der Innovation zu werden vermochte.[80]

Im Ganzen zeigte die Entwicklung der Mitbestimmungspraxis bei Opel Rüsselsheim in ihrem Verhältnis zu den Strukturen und Prozessen der Interessenvertretung

---

78 Vgl. Brandt/Jacobi/Müller-Jentsch, Anpassung, 1982, S. 90 f. Im Kontext der Mitbestimmungsentwicklung vgl. etwa Walther Müller-Jentsch, Versuch über die Betriebsverfassung – Mitbestimmung als interaktiver Lernprozess, in: ders., Arbeit, 2008, S. 159-172.
79 Vgl. Turner, Democracy, 1991, S. 135 ff.
80 Vgl. Haipeter, Mitbestimmung, 2000, zusammenfassend S. 456-478 u. ö.

bei Volkswagen in Wolfsburg oder auch in anderen Betrieben und Unternehmen in den 1970er-Jahren nicht nur die Ambivalenz der Wandlungen dieser Praxis, sondern auch deren Eingebundenheit in einen Komplex aus historischen Erfahrungen, organisationalen Lernprozessen und struktur- wie interaktionsbezogenen Eigenlogiken des Systems industrieller Beziehungen in der westdeutschen Automobilindustrie. Im Hinblick darauf stellten sowohl die mit einer Konvergenz der Resultate und Zielsetzungen einhergehenden unterschiedlichen Ausprägungen der Mitbestimmung im Kontext entsprechender betrieblicher Handlungskonstellationen und Sozialordnungen als auch die differenten Lösungsmuster des Legitimationsproblems, auf welche in den 1980er-Jahren ebenfalls eine Annäherung der Beziehungs- und Interaktionsmuster im Betrieb folgte, verschiedene Manifestationen einer »Einheit in der Vielfalt«[81] der Mitbestimmungsentwicklung in dieser Periode dar.

---

81 Vgl. dazu beispielsweise auch die von Wolfgang Streeck und Andreas Hoff herausgearbeiteten »zentralen Tendenzen« der Mitbestimmungsentwicklung in der Automobilindustrie, die sich trotz der Unterschiede in den einzelnen Unternehmen geltend machten: Wolfgang Streeck/Andreas Hoff, Industrial Relations in the German Automobile Industry. Developments in the 1970s, Berlin 1982, S. 19 ff.

Felix Heinrichs

Kontrollverlust der Gewerkschaften?
Der »Pierburg-Streik« 1973 in historischer Perspektive

Die Betrachtung des Betriebs als Mikroebene sozialen und politischen Handelns gewinnt, auch vor dem Hintergrund der Debatte um die veränderte Rolle der westdeutschen Gewerkschaften in den 1960er- und 1970er-Jahren – hier ist die Einbindung in die Konzertierte Aktion[1] beispielhaft zu nennen –, zunehmend an Bedeutung für die historische Forschung. Thomas Welskopp kritisiert, dass der Betrieb als »zentraler institutioneller Interaktionsrahmen und Erfahrungsraum der entstehenden Industrie- und Bürgergesellschaft« bislang in der Forschung zu wenig Beachtung finde.[2] Vielmehr trage die verbreitete »Unternehmensleitungsgeschichte« dazu bei, die Rationalität unternehmerischen Handelns überzubetonen und damit den Blick auf die interne Machtaushandlung und die daraus resultierenden Bindungen und Zwänge von Entscheidungen und Steuerungsmechanismen zu verwehren.[3]

In diesem Beitrag steht daher die Frage im Mittelpunkt, welche Erkenntnisse aus der Analyse der mikropolitischen Konflikte innerhalb eines einzelnen betrieblichen Fallbeispiels abstrahiert für die Entwicklung der Gewerkschaften im Kontext wirtschaftlicher Krisen, Globalisierungserscheinungen und dem Strukturwandel von Arbeitswelten und Gesellschaft gewonnen werden können.

Untersucht wird der »wilde Streik« des Jahres 1973 beim Automobilzulieferer Pierburg in Neuss. Im August legten rund 2.000 Beschäftigte die Arbeit nieder. Bereits in den Monaten zuvor war es zu kürzeren Protestaktionen gekommen, die aber nicht zu einem für die Mitarbeiter merklichen Ziel führten. Der August-Streik 1973 wurde daher umso unnachgiebiger geführt. Der migrantisch geprägte Arbeitskampf um bessere Arbeitsbedingungen und höhere Löhne soll Fragen zum Wandel der Poli-

---

1 Siehe dazu Andrea Rehling, Die konzertierte Aktion im Kontext der 1970er-Jahre: Geburtsstunde des Modells Deutschland und Ende des modernen Korporatismus, in: Knud Andresen/Ursula Bitzegeio/Jürgen Mittag (Hg.), »Nach dem Strukturbruch?«. Kontinuität und Wandel von Arbeitsbeziehungen und Arbeitswelt(en) seit den 1970er-Jahren, Bonn 2011, S. 65-86, sowie dies., Konfliktstrategie und Konsenssuche in der Krise. Von der Zentralarbeitsgemeinschaft zur Konzertierten Aktion. Baden-Baden 2011.
2 Thomas Welskopp, Der Betrieb als soziales Handlungsfeld. Neuere Forschungen zur Industrie- und Arbeitergeschichte, in: Geschichte und Gesellschaft [GG] 22 (1996), S. 118-142, hier: S. 119.
3 Vgl. Welskopp, Betrieb, in: GG 22 (1996), S. 123-124.

tik der Gewerkschaftsführung aufwerfen und gleichzeitig Indikatoren benennen, die zu einem solchen unorganisierten Streikereignis führen konnten.[4]

Das hier gewählte Streikereignis fügt sich in mehrere Konfliktfelder ein und gibt einen Einblick in das Verhältnis zwischen Unternehmensleitung, Gewerkschaft (in diesem Fall der IG Metall), der Arbeitnehmerschaft, dem Betriebsrat und dem Vertrauensleutekörper. Der Betrieb Pierburg wird so zum Schauplatz divergierender Macht- und Gesellschaftsvorstellungen zwischen den genannten Gruppen, die in einem dauernden Aushandlungsprozess standen.[5]

Um diese Aushandlungsprozesse aus dem konkreten Einzelfallbeispiel zu lösen, bietet es sich an, das Ereignis in den Forschungsansatz von Pierre Bourdieu einzubetten. Bourdieu ordnet ein Unternehmen zwei Feldern zu, einmal dem Feld der Unternehmen und einmal dem Feld des Unternehmens. Beide Felder werden vom Kampf um finanzielles, kulturelles, technologisches, juristisches Kapital, Organisationskapital sowie kommerzielles und symbolisches Kapital bestimmt.[6] Der Unterschied zwischen dem ein Unternehmen umgebendes Feld und dem inneren Feld besteht in der Art der Akteure. Interne Aushandlungsprozesse und Entscheidungen gehen dabei nicht immer mit den äußeren Zweckmäßigkeiten einher:

»Wenn man die ›schwarze Kiste‹ Unternehmen öffnet und hineinblickt, findet man darin nicht Individuen, sondern abermals eine Struktur, jene des Feldes *des* Unternehmens, das relative Autonomie gegenüber den aus der Position im Feld *der* Unternehmen herrührenden Zwänge besitzt.«[7]

---

4   Für die Untersuchung konnten unveröffentlichte Quellen aus dem Unternehmensarchiv der Firma Rheinmetall, zu der die Kolbenschmidt-Pierburg AG heute gehört, sowie Quellen aus dem Archiv für soziale Demokratie Bonn, dem Stadtarchiv Neuss sowie dem Dokumentationszentrum und Museum über die Migration in Deutschland Köln (DOMID e. V.) eingesehen werden. Siehe ebenfalls Felix Heinrichs, »Ihr Kampf ist unser Kampf«. Der Pierburg-Streik im Jahr 1973, in: Jens Metzdorf (Hg.), Novaesium 2013. Neusser Jahrbuch für Kunst, Kultur und Geschichte, Neuss 2013, S. 99-119. Für die hier zu behandelnden Themen vgl. u. a. Peter Birke, Wilde Streiks im Wirtschaftswunder. Arbeitskämpfe, Gewerkschaften und soziale Bewegung in der Bundesrepublik und Dänemark, Frankfurt a. M. 2007 sowie Monika Mattes, Gastarbeiterinnen in der Bundesrepublik. Anwerbepolitik, Migration und Geschlecht in den 50er bis 70er Jahren, Frankfurt a. M. 2005.

5   Vgl. Welskopp, Betrieb, in: GG 22 (1996), S. 131.

6   Vgl. Pierre Bourdieu, Das ökonomische Feld, in: ders.: Der Einzige und sein Eigenheim. Erweiterte Neuausgabe der Schriften zu Politik & Kultur, Bd. 3, Hamburg 2006, S. 185-222, hier: S. 192-193 und 209. Siehe ebenfalls Andrea Maurer, Wirtschaftssoziologie als soziologische Analyse ökonomischer Felder? Bourdieus Beitrag zur Wirtschaftssoziologie, in: Michael Florian, Frank Hillebrandt (Hg.), Pierre Bourdieu: Neue Perspektiven für die Soziologie der Wirtschaft, Wiesbaden 2006, S. 127-146, hier: S. 132 ff.

7   Bourdieu, Feld, 2006, S. 209 [Herv. i. Orig.].

Die innere Struktur eines Unternehmens basiert also wiederum auf Gruppen und Akteurskonstellationen, die um die Verteilung der genannten Kapitalarten streiten. Strategie und Kurs eines Unternehmens hängen also nicht nur von Managern ab, sondern auch von den einschränkenden Faktoren oder wie Bourdieu es nennt von den »(sozial konstruierten) Dispositionen der Führungskräfte ab, die unter dem Zwang des Machtfeldes in der Firma und des Feldes der Firma als Ganzem handeln [...]«.[8]

Im Fokus der Betrachtung des »wilden Streiks« stehen hier die beiden internen Akteure Geschäftsführung und Belegschaft. In Verbindung mit der Forschung zur Gewerkschaftsgeschichte ergibt sich nun die Frage, wie der exogene Akteur Gewerkschaft und hier vor allem die Gewerkschaftsadministration beziehungsweise -führung auf den Arbeitskampf der Beschäftigten eingewirkt hat. Bourdieus Ansatz folgend, stehen die beiden erstgenannten Akteure sich auf dem Feld des Unternehmens, also innerhalb des Betriebes gegenüber. Der Betrieb Pierburg als sozialer und politischer Ort wird darüber hinaus aber auch zur Bühne des Konfliktes zwischen Gewerkschaftsführung und Beschäftigten.

Wie zu zeigen sein wird, findet der »wilde Streik« in Abgrenzung zu übergeordneten Zielen der Gewerkschaft IG Metall statt. Daher wird zu fragen sein, wie sich die fehlende übergeordnete Verhandlungsführung auf Seiten der Arbeitnehmerschaft auf das Ergebnis des Aushandlungsprozesses innerhalb des Unternehmens ausgewirkt hat. Vorweggeschickt sei gesagt, dass die Streikenden bei Pierburg eine Reihe ihrer Forderungen durchsetzen konnten. Das große Machtpotenzial der Arbeiter gegenüber der Geschäftsführung hat dazu entscheidend beigetragen.

In diesem Sinne soll der vorliegende Aufsatz einen Beitrag zur Diskussion um die Veränderung der Gewerkschaftsmacht gegenüber den Mitgliedern in den Betrieben leisten. Hier wird auf den Ansatz von Renate Mayntz und Fritz W. Scharpf zurückgegriffen. Mayntz und Scharpf unterscheiden zwischen drei Akteurskonstellationen: dem individuellen, dem kollektiven und dem korporativen Akteur.[9] Der akteurzentrierte Institutionalismus fügt sich ein in die Neue Institutionenökonomie, die davon ausgeht, dass Institutionen, verstanden als »[...] Regelsysteme [...] die einer Gruppe von Akteuren offenstehende Handlungsverläufe strukturieren«[10], die Handlungsautonomie von Einzelpersonen und Organisationen beschränken. Diese Institutionen sind von Menschen gemacht und dabei in hohem Maße pfadabhängig.[11]

Angelehnt an diesen Ansatz wird die These verfolgt, dass das angepasste Verhalten der Gewerkschaftsführung, das aus der historischen Entwicklung der frühen Jahre der Bundesrepublik gewachsen sowie der Einbindung in die sozialdemokratische

---

8 Bourdieu, Feld, 2006, S. 209.
9 Fritz W. Scharpf, Interaktionsformen. Akteurzentrierter Institutionalismus in der Politikforschung, Opladen 2000, S. 17.
10 Ebd., S. 77.
11 Ebd., S. 82.

Wirtschaftspolitik geschuldet war, ein zuerst aggressives und in der Folge selbstbewusstes Verhalten der Mitgliedschaft gegenüber der eigenen Verbandsspitze provozierte. Abgehoben auf den erwähnten Ansatz wird zu fragen sein, ob und wie sich die Rolle der Gewerkschaftsführung im Verhältnis zur Basis in Form von Mitgliedern und organisierten Betriebsräten verändert hat.[12]

Zu Beginn der Untersuchung sollen die wirtschaftlichen, politischen und gesellschaftlichen Rahmenbedingungen der beginnenden 1970er-Jahre, als Zeit zwischen der Rezession 1966/67 und der Phase »nach dem Boom« ab 1973 wie Anselm Doering-Manteuffel und Lutz Raphael diesen Zeitabschnitt bezeichneten[13], kurz dargestellt werden. Anschließend folgt die Vorstellung des Unternehmens und im Hauptteil der eigentliche Streik.

1 Republik im Wandel: Wirtschaftskrise, »Gastarbeit« und »wilde Streiks«

Das Bild der Bundesrepublik der 1950er- und der ersten Hälfte der 1960er-Jahre wird vom Wirtschaftswunder, einer Konsumwelle und der Vollbeschäftigung geprägt. Bis in die Mitte der 1960er-Jahre hinein lag die Arbeitslosigkeit auf einem niedrigen Niveau, man suchte sogar gezielt neue Arbeitnehmer außerhalb Deutschlands. Das Bruttoinlandsprodukt hielt sich auf einem hohen Stand und die Löhne und Gehälter stiegen infolgedessen überproportional an.[14]

1966/67 sah sich die Republik jedoch mit den Erscheinungen des wirtschaftlichen Niedergangs konfrontiert. Die Arbeitslosigkeit stieg, Lohnpausen wurden verabredet und das Wachstum sank auf minus 0,3 %. Hinzu kam eine steigende Staatsverschuldung. Zwar konnte sich Deutschland noch einmal kräftig in den Jahren 1968 und 1969 erholen, doch spätestens mit der Stagflation 1974/75 endete die Phase dauernder wirt-

---

12 Renate Mayntz, Fritz W. Scharpf, Der Ansatz des akteurzentrierten Institutionalismus, in: dies. (Hg.), Gesellschaftliche Selbstregelung und politische Steuerung (Max-Planck-Institut für Gesellschaftsforschung Köln), Frankfurt a. M./New York 1995, S. 39-72, hier: S. 49-51 sowie Scharpf, Interaktionsformen, 2000, S. 24.

13 Vgl. Anselm Doering-Manteuffel/Lutz Raphael, Nach dem Boom. Perspektiven auf die Zeitgeschichte seit 1970, 2. Aufl., Göttingen 2010; vgl. zur Auseinandersetzung mit der Strukturbruchthese für den Bereich der industriellen Arbeitswelten und der Arbeitsbeziehungen den Sammelband von Knud Andresen/Ursula Bitzegeio/Jürgen Mittag (Hg.), »Nach dem Strukturbruch?«. Kontinuität und Wandel von Arbeitsbeziehungen und Arbeitswelt(en) seit den 1970er-Jahren, Bonn 2011, insb. die Einleitung, dies., Arbeitsbeziehungen und Arbeitswelt(en) im Wandel, in: ebd., S. 7-23 sowie pointiert auf Arbeitswelten und Arbeitsbeziehungen die Strukturbruchthese formuliert von Anselm Doering-Manteuffel/Lutz Raphael, Der Epochenbruch in den 1970er-Jahren: Thesen zur Phänomenologie und den Wirkungen des Strukturwandels »nach dem Boom«, in: ebd., 2011, S. 25-40.

14 Vgl. dazu beispielsweise Werner Abelshauser, Die langen Fünfziger Jahre. Wirtschaft und Gesellschaft der Bundesrepublik Deutschland 1949–1966, Düsseldorf 1987.

schaftlicher Prosperität angesichts internationaler Krisen wie dem Zusammenbruch von Bretton Woods oder der Ölpreiskrise.[15]

Zu Beginn der 1970er-Jahre stieg in Nordrhein-Westfalen der Jahresdurchschnitt von 36.647 in 1970 auf 83.212 Arbeitslose in 1973. Besonders stark war die Zunahme zwischen August und Dezember des Jahres 1973 von 75.180 auf 140.726 Arbeitslose. Im Januar 1974 zählte man sogar 171.009 Arbeitslose in NRW. Die Kurzarbeit nahm zum Ende des Jahres 1973 ebenfalls rapide zu.[16] Die Krise in der Massenproduktion hielt an, sodass der Bedarf an ungelernten Arbeitern weiter abnahm.[17] Neben diesen Entwicklungen nahm die Inflation gravierende Ausmaße an.[18]

Der Begriff der »Gastarbeiter« kam in der Phase zwischen 1956 und 1973 in die öffentliche Diskussion.[19] Mehr als fünf Millionen Arbeitsmigranten zogen in dieser Zeit nach Deutschland. Dabei gibt diese Zahl nicht die tatsächlichen Personen an, sondern vielmehr die Anzahl der Einreisen. Aufenthaltsgenehmigungen waren befristet und viele Arbeitsmigranten reisten mehrfach nach Deutschland ein.[20] Betrachtet man die Einwanderungsstatistik genauer, fallen Wellen der Zuwanderung auf. Abhängig von der konjunkturellen Lage und dem Abschluss von Anwerbeverträgen schwankte die Zahl der einreisenden »Gastarbeiter«. Im Jahr des hier im Mittelpunkt stehenden Streiks bei Pierburg war die Zuwanderung eher gering.[21] Ende des Jahres 1973 wurde dann der Anwerbestopp erlassen und die Zuwanderung für Arbeitsmigranten deutlich erschwert.[22]

Für das hier angeführte Fallbeispiel ist die Mikroebene der Zuwanderung interessant. Bereits 1960 war in Neuss ein Großteil der einheimischen Frauen in Arbeit und es bestand ein Arbeitsplatzüberhang von mehr als 2.500 Stellen. Zwischen Juli und September 1960 stieg daher die Zahl der ausländischen Beschäftigten, vornehmlich im Bereich der Metallverarbeitung und Metallerzeugung, von 2.000 auf 2.200 Personen.[23] In Neuss machten in den 1960er-Jahren Frauen ein Viertel der Arbeitsmigranten aus. Damit lag der Anteil über dem Bundes- und Landesdurchschnitt. Zwischen 1962

---

15 Dazu etwa Knut Borchhardt, Die wirtschaftliche Entwicklung der Bundesrepublik nach dem »Wirtschaftswunder«, in: Franz Schneider (Hg.), Der Weg der Bundesrepublik. Von 1945 bis zur Gegenwart, München 1985, S. 193-216.
16 Statistisches Jahrbuch für die Bundesrepublik Deutschland, Band 1974, Wiesbaden, S. 145-146.
17 Werner Abelshauser, Deutsche Wirtschaftsgeschichte seit 1945, München 2004, S. 320.
18 Einen guten Überblick über die Entwicklung der Inflationsrate in 19 OECD-Staaten gibt Armin Schäfer, Krisentheorien der Demokratie. Unregierbarkeit, Spätkapitalismus und Postdemokratie, in: Der moderne Staat 1 (2009), S. 159-183, hier: S. 162.
19 Der Begriff wird als Euphemismus beschrieben bei M. Rainer Lepsius, Die Integration von Minoritäten aus dem Blickwinkel moderner Sozialwissenschaften, in: Michael G. Eisenstadt (Hg.), Minoritäten in Ballungsräumen. Ein deutsch-amerikanischer Vergleich, Bonn 1975, S. 11.
20 Mathilde Jamin, Die deutsche Anwerbung: Organisation und Größenordnung, in: Aytaç Eryılmaz (Hg.), Fremde Heimat. Eine Geschichte der Einwanderung aus der Türkei, Essen 1998, S. 149-170.
21 Jamin, Deutsche Anwerbung, 1998, S. 153.
22 Siehe Lepsius, Integration, in: Eisenstadt (Hg.), 1975, S. 11.
23 Eine Reihe von Zeitungsartikeln geben Aufschluss über die Zahlen in Neuss. Andere Statistiken liegen laut Auskunft des Stadtarchivs Neuss nicht vor vgl. ohne Autor, 100 Millionen Mark

und 1964 stieg der Anteil um 27,1 %.[24] Bundesweit verdoppelte sich der Frauenanteil von 1960 bis 1970.[25] Der Anteil der Ausländerinnen und Ausländer stieg bis 1963 auf 7,3 %.[26] Eines der Hauptprobleme jener Zeit war der mangelnde oder in schlechtem Zustand befindliche Wohnraum in Neuss und Umgebung.[27] Auch in Neuss stellten die »Gastarbeiter« mit türkischem Migrationshintergrund die größte Gruppe, gefolgt von den Griechen.[28]

Berichte und Untersuchungen aus den 1970er und 1980er-Jahren machen deutlich, dass »Gastarbeiterinnen« häufig Opfer mehrfacher Diskriminierung waren: als Frau, als Ausländerin und als niedrigqualifizierte Arbeitskraft.[29] Neben die gravierende Wohnungsnot traten mit der zunehmenden Zahl ausländischer Familien die Themen Bildung und Integration in den Vordergrund.[30]

Bereits Anfang der 1960er-Jahre gründete sich in Neuss der Verein »Heimstatt Christopherus«, der sich die Bekämpfung der Wohnungsnot zum Ziel gesetzt hatte. Der Verein bestand aus engagierten Bürgern, Politikern, Vertretern von Verwaltung und katholischer Laienbewegung.[31] Es entstanden mehrere Wohnblöcke mit Wohnraum für viele Hundert »Gastarbeiter«, die jedoch im Nachhinein zu einer Segregation führten.[32]

Auch in Neuss führte die Krisenstimmung angesichts der Rezession 1966/67 zu einem Nachdenken über die Aufnahmefähigkeit. Der ursprüngliche Gedanke, »Gastarbeiter« in Zeiten schlechten Wirtschaftswachstums wieder in ihre Heimatländer zu schicken, war mit der zwischenzeitlich eingetretenen Realität nicht mehr vereinbar. 1973 kam es schließlich zum Anwerbestopp.[33]

Neben der Darstellung der wirtschaftlichen Rahmendaten und Entwicklungen gehört zweifelsohne die Klärung des Begriffs »wilder Streik« zur Kontextualisierung

---

      für Ausländerwohnungen, in: Neuss-Grevenbroicher Zeitung [NGZ], 21.10.1960. Hier wird ein Ausländeranteil im Bundesdurchschnitt von 1 % und für Neuss ein Anteil von 2 % genannt.

24 Ohne Autor, Jeder vierte Gastarbeiter ist eine Frau, in: Düsseldorfer Nachrichten, Ausg. Neuss, 15.7.1964.

25 Mattes, Gastarbeiterinnen, 2005, S. 186.

26 Ohne Autor, Neuß beschäftigt die meisten Ausländer, in: NGZ, 13.11.1963.

27 Ohne Autor, In Neuß leben 8500 Ausländer, in: Düsseldorfer Nachrichten, Ausg. Neuss, 8.1.1966.

28 Ohne Autor, Stärkste Ausländergruppe 6582 Türken, in: NGZ, 23.2.1972.

29 Elke Esser, Ausländerinnen in der Bundesrepublik Deutschland. Eine soziologische Analyse des Eingliederungsverhaltens ausländischer Frauen, Frankfurt a. M. 1982, S. 90.

30 Ohne Autor, Viele Tausend Gastarbeiter wollen hier bleiben, in: NGZ, 9.1.1973.

31 Zum Verein Christopherus vgl. Carsten Greiwe, Die Heimstatt Christopherus von 1962 bis 2002. Zur Geschichte der Gastarbeiter in Neuss, Neuss 2001, hinterlegt im Stadtarchiv Neuss D07 H01, hier: S. 4 bis 8.

32 Vgl. zu diesem Phänomen Lepsius, Integration, in: Eisenstadt (Hg.), 1975, S. 11; die Konzentration auf Erfttal ist entnommen aus ohne Autor, 60 Wohnungen für ausländische Familien, in: NGZ, 15.12.1973.

33 Lepsius, Integration, in: Eisenstadt (Hg.), 1975, S. 11.

hinzu.³⁴ Ein Streik selbst wird definiert als Arbeitsniederlegung von Beschäftigten zur Durchsetzung ihrer Interessen gegenüber dem Arbeitgeber. Dabei sind Streiks reglementiert und im Grunde als »letztes Mittel« in Tarifverhandlungen unter der Organisation von Gewerkschaften gedacht. Den Arbeitgebern steht als vergleichbares Instrument die Aussperrung von Beschäftigten zur Verfügung.

Während die Zahl »wilder Streiks« seit Gründung der Bundesrepublik kontinuierlich zurückging, nahm der Anteil dieser Form der Arbeitsniederlegung ohne vorherige Urabstimmung nach gescheiterten Tarifverhandlungen oder im Nachgang von Tarifverhandlungen und ohne die Anerkennung der Gewerkschaften Ende der 1960er-Jahre wieder zu. Gerade in der Phase der Konzertierten Aktion entstand ein zusätzliches Potenzial für »wilde Streiks«. Während Gewerkschaftsführung und Arbeitgeberverbände als Mittel zur Stabilisierung der Wirtschaft 1967/1968 Lohnzurückhaltung verabredet hatten und es zum Abschluss längerfristiger Tarifverträge gekommen war, stiegen die Gewinne der Unternehmen 1968 unerwartet deutlich an. Diese Lücke zwischen Lohn- und Unternehmensgewinnsteigerung führte ebenfalls zu einer Reihe von »wilden Streiks«.³⁵ Diese »spontanen Streiks« waren meist kurzzeitig und nur von wenigen Beteiligten in einem Betrieb getragen.³⁶ Zwischen 1964 und 1968 waren 83,3 % aller Streiks nicht von den Gewerkschaften organisiert und legitimiert.³⁷

Das Streikrecht gehört zu den wichtigsten Rechten der Arbeitnehmer. Es leitet sich aus dem Grundgesetz Artikel 9 Abs. 3 ab.³⁸ Als grundsätzlich rechtswidrige Streiks gelten laut Rechtsprechung nicht gewerkschaftlich organisierte oder politische Streiks, Solidaritäts- und Beamtenstreiks.³⁹ Genauere Definitionen zum Thema Streik finden sich im erstmals 1952 beschlossenen Betriebsverfassungsgesetz. Hier wird der Betriebsrat ausdrücklich in die Friedenspflicht eingebunden, die die Teilnahme an Streikaktionen ausschließt.⁴⁰ Mit der Novelle 1972 wurden neben erweiterten Mitwirkungsrechten auch neue Regelungen zum Streikrecht verabschiedet. In § 74 Abs. 2 wird festgelegt, dass Arbeitskämpfe nur zwischen tariffähigen Parteien, also den Ge-

---

34 Zur Geschichte des Streiks in Deutschland siehe u. a. Heinrich Volkmann, Zur Entwicklung von Streik und Aussperrung in Deutschland 1899–1975, in: Gewerkschaftliche Monatshefte [GMH] 30 (1979), S. 347-358, hier: S. 348.
35 Dazu u. a. Rehling, Konfliktstrategie, 2011, S. 393-395, sowie Tim Schanetzky, Sachverständiger Rat und Konzertierte Aktion: Staat. Gesellschaft und wissenschaftliche Expertise in der bundesrepublikanischen Wirtschaftspolitik, in: Vierteljahrsschrift für Sozial- und Wirtschaftsgeschichte [VSWG] 91 (2004), S. 310-331, hier: S. 322.
36 Rainer Kalbitz, Die Arbeitskämpfe in der BRD. Aussperrung und Streik 1948–1968, Diss. Bochum 1972, S. 189-193.
37 Kalbitz, Arbeitskämpfe, 1972, S. 195, und Volkmann, Streik, in: GMH 30 (1979), S. 355.
38 Das Grundgesetz wurde durch das 17. Gesetz zur Ergänzung des Grundgesetzes v. 24.6.1968 um den Passus ergänzt.
39 Vgl. Michael Kittner, Arbeitskampf. Geschichte, Recht, Gegenwart, München 2005, S. 608.
40 Michael Arnold, Die Entstehung des Betriebsverfassungsgesetzes 1952, Diss. Freiburg i. Br. 1978, S. 1.

werkschaften und Arbeitgeberverbänden geführt werden dürfen. Der Betriebsrat darf sich nicht beteiligen.[41] Dafür ist die Aussperrung von Betriebsratsmitgliedern ebenfalls untersagt.[42] Im Zuge der Novellierung wurde auch »Gastarbeitern« das aktive und passive Wahlrecht gewährt.[43]

Das hier betrachtete Jahr 1973 sticht im Vergleich zum Vorjahr deutlich hervor. Wurde 1972 in 54 Betrieben von 22.908 Beteiligten gestreikt, muss man für das Jahr 1973 insgesamt 732 bestreikte Betriebe und 185.010 Beteiligte festhalten. Die Dauer betrug in der Regel weniger als sieben Arbeitstage.[44] Die erhöhte Streikbereitschaft wird häufig auf die hohe Zahl von »Gastarbeitern« und die Verjüngung der Arbeitnehmer zurückgeführt. Diesen Gruppen ging es vor allem um deutliche Lohnerhöhungen.[45]

Die vorgenannten Zahlen sollen lediglich zur Veranschaulichung der Entwicklung der unorganisierten Arbeitskämpfe hinzugezogen werden. Genaue statistische Erfassungen jener Jahre fehlen beziehungsweise sind aufgrund der Erfassung erst ab Erreichen einer bestimmten Streikdauer und Teilnehmerzahl nicht umfassend.[46]

»Wilde Streiks« stellen also keine Neuheit in der deutschen Wirtschaftsgeschichte dar. Sehr wohl muss allerdings festgehalten werden, dass die Wirkung dieser »spontanen Arbeitsniederlegungen« stärker über den eigenen Betrieb hinaus spürbar war als bislang. Die ausbleibenden Lohnerhöhungen infolge von Verabredungen zwischen Gewerkschaften und Arbeitgeberverbänden im Rahmen der Konzertierten Aktion nach der Rezession der 1960er-Jahre sorgten offenbar für weitverbreiteten Unmut und einer daraus resultierenden »Kampfbereitschaft« unter den abhängig Beschäftigten.[47] Die tarifliche Lohnerhöhung für die Metall- und Stahlarbeiter für das Jahr 1973 in Höhe von 8,5 % erscheint auf den ersten Blick gut verhandelt. Schnell wurde jedoch deutlich, dass dieser Tarifabschluss vor dem Hintergrund der anhaltenden Inflation für die Beschäftigten Makulatur wurde.[48]

Als Reaktion auf diese Unzufriedenheit mit den Arbeitgebern aber auch mit der Rolle der eigenen Gewerkschaft brachen in vielen großen Betrieben »wilde Streiks«

---

41 Heinrich Kaiser u. a. (Hg.), Betriebsverfassungsgesetz. Handkommentar, 21. Aufl., München 2002, S. 949.
42 Kaiser, Betriebsverfassungsgesetz, 2002, S. 953.
43 Michael Kittner, Arbeits- und Sozialordnung, 34. Aufl., Frankfurt a. M. 2009, S. 459. Ergänzend Birke, Wilde Streiks, 2007, S. 299.
44 Die Zahlen sind entnommen aus Statistisches Jahrbuch für die Bundesrepublik Deutschland, Band 1974, S. 151.
45 Birke, Wilde Streiks, 2007, S. 106; Kurt Steinhaus, Streiks in der Bundesrepublik 1966–1974, Frankfurt a. M. 1975, S. 129, und Johannes Schregle, Die Arbeitnehmer-/Arbeitgeberbeziehungen in Westeuropa, in: GMH 25 (1974) 8, S. 457-472, hier: S. 468; dazu ebenfalls Wolfram Breger, Orientierungs- und Aktionsformen der spontanen Arbeiterbewegung in der Bundesrepublik. Spontane Streiks und Gewerkschaftsoppositionelle Bewegungen, Diss. Essen 1976, S. 110.
46 Darauf weist Birke, Wilde Streiks, 2007, S. 37 ff. hin.
47 Breger, Orientierungs- und Aktionsformen, 1976, S. 79-80, 86.
48 Steinhaus, Streiks, 1975, S. 116-119; die Zahlen ergeben sich aus Wirtschaft und Statistik, Jahrgang 1973, Wiesbaden 1973, S. 470, 498 sowie 1973/9, S. 519.

aus, die meist mit zusätzlichen Lohnleistungen in Form von Betriebsvereinbarungen endeten. Einer dieser Betriebe war Pierburg.[49] Dabei muss bedacht werden, dass Betriebsvereinbarungen nur den Beschäftigten eines Betriebes zugutekamen und keine Wirkung vergleichbar mit tarifvertraglichen Regelungen für ganze Regionen oder Branchen entfalten konnten.

2   Das Unternehmen Pierburg in Neuss

1909 gründete Bernhard Pierburg, der Vater des späteren Firmeninhabers Alfred Pierburg, den Vorläufer des Unternehmens. Ursprünglich aus Duisburg stammend, war Pierburg in Berlin als Stahl- und Eisenhändler tätig. 1923 wurde die Gebrüder Pierburg oHG in die Gebrüder Pierburg AG umgewandelt. Zwei Jahre später kam die Arthur Haendler GmbH in den Besitz und damit auch die Lizenz zur Produktion der Solex-Vergaser, die bereits in den 1920er-Jahren einen hohen Marktanteil beanspruchten. Dank der Auslagerung dieser Unternehmenssparte in die Deutsche Vergaser Gesellschaft überstand Pierburg die Wirtschaftskrise 1931 nahezu unbeschadet. Die Vergaserproduktion entwickelte sich in der Folge zum eigentlichen Kerngeschäft des Unternehmens.[50]

Alfred Pierburg übernahm 1942 die Nachfolge des verstorbenen Unternehmensgründers und übte gleichzeitig ein Amt für die Kontrolle der Wirtschaft und Industrie in den besetzten Westgebieten aus. Nach dem Ende des Zweiten Weltkrieges gelangte Pierburg in Gefangenschaft, aus der er jedoch schnell wieder entlassen wurde. Anschließend begab er sich nach Düsseldorf, wo im Auftrag der Alliierten die Produktion von Vergasern wieder aufgenommen werden sollte. Das Berliner Stammwerk wurde 1946 von den Briten an Pierburg übergeben. 1947 sollte in Düsseldorf ein

---

49   Die Aufzählung findet sich bei Steinhaus, Streiks, 1975, S. 121. Vgl. dazu Breger, Orientierungs- und Aktionsformen, 1976, S. 108. Eine detaillierte Schilderung der Ereignisse in Köln gibt Jörg Huwer, Gastarbeiter im Streik. Die spontanen Arbeitsniederlegungen bei Ford Köln im August 1973, Geschichte im Westen 22 (2007) S. 223-249, dazu ergänzend ohne Autor, IG Metall. Ein angeschlagener Dinosaurier, in: Der Spiegel 1973, H. 36, S. 19.
50   Entnommen aus Günter Böcker, Auf die Mischung kommt es an, Neuss 1990, S. 5-7. Dieses Auftragswerk ist eine der wenigen Schriften über die Geschichte der Familie und des Unternehmens Pierburg und daher, trotz deutlicher Tendenz, hinzuzuziehen. Weitere, jeweils aber weniger detaillierte Werke sind Stefan Schlott, Mit Leidenschaft Entwickler. 100 Jahre Pierburg und Kolbenschmidt, Düsseldorf 2010 und Christian Leitzbach, Aus Neuss kommen die Vergaser. Aspekte aus der 100-jährigen Firmengeschichte der Pierburg GmbH, in: Jens Metzdorf (Hg.), Novaesium 2009. Neusser Jahrbuch für Kunst, Kultur und Geschichte, Neuss 2009, S. 112-134.

weiteres Werk entstehen, das allerdings aufgrund der erfolglos gebliebenen Standortsuche im benachbarten Neuss eröffnet wurde.[51]

Vom Wirtschaftswunder beflügelt konnte Pierburg zu Beginn der 1950er-Jahre schnell die Produktion ausweiten. 1955 arbeiteten über 1.100 Arbeitnehmerinnen und Arbeitnehmer an beiden Standorten. Am Ende der 1960er-Jahre verlangsamte sich das Wachstum des Unternehmens infolge der neuen Abgasgesetzgebung in den Vereinigten Staaten deutlich, da dieser Wirtschaftsraum ca. 60 % der Exporte Pierburgs aufnahm. Um auf diese Umstellung zu reagieren, wurde 1970 ein neues Forschungszentrum für 40 Millionen DM in Neuss errichtet. Eine neue Produktionshalle folgte ein Jahr später.[52]

Zum Zeitpunkt des hier betrachteten Streiks waren im Werk Neuss ca. 3.600 Mitarbeiterinnen und Mitarbeiter beschäftigt. Der Marktanteil von Pierburg wird auf 75 % geschätzt. Zwischen 1970 und 1973 stieg die Zahl der produzierten Vergaser von 750 auf 1.300 Stück pro Schicht. Die Belegschaft bestand zu einem großen Teil aus »Gastarbeiterinnen« und »Gastarbeitern«. Über 2.000 Beschäftigte hatten einen Migrationshintergrund. Die meisten waren in den niedrigen Lohngruppen eingruppiert. Die hohe Zahl an »Gastarbeitern« trug anfänglich mit dazu bei, dass es lange Zeit keine hohe Organisationsquote bei Pierburg gab. 1968 waren gerade einmal 200 Beschäftigte Mitglied der Industriegewerkschaft Metall (IG Metall). In den 1970er-Jahren stieg der Anteil dann jedoch rasant auf 1.262 Mitglieder 1973 und sogar 1.818 Mitglieder im Jahr 1974. Damit lag die Organisationsquote bei ca. 50 %. Gerade das Jahr 1973 war ein Jahr vieler Neuaufnahmen, wie die Verwaltungsstelle der IG Metall Neuss festhielt.[53] Der »Pierburg-Streik« hat somit dazu geführt, mehr Beschäftigte von der Mitgliedschaft in der IG Metall zu überzeugen. Trotz des passiven Verhaltens der ortsansässigen IG-Metall-Leitung während des Streiks schien die Gewerkschaftsmitgliedschaft an sich gerade für die engagierten Arbeitnehmer interessanter geworden zu sein.

---

51 Böcker, Mischung, 1990, S. 9-10 und 21 sowie Schlott, 2010, Entwickler, S. 19-20. Leitzbach, Vergaser, in: Novaesium, 2009, S. 116-117 stellt klar, dass auch Zwangsarbeiter bei der DVG beschäftigt waren, um für die Wehrmacht zu produzieren.

52 Vgl. Böcker, Mischung, 1990, S. 12, 19 und 21-22 sowie Leitzbach, Vergaser, in: Novaesium, 2009, S. 122-123. Vgl. ebenso ohne Autor, Richtfest für Produktionshalle und Sozialgebäude, in: NGZ, 28.8.1971.

53 Zahlen zit. n. Claudia Pinl, Pierburg KG Neuss. Beispiel eines erfolgreichen Frauenstreiks, in: GMH 25 (1974) 1, S. 54-57 und Autorenkollektiv Pierburg, Pierburg-Neuss: Deutsche und ausländische Arbeiter. Ein Gegner – ein Kampf, ohne Angabe 1974, S. 6-7. Offizielle Zahlen von Seiten des Unternehmens sind nicht mehr erhalten, die hier angeführten Angaben beziehen sich in der Regel auf Aussagen des Betriebsrates. Zu den Neumitgliedern vgl. Geschäftsbericht der IG Metall Verwaltungsstelle Neuss-Grevenbroich von 1973 bis 1974, S. 24-25, Archiv der sozialen Demokratie Bonn [AdsD], 5/IGMA 581168.

3 Der »wilde Streik« 1973 – Vorgeschichte, Gegenstand und Folgen des Konfliktes

Wie bereits erwähnt, fanden sich im Neusser Betrieb der Firma Pierburg überdurchschnittlich viele »Gastarbeiter« und vor allem »Gastarbeiterinnen«. Diese Beschäftigten waren größtenteils in niedrigen Lohngruppen eingruppiert. Außerdem gab es Lohnunterschiede zwischen Männern und Frauen. Neben diese betriebsinternen Konflikte trat mit der Lebens- und Wohnsituation außerhalb des Firmengeländes ein weiteres Moment der Unzufriedenheit hinzu.[54]

Schlechte und ungerechte Bezahlung, unbezahlte faktische Akkordarbeit, schlechte Arbeitsbedingungen und eine spürbare Verunsicherung im Hinblick auf die eigene Zukunft bildeten folglich die Hauptmotive der Streikenden, die in den wiederholten Arbeitsniederlegungen im Vorfeld bereits mehrfach artikuliert worden waren. Bereits im Mai 1970 organisierten die Arbeitnehmer einen zweitägigen »wilden Streik«. Die interne Abschaffung der Lohngruppe 1 war der große Erfolg dieser Auseinandersetzung. Bereits hier waren die ausländischen Frauen die Hauptträgerinnen des Streiks.[55] Über das erwähnte Ergebnis hinaus wurde zwischen Betriebsrat und Geschäftsführung vereinbart, eine gemeinsame, paritätisch besetzte Kommission zur Überprüfung aller Eingruppierungen einzurichten.[56] Infolge der »wilden Streiks« dieser Jahre entwickelten die Geschäftsleitungen vieler Unternehmen einen Maßnahmenkatalog für den Fall eines erneuten »wilden Streiks«.[57]

Die ausbleibenden Ergebnisse dieser Arbeitsgruppe und das unnachgiebige Verhalten der Geschäftsführung führten an Pfingsten 1973 erneut zu einem »wilden Streik«. Tausend »Gastarbeiterinnen« legten am 7. Juni die Arbeit nieder und demonstrierten erneut für ihre Ziele.[58] Passend dazu präsentierte der Betriebsrat eine Untersuchung über den hohen Krankenstand im Unternehmen und kam zu dem Schluss, dass sich die Arbeitsplatzbedingungen erheblich verbessern müssen.[59] Als Kompromiss schlug die Geschäftsführung erneut die Einsetzung der bereits 1970 verabredeten Kommis-

---

54 Auf die Wohnsituation wird beispielsweise in der Untersuchung des Betriebsrates über die Krankensituation der Firma A. Pierburg KG Neuss aus Juni 1973 eingegangen. Neben der Einkommensverbesserung werden hier die Notwendigkeit von besserem Wohnraum und Integration durch soziale Maßnahmen zur Verbesserung der Arbeitssituation und damit zur Senkung des Krankenstandes genannt, vgl. Dokumentationszentrum und Museum über die Migration in Deutschland Köln [DOMID], 8413.
55 Eckhart Hildebrandt, Ihr Kampf ist unser Kampf. Teil 1: Ursachen, Verlauf und Perspektiven der Ausländerstreiks 1973, Offenbach 1975, S. 37; ergänzend Birke, Wilde Streiks, 2007, S. 279.
56 Protokoll des Betriebsrates, 25.5.1970, DOMID, 9852.
57 Vgl. zu diesem Vorgehen Birke, Wilde Streiks, 2007, S. 278.
58 Leitzbach, Vergaser, in: Novaesium 2009, S. 119, und Autorenkollektiv Pierburg, Pierburg-Neuss, 1974, S. 12.
59 Untersuchung über die Krankensituation der Firma A. Pierburg KG Neuss, Juni 1973, DOMID, 8413. Ergänzend zum Kontext Autorenkollektiv Pierburg, Pierburg-Neuss, 1974, S. 12.

sion vor, die verbindlich bis zum 7. September 1973 alle fraglichen Eingruppierungen untersuchen sollte.[60]

Den Sommer hindurch spitze sich die Lage jedoch weiter zu und der Betriebsrat richtete warnende Worte an die Leitung:

»Abschließend bittet der Betriebsausschuß zu überlegen, ob nicht rechtzeitig vor dem Herbst etwas grundsätzliches auf dem Lohngebiet geschehen könne; er befürchte sonst erneut Unruhen.«[61] Wenig später verschärften die Arbeitnehmervertreter ihren Ton: »Dieser Betriebsrat kann auch für die Zukunft für Ruhe und den Betriebsfrieden keine Garantie mehr übernehmen, wenn sich hier nicht schnellstens Grundlegendes ändert. Sie, meine Herren von der Geschäftsleitung sind jetzt am Zuge. Es ist genug geredet worden, lassen sie Taten folgen.«[62]

Durch die Änderung des Betriebsverfassungsgesetzes waren 1972 erstmals auch ausländische Kollegen in den Betriebsrat gewählt worden.[63] Die Zahlen zeigen, dass die deutschen Betriebsratsmitglieder zwar weiterhin die Mehrheit stellten, nun aber sechs Vertreter der ausländischen Beschäftigten der Arbeitnehmervertretung angehörten. Bei den Vertrauensleuten war der Anteil der »Gastarbeiterinnen« und »Gastarbeiter« noch höher. Gerade die griechischen Beschäftigten brachten sich in die gewerkschaftliche Arbeit im Betrieb ein. Sie erhielten so eine hervorgehobene Stellung unter den Beschäftigten sowie einen gewissen Einfluss auf die Kolleginnen und Kollegen.[64] Ob hinter dem Aktionismus der griechischen Beschäftigten besonders ausgeprägte politische Beweggründe steckten, kann nicht beantwortet werden. Zwar verweist Braeg in seiner Einleitung auf »eine griechische sozialistische Gruppe«, doch lassen sich heute keine Zeugnisse solcher Gruppierungen finden.[65] Anders als die Betriebsräte waren die Vertrauensleute nicht an die Friedenspflicht im Streikfall gebunden, sondern konnten – eigentlich nur im Auftrag der Gewerkschaft – am Streik mitwirken.

---

60 Protokoll Sitzung Geschäftsleitung und Betriebsrat, 8.6.1973, Zentralarchiv der Rheinmetall AG Neuss [ZARh], D 52 Nr. 22.
61 Protokoll Sitzung Betriebsausschuss, 25.6.1973, ZARh, D 52 Nr. 22.
62 Bericht des Betriebsausschusses zur Betriebsversammlung, Juni 1973, DOMID, 9854.
63 Pinl, Frauenstreik, in: GMH 25 (1974), S. 55.
64 Generell war die griechische Gemeinde in Neuss sehr aktiv. Hinzu kommt, dass der Generalsekretär des Griechischen Gewerkschaftsbundes den Landsleuten riet, den deutschen Gewerkschaften beizutreten, um so ihre Interessen durchzusetzen; entnommen aus ohne Autor, Die Griechen sind gerne in Neuß, in: Düsseldorfer Nachrichten, Ausg. Neuss, 1.3.1962, und ohne Autor, Der große Tag der Griechischen Gemeinde, in: NGZ, 26.3.1963. Der ehemalige Betriebsratsvorsitzende Peter Leipziger sagte im Interview mit dem Autor, dass beispielsweise die Megaphone, die beim Streik zum Einsatz kamen, nicht vom Betriebsrat stammten, sondern vermutlich die gut organisierte Griechische Gemeinde Leihgeber war.
65 Vgl. dazu Dieter Braeg (Hg.), »Wilder Streik. Das ist Revolution.« Der Streik der Arbeiterinnen bei Pierburg in Neuss 1973, Mörlenbach 2012, S. 11.

1973 wechselte zudem der Erste Bevollmächtigte der IG Metall in Neuss. Michael Geuenich, der für die SPD im Landtag von Nordrhein-Westfalen saß, rückte an die Spitze der Verwaltungsstelle.[66] Das Verhältnis von Geuenich, der als wirtschaftspolitischer Sprecher seiner Fraktion im Landtag Verantwortung trug und zum »traditionellen Flügel« der IG Metall gezählt wurde, zum Betriebsrat von Pierburg wird als schwierig beschrieben.[67]

Tabelle 1 Zusammensetzung der Belegschaft und Mitglieder im Betriebsrat/Vertrauensleute				
	Nationalität	Beschäftigte	Betriebsrat	Vertrauensleute
Gewerbliche	Griechen	831	2	18
	Türken	650	2	4
	Jugoslawen	311		2
	Spanier	213	1	7
	Italiener	158	1	2
	Portugiesen	149		
	Deutsche	886	17	47
	Sonstige	43		
Gesamt		3.241	23	80
Angestellte		369	0	0
Gesamt Pierburg		3.610	23	80

Quelle: Claudia Pinl, Pierburg KG Neuss – Beispiel eines erfolgreichen Frauen-Streiks, in: Gewerkschaftliche Monatshefte 25 (1974), H. 1, S. 54-57. Zahlen nach Angaben des Betriebsrates.

(☞ siehe Tab. 2, S. 150)

---

66 Zu Michael Geuenich siehe ohne Autor, Berufliches: Michael Geuenich, in: Der Spiegel, 1985 Nr. 11, S. 240.
67 So äußerte sich Peter Leipziger im Interview. Der vorherige 1. Bevollmächtigte Ulrich Deckert habe immer auf der Seite der Pierburg-Beschäftigten gestanden. Bei Geuenich sei dies nicht so erkennbar gewesen. Zu einer ähnlichen Einschätzung kommt auch Braeg, Wilder Streik, 2012, S. 73. Braeg erwähnt darüber hinaus, dass Geuenich nur mit 90 Ja-Stimmen bei 70 Enthaltungen zum Bevollmächtigten gewählt worden war. Siehe ebenfalls Autorenkollektiv Pierburg, Pierburg-Neuss, 1974, S. 8.

Tabelle 2 Verteilung der Belegschaft nach Lohngruppen

Lohngruppe	Deutsche männlich	Deutsche weiblich	Ausländer männlich	Ausländer weiblich
3–6	145	314	290	1.935
7–10	382	–	114	–

Quelle: Claudia Pinl, Pierburg KG Neuss – Beispiel eines erfolgreichen Frauen-Streiks, in: Gewerkschaftliche Monatshefte 25 (1974) 1, S. 54-57. Zahlen nach Angaben des Betriebsrates.

Die Forderungen der Beschäftigten blieben indes gleich. Der Lohn einer »Gastarbeiterin« in der untersten Lohngruppe betrug für 226 Stunden pro Monat inklusive Überstunden ungefähr 650–700 DM.[68] Das war für die meisten zu wenig. Immer wieder kamen in dieser angespannten Situation Gerüchte auf, es werde bald zu einem erneuten »wilden Streik« kommen.

Der Streik im August 1973 ist also aus einer Ansammlung von Konflikten, die teilweise schon mehrere Jahre schwelten, in der Kombination mit den persönlichen Lebensumständen der Mehrzahl der ausländischen Beschäftigten erwachsen. Warum kam es aber gerade an diesem Montag, dem 13. August 1973 zum Ausbruch des Streiks?

Geschäftsführung und Gewerkschaft vertraten hier unterschiedliche Auffassungen in der Frage der Initialzündung. Die Unternehmensleitung sah in externen linksextremistischen Gruppen die Auslöser des Streiks.[69] Dem widersprach der Betriebsrat und sah die Beschäftigten selbst als Organisatoren. Als Beweis führten die Arbeitnehmervertreter drei Flugblätter an, die in der Woche vor dem Streik aufgetaucht waren. Deren Ursprung ist heute jedoch nicht mehr zu klären.[70] Die Stimmung sei zusätzlich durch das Gerücht angefacht worden, man wolle 300 »Gastarbeiterinnen« abschieben und durch neue Arbeitskräfte ersetzen.[71] Aus heutiger Sicht kann nur spekuliert werden, worauf der Streikbeginn zurückgeführt werden kann. Auch der stellvertretende Betriebsratsvorsitzende Dieter Braeg äußert in seinem jüngst erschienen Buch keine Vermutung, welchen Hintergrund die etwa 20 Beschäftigten, die zu

---

68 Das Beispiel ist zu finden bei Pinl, Frauenstreik, in: GMH 25 (1974), S. 55. Nach der Anhebung der Löhne infolge des Streiks stieg das Gehalt auf 800–850 DM.
69 Ohne Autor, Firmenchef Pierburg glaubt: Wilder Streik in Neuss »kein Zufall«, in: Düsseldorfer Nachrichten, Ausg. Neuss, 22.8.1973.
70 Der Betriebsrat ging davon aus, da die Flugblätter sehr detailliert über die innerbetriebliche Situation berichteten, vgl. Bericht von Peter Leipziger an den IG Metall Vorstand in Frankfurt, 24.9.1973, DOMID, 9859. Die Flugblätter sind im DOMID Bestand 6768.
71 Hildebrandt, Kampf, 1975, S. 38, und Claus Armann/Reiner Tandien, 5 Tage standen alle Bänder still, in: Jürgen Aberts (Hg.), Dieser Betrieb wird bestreikt. Berichte über die Arbeitskämpfe in der BRD, Frankfurt a. M. 1974, S. 125-135, hier: S. 126.

Beginn der Frühschicht am Montag des 13. August Flugblätter mit einem Streikaufruf verteilten, gehabt haben könnten.

Die Frage, wer letztlich für den Ausbruch und die Organisation des Streiks verantwortlich war, ist gerade im Hinblick auf die eingangs erwähnte Theorie von Bourdieu interessant. Zwar verlieren Individuen in der Beschreibung von Akteuren an Bedeutung. Doch macht die Summe der Individuen, ihre Herkunft und ihre Motivation den »Charakter« des Akteurs aus. Wenn der Firmeninhaber Alfred Pierburg als Patriarch auf der einen Seite auftritt, wäre zu klären, wie der Gegenpart strukturiert ist. Hier muss man sich nun jedoch mit der Darstellung des Akteurs Arbeitnehmerschaft auf Grundlage der Zusammensetzung aus in der Regel Migrantinnen und Migranten ohne Ausbildung sowie einige deutsche Facharbeiter und Betriebsratmitglieder begnügen.

Der Streikverlauf selbst kann anhand mehrerer Augenzeugenberichte und aus den Quellen nachgezeichnet werden.[72] Zwischen dem 13. und 17. August 1973 legten gut 2.000 Beschäftigte die Arbeit nieder. Erste Gespräche zwischen Betriebsrat und Geschäftsführung am Montag blieben ergebnislos. Als Reaktion begann die Geschäftsleitung mit Vorbereitungen, um am Dienstag die arbeitswilligen von den arbeitsunwilligen Beschäftigten zu trennen. Darüber hinaus sollten umliegende Firmen der Branche gebeten werden, keine entlassenen Mitarbeiter von Pierburg einzustellen.[73] Die gerufene Polizei löste indes den Protest des Betriebsrates aus.[74]

Der zweite Streiktag wurde von der gewalttätigen Auseinandersetzung zwischen Polizei und einer Gruppe von »Gastarbeiterinnen« überschattet. Die Beschäftigte Elephteria Marmela wurde dabei verletzt und musste ins Krankenhaus gebracht werden.[75] Der Betriebsrat und die DKP-Betriebsgruppe verurteilten diesen aus ihrer Sicht unverhältnismäßigen Einsatz der polizeilichen Gewalt deutlich.[76] Um elf Uhr ließ die Geschäftsführung dann das Werk schließen und legte intern Maßnahmen fest, wie am darauf folgenden Mittwoch verfahren werden sollte. Die Verstärkung des Werksschutzes sowie Zugangsverbote für vier Beschäftigte sollten helfen, die Lage

---

72 In den Archiven finden sich mehrere Berichte vgl. Bericht von Peter Leipziger, in der Woche nach dem August-Streik, DOMID, 9859, sowie der Bericht von Peter Leipziger an den IG Metall Vorstand in Frankfurt, 24.9.1973, DOMID, 9859 und der Bericht eines anonymen Betriebsratsmitglieds, ohne Angabe, DOMID, 9859. Darüber hinaus schildert der Werkkreis der Literatur der Arbeitswelt die Geschehnisse, vgl. Armann/Tandien, Bänder, in: Aberts (Hg.), 1974, S. 125-135. Einen einheitlichen Bericht der Geschäftsführung gibt es nicht, jedoch eine Reihe von Protokollen und Aktennotizen, vgl. ZARh Bestand D 52.
73 Protokoll Gespräch Geschäftsführung und Betriebsrat, 13.8.1973, ZARh, D 52 Nr. 23.
74 Pressemitteilung des Betriebsrates, 13.8.1973, DOMID, 9859.
75 Über den Polizeieinsatz berichtet Armann/Tandien, Bänder, S. 127. Die Geschichte der Arbeiterin ist zu finden in dem Roman Hermann Spix, Elephteria oder die Reise ins Paradies, Frankfurt a. M. 1975.
76 Der Brief ist erwähnt in der DKP-Betriebszeitung bei Pierburg: Spritpumpe, August 1973, DOMID, 8418. Darin wird dem Neusser Polizeipräsidenten »Polizeiterror« vorgeworfen. Siehe auch Pinl, Pierburg, in: GMH 25 (1974), S. 56, und als handschriftliche Notiz auf einer Pressemeldung Pressemitteilung des Betriebsrates, 13.8.1973, DOMID, 9859.

wieder in den Griff zu bekommen. Zusätzlich wurde die Polizei gebeten, weiter gegen betriebsfremde Gruppen vorzugehen.[77]

Die erste offizielle Reaktion der IG Metall Neuss erfolgte am Mittwoch. In einer Pressemitteilung machte der Erste Bevollmächtigte Geuenich klar, dass die IG Metall den »wilden Streik« nicht legalisieren werde. Gleichzeitig forderte er die Unternehmensleitung auf, sich den Forderungen der Streikenden zu öffnen und einen Kompromiss auszuhandeln.[78] Erneut kam es zu einer dramatischen Szene, als ein junger türkischer Arbeiter ankündigte, sich selbst verbrennen zu wollen, wenn es kein Einlenken bei den Verhandlungen gebe. Der Betriebsrat konnte den Mann allerdings von seinem Vorhaben abbringen und so die Situation deeskalieren.[79] Als Reaktion auf die Ausmaße des Streiks veröffentlichten die Geschäftsleitung und der Betriebsrat eine gemeinsame Erklärung, in der sie die Beschäftigten zur Weiterarbeit aufforderten, um in Ruhe verhandeln zu können.[80]

Noch bevor es am Donnerstag zu ersten Gesprächen kommen konnte, traten die Facharbeiter dem Streik bei. Diese Solidarisierung sorgte wohl endgültig dafür, dass die Geschäftsleitung sich an diesem vierten Streiktag gezwungen sah, auf die Streikenden zuzugehen. Der Betriebsrat wurde bei diesen Gesprächen von Michael Geuenich unterstützt.[81] Hier wird deutlich, dass wohl zum einen die Länge des Streiks als auch die Arbeitsniederlegung der deutschen Facharbeiter die Situation für das Unternehmen verschärfte.

Als Ergebnis wurde eine Lohnerhöhung um 20 Pfg. pro Stunde für gewerbliche Arbeitnehmer und 40 Pfg. für Angestellte ab 1974 sowie eine Anhebung der Gehälter der Lohngruppe 2 um 12 Pfg. rückwirkend zum 1. August 1973 verkündet. Dieses Ergebnis sorgte jedoch nicht für ein Abflauen des Streiks, sondern wurde sogar mit deutlichem Unmut entgegen genommen.[82] Der Streik war noch nicht zu Ende.

Am Freitagnachmittag nahm nun auch ein Vertreter des Arbeitgeberverbandes an den Gesprächen teil. Folgende Übereinkunft wurde nun erzielt: Lohnerhöhungen für alle gewerblichen Beschäftigten um 30 Pfg. pro Stunde ab dem 1. August 1973, Umgruppierung von 1.100 Frauen in die Lohngruppe 3 zum 1. August 1973 und eine Zulage für die in Lohngruppe 2 verbliebenen Beschäftigten von 12 Pfg., bis auch für diese eine Umgruppierung stattgefunden hat, spätestens bis zum 31. Dezember 1973. Hinzu kam eine Sonderzahlung von 200 DM für alle Beschäftigten, die umgerechnet auf die Monate August bis Dezember ausgezahlt werden sollte. Dies bedeutete für

---

77 Protokoll Besprechung Geschäftsführung, 14.8.1973, ZARh, D 52 Nr. 23.
78 Pressemitteilung bzw. Flugblatt, 15.8.1973, DOMID, 6766.
79 Dieses Detail ist zu finden bei Armann, Bänder, in: Aberts (Hg.), 1974, S. 127-129, und Autorenkollektiv Pierburg, Pierburg-Neuss, 1974, S. 15. Eine handschriftliche Notiz unter einem Flugblatt informiert ebenfalls vgl. ebd., S. 24.
80 Gemeinsamer Aufruf von der Geschäftsleitung und dem Betriebsrat,15.8.1973, ZRAh, D 52 Nr. 23.
81 Vgl. Autorenkollektiv Pierburg, Pierburg-Neuss, 1974, S. 15.
82 Protokoll Gespräch Geschäftsführung und Betriebsrat, 16.8.1973, ZARh D 52 Nr. 23.

Beschäftigte in der Lohngruppe 2 ein Plus von 65 Pfg. pro Stunde und für Beschäftigte in den Lohngruppen 3 bis 10 insgesamt 53 Pfg. mehr pro Stunde. In Bezug auf die Anpassung der Bezahlung an Akkordlohn wurde eine Vertagung bis in den Juli 1974 vereinbart. Die Geschäftsleitung stellte an die Zustimmung zu dem Verhandlungsergebnis die Bedingung, dass nun endgültig Schluss mit dem Streik sein müsse. Die Einigung ist mit Beifall von den noch auf dem Hof verbliebenen Arbeitnehmern aufgenommen worden. Einzig betriebsfremde Personen hätten dagegen opponiert.[83]

Damit schien der Streik beendet. Als am Sonntag erneut Flugblätter auftauchten, die zum Weiterstreiken aufrufen, wurde am Montag ausgehandelt, dass vier Streiktage voll bezahlt werden würden.[84] Damit endete der »wilde Streik« und die Belegschaft zeigte sich zufrieden mit den Ergebnissen. Das Unternehmen hingegen hatte eine gewaltige finanzielle Mehrbelastung zu verkraften. Der Umsatzausfall belief sich auf 2,5 Millionen DM. Die Lohnkosten für vier Streiktage betrugen 720.000 DM und durch das Verhandlungsergebnis entstanden zusätzliche Kosten in Höhe von 2,4 Millionen DM für 1973 und vier Millionen für 1974. Diese Zahlen verdeutlichen die Motivation der Unternehmensleitung, den Forderungen so lange erbitterten Widerstand entgegenzusetzen. Letztlich blieb der Geschäftsführung jedoch nichts anderes übrig, als dem Druck aus der Belegschaft und dem Druck aus der Automobilindustrie nachzugeben. Der Streik begann gefährliche Züge für das Fortbestehen des Unternehmens anzunehmen.[85]

Im Nachgang des Streiks ist nun zu klären, wem die Verantwortung für den Ausbruch des »wilden Streiks« zugerechnet werden muss. War es eine Bewegung von innen oder Steuerung von außen? Am 21. August wies die Geschäftsführung in einer Pressemitteilung betriebsfremden Gruppen die maßgebliche Schuld zu. Es habe sich aus Sicht der Firma ganz eindeutig um einen politisch motivierten Streik gehandelt.[86] Der Betriebsrat hingegen sprach davon, dass die Belegschaft sich vielmehr von politischen Aktivisten distanziert habe: »Tatsache ist, daß die viel zitierten ›Linken Radikalen‹ keinen entscheidenden Einfluß auf die streikenden Pierburger ausüben konnten.« Die Parolen der Linken hätten die Beschäftigten als zu revolutionär und oberflächlich betrachtet.[87]

---

83 Die Ergebnisse sind festgehalten in Protokoll Gespräch Geschäftsführung und Betriebsrat und Flugblatt, 17.8.1973, ZARh, D 52 Nr. 23.
84 Flugblatt, 19.8.1973, ZARh, D 52 Nr. 23, sowie Protokoll Gespräch Geschäftsführung und Betriebsrat, 20.8.1973, ZARh, D 52 Nr. 23, und Protokoll Gespräch Geschäftsführung und Betriebsrat, 21.8.1973, ZARh, D 52 Nr. 23.
85 So formuliert es die Geschäftsführung Protokoll Gespräch Geschäftsführung und Betriebsrat, 17.8.1973, ZARh, D 52 Nr. 23. Vgl. ebenfalls Böcker, Mischung, 1990, S. 30.
86 Pressemitteilung, der Geschäftsleitung, 21.8.1973, ZARh, D 52 Nr. 23. Im Unterschied zu anderen »wilden Streiks« sollen die so genannten Radikalen bei Pierburg von Beginn an dabei gewesen sein, vgl. Bericht über die Besprechung wegen der Hintergründe der wilden Streiks bei der Bundesvereinigung der deutschen Arbeitgeberverbände am 18.9.1973 in Köln, ZARh D 52 Nr. 23.
87 Bericht des Betriebsausschusses zur 3. ordentlichen Betriebsversammlung am 4., 5. und 8.10.1973, Oktober 1973, DOMID 9854, sowie Autorenkollektiv Pierburg, Pierburg-Neuss, 1974, S. 18.

Die Unternehmensleitung wollte den Streik gerichtlich aufarbeiten und sprach mehreren Betriebsratsmitgliedern die Kündigung aus. In mehreren Verhandlungen wurde jedoch festgestellt, dass den Angeklagten keine Schuld am Ausbruch und keine Beteiligung am Verlauf des Streiks nachzuweisen ist.[88] Der Betriebsrat beharrte auf der Darstellung, dass ein früheres Einlenken der Geschäftsführung den Streik schneller hätte beenden können. Der ganze Streik hätte aus ihrer Sicht durch ein kooperativeres Verhalten sogar gänzlich vermieden werden können.[89]

Nicht nur für Pierburg, sondern auch für die IG Metall war die Klärung der Frage nach dem Motor des Streiks hochinteressant. Pierburg war nicht der einzige Betrieb, in dem es im Sommer 1973 zu »wilden Streiks« kam. Auch die Gewerkschaft vermutete einen linksextremen Einfluss: »Wie wenig die Aktivitäten linksextremistischer Kreise in den Betrieben unterschätzt werden dürfen, zeigt sich in den spontanen Arbeitsniederlegungen im Sommer 1973.«[90]

Die Dynamik des »wilden Streiks« lässt sich zusammenfassend durch eine Kombination aus Aktivitäten der Beschäftigten, die Bereitschaft der »Gastarbeiterinnen« und die Hilfe einiger Externer, wie der griechischen Gemeinde oder den politischen Unterstützungsgruppen im linken politischen Lager, erklären.[91] Es liegt nahe, auch die Rolle der Vertrauensleute näher in den Blick zu nehmen und zu fragen, welchen Einfluss sie gehabt und welchen organisatorischen Beitrag sie geleistet haben. Allerdings lässt sich hierüber in den Quellen nicht viel ausfindig machen. Hingegen äußerte der ehemalige Betriebsratsvorsitzende die Ansicht, dass die Vertrauensleute aktiv am Streik mitgewirkt hätten und nicht dem Kurs der IG Metall gefolgt seien.[92]

---

88 Eine ausführliche Dokumentation von Prozessunterlagen, Zuschriften und Medienbeiträgen zu dem genannten Prozess ist 1975 herausgegeben worden: Pierburg-Kollegen, Der Pierburg Prozess gegen vier Betriebsräte, Hannover 1975. Das ZARh besitzt ebenfalls eine entsprechende Sammlung im Bestand D 52 Nr. 25. Der Prozess wurde unter dem Aktenzeichen 10 BV28/74 beim Arbeitsgericht Düsseldorf geführt.
89 Bericht über die Besprechung wegen der Hintergründe der wilden Streiks bei der Bundesvereinigung der deutschen Arbeitgeberverbände am 18.9.1973 in Köln, ZARh, D 52 Nr. 23, sowie Bericht des Betriebsausschusses zur 3. ordentlichen Betriebsversammlung am 4., 5. und 8.10.1973, Oktober 1973, DOMID 9854. Vgl. dazu Gemeinsamer Aufruf von der Geschäftsleitung und dem Betriebsrat,15.8.1973, ZRAh, D 52 Nr. 23.
90 Entnommen aus Industriegewerkschaft Metall, Geschäftsbericht der IG Metall 1971–1973, Frankfurt a. M. 1974, S. 25.
91 Siehe dazu Braeg, Wilder Streik, 2012, S. 11.
92 So Peter Leipziger gegenüber dem Autor.

4 Fazit

In den 1970er-Jahren sahen zeitgenössische Beobachter das Ende der bisher gekannten Demokratie gekommen. Im Angesicht hoher Inflationsraten, einer zunehmenden Herausbildung von Interessenverbänden und dem Anwachsen der Macht der Gewerkschaften schien der Staat immer unregierbarer zu werden.[93] Gerade die Gewerkschaften als unabhängige Organisationen, die durch ihre Lohnpolitik in erheblichem Maße die Entwicklung von Investitionen und Arbeitsplätzen mitbestimmten, schienen zum destabilisierenden Faktor zu werden. »Wilde Streiks« und die aggressive Lohnpolitik zu Beginn der 1970er-Jahre waren in den Augen der konservativen Vertreter der Unregierbarkeitsthese Indikatoren für die Entwicklung hin zu einem »Gewerkschaftsstaat«, gegen den sich ihre Polemik richtete.

Betrachtet man diese These nun im Lichte der an diesem Einzelbeispiel gewonnenen Erkenntnisse, so muss man das Bild vom angeblichen »Gewerkschaftsstaat« deutlich korrigieren. Gerade die Gewerkschaften waren es, die 1966/67 mit dem Eintritt in die Konzertierte Aktion und der Lohnzurückhaltung ihren guten Willen deutlich unter Beweis stellten. Die Enttäuschung im Nachgang des kurzfristigen Aufschwungs 1968/69 über das ausbleibende Entgegenkommen der Arbeitgeberseite trug mit dazu bei, die zentrale Machtstellung der Gewerkschaftsspitze bei der Vertretung der Arbeitnehmerinteressen zu schwächen. Neben diese Erfahrung traten die Veränderungen der Zusammensetzung der Mitgliedschaft sowie der wachsende Druck durch Rationalisierung und Arbeitsplatzabbau. In diesem speziellen Beispiel müssen die Erfahrungen und spezifischen Bedürfnisse der »Gastarbeiterinnen« und »Gastarbeiter« in die Analyse mit einbezogen werden.

Der Streik 1973 bei Pierburg erklärt sich aus überlagerten Konflikten, einer unsicheren Zukunftsperspektive der Betroffenen und dem unkooperativen Verhalten der Unternehmerseite. Der hier betrachtete »wilde Streik« fügt sich über die lokalen Besonderheiten hinaus in die Erosionsphase gewerkschaftlicher Einflussnahme in den Betrieben ein und vermittelt einen lebendigen Eindruck des gewachsenen Selbstbewusstseins der Beschäftigten abseits gewerkschaftlicher Leitlinien. Vielmehr waren die Spitzen der Gewerkschaften mit der aufbrechenden Struktur innerhalb ihres eigenen Verbandes, der Einbindung von Anliegen neuer Mitgliedergruppen und der Befriedigung von immer lauter geäußerter Forderungen beschäftigt.

Der Akteur Geschäftsführung der Firma Pierburg wurde in den 1970er-Jahren wie gezeigt in ganz erheblichem Maße von den Arbeitsmigrantinnen und Arbeitsmigran-

---

93 Siehe dazu Schäfer, Krisentheorien, in: Der moderne Staat 1 (2009), S. 160-161. Zur Historisierung des Diskurses von der »Unregierbarkeit« vgl. Gabriele Metzler, Staatsversagen und Unregierbarkeit in den siebziger Jahren?, in: Konrad H. Jarausch, Das Ende der Zuversicht. Die siebziger Jahre als Geschichte. Göttingen 2008, S. 243-260. Vgl. zum Thema Verbände/Lobbygruppen Martin Sebaldt, Alexander Straßner, Verbände in der Bundesrepublik Deutschland. Eine Einführung, Wiesbaden 2004, S. 85.

ten herausgefordert und zu Entscheidungen im Machtfeld Unternehmen gezwungen, die stark vom Interesse der Arbeitnehmerinnen und Arbeitnehmer bestimmt waren. Durch ihre Streikmacht konnten sie Vorteile für den Akteur Belegschaft erreichen und somit zu einer Verlagerung des Kapitals beitragen.

Der »wilde Streik«, dem eine mehrjährige innerbetriebliche Auseinandersetzung vorangegangen war, führt deutlich vor Augen, wie sehr sich die Ziele der Akteure des inneren Feldes von denen des das Unternehmen umgebenden Feldes abhoben – hier im Vergleich von Belegschaft und Gewerkschaft – sowie zum anderen, welche Macht die Streikenden in einem solchen Fall von unorganisierten Arbeitskämpfen beanspruchen können.

Der Betrieb als sozialer und politischer Ort ist, wie eingangs erwähnt, ein eigener Kosmos, in dem übergeordnete Problemstellungen – wie hier die Themen »Gastarbeit«, Wohnungsnot, Wirtschaftskrise, unterschiedliche Bezahlung von Männern und Frauen oder die Arbeitsbedingungen in der industriellen Fertigung – auf betriebliche Spezifika – beispielsweise das Verhältnis von Geschäftsführung zur Belegschaft beziehungsweise dem Betriebsrat oder die Zusammensetzung der Belegschaft – treffen. Allgemeine Aussagen werden vor dem Hintergrund dieser Erkenntnis zunehmend schwerer. Umso wichtiger ist es, mit diesem Ansatz weitere Fallbeispiele zu untersuchen und möglichst Übereinstimmungen zu finden.

Anhand derartiger Beispiele soll auch herausgestellt werden, wie sich die Gewerkschaften, die selbst im Zeichen von Wirtschaftskrise und Globalisierungseffekten im Spannungsverhältnis zwischen Anpassung und Abgrenzung zur staatlichen Wirtschaftspolitik standen, gegenüber ihren Mitgliedern in den Betrieben verhalten haben und verhalten konnten.[94]

---

94 Vgl. Eike Hennig, Zur Kritik der Konzertierten Aktion, in: Blätter für deutsche und internationale Politik 15 (1970), S. 508-518, hier: S. 518.

III

Der Betrieb als Ort der Transformation

Werner Milert

Der steinige Weg in die Konfliktpartnerschaft.
Die Sozialbeziehungen bei Siemens in den ersten beiden Nachkriegsjahrzehnten

Im Jahr 1970 stellte der renommierte Industriesoziologe Friedrich Fürstenberg, der sich als einer der ersten Sozialwissenschaftler Ende der 1950er-Jahre in einem viel beachteten Aufsatz kritisch mit der Institution des Betriebsrates auseinandergesetzt hatte[1], dem Siemens-Konzern ein überaus positives Zeugnis aus. Die Anerkennung der Betriebsräte sei »im Hause Siemens nicht nur formal, sondern auch vollinhaltlich gegeben«[2], heißt es in der Auswertung der umfangreichen Felduntersuchung über die betriebliche Mitbestimmung, die Fürstenberg mit seinem Linzer Forschungsteam von 1967 bis 1969 bei Siemens durchgeführt hatte. Bei den Betriebsratsmitgliedern herrsche die Auffassung vor,

> »grundsätzlich sei die Betriebsverfassung nach Maßgabe der gesetzlichen Bestimmungen wirksam, […] vor allem [habe] mit Hilfe der Betriebsvereinbarungen seit Inkrafttreten des Betriebsverfassungsgesetzes eine betriebsinterne freie Rechtsbildung in erheblichem Ausmaß stattgefunden«.[3]

Dieses Bild einer ununterbrochenen harmonievollen betrieblichen Zusammenarbeit zwischen Konzernleitung und Betriebsräten seit dem Inkrafttreten des Betriebsverfassungsgesetzes (BetrVG) im Jahr 1952, das Fürstenberg zeichnete, entsprach jedoch nicht der Wirklichkeit. 15 Jahre zuvor hatte die Siemens-Firmenleitung in einer erbitterten Konfrontation zum Gesamtbetriebsrat (GBR) gestanden, die in eine Blockadehaltung gegenüber jeglichen Forderungen und Wünschen der Betriebsvertretungen gemündet war. Im März 1955 zog der Vorsitzende des GBR, Eugen Tausig, in einem Gespräch mit dem Vorstand des Industriegewerkschaft Metall (IG Metall) die Bilanz, dass während der gesamten zweijährigen Amtszeit seit der ersten Wahl unter dem neuen BetrVG »der Betriebsrat von den etwa 40 Fragen, die zur Klärung anstanden, nicht eine einzige [habe] erledigen können. Das war die Quittung der Firmenleitung für das Verhalten des geschäftsführenden Ausschusses [des GBR] […]. Es war also

---

1   Friedrich Fürstenberg, Der Betriebsrat – Strukturanalyse einer Grenzsituation, in: Kölner Zeitschrift für Soziologie und Sozialpsychologie [KZfSS] 10 (1958), S. 418-429.
2   Friedrich Fürstenberg (unt. Mitarb. v. Otmar Donnenberg, Klaus Meyer, Helmuth Steinbrugger u. Volker Trost), Die Anwendung des Betriebsverfassungsgesetzes im Haus Siemens. Kurzfassung eines Untersuchungsberichtes, München 1970, S. 34.
3   Ebd., S. 35.

eine regelrecht vergiftete Atmosphäre.«[4] Nichts lief mehr zwischen Konzernführung und Gesamtbetriebsrat. Die Beziehungen zwischen Arbeitgeber- und Arbeitnehmervertretern schienen bei Siemens Mitte der 1950er-Jahre in einer Sackgasse zu stecken.

Im Hause Siemens hatte sich in den ersten Jahren nach dem Inkrafttreten des neuen Betriebsverfassungsgesetzes ein veritabler Konflikt aufgebaut. Wie war es zu dieser Konfrontation zwischen Konzernleitung und Belegschaftsvertretung gekommen? Wie wurde diese Blockadesituation zwischen den Betriebsparteien überwunden? Und was bildete die Grundlage dafür, dass Fürstenberg 15 Jahre später zu seinem bemerkenswert positiven Urteil über die industriellen Beziehungen bei Siemens kam?

1 Einvernehmlicher Start nach dem Kriegsende

Der GBR-Vorsitzende Tausig hatte in dem schon genannten Gespräch mit dem IG-Metall-Vorstand im März 1955 die Entwicklung der betrieblichen Sozialbeziehungen seit dem Kriegsende durchaus differenziert beurteilt. Das Verhältnis zwischen Konzernleitung und Betriebsräten hatte er für die ersten Nachkriegsjahre als sehr harmonisch bewertet; bis zum Beginn der 1950er-Jahre sei »die Fa. Siemens noch ein wirklicher Partner« gewesen.[5] In der Tat weist vieles auf eine in der Nachkriegszeit äußerst kooperative Einstellung des Konzernmanagements gegenüber den betrieblichen Interessenvertretern hin. Dies galt gegenüber den »Vertrauensmännern«, die kurz nach der Befreiung durch die alliierten Truppen in den Siemens-Betrieben von den Belegschaften ernannt worden waren[6], genauso wie gegenüber den Betriebsräten, die nach Inkrafttreten des Betriebsrätegesetzes des Alliierten Kontrollrats vom 10. April 1946 an allen Siemens-Standorten erstmals ordnungsgemäß gewählt worden waren.[7]

Für die Belegschaftsvertreter existierte ein besonderes organisatorisches Problem in der Koordination der Betriebsratsarbeit zwischen den unterschiedlichen Siemens-Betrieben. Die Konzernleitung hatte schon im Februar 1945 in Kenntnis der alliierten Pläne zur Zonenaufteilung Deutschlands zwei Gruppenleitungen in West- und Süddeutschland gebildet, die unabhängig von der Berliner Konzernzentrale agierten. Damit sollten die Handlungsfähigkeit gesichert und die Überlebenschancen des Traditionsunternehmens angesichts der Teilung des deutschen Wirtschaftsgebietes ver-

---

4 Fritz Strothmann, Besprechung mit dem geschäftsführenden Ausschuß des GBR der Siemens-Schuckert-Werke am 28.3.1955, S. 2 f., IGM-Archiv im Archiv der sozialen Demokratie der Friedrich-Ebert-Stiftung [AdsD] 5/IGMA 160111.
5 Ebd., S. 1.
6 Vgl. die Protokolle über die Besprechungen der Sozialpolitischen Abteilung mit Gesamt-Vertrauensmännern im Jahr 1945, Siemens-Archiv [SAA], 8604.
7 Denkschrift der Betriebsvertretung über die Bildung eines Gesamtbetriebsrates der Betriebe Siemens & Halske A. G. und der Siemens-Schuckertwerke A. G. nach den Bestimmungen des Betriebsverfassungsgesetzes, 14.11.1953, AdsD 5/IGMA 171186, S. 4.

bessert werden.[8] Um sich die Unterstützung der Betriebsräte zu sichern, erklärte sich die Konzernleitung im Herbst 1946 bereit, dass für die neun Werke, vier zentralen Dienststellen und zwei Geschäftsstellen in Westberlin, in denen über 24.000 Mitarbeiter tätig waren, ein Gesamtbetriebsrat gebildet wurde. Für die Unternehmen in den drei Westzonen wurde dagegen eine eigenständige Vertretungsstruktur gegründet, die »Arbeitsgemeinschaft der Siemensbetriebsräte«, die einen 15-köpfigen Arbeitsausschuss quasi als ihren Gesamtbetriebsrat wählte.[9]

Diese Interessenvertretungsstruktur wurde in verschiedenen Betriebsvereinbarungen, die seit dem Sommer 1946 mit den Betriebsräten der beiden großen Stammgesellschaften des Siemens-Konzerns, der Siemens & Halske AG (S&H) und der Siemens-Schuckertwerke AG (SSW), abgeschlossen wurden, durch die Konzernleitung offiziell anerkannt.[10] Diese Vereinbarungen konstruierten jedoch nicht nur die Kommunikationsstrukturen zwischen den Betriebsratsgremien sowie zwischen diesen und dem Management aufgrund der veränderten Konzernsituation neu. Es gelang den Betriebsräten auch, in diesen Betriebsvereinbarungen ihre eigene Infrastruktur abzusichern, indem sie erreichten, dass in den größeren Betrieben Belegschaftsvertreter von ihrer bisherigen Arbeit freigestellt wurden und ihnen Räume und sogar Schreibkräfte zur Verfügung gestellt wurden.[11] Darüber hinaus erreichten sie, Mitbestimmungsrechte zu verankern, die weit über den Rahmen hinausgingen, den Arbeitgeber in den westlichen Besatzungszonen und Berlin bereit waren, den betrieblichen Interessenvertretungen zuzugestehen.[12]

Die bei Siemens für die Westzonen geltende Betriebsvereinbarung vom 29. Oktober 1947 sah zum Beispiel vor, dass »Einstellungen, Versetzungen, wesentliche Beförderungen und Entlassungen […] grundsätzlich der vorherigen Einigung zwischen Betriebsleitung und Betriebsrat« bedurften.[13] Selbst personelle Maßnahmen

---

8   Sigfrid von Weiher/Herbert Goetzeler, Weg und Wirken der Siemens-Werke im Fortschritt der Elektrotechnik. Ein Beitrag zur Geschichte der Elektroindustrie, Wiesbaden 1972, S. 104; Wilfried Feldenkirchen, Siemens. Von der Werkstatt zum Weltunternehmen, München 2003, S. 258 ff.
9   Denkschrift der Betriebsvertretung, 14.11.1953, AdsD 5/IGMA 171186, S. 3 ff.
10 Vermerk über eine Besprechung der Firmenleitung mit dem Gesamtbetriebsrat am 17.7.1946, SAA 8604.
11 Besonders weitgehend war in diesem Punkt die »Vereinbarung über die Zusammenarbeit der Siemensfirmen mit ihren Betriebsräten in Berlin« v. 24.5.1947, SAA 8604, die allein für die 15 Berliner Betriebe ermöglichte, 44 Betriebsräte von ihrer bisherigen Arbeit freizustellen. Zur Organisation der Betriebsräte auf Konzernebene vgl. Walter Garbe, Wie gliedert sich die Zusammenarbeit der Betriebsvertretungen der Siemens-Betriebe und wie ist sie organisiert?, in: Siemens-Mitteilungen [SM], Heft 1 v. Oktober 1951, S. 22-24, sowie Hermann Jaeckel, Der Gesamtbetriebsrat der Berliner Siemens-Betriebe, in: SM, Heft 3 v. Mai 1952, S. 32 f.
12 Vgl. hierzu: Werner Milert/Rudolf Tschirbs, Die andere Demokratie. Betriebliche Interessenvertretung in Deutschland, 1848–2008, Essen 2012, S. 364 ff.
13 Betriebsvereinbarung zwischen den Gruppenleitungen und dem Arbeitsausschuß der Betriebsräte von S&H AG und SSW AG in den Westzonen v. 29.10.1947, AdsD 5/IGMA 160111. Eine

im Managementbereich sollten zuvor mit dem Betriebsrat besprochen werden. Bei eventuellen Massenentlassungen gestand die Konzernleitung zu, dass mit dem Betriebsrat eine Sozialauswahl unter Berücksichtigung von Dienst- und Lebensalter sowie Familienstand getroffen wurde. Die Aussprache von Verwarnungen und Bußen bedurfte grundsätzlich der Einigung zwischen den Betriebsparteien. Alle Fragen der betrieblichen Sozialpolitik sollten ebenfalls im gegenseitigen Einvernehmen entschieden werden, Bekanntmachungen an die Belegschaft nur gemeinsam erfolgen. Besonders weitgehend waren die Informationsrechte in wirtschaftlichen Fragen. Den Betriebsleitungen wurde aufgetragen, dem jeweiligen Betriebsrat vierteljährlich über die Geschäftslage und das Produktionsprogramm einschließlich geplanter Betriebsveränderungen zu berichten. Die Betriebsvertretungen erhielten das Recht, an den Sitzungen von Werks-, Betriebs- und Geschäftsstellenleitungen teilzunehmen, soweit Angelegenheiten aus dem Aufgabenbereich des Betriebsrates erörtert wurden oder wesentliche Veränderungen in der wirtschaftlichen Situation gegenüber dem letzten Vierteljahresbericht eingetreten waren. Darüber hinaus sollten – als Ersatz für die Teilnahme der Betriebsräte an Aufsichtsratssitzungen, die von den Alliierten verboten waren – alle vier Monate eine Besprechung der Gruppenleitungen mit einem fünfköpfigen Ausschuss der Betriebsräte stattfinden. Mit diesen Vereinbarungen verkörperte Siemens Ende der 1940er-Jahre den Inbegriff sozialpartnerschaftlicher innerbetrieblicher Beziehungen.

Die Betriebsvereinbarungen, die seit Sommer 1947 abgeschlossen wurden, widersprachen streng genommen dem Kontrollratsgesetz, das eine Vertretungsstruktur für die Beschäftigten ausschließlich auf der Ebene des Betriebs vorsah. Sie knüpften aber an eine Praxis im Siemenskonzern an, die Mitte der 1920er-Jahre eingeführt worden war. Der Siemens-Konzern gehörte zu den wenigen Industrieunternehmen in Deutschland, die schon in der Weimarer Republik eine konzernweit agierende Interessenvertretung als Kommunikations- und Koordinierungsgremium der Betriebsräte aus den verschiedenen Standorten aufwies.[14] Das Betriebsrätegesetz (BRG) von 1920 war nach seinen Organisationsprinzipien auf den einzelnen Betrieb beschränkt und sah eine konzernweite Tätigkeit von Betriebsräten nicht vor; es erlaubte allenfalls die Errichtung eines Gesamtbetriebsrates auf regionaler Ebene, der die Belegschaftsvertretungen mehrerer Werke eines Unternehmens in nahe beieinanderliegenden Gemeinden umfassen konnte. Die betriebsbezogene Organisationsstruktur des Betriebsrates war vor allem ein Zugeständnis des Gesetzgebers an die Gewerkschaften, die das Heft des Handelns in überbetrieblichen und industrieweiten sozialpolitischen

---

ähnliche Ausweitung der betriebsrätlichen Kompetenzen hatte schon vorher die »Vereinbarung über die Zusammenarbeit der Siemensfirmen mit ihren Betriebsräten in Berlin« v. 24.5.1947, SAA 8604, für die Berliner Betriebe bewirkt.

14 Claude W. Guillebaud, The Works Council. A German Experiment in Industrial Democracy, Cambridge 1928, S. 210 ff.

Fragen, insbesondere in der Tarifpolitik, in ihrer Hand behalten und das Entstehen einer autonomen Betriebsrätestruktur verhindern wollten, die eine potenzielle Gefahr für die eigene Organisation hätte darstellen können.[15]

Dieser betriebsbezogene Ansatz stieß bei den Belegschaftsvertretungen einiger großer Konzerne jedoch schon bald auf Kritik, weil sie sich einer neuen organisatorischen Herausforderung gegenüber gestellt sahen, die von den Arbeitgebern ausgelöst worden war. Als Reaktion auf das BRG waren verschiedene Konzernvorstände, darunter auch die Siemensleitung, dazu übergegangen, ihre strategische Personalpolitik zu vereinheitlichen und zu zentralisieren. Sie gründeten einen neuen Organisationsbereich – in der Regel eine »Sozialabteilung« oder »Sozialpolitische Abteilung« genannt –, die dem Vorstand direkt unterstand. Ihre Aufgabe war die Koordinierung der Personalpolitik sowie des Auftretens gegenüber den Betriebsräten. Diese Zentralisierung hatte in den Konzernen zur Konsequenz, dass die bisher relativ großen Kompetenzen der einzelnen Betriebsleiter in der Personal- und Sozialpolitik deutlich eingeschränkt wurden. Damit wurden aber auch die Handlungsspielräume der einzelnen dezentralen Betriebsratsgremien von vornherein begrenzt. Bei Siemens wuchs die »Sozialpolitische Abteilung« schon bald nach ihrer Errichtung Ende September 1919[16] zum eigentlichen Konterpart für die Betriebsräte im Konzern, ohne deren Zustimmung keine Forderung einer Belegschaftsvertretung verwirklicht werden konnte.[17]

Diese strategische Neuausrichtung machte auch auf Seiten der Betriebsräte eine Koordination innerhalb des Konzerns notwendig, für die das BRG jedoch keine rechtliche Basis bereit stellte. Der Deutsche Metallarbeiter-Verband (DMV) antwortete auf diese Herausforderung und auf den Druck der Betriebsräte, indem er in einigen wenigen Konzernen die Errichtung von betriebsrätlichen Koordinationsgremien auf Konzernebene akzeptierte. Bei Siemens initiierte eine »Reichskonferenz der Siemens-Betriebsräte« schon im August 1920 eine Zentralleitung auf Konzernebene.[18] Da diese Gremien ohne eine gesetzliche Grundlage agierten, mussten sie ihre Tätigkeit außerhalb der Betriebe in ihrer Freizeit entfalten. Trotz der grundsätzlich ablehnenden Haltung des Vorstandes des DMV[19] wurden ihre Aktivitäten bei Sie-

---

15 Milert/Tschirbs, Demokratie, 2012, S. 147 ff.
16 Rundschreiben S&H über die Errichtung einer besonderen Sozialpolitischen Abteilung, 22.9.1919, SAA 9907.
17 Guillebaud, Works Council, 1928, S. 104 f.; Carola Sachse, Betriebliche Sozialpolitik als Familienpolitik in der Weimarer Republik und im Nationalsozialismus. Mit einer Fallstudie über die Firma Siemens, Berlin/Hamburg 1987, S. 210 ff.; vgl. für Bayer Leverkusen: Werner Plumpe, Betriebliche Mitbestimmung in der Weimarer Republik. Fallstudien zum Ruhrbergbau und zur Chemischen Industrie, München 1999, S. 73.
18 Niederschrift über die Reichskonferenz der Siemens-Betriebsräte am 15./16.5.1921, AdsD, NL Lübbe, Box 3; Geschäftsordnung für die zusammengeschlossenen Betriebsräte des Siemenskonzerns in Deutschland, o. D. [Herbst 1920], ebd.
19 Norbert Einstein, Volkswirtschaftliche Abteilung des DMV, an Erich Lübbe, 23.6.1922, AdsD, NL Lübbe, Box 5.

mens und Buderus vom DMV getragen und finanziert. Der DMV reagierte damit auf den anhaltenden Druck der Betriebsräte in beiden Konzernen, was aus Sicht der Gewerkschaftsorganisation den Vorteil hatte, dass auf diese Weise die Aktivitäten der Betriebsräte unter gewerkschaftlicher Kontrolle standen.[20]

2 Konfrontation im Zeichen des Betriebsverfassungsgesetzes

Die ersten Jahre der neuen Bonner Republik waren geprägt vom Ringen um die Neuordnung der bundesdeutschen Gesellschaft. Der Deutsche Gewerkschaftsbund (DGB) und die Arbeitgeber gerieten schon bald aufgrund ihrer unterschiedlichen gesellschaftlichen Zielvorstellungen bei ihrem von Bundeskanzler Konrad Adenauer unterstützten Versuch, die industriellen Beziehungen in den Unternehmen und in der Gesamtwirtschaft im Konsens festzulegen, in eine Sackgasse. Nur unter Streikdrohung und nach Vermittlung des Bundeskanzlers gelang es den Gewerkschaften, Anfang 1951 die in den ersten Nachkriegsjahren in der Eisen- und Stahlindustrie verankerte Unternehmensmitbestimmung gesetzlich abzusichern und im Bergbau einzuführen. Das Montanmitbestimmungsgesetz wurde von der Mehrheit der industriellen Unternehmen als herbe Niederlage empfunden, und diese Einschätzung verstärkte die antigewerkschaftliche Haltung im Unternehmerlager, die durch den Streik der hessischen Metallarbeiter im August 1951, dem ersten Lohnstreik in der Geschichte der Bundesrepublik, zusätzlichen Auftrieb erhielt.

Dies zeigte sich nicht zuletzt im Jahr 1952 bei der Auseinandersetzung um das Betriebsverfassungsgesetz, als das politische Klima zwischen Unternehmerschaft und Gewerkschaften auf Sturm stand. Anders als im Jahr zuvor bei der Auseinandersetzung um die Montanmitbestimmung war die Bundesregierung nicht mehr auf eine Verständigung mit den Gewerkschaften angewiesen. So stellte die Verabschiedung des BetrVG inhaltlich in vielerlei Hinsicht eine schmerzhafte Niederlage für den DGB dar: Statt der geforderten paritätischen Besetzung der Aufsichtsräte konzedierte das Gesetz nur eine Drittelbeteiligung, statt weitgehender Rechte der Betriebsräte vor allem in personellen Fragen erfolgte ein Rückfall auf den Status des BRG von 1920. Schließlich verordnete das BetrVG eine klare funktionale und organisatorische Trennung der Gewerkschaften von den betrieblichen Interessenvertretungen. Den Gewerkschaften wurde als außerhalb des Unternehmens stehenden Organisationen ein Zutrittsrecht zum Betrieb nicht ausdrücklich eingeräumt, der Gesetzgeber sah lediglich einige Beratungs- und Unterstützungsfunktionen für die Betriebsräte vor. Aus dem Blickwinkel vieler gewerkschaftlicher Funktionäre waren diese Bestimmungen

---

20 Norbert Einstein, Die Betriebsräte in Konzernen, in: Betriebsräte-Zeitschrift für die Funktionäre der Metallindustrie. Hg. v. Vorstand des Deutschen Metallarbeiter-Verbandes, 3, 1922, Nr. 14, S. 438-445; vgl. auch Guillebaud, Works Council, 1928, S. 208 ff.

von der Intention geprägt, die Gewerkschaften aus der betrieblichen Sphäre zu drängen und sie organisatorisch zu schwächen, denn nun standen die gewerkschaftlichen Koordinationsfunktionen, die die Betriebsräte bisher nebenbei ausgeübt hatten und die die gewerkschaftliche Stärke vor Ort ausmachten, zur Disposition. Die Gewerkschaften, vor allem die Industriegewerkschaft Metall, sahen deshalb nicht ohne Grund im BetrVG eine bedeutende Schwächung ihrer Position und befürchteten bei den Betriebsräten einen Auftrieb betriebsegoistischer Tendenzen, da sie den Einflüsterungen der Unternehmensleitungen erliegen würden.[21]

Diese Befürchtung erwies sich indes als überzogen. Im Gegenteil – vielerorts wurde die zuvor partnerschaftliche Zusammenarbeit in den Betrieben auf eine Zerreißprobe gestellt. Sie war Ausdruck einer »mitbestimmungspolitische[n] Trendwende«[22], die sich seit den Auseinandersetzungen um das Montanmitbestimmungsgesetz von 1951 auf Unternehmerseite bemerkbar gemacht hatte. Ein »Zerfasern der früheren betriebsinternen Solidaritätsstrukturen«[23] war insbesondere in den Unternehmen anzutreffen, in denen durch personelle Wechsel auf Arbeitgeberseite das bisherige, auf der Basis der Zusammenarbeit in der Nachkriegszeit entstandene Vertrauensverhältnis zwischen Betriebsleitung und Interessenvertretung erodierte. Beim Siemens-Konzern, dem in den 1950er-Jahren neben dem Krupp-Konzern größten industriellen Arbeitgeber in der Bundesrepublik, war eine solche tiefgreifende Veränderung Anfang 1951 eingetreten. An die Stelle des Nationalökonomen Gerd Tacke, der seit 1932 verschiedene Leitungsfunktionen im Siemens-Konzern innegehabt hatte, nach dem Kriegsende als Leiter der Zentralstelle für die technischen Büros sowie der Zentralabteilung Personal Ansprechpartner für die Betriebsräte in der Konzernspitze gewesen war und nun als stellvertretendes Mitglied in die Vorstände von S&H und SSW eintrat, rückte der 1904 geborene Jurist Dr. Gisbert Kley.[24] Er war in der NS-Zeit zunächst persönlicher Referent des Reichsministers für Ernährung und Landwirtschaft und im Zweiten Weltkrieg dann als Ministerialrat in den besetzten Ostgebieten tätig gewesen[25], verfügte bis dahin also über keine große industrielle Erfahrung. Mit seinem Amtsantritt veränderte sich das Verhältnis zwischen Arbeitgeber und Betriebsräten grundlegend, da er stärker als sein Vorgänger auf Konfrontation setzte. Stoßrichtung der Konfliktstrategie der Konzernleitung bildeten die Gewerkschaften,

---

21 Milert/Tschirbs, Demokratie, 2012, S. 393 ff.
22 Norbert Ranft, Sicherung oder Ausbau? Vertragliche Mitbestimmungsregelungen in der Bergbauindustrie, in: Ulrich Borsdorf/Ulrike Wendeling-Schröder (Bearb.), Aspekte der Mitbestimmung. Beiträge zur aktuellen Diskussion um die Mitbestimmung als Zukunftsaufgabe der Gewerkschaften, WSI-Arbeitsmaterialien Nr. 7, Düsseldorf 1985, S. 144-159, hier: S. 153.
23 Paul Erker, Die Arbeiter bei MAN 1945–1950, in: Klaus Tenfelde (Hg.), Arbeiter im 20. Jahrhundert, Stuttgart 1991, S. 571.
24 Wilfried Feldenkirchen/Eberhard Posner, Gerd Tacke, in: dies. (Hg.), Die Siemens-Unternehmer. Kontinuität und Wandel 1847–2005. Zehn Portraits, München/Zürich 2005, S. 148-157.
25 Friedrich Christian Delius, Unsere Siemens-Welt. Eine Festschrift zum 125-jährigen Bestehen des Hauses S., Hamburg 1995, S. 121.

deren innerbetrieblichen Einfluss die Arbeitgeber nicht nur bei Siemens zurückdrängen wollten.[26]

Die Ausgrenzungspolitik der Unternehmensleitungen in Werksangelegenheiten gegenüber den Gewerkschaften – aber auch gegenüber den Arbeitgeberverbänden – speiste sich aus der Vorstellung, dass die Arbeitnehmerorganisationen – im Gegensatz zu den kooperationswilligen Betriebsräten – Repräsentanten des Klassenkonfliktes seien. Mit dem Herausdrängen der Gewerkschaften sollte verhindert werden, dass der Klassenkonflikt von außen in den Betrieb gelangte und die betrieblichen Interessenvertreter quasi »infizierte«.[27] Eine »Fremdbestimmung«[28] der innerbetrieblichen Beziehungen durch die Gewerkschaften sollte verhindert werden. Die Betriebsräte gerieten bei dieser Strategie stellvertretend für die Gewerkschaften in die erste Konfrontationslinie.

Bei Siemens trat dieser Kurs nach dem Inkrafttreten des BetrVG Ende 1952 deutlich zutage. Eine der ersten Aktionen des neuen Personalchefs Kley nach der Verabschiedung des Betriebsverfassungsgesetzes war die Kündigung der bisherigen, seit 1947 geltenden Betriebsvereinbarung über die konzernweite Arbeit der Betriebsräte zum 30. Juni 1953.[29] Die Konzernleitung nutzte – wie auch viele andere deutsche Unternehmen[30] – die Klausel des § 90 des BetrVG, nach der bestehende Betriebsvereinbarungen innerhalb von sechs Monaten nach Inkrafttreten des Gesetzes gekündigt werden konnten. Damit entfielen die weitgehenden Rechte, die die Belegschaftsvertretung in den Nachkriegsjahren hatte verankern können; es galt nunmehr nur noch der enge gesetzliche Rahmen. Vor diesem Hintergrund ist es verständlich, dass der GBR-Vorsitzende Tausig die betriebliche Konstellation seit 1953 aus Sicht der Belegschaftsvertretung überaus negativ bewertete: Das »BetrVG hat aber auf allen Gebieten Verschlechterungen gebracht.«[31]

---

26 Vgl. z. B. die Darstellung einer entsprechenden strategischen Ausrichtung in den 1950er-Jahren im Bayer-Konzern bei Kirsten Petrak, Die werkseigene »gute« Tradition, die Ära Hochapfel und das Betriebsverfassungsgesetz: Zur Praxis der betrieblichen Mitbestimmung in Leverkusen nach 1945, in: Klaus Tenfelde/Karl-Otto Czikowsky/Jürgen Mittag/Stefan Moitra/Rolf Nietzard (Hg.), Stimmt die Chemie? Mitbestimmung und Sozialpolitik in der Geschichte des Bayer-Konzerns, Essen 2007, S. 177-196, hier: S. 177.

27 Hermann Kotthoff, Betriebsräte und Bürgerstatus. Wandel und Kontinuität betrieblicher Mitbestimmung, München/Mering 1994, S. 336.

28 So der Generaldirektor Ulrich Haberland vom Bayer-Werk in Leverkusen, vgl. Petrak, Tradition, in: Klaus Tenfelde u. a. (Hg.), 2007, S. 183.

29 Strothmann, Besprechung am 28.3.1955, AdsD 5/IGMA 160111, S. 1; Denkschrift der Betriebsvertretung, 14.11.1953, AdsD 5/IGMA 171186, S. 10.

30 Vgl. für Daimler-Benz: Richard Osswald, Lebendige Arbeitswelt. Die Sozialgeschichte der Daimler-Benz AG von 1945 bis 1985, Stuttgart 1986, S. 53; für Telefunken: Protokoll Nr. 21 über die Besprechung des Vorstandes von Telefunken mit dem Interzonenausschuss am 24.2.1953 in Berlin, Historisches Archiv der Stiftung Deutsches Technikmuseum Berlin, Bestand I.2.060 C, 15, Bl. 144-148, hier: Bl. 147.

31 Strothmann, Besprechung am 28.3.1955, AdsD 5/IGMA 160111, S. 1.

Der betriebliche Konflikt nahm an Brisanz durch die nach dem BetrVG im Jahr 1953 durchzuführende Aufsichtsratswahl zu, nach der ein Drittel der Aufsichtsratsmandate durch Arbeitnehmervertreter zu besetzen war. Der geschäftsführende Ausschuss des GBR schlug für die Wahl zum Aufsichtsrat als externen Vertreter den renommierten Sozialdemokraten Dr. Gerhard Kreyssig vor. Kreyssig war den älteren Berliner Siemens-Betriebsräten aus seiner Tätigkeit als Sekretär des Allgemeinen freien Angestelltenbundes bekannt, da er dort in der wirtschaftspolitischen Abteilung der Hauptgeschäftsstelle in Berlin von 1928 bis 1931 tätig gewesen war. Zu seinen Aufgaben gehörte damals vor allem die Organisation und Durchführung von Aufsichtsratslehrgängen für Betriebsräte. Prädestiniert für das Aufsichtsratsmandat war er aus Sicht der Betriebsräte vor allem durch die von ihm gemeinsam mit seinem Abteilungsleiter Dr. Otto Suhr veröffentlichte Publikation »Die Praxis der Betriebsräte im Aufsichtsrat«[32], in der er schon 1930 die Aufgaben der Belegschaftsvertreter in den Unternehmenskontrollgremien skizziert hatte; die viel beachtete Broschüre erschien bis 1933 in mehreren Auflagen. Nachdem Kreyssig 1947 von der SPD-Führung in den wirtschaftlichen Ausschuss bei Parteivorstand berufen worden war, rückte er im April 1951 an die Stelle des bayerischen SPD-Landesvorsitzenden Waldemar von Knoeringen, der sein Bundestagsmandat niedergelegt hatte, in den Bundestag nach; seit 1952 war er außerdem Mitglied des Europaparlaments. Für den Siemens-GBR waren vor allem sein wirtschaftlicher Sachverstand und seine gewerkschaftliche Verbundenheit ausschlaggebend dafür, dass er ihn für ein Aufsichtsratsmandat sowohl bei S&H als auch bei SSW nominierte. Seine Kandidatur stieß aber auf heftigen Widerstand bei der Konzernleitung, die für eine Besetzung der Aufsichtsratsmandate aus dem Kreis der Belegschaft plädierte. Immerhin trieb der Konzernvorstand den Konflikt nicht auf die Spitze; er verzichtete auf die Möglichkeit, die Aufsichtsratsgremien bei S&H und SSW auf sechs Mitglieder zu verringern. Dieses von vielen Unternehmen 1953 praktizierte Vorgehen hätte zur Folge gehabt, dass nach den Bestimmungen des BetrVG zur Wahl von Aufsichtsratsmitgliedern aus dem Kreis der Arbeitnehmer nur Kandidaten aus der Belegschaft für die beiden Siemens-Kontrollgremien wählbar gewesen wären.[33] Trotz des Widerstandes des Vorstandes beharrte der GBR auf seiner Personalentscheidung und erreichte es, das Kreyssig 1953 in die beiden Aufsichtsräte gewählt wurde (und dort bis 1968 verblieb).[34]

Die Antwort der Unternehmensführung blieb nicht lange aus, und sie traf die IG Metall: Siemens stellte die bisher praktizierte betriebliche Kassierung der Gewerkschaftsbeiträge mittels der Lohnbürokassierung bei den Arbeitern ein.[35] Damit folgte der Konzern einem Appell der Arbeitgeberverbände, die Ende 1952 die Mitglieds-

---
32 Die Praxis der Betriebsräte im Aufsichtsrat. Wirtschaftspolitische Schriften des Allgemeinen freien Angestelltenbundes, Berlin 1930.
33 Milert/Tschirbs, Demokratie, 2012, S. 423 f.
34 Strothmann, Besprechung am 28.3.1955, AdsD 5/IGMA 160111, S. 2.
35 Hans Beyerlein, Bericht über den Siemenskonzern, 11.4.1961, S. 20, AdsD 5/IGMA 160023.

unternehmen aufgefordert hatten, die bestehenden Vereinbarungen mit den Gewerkschaften über die Kassierung der Gewerkschaftsbeiträge über die Lohnabrechnung aufzukündigen.[36] Auch wenn der GBR-Vorsitzende Tausig, der selbst IG Metall-Mitglied war, Jahre später in diesem Schritt »keinen gewerkschaftsfeindlichen Akt« sah, da er die Lohnbürokassierung aus gewerkschaftspolitischen Gründen ablehnte[37], war diese Maßnahme der Konzernleitung eindeutig gegen die Gewerkschaft gerichtet, deren betriebliche Stellung sie weiter schwächen wollte. In der Tat traf diese Kündigung die IG Metall schwer, da es ihr bis zum Beginn der 1960er-Jahre nicht gelingen sollte, in den Siemensbetrieben ein funktionierendes Vertrauensleutesystem aufzubauen, das diese Beitragskassierung hätte übernehmen können.[38] So lag der organisatorische Aufwand vor allem auf den Schultern der örtlichen haupt- und ehrenamtlichen Funktionäre, die die Beiträge auf dem Weg der Hauskassierung einholen mussten.

Aufgrund der Kündigung der Betriebsvereinbarung von Oktober 1947 musste auch die bisherige konzernweite Organisation der Siemens-Betriebsräte, die sich zwischenzeitlich als »Hauptausschuss der Siemens-Betriebsräte« gebildet hatte, aufgelöst werden. Das BetrVG sah demgegenüber die Errichtung eines Gesamtbetriebsrates vor. Diese gesetzliche Festlegung löste nach den ersten Betriebsratswahlen unter den neuen gesetzlichen Bedingungen im März 1953 einen schweren Konflikt zwischen der Unternehmensleitung, den Betriebsräten und den im Unternehmen vertretenen Gewerkschaften aus, der die Interessenvertretung bei Siemens auf Konzernebene für mehr als ein Jahr tiefgreifend beeinträchtigte.

Dabei überlagerten sich drei Konfliktebenen: die zwischen Betriebsräten und Konzernleitung, die zwischen Siemens-Unternehmensleitung und den Gewerkschaften sowie die zwischen betrieblicher Interessenvertretung und IG Metall. Letzterer Konflikt resultierte vor allem aus den gewerkschaftlichen Vorbehalten gegenüber einer eigenständigen überbetrieblichen Organisation von Betriebsräten. Der DGB hatte schon nach Erlass des Kontrollratsgesetzes – mit Unterstützung der britischen und amerikanischen Militärregierungen[39], in der Praxis oft aber mit geringem Erfolg – versucht, die Errichtung von Gesamtbetriebsräten innerhalb eines Konzerns zu verhindern; er stützte sich dabei auf den Wortlaut des Gesetzes, dass die Tätigkeit der Belegschaftsvertretungen nur auf den Betrieb ausgerichtet sein sollte. Ein entsprechender Beschluss des Vorstandes der IG Metall vom Dezember 1947 hatte

---

36 Industriegewerkschaft Chemie, Papier, Keramik, Jahrbuch 1952, Hannover o. J. [1953], S. 97.
37 Beyerlein, Bericht über den Siemenskonzern, 11.4.1961, AdsD 5/IGMA 160023, S. 20.
38 Ebd., S. 21.
39 Stellungnahme von R. W. Luce in der Sitzung des Bundesvorstandes und des Beirates des DGB (BBZ) am 13.11.1947, in: Gewerkschaften in Politik, Wirtschaft und Gesellschaft 1945–1949, bearb. v. Siegfried Mielke u. Peter Rütters unt. Mitarb. v. Michael Becker. (Quellen zur Geschichte der deutschen Gewerkschaftsbewegung Bd. 7), Köln 1991, S. 146 ff.; Erklärung von J. K. Meskimen zur Politik der amerikanischen Militärregierung hinsichtlich der Bildung von Gesamtbetriebsräten v. 29.2.1948, in: ebd., S. 150 ff.

klargestellt, dass »die Zusammenfassung der Betriebsräte« innerhalb einer Unternehmensgruppe – wie schon in der Weimarer Republik praktiziert – »Sache der Gewerkschaft« sei.[40] Dahinter stand der Anspruch der Gewerkschaften auf die alleinige Regelungskompetenz in allen überbetrieblichen Fragen. Den Betriebsräten wurde das Recht verweigert, sich über ihren Zuständigkeitsbereich, den Betrieb, hinaus zu organisieren, weil die Gewerkschaften durch den Aufbau einer Parallelstruktur zu ihrer Organisation die gewerkschaftliche Handlungsfähigkeit gefährdet sahen. Dieser Auffassung der Metallgewerkschaft war der DGB gefolgt. In einem Rundschreiben an alle Gewerkschaften stellte der stellvertretende Bundesvorsitzende des DGB der Britischen Besatzungszone, Albin Karl, am 2. Juli 1948 lapidar fest: »Entsprechend der Einstellung des Deutschen Gewerkschaftsbundes gibt es überbetriebliche Zusammenfassungen von Betriebsräten (Hauptbetriebsräte bzw. Gesamtbetriebsräte) nicht mehr.« An ihrer Stelle sollten »von den Gewerkschaften Koordinierungsausschüsse, die unter der Leitung der Gewerkschaften stehen«, gebildet werden.[41] Diese Beschlusslage in den Gewerkschaften hinderte Betriebsräte wie bei Siemens aber nicht daran, an konzernübergreifenden Betriebsrätestrukturen festzuhalten, die mit den Unternehmensleitungen vereinbart worden waren. Die Beschlüsse des DGB griffen ins Leere. Für das Management hatte diese Praxis den Vorteil, dass die Gewerkschaften aus den sozialen Beziehungen in den Unternehmen ausgeschlossen blieben.

Das BetrVG setzte in dieser Frage neue Maßstäbe und unterminierte einmal mehr die gewerkschaftliche Position. Es schrieb im § 46 fest, dass für die Errichtung eines GBR das Vorliegen eines entsprechenden Errichtungsbeschlusses der Betriebsräte genügte. Außerdem bestimmte das Gesetz, dass für einen Konzern der Größe von Siemens mit einer hohen Zahl von Betrieben eine Betriebsvereinbarung über Mitgliederzahl und Zusammensetzung des GBR abgeschlossen werden musste, es sei denn, es gäbe hierzu eine Tarifvereinbarung. Dies war bei Siemens wie bei anderen Unternehmen der Elektroindustrie aber nicht der Fall.[42]

Unmittelbar nach Inkrafttreten des BetrVG beschlossen Vertreter der Arbeitsgemeinschaft der Siemens-Betriebsräte der westlichen Zonen und des Berliner Gesamtbetriebsrates in einer gemeinsamen Sitzung am 22./23. Oktober 1952, einen gemeinsamen GBR für SSW und S&H zu bilden. Nach einer intensiven Diskussion zwischen den einzelnen Betriebsratsgremien wurde Anfang April 1953 der Entwurf einer Betriebsvereinbarung über die Zusammensetzung und das Wahlverfahren eines Siemens-GBR beschlossen und am 13. April der »Firmenleitung« (FL) zugesandt.[43]

---

40 Beschluss des Vorstandes der IG Metall (BBZ) zu den Aufgaben der Betriebsräte v. 10./11.12.1947, in: Quellen zur Geschichte der deutschen Gewerkschaftsbewegung, Bd. 7, S. 212.
41 Albin Karl, Rundschreiben an alle Gewerkschaften, 2.7.1948, AdsD 5/IGMA 071766.
42 IG Metall, Geschäftsbericht 1958/59, Frankfurt a. M. 1960, S. 215.
43 Denkschrift der Betriebsvertretung v. 14.11.1953, AdsD 5/IGMA 171186, S. 7-9.

Der schnelle Abschluss einer Betriebsvereinbarung scheiterte jedoch an den unterschiedlichen Vorstellungen zwischen Arbeitnehmervertretungen und Konzernleitung über die Zusammensetzung des GBR und die Wahl seiner Mitglieder. Während die Mehrheit der Betriebsräte – unterstützt von der IG Metall und der in der Siemens-Angestelltenschaft gut verankerten Deutschen Angestelltengewerkschaft (DAG) – für eine Persönlichkeitswahl bei der Besetzung des Gesamtbetriebsrates durch eine Vollkonferenz aller Betriebsräte des Konzerns eintraten, wollte die Arbeitgeberseite bei der Zusammensetzung des GBR ein bestimmtes Verhältnis zwischen Betriebsstätten, Personengruppen und Regionen zugrunde legen und die Mitglieder des zukünftigen GBR auf der Basis dieser Quote jeweils auf der Ebene der einzelnen Betriebe und Dienststellen durch betriebliche Delegierte wählen lassen.[44] Dahinter stand die Absicht der Konzernleitung, über dieses Wahlverfahren die Zusammensetzung des GBR so zu beeinflussen, dass eine Anzahl von Betriebsräten, insbesondere aus den zentralen Verwaltungsbetrieben in Erlangen und München, bei denen die IG Metall in der Angestelltenschaft einen Organisationsgrad von unter einem Prozent aufwies[45], in den GBR gelangen würde, welche nach Meinung der IG Metall »zum Teil unorganisiert, zum Teil wohl organisiert, aber absolut firmenhörig«[46] waren. Da die IG Metall- und DAG-Betriebsräte in der Betriebsrätevollkonferenz, die als Wahlorgan für den GBR fungieren würde, voraussichtlich die absolute Mehrheit stellen würden, bedeutete der Mehrheitsvorschlag der Betriebsräte dagegen, dass der GBR zukünftig ausschließlich mit Mitgliedern von IG Metall und DAG besetzt sein würde.

Es ging bei dieser ersten großen Auseinandersetzung bei Siemens zwischen Arbeitgeber und Betriebsräten aufgrund der neuen Bestimmungen des Betriebsverfassungsgesetzes um Macht und Einfluss in der Interessenvertretung. Der Konflikt, der sich auf dem ersten Blick um formale Aspekte bei der Zusammensetzung des GBR drehte, stellte in Wirklichkeit einen ersten Machtkampf in doppelter Hinsicht dar: Zwischen Konzernleitung und Betriebsrat ging es um die Autonomie der Interessenvertretung und zwischen Unternehmensleitung und Gewerkschaften um den gewerkschaftlichen Einfluss in der Interessenvertretung des Konzerns. Der Konflikt entsprang dem Interesse der Siemens-Firmenleitung, das BetrVG für einen Neuanfang in den betrieblichen Beziehungen zu nutzen und den gewerkschaftlichen Einfluss weiter zurückzudrängen. Dieser Vorstoß war getragen vom Verständnis der Siemens-Eigentümer, die sozialen Beziehungen zwischen den Akteuren innerhalb der Unternehmensgruppe allein als interne Konzernangelegenheiten zu sehen. Wie in vielen anderen Unternehmen mit einer sozialpatriarchalischen Tradition war die vergemeinschaftende Formel von der »Unternehmens-Familie« eine von den Sie-

---

44 Ebd., S. 10 ff.; vgl. auch Unser Betriebsrat, in: SM, Heft 10, Februar 1954, S. 14 f.
45 Hans Beyerlein, Bericht über den Siemens-Konzern v. 15.3.1962, S. 18, AdSD 5/IGMA 160023.
46 Bericht über die Vertreterversammlung der Siemens & Halske- und Siemens-Schuckert-Betriebsräte in Karlsruhe am 1./3.7.1953, AdSD 5/IGMA 160111.

mens-Eigentümern viel genutzte Metapher für die gedachte Funktionsweise des innerbetrieblichen sozialen Beziehungssystems. Gewerkschaften waren Fremdkörper in diesem Denkmodell und als ein solcher Störfaktor nicht besonders geschätzt. Diese Einstellung korrespondierte mit einer – ungeschriebenen – Konzernrichtlinie, die schon seit dem Erlass des BRG im Jahre 1920 galt: Die Siemens-Beschäftigten hatten mit ihren Anträgen, Beschwerden, Klagen und Forderungen grundsätzlich den Instanzenweg vom unmittelbaren Vorgesetzten über die Werks- und Abteilungsleitung bis hin zur Geschäftsführung einzuhalten. Einmischungen von außen sollten »als Eingriffe in den unternehmerischen Kernbereich strikt abgewehrt werden«.[47] Noch im Jahr 1958 hob Dr. Kley dieses Selbstverständnis, das den doppelten Anspruch einer sozialpolitischen Autonomie und einer Zentralisierung von personalpolitischen Entscheidungen im Siemens-Konzern zum Ausdruck brachte, auf einer konzerninternen Führungstagung hervor:

> »Am wesentlichsten bleibt die auch vorher bestehende Abrede über die Beilegung von Meinungsverschiedenheiten innerhalb des Hauses. Entstehen örtliche Differenzen zwischen der Betriebsleitung und dem Betriebsrat, so darf keine Stelle außerhalb des Hauses angerufen werden, bevor die Angelegenheit nicht zentral zwischen Firmenleitung und Gesamtbetriebsrat verhandelt worden ist. Diese Abrede ist von größter Bedeutung; sie ist in den vergangenen Jahren mit Erfolg angewendet worden.«[48]

Im Jahr 1953 ließen sich die gegensätzlichen Positionen zwischen Konzernleitung auf der einen Seite und Betriebsräten sowie Gewerkschaften auf der anderen durch Verhandlungen nicht überbrücken. Zur Lösung des Konflikts rief die IG Metall am 7. September 1953 die gemäß den Bestimmungen des BetrVG vorgesehene Einigungsstelle an, die unter dem Vorsitz des Präsidenten des bayerischen Landesarbeitsgerichtes tagte.[49] Im Gegenzug erklärte die Konzernleitung, dass sie mit dem Betriebsausschuss, der als Interimsvertretungsorgan aller Siemens-Betriebsräte bis zur offiziellen Gründung des GBR gewählt worden war, Verhandlungen »über laufende Angelegenheiten aus prinzipiellen Gründen« ablehne; auch in Fragen, bei denen aus Sicht der Belegschaftsvertretungen »sachlich nicht die geringsten Meinungsverschiedenheiten bestanden«, verweigerte sich die Unternehmensführung einer gemeinsamen Festlegung mit den Betriebsräten.[50] Die innerbetriebliche Blockade war verkündet.

---

47 Sachse, Sozialpolitik, 1987, S. 215.
48 Unsere Sozialpolitik. Vortrag von Dir. Dr. Kley, in: Siemens, Betriebstechnische Tagung 1958. 10 Jahre Aufbau. Rückblick und Vorschau, zit. n. Sachse, Sozialpolitik, 1987, S. 215.
49 Bericht über die Vertreterversammlung der Siemens & Halske- und Siemens-Schuckert-Betriebsräte in Karlsruhe am 1./3.7. 1953, AdsD 5/IGMA 160111.
50 Denkschrift der Betriebsvertretung, 14.11.1953, AdsD 5/IGMA 171186, S. 23.

Nach lang währenden Verhandlungen verkündete die Einigungsstelle schließlich Ende 1953 ihren Urteilsspruch – einen Kompromiss, der der Position der Firmenleitung sehr entgegenkam. Bei dem Wahlverfahren zum GBR mussten danach mehrheitlich regionale Gesichtspunkte berücksichtigt werden, das Persönlichkeitswahlprinzip durfte nur für etwas mehr als ein Drittel der Mandate angewandt werden. Entsprechend diesem Urteilsspruch schlossen die Unternehmensleitungen und Betriebsräte von S&H und SSW am 26. Januar 1954 die Betriebsvereinbarung über die Bildung eines Gesamtbetriebsrates für die Siemens & Halske AG und die Siemens-Schuckertwerke AG ab, die im Gegensatz zu ihren Vorläufern nur die Struktur und das Wahlverfahren für den GBR, nicht aber zusätzliche Kompetenzen für die Betriebsräte über das BetrVG hinaus beinhaltete.[51]

Die Auseinandersetzung um die Zusammensetzung endete vor dem Schiedsgericht zwar mit einem Sieg der Firmenleitung, der Wahlakt selbst brachte aber einen Triumph der Gewerkschaften. In den GBR wurden ausschließlich organisierte Betriebsräte gewählt, 25 besaßen das Mitgliedsbuch der IG Metall und 7 das der DAG.[52] Auch in den folgenden Jahren erwies sich der Siemens-GBR als gewerkschaftliches Bollwerk: Nach den Betriebsratswahlen von 1959 gehörten dem auf 37 Mitglieder vergrößerten GBR 28 Betriebsräte der IG Metall und 9 der DAG an.[53] Der Versuch der Konzernleitung, den gewerkschaftlichen Einfluss im Konzern über die Zusammensetzung des GBR zu reduzieren, war im Ansatz gescheitert. Folge dieser Konfrontation zwischen Firmenleitung und Gewerkschaften, in dessen Mittelpunkt der Gesamtbetriebsrat stand, war jedoch die eingangs beschriebene Blockadehaltung der Siemens-Arbeitgeberseite gegenüber den Belegschaftsvertretungen.

3 Der bayerische Metallerstreik 1954 und das Einlenken des Gesamtbetriebsrates

Für eine weitere Verschärfung der Konfrontation sorgte der dreieinhalbwöchige Arbeitskampf in der bayerischen Metallindustrie im August 1954, von dem auch die bayerischen Betriebe von Siemens, darunter die von der IG Metall kaum organisierten Verwaltungsbereiche in Erlangen und München, betroffen waren.[54] Der von der IG Metall unzureichend vorbereitete Streik, der von den Medien aufmerksam verfolgt wurde – nicht zuletzt, weil er von heftigen Übergriffen gegen Streikbrecher begleitet war –, endete ohne ein wirkliches gewerkschaftliches Erfolgserlebnis: Die IG Metall

---
51 Strothmann, Besprechung am 28.3.1955, AdsD 5/IGMA 160111, S. 2.
52 IG Metall, Geschäftsbericht 1958/1959, S. 215.
53 Beyerlein, Bericht über den Siemenskonzern, 11.4.1961, AdsD 5/IGMA 160023, S. 23.
54 Der Organisationsgrad der IG Metall betrug in den Verwaltungsbetrieben noch Anfang der 1960er-Jahre nahe 0 Prozent, vgl. Beyerlein, Bericht über den Siemens-Konzern, 15.3.1962, AdsD 5/IGMA 160023, S. 18.

konnte letztlich kein anderes Tarifergebnis erreichen, als es die DAG schon zuvor ohne Arbeitskampfmaßnahmen abgeschlossen hatte. Als zusätzlichen Punkt auf der Negativseite musste die IG Metall verbuchen, dass sie Entlassungen von zahlreichen Mitgliedern hinnehmen musste, die sich am Streik beteiligt hatten.[55] Von der Härte, mit der die Auseinandersetzung insbesondere bei Siemens geführt wurde, zeugt die Tatsache, dass hier im Zuge des Streiks – bei dem landesweit insgesamt 847 Mitglieder der IG Metall, darunter 60 Betriebsräte und mehrere Hundert Vertrauensleute, fristlos gekündigt wurden[56] – rund 130 Beschäftigte entlassen wurden, darunter sogar der Betriebsratsvorsitzende von SSW in Nürnberg, Max Hummel.[57]

Die Siemens-Konzernleitung, die den Streik »als eklatanten Verstoß gegen die Ideologie von der ›Siemens-Familie‹«[58] betrachtete, reagierte aber auch mit anderen Strafmaßnahmen gegenüber den am Streik beteiligten Mitarbeitern. So entfiel für diese Beschäftigten die bei Siemens geltende »Erfolgsbeteiligung«. Diese Prämie war 1927 als so genannte »Abschlussprämie« eingeführt worden, im letzten Kriegsjahr war sie allerdings wieder ausgesetzt worden. Als Siemens im Jahr 1951 nach Kriegsende erstmals wieder eine Dividende an die Aktionäre ausschüttete, erklärte sich die Konzernleitung bereit, diese Prämie wieder an die Mitarbeiter auszuzahlen. Allerdings stand bei dieser freiwilligen Sozialleistung weniger die Beteiligung der Beschäftigten am Unternehmenserfolg im Vordergrund, sondern die Bekämpfung des Absentismus: Die Erfolgsbeteiligung wurde nur an diejenigen Beschäftigten ausgezahlt, die bis zum 1. Oktober des laufenden Jahres drei Jahre ununterbrochen gearbeitet hatten.[59] Diejenigen Mitglieder der IG Metall, die sich am Streik beteiligt hatten, erfüllten diese Voraussetzung nun nicht mehr. Die Bitte des GBR, die Streiktage nicht als Fehlzeiten zu bewerten, wurde von der Konzernleitung strikt abgelehnt.[60] Sie bestand darauf, dass die Funktion der Erfolgsbeteiligung als ein Mittel der Sozialdisziplinierung der Belegschaften unangetastet erhalten blieb.

Es blieb nicht bei dieser Sanktion. Die Siemensführung zeigte auch bei anderen betrieblichen Sozialleistungen, dass sie an ihrer harten Linie gegenüber den am Streik

---

55 Rudi Schmidt, Der Streik in der bayerischen Metallindustrie von 1954. Lehrstück eines sozialen Konflikts, Frankfurt a. M. 1995, S. 58-137; Rainer Kalbitz, Der Metallerstreik in Bayern 1954, in: GMH 55 (2004), Heft 9, S. 559-569; ders., Die Ära Otto Brenner in der IG Metall, Frankfurt a. M. 2001, S. 104-119.
56 Ebd., S. 114.
57 Strothmann, Besprechung am 28.3.1955, AdsD 5/IGMA 160111, S. 3; vgl. auch Schmidt, Streik, 1995, S. 136 u. 158 sowie Kalbitz, Metallerstreik, in: GMH 55 (2004), S. 566 f.
58 Schmidt, Streik, 1995, S. 137.
59 Wolfgang Zollitsch, Arbeiter zwischen Weltwirtschaftskrise und Nationalsozialismus. Ein Beitrag zur Sozialgeschichte der Jahre 1928 bis 1936, Göttingen 1990, S. 86 f.; Wilfried Feldenkirchen, Siemens 1918–1945, München, Zürich 1995, S. 424; Feldenkirchen/Posner, Siemens-Unternehmer, 2005, S. 104 u. S. 121.
60 Aktennotiz zur Gesamtbetriebsratssitzung Siemens-Halske/Siemens-Schuckert am 1.–2.2.1956 in Düsseldorf, AdsD 5/IGMA 160111.

beteiligten Mitarbeitern festhielt: Auch bei der Berechnung von Jubiläen und der betrieblichen Altersrente wurden die Streiktage abgezogen; erst 1969 konnte der GBR erreichen, dass in diesen beiden Fällen die Sanktionen aufgehoben wurden.[61] Aber nicht nur mit diesen Sanktionen gegenüber den Streikenden versuchte die Konzernleitung, die Gewerkschaftsarbeit der IG Metall im Betrieb nach dem Streik nachhaltig zu behindern. Sie untersagte die bisher von den Vertrauensleuten wahrgenommene, jedoch nicht vertraglich abgesicherte Praxis, die Gewerkschaftszeitung in den Werken zu verteilen, die Mitgliedsbeiträge im Betrieb zu kassieren sowie Vertrauensleutesitzungen während der Arbeit abzuhalten.[62]

In dieser Situation wandte sich Ende des Jahres 1954 der GBR an die Siemens-Konzernleitung, um vor allem die Wiedereinstellung der während des Streiks entlassenen Mitarbeiter zu erreichen. Dabei appellierte er gegenüber der Konzernleitung an das »Familienbewusstsein bei Siemens«; zur »Entgiftung der Atmosphäre« sollte sie die entlassenen Mitarbeiter wieder einstellen.[63] Personalchef Dr. Kley erklärte sich hierzu grundsätzlich bereit, schlug aber vor, in einer gemeinsamen Erklärung den Friedenswillen beider Seiten deutlich zu machen. Der vom Vorstand vorgelegte Entwurf für diesen Aufruf an die Belegschaft stürzte die Belegschaftsvertretung in ein Dilemma, denn er beinhaltete einen Appell an die Erhaltung des Arbeitsfriedens und die Verurteilung von Gewaltanwendung sowie von Drohungen gegenüber Arbeitswilligen während eines Arbeitskampfes. Vor dem Hintergrund der heftigen Auseinandersetzungen während des gerade beendeten Streiks konnte dies nur als eine herbe Kritik an der IG Metall gedeutet werden. Auf der anderen Seite bot sich für den GBR die Chance, die angespannte Atmosphäre im Konzern zu überwinden und den entlassenen Gewerkschaftskollegen wieder zu einer Wiedereinstellung zu verhelfen. Nach intensiver interner Diskussion entschied der Gesamtbetriebsrat – ohne Rückkopplung mit der Gewerkschaft –, einer aufgrund des Wunsches des GBR leicht modifizierten Erklärung zuzustimmen. In dieser Erklärung, die am 1. Februar 1955 in den Siemens-Betrieben per Aushang veröffentlicht wurde, hieß es:

> »Firmenleitung und Gesamtbetriebsrat haben die Ereignisse der letzten Zeit, die unser Haus betrafen, auch den Streik in Bayern, im gegenseitigen Vertrauen miteinander besprochen.
> Unser Wunsch ist die Erhaltung des Arbeitsfriedens. Für dieses Ziel werden wir uns gemeinsam einsetzen.
> Darum werden Firmenleitung und Gesamtbetriebsrat nach dem Brauche des Hauses Siemens Meinungsverschiedenheiten im Geiste gegenseitigen Verständnisses und in offener Aussprache klären.

---

61 Schmidt, Streik, 1995, S. 138.
62 Ebd.
63 Strothmann, Besprechung am 28.3.1955, AdsD 5/IGMA 160111, S. 3.

In diesem Sinne wünschen wir die gemeinsame Arbeit auch in allen unseren Betrieben. Wir verurteilen Gewaltanwendung und Bedrohung bei der Austragung von Arbeitskämpfen und glauben, darin mit der Belegschaft übereinzustimmen. Trotz mancher Schwierigkeiten hat uns das Jahr 1954 große Erfolge gebracht. Allen Betriebsangehörigen, die hierbei mitgeholfen haben, sei für ihre Arbeit gedankt. Das Jahr 1955 wird erfolgreich sein, wenn alle Mitarbeiter im Hause Siemens einen gemeinsamen Weg gehen.«[64]

Die Erklärung stürzte die Siemens-Belegschaftsvertretung in einen heftigen Konflikt mit der IG Metall. Dies lag auch daran, dass die Verabschiedung des BetrVG die grundsätzliche Skepsis führender Gewerkschafter gegenüber den betrieblichen Interessenvertretungen noch verstärkt hatte. In den Führungsspitzen vieler Gewerkschaften, vor allem aber in der IG Metall, nahm die Distanz zu den Betriebsräten zu, denen man Betriebshörigkeit unterstellte. Als geeignete Antwort sah man den Aufbau eines gewerkschaftlichen Vertrauensleutesystems in den Betrieben, der den gewerkschaftlichen Einfluss in den Betrieben wieder geltend machen und auch die Arbeit der Betriebsräte beeinflussen und kontrollieren sollte.[65] Ganz in diesem Sinne konstatierte das für Betriebsrätearbeit zuständige Vorstandmitglied der IG Metall, Fritz Strothmann, Ende April 1955 auf der Sitzung des Beirates der Gewerkschaft, dass man »vor einer erschreckenden Betriebsbezogenheit mancher Betriebsräte«[66] stehe, wobei er sicherlich vor allem den GBR bei Siemens im Auge gehabt hatte.

Der IG-Metall-Vorstand hatte einen Monat zuvor den geschäftsführenden Ausschuss des Siemens-GBR zu einer Aussprache in die Frankfurter Hauptverwaltung der Gewerkschaft eingeladen. Die Bedeutung, die die Gewerkschaftsführung diesem Treffen beimaß, wird aus dem Sachverhalt ersichtlich, dass von Seiten der Gewerkschaft neben Strothmann die beiden gleichberechtigten Vorsitzenden Hans Brümmer und Otto Brenner teilnahmen. Strothmann warf dem GBR eine Politik der »Arbeitsgemeinschaft um jeden Preis« vor, die der Gewerkschaft schaden würde. Er beklagte sich grundsätzlich darüber, »dass die Betriebsräte in einer erschreckenden Betriebsbezogenheit ihre Arbeit durchführen«.[67] Angesichts der organisatorischen Schwäche der IG Metall im Siemens-Konzern mit einem durchschnittlichen Organisationsgrad

---

64 »An die Belegschaft des Hauses Siemens«. Gemeinsame Erklärung von den Vorständen von S&H und SSW und dem GBR v. 1.2.1955, AdsD 5/IGMA 160193; auch abgedr. i. SM, Heft 14 v. März 1955, S. 2.
65 Milert/Tschirbs, Demokratie, 2012, S. 340 ff.
66 Sitzung des Beirates der IG Metall, 27./28.4.1955, in: Quellen zur Geschichte der deutschen Gewerkschaftsbewegung im 20. Jahrhundert, Bd. 10: Die Industriegewerkschaft Metall in der frühen Bundesrepublik 1950–1956. Bearbeitet von Walter Dörrich/Klaus Schönhoven, Köln 1991, S. 579.
67 Strothmann, Besprechung am 28.3.1955, AdsD 5/IGMA 160111, S. 4.

von rund 25 % und einer rudimentären Vertrauensleutestruktur[68] war sich der IG-Metall-Vorstand jedoch seiner Schwäche gegenüber den IG-Metall-Betriebsräten im Siemens-GBR, die als gewählte Vertreter von mehr als 100.000 Beschäftigten auftreten konnten, bewusst. Nachdem Tausig die Gründe für das Verhalten des GBR ausführlich erläutert hatte, äußerte der Vorstand durchaus Verständnis für die Haltung des GBR. Am Ende des Gesprächs blieb ihm nichts Anderes übrig, als zu »empfehlen«, »bei ähnlichen Anlässen, wo wichtige Entscheidungen getroffen werden müssen, vorher eine Besprechung zwischen dem geschäftsführenden Ausschuß und dem Vorstand durchzuführen«.[69]

Die Kritik der IG Metall konnte der Siemens-GBR verschmerzen, da im Hinblick auf das Verhältnis zur Konzernleitung sein Kalkül aufging. Die Einstellung der Firmenleitung gegenüber dem GBR wandelte sich schlagartig, da die Konzernführung erkannt hatte, dass das Betriebsratsgremium nicht einfach ein »Vollzugsorgan der Gewerkschaft«[70] war, sondern bereit war, in Abwägung der Interessen der Belegschaft sich auch gegen vermeintliche gewerkschaftliche Überzeugungen zu stellen. Noch im Laufe des Frühjahrs erreichte der GBR in mehreren Schritten die Wiedereinstellung zahlreicher Entlassener, darunter sogar einige IG Metall-Mitglieder, die aufgrund ihrer Aktivitäten im Arbeitskampf eine mehrmonatige Haft hatten verbüßen müssen.[71] Auch auf dem Feld der inhaltlichen Zusammenarbeit konnte ein Durchbruch erzielt werden: Schon im Juni 1955 konnte Tausig auf der Vertreterversammlung des Siemens-Gesamtbetriebsrates berichten, dass mit der Konzernleitung erstmals vier Betriebsvereinbarungen – zwei über die Entlohnung von Facharbeitern im Zeitlohn sowie je eine über eine Trennungszulage sowie über eine Erhöhung der Weihnachtsgratifikation für alle Mitarbeiter – abgeschlossen worden waren.[72] Die Blockadehaltung der Konzernleitung war überwunden.

---

68 Sitzung des Beirates der Industriegewerkschaft Metall, 26./27.8.1959, in: Die Industriegewerkschaft Metall in den Jahren 1953 bis 1956. Bearbeitet von Felicitas Merkel (Quellen zur Geschichte der deutschen Gewerkschaftsbewegung, Bd. 9), Köln 1999, S. 367; Beyerlein. Bericht über den Siemenskonzern, 11.4.1961, AdsD 5/IGMA 160023, S. 20 f.
69 Beyerlein. Bericht über den Siemenskonzern, 11.4.1961, AdsD 5/IGMA 160023, S. 5.
70 Friedrich Fürstenberg, Die Anwendung des Betriebsverfassungsgesetzes im Hause Siemens. Auszug aus einem Untersuchungsbericht (1970), in: ders., Arbeitsbeziehungen im gesellschaftlichen Wandel. München und Mering 2000, S. 223-233, hier: S. 230.
71 Strothmann, Besprechung am 28.3.1955, AdsD 5/IGMA 160111, S. 3; Bericht über die 7. Sitzung des GBR am 28.6.1955 in Hamburg, AdsD 5/IGMA 160153.
72 Bericht über die Vertreterversammlung des Gesamtbetriebsrates der S&H und SSW am 29. und 30. Juni 1955 in Hamburg, AdsD 5/IGMA 160113.

4 Ein Neuanfang in den betrieblichen Sozialbeziehungen

In der Tat leitete die Veröffentlichung der »Gemeinsamen Erklärung« in den Siemens-Betrieben im Januar 1955 die entscheidende Wende im Verhältnis der Konzernleitung zum GBR ein. Der »Familienstreit« war ausgestanden. Am Ende eines Lernprozesses trat auf der Seite der Firmenleitung an die Stelle von Konfrontation und Blockadehaltung nun die Bereitschaft zu einer Konfliktpartnerschaft mit dem Betriebsrat. Die Differenzen zwischen Arbeitgeber und Betriebsräten waren damit nicht verschwunden, aber im Rahmen des neu entstehenden Verhältnisses der betrieblichen Beziehungen wurde nun versucht, tragfähige Problemlösungen zwischen den »Betriebspartnern« rational auszuhandeln – im Gegensatz zu dem Verhältnis des Siemens-Vorstandes zu den Gewerkschaften, denen als Außenstehende weiterhin von der Konzernleitung das Recht abgesprochen wurde, sich in die internen Beziehungen einzumischen. Dieses ambivalente Verhältnis gegenüber den beiden Institutionen der Arbeitnehmervertretungen war nicht nur bei Siemens, sondern bei vielen anderen Unternehmern anzutreffen: Dem gewerkschaftlichen Anspruch, Einfluss auf die Gestaltung der betrieblichen Arbeitsbeziehungen zu nehmen, stemmte sich die Mehrheit der Industriellen, selbst der Präsident der Bundesvereinigung der Deutschen Arbeitgeberverbände (BDA), Hans Constantin Paulssen, entgegen, während sie sich den Mitbestimmungsansprüchen der Betriebsräte gegenüber durchaus aufgeschlossen zeigten. Diese Strategie knüpfte ideologisch an die vergemeinschaftende Strategie der Schwerindustrie um den Aufbau einer »Werksgemeinschaft« in den 1920er- und 1930er-Jahren an mit dem Bestreben, Gewerkschaften und Arbeiterschaft mit ihren betrieblichen Vertretungen auseinanderzudividieren.[73]

Zu den Betriebsräten entwickelte sich jetzt bei Siemens rasch ein neues, konstruktives Verhältnis. Grundlage dafür war eine solide GBR-Struktur, die sich seit dem Spruch der Einigungsstelle von 1953 herausbildete. Im Siemens-Konzern existierten nach der ersten Betriebsratswahl im Jahr 1953 insgesamt 97 örtliche Betriebsratsgremien, die den 31-köpfigen GBR wählten.[74] Nach Gründung der Siemens-Electrogeräte AG (SE) zum 1. Oktober 1957 aus den Produktionsgesellschaften von Hausgeräten und deren Integration in den Konzern wurde der GBR auf 37 Mitglieder aufgestockt.[75] Der GBR trat in der Regel viermal im Jahr zusammen. Für die laufenden Geschäfte hatte er aus seiner Mitte einen zunächst siebenköpfigen »Geschäftsfüh-

---

73 Cornelia Rauh-Kühne, Hans Constantin Paulssen: Sozialpartnerschaft aus dem Geiste der Kriegskameradschaft, in: Paul Erker/Toni Pierenkemper (Hg.), Deutsche Unternehmer zwischen Kriegswirtschaft und Wiederaufbau. Studien zur Erfahrungsbildung von Industrie-Eliten, München 1999, S. 109-192, hier: S. 184 f.
74 Unser Gesamtbetriebsrat, in: SM, Heft 10 v. Februar 1954, S. 15; Denkschrift der Betriebsvertretung, 14.11.1953, AdsD 5/IGMA 171186, S. 14.
75 Ergänzung der Betriebsvereinbarung über die Bildung eines Gesamtbetriebsrates für die Siemens & Halske AG und die Siemens-Schuckertwerke AG v. 1.6.1959, AdsD 5/IGMA 160115.

renden Ausschuss« gewählt, der seit 1958 elf Mitglieder umfasste und dessen Hauptaufgabe es war, die GBR-Sitzungen vorzubereiten.[76]

Die Leitung des GBR lag in den Händen von drei Personen, die alle aus süddeutschen Betrieben stammten: dem Vorsitzenden des GBR, Eugen Tausig, seinem Stellvertreter Max Hummel sowie dem Geschäftsführer des GBR, Eugen Bäurle. Alle drei waren Mitglieder der IG Metall. Auf ihren Schultern lag die Koordination der GBR-Arbeit zwischen den 81 Betriebsratseinheiten mit rund 1.050 Betriebsratsmitgliedern, die im Jahr 1961 bei S&H, SSW und SE existierten. Der Sitz des GBR-Vorstandes befand sich in dem im Jahr 1949 gebauten Erlanger Hauptverwaltungsgebäude von SSW. Damit er von dort seine Aufgabe wahrnehmen konnte, hatte die Konzernleitung zugestimmt, dass zwei von ihnen, der GBR-Vorsitzende Taussig, der als Angestelltenvertreter zum Betriebsratsvorsitzenden des S&H-Werkes in Karlsruhe gewählt worden war, und der Geschäftsführer des GBR Bäurle, der zuvor als Arbeitervertreter im Betriebsrat des S&H-Werkes in Heidenheim fungierte, sich voll in Erlangen auf ihre neuen Funktionen konzentrieren konnten. Max Hummel nahm neben seiner Tätigkeit als stellvertretender GBR-Vorsitzender auch das Amt des Betriebsratsvorsitzenden im nahe gelegenen Nürnberger SSW-Werk wahr, in dessen Interessenvertretung er als Repräsentant der Lohnempfänger gewählt worden war.[77]

Insgesamt waren im Siemens-Konzern im Jahr 1955 44 Betriebsratsmitglieder bei einer Gesamtzahl von 89 Betriebsratsgremien mit insgesamt 935 Betriebsratsmitgliedern – also 4,7 % – voll von ihrer bisherigen Arbeit freigestellt.[78] In der Regel waren dies die Betriebsratsvorsitzenden der großen Betriebe. Mit dieser Freistellungsregelung nahm Siemens eine Vorreiterfunktion innerhalb der deutschen Industrie ein, da der § 37 Abs. 2 BetrVG lediglich einen Rechtsanspruch auf berufliche Freistellung eines oder mehrerer Betriebsratsmitglieder vorsah, »wenn und soweit es nach Umfang und Art des Betriebes zur ordnungsgemäßen Durchführung ihrer Aufgaben erforderlich ist«. Nach dem Inkrafttreten des BetrVG war Siemens so eines der wenigen deutschen Unternehmen, das Betriebsratsmitglieder auf freiwilliger Basis ganz von ihrer bisherigen beruflichen Tätigkeit freistellte und damit zum Ausdruck brachte, dass die Betriebsratstätigkeit für den Konzern eine professionelle Aufgabe darstellte.[79]

---

76 Beyerlein, Bericht über den Siemens-Konzern, 11.4.1961, AdsD 5/IGMA 160023, S. 22.
77 Ebd., S. 22; Unser neuer Gesamtbetriebsrat, in: SM, Heft 16 v. August 1955, S. 30.
78 Ebd.
79 Siemens knüpfte dabei an eine Regelung an, die der Konzernleiter Carl Friedrich von Siemens schon in den 1920er-Jahren eingeführt hatte. Die Konzernführung hatte während der Stabilitätsphase der Weimarer Republik den Betriebsräten ein Freistellungsplafond von 1.000 Stunden pro Monat zugestanden, über dessen Verwendung die Betriebsräte nach Abstimmung untereinander frei verfügen konnten. Im Rahmen dieser Regelung hatten die Belegschaftsvertretungen beschlossen, den damaligen Gesamtbetriebsratsvorsitzenden vollständig freizustellen, vgl. Ausschuß zur Untersuchung der Erzeugungs- und Absatzbedingungen der deutschen Wirtschaft. Verhandlungen und Berichte des Unterausschusses für allgemeine Wirtschaftsstruktur (I. Unterausschuß),

Da nicht alle Betriebe im GBR vertreten sein konnten, stimmte die Konzernleitung der Regelung zu, dass zur Verbesserung der Kommunikation so genannte regionale Verbindungskreise gegründet wurden. Sie waren für eine schnelle, unmittelbare Information über die Verhandlungen und Beschlüsse des GBR verantwortlich und gaben den von den Betriebsratseinheiten entsandten Delegierten die Möglichkeit, Anträge für die nächste GBR-Sitzung zu unterbreiten.[80] Darüber hinaus existierte eine Reihe von fachlichen Kommissionen beziehungsweise Ausschüssen des GBR, deren Zahl im Laufe der Zeit zunahm. Bei seiner Gründung im Jahr 1954 hatte der GBR zunächst sieben solcher Gremien gebildet, deren Aufgabe es war, auf speziellen Sachgebieten die gemeinsame Position der Siemens-Betriebsräte zu entwickeln und Sachfragen selbständig mit der Sozialpolitischen Abteilung abzuklären. Neben den vier Kommissionen für Angestellten-, Frauen-, Lohn- und Geschäftsstellenfragen existierten der Geschäftsausschuss, der Verhandlungsausschuss und der Betriebsausschuss Berlin, dessen Funktion es war, Probleme, die aus der besonderen Situation Berlins resultierten, mit der Konzernspitze zu klären.[81] Im Jahr 1961 war die Zahl der GBR-Gremien auf elf gestiegen[82], und im Jahr 1965 wurden nach den Betriebsratswahlen schließlich 17 Gesamtbetriebsratskommissionen sowie fünf Ausschüsse vom GBR neu bestimmt, wobei zusätzlich noch jeweils ein Wirtschaftsausschuss bei S&H, SSW und SE aktiv war.[83]

Die zunehmende Differenzierung der Gremienarbeit spiegelte die wachsende Spezialisierung und Professionalisierung der Betriebsratsarbeit wider, die in den 1950er- und 1960er-Jahren in den deutschen Großunternehmen Einzug erhielt.[84] Anhand der Zahl der Ausschüsse wird aber auch der Bedeutungszuwachs der Einkommensfragen in der Betriebsratsarbeit deutlich: Die Zahl der Kommissionen, die sich mit Lohn- oder Gehaltsfragen beschäftigten, stieg bei Siemens von 1954 auf 1966 von zwei auf fünf an. Aufgrund der Bedeutung des Entgeltthemas für die Betriebsratsarbeit kristallisierte sich schon bald heraus, dass die mit Einkommensfragen beschäftigten Betriebsratsausschüsse »den umfangreichsten Tätigkeitsbereich und im Hinblick auf die Wirkungen der Mitbestimmung die für den Einzelnen sichtbarste Aufgabe« hatten.[85] Neben Lohn- und Gehaltsfragen wurden in den Großunternehmen immer wieder soziale Fragen (Wohnungen, Erholung, Berufsverkehr) und Angelegenheiten des Un-

---

    3. Arbeitsgruppe: Wandlungen in den wirtschaftlichen Organisationsformen. Erster Teil: Wandlungen in den Rechtsformen der Einzelunternehmen und Konzerne, Berlin 1928, S. 287.
80 Beyerlein, Bericht über den Siemens-Konzern, 11.4.1961, AdsD 5/IGMA 160023, S. 23.
81 Bericht über die 7. Sitzung des GBR am 28.6.1955 in Hamburg; AdsD 5/IGMA 160193.
82 Beyerlein, Bericht über den Siemens-Konzern, 11.4.1961, AdsD 5/IGMA 160023, S. 24 f.
83 Bericht über die a. o. Sitzung des Gesamtbetriebsrates der SH, SSW und SE am 15.7.1965 in Hamburg, AdsD 5/IGMA 160119.
84 Milert/Tschirbs, Demokratie, 2012, S. 455 ff.
85 Otto Neuloh, Der neue Betriebsstil. Untersuchungen über Wirklichkeit und Wirkungen der Mitbestimmung, Tübingen 1960, S. 128.

fall- und Arbeitsschutzes sowie der Aus- und Fortbildung in eigenen Betriebsratsausschüssen behandelt.

Wenn auch die Gremienarbeit und damit die dabei entstehenden Kosten zunahmen, so sorgte ein zwischen Konzernleitung und GBR abgestimmtes Verfahren dafür, dass die Aktivitäten in einem für den Konzern akzeptablen Rahmen blieben, der von der Sozialpolitischen Abteilung jederzeit kontrolliert wurde. Die Sitzungen der Kommissionen und Ausschüsse wurden von den Vorsitzenden des jeweiligen Gremiums bei der GBR-Spitze beantragt, die eine Abstimmung mit der Sozialpolitischen Abteilung herbeiführten. Nach dieser Abstimmung teilte die Sozialpolitische Abteilung den Werksleitungen mit, welches Kommissionsmitglied für die anstehende Sitzung freizustellen sei.[86] Die Sozialpolitische Abteilung blieb so Herr des Verfahrens und konnte die Kosten der GBR-Arbeit kontrollieren, sie erfuhr aber so auch, mit welchen Themen der GBR sich besonders intensiv beschäftigte.

Schon bald nach der Gründung des GBR entwickelte sich eine ausgeprägte Verhandlungskultur zwischen GBR und Konzernspitze. Die Gespräche führte auf Seiten der Belegschaftsvertretung ein fünfköpfiger Verhandlungsausschuss, dem neben Tausig, Hummel und Bäurle die Betriebsratsvorsitzenden zweier Berliner Werke von S&H beziehungsweise SSW angehörten. Diese personelle Struktur reflektierte die Befindlichkeiten der Berliner Mitarbeiter, die ihre Nähe zur Konzernspitze verloren hatten, nachdem im April 1949 der Sitz von S&H nach München und der von SSW nach Erlangen verlegt worden war.[87] Für die Gespräche mit dem Vorstand hatte sich schon bald ein fester Verhandlungsmodus herauskristallisiert. Fünf bis sieben Mal im Jahr traf der Verhandlungsausschuss mit der »Firmenleitung« – wie die Konzernspitze intern genannt wurde – zusammen, um die jeweils anstehenden Themen zu erörtern.[88] In diesen Gesprächen wurden die für den gesamten Siemens-Konzern oder für mehrere Betriebe gleichzeitig geltenden Betriebsvereinbarungen ausgehandelt und abgeschlossen. Spezielle Einzelfragen – die »tägliche Kleinarbeit«[89] – wurden in der Regel eigenständig zwischen der jeweils zuständigen GBR-Fachkommission und der Sozialpolitischen Abteilung geklärt. Nur in wenigen, meist schwierigen Fällen von grundsätzlicher Bedeutung, die zunächst eine »politische Einigung« zwischen GBR und der Konzernleitung notwendig machten, erfolgte erst eine Festlegung in den »Routinegesprächen« zwischen dem Verhandlungsausschuss und der Firmenleitung; danach legten die Fachkommissionen mit der Sozialpolitischen Abteilung die Details fest.[90]

---

86 Beyerlein, Bericht über den Siemens-Konzern, 11.4.1961, AdsD 5/IGMA 160023, S. 25.
87 Feldenkirchen, Siemens, 1995, S. 269.
88 Beyerlein, Bericht über den Siemens-Konzern, 11.4.1961, AdsD 5/IGMA 160023, S. 24.
89 Bericht über die a. o. Sitzung des Gesamtbetriebsrates der SH, SSW und SE am 15.7.1965 in Hamburg, AdsD 5/IGMA 160119.
90 Beyerlein, Bericht über den Siemens-Konzern, 11.4.1961, AdsD 5/IGMA 160023, S. 24.

Die vierteljährlich stattfindenden Aufsichtsratssitzungen boten dem GBR-Vorsitzenden Tausig darüber hinaus einen willkommenen Immediatzugang zu Ernst von Siemens, der seit 1956 Aufsichtsratsvorsitzender der großen beiden Siemens-Gesellschaften war.[91] Diese Kontakte eröffneten dem GBR-Vorsitzenden einen weiteren Kooperationsspielraum. Formelle institutionalisierte Begegnungen zwischen der GBR-Spitze und Ernst von Siemens – wie eine »Teestunde« mit dem Verhandlungsausschuss im Januar 1966[92] – blieben zwar die Ausnahme, aber wenn Initiativen des GBR von der Sozialpolitischen Abteilung und der Firmenleitung über eine lange Zeit abgeblockt wurden, nutzte Tausig das Gespräch am Rande der Aufsichtsratssitzungen, um die Wünsche und Anregungen der Belegschaftsvertretung vorzutragen. Mit diesem Immediatzugang zum Aufsichtsratsvorsitzenden gelang es dem GBR-Vorsitzenden zum Beispiel bei einer Aufsichtsratssitzung im Juli 1957, Ernst von Siemens' Zustimmung zum Ausbau des Siemens-Erholungsheimes in Bad Berneck im Fichtelgebirge zu erreichen, nachdem der Verhandlungsausschuss diese Frage den Konzernvorständen wiederholt ergebnislos vorgetragen hatte.[93] Dass der Siemenschef durchaus ein offenes Ohr für die Sorgen des Konzernbetriebsratsvorsitzenden hatte, knüpfte an die Praxis der Weimarer Jahre an, in denen sich Carl Friedrich von Siemens regelmäßig mit dem Gesamtbetriebsratsvorsitzenden Erich Lübbe getroffen und ausgetauscht hatte.[94]

Auf der Basis dieser ausgeprägten innerbetrieblichen Verständigungskultur gelang es den Betriebsräten, Vereinbarungen abzuschließen, deren Ergebnisse auch für die gewerkschaftliche Tarif- und Reformpolitik wegweisende Erfolge darstellten. Einige Hinweise müssen hier genügen. So wurde bei Siemens zum Jahresbeginn 1956 – mitten in der tarifpolitischen Arbeitszeitoffensive der Gewerkschaften, die auf den anhaltenden Widerstand der Arbeitgeberverbände stieß – die Arbeitszeit für Schichtarbeiter dadurch von 48 auf 46 Stunden gesenkt, dass jede vierte Woche eine Schicht entfiel und so der erste Schritt zum arbeitsfreien Samstag gemacht.[95] 1958 wurde das System der vorbeugenden Gesundheitsvorsorge, das bislang nur für leitende Angestellte galt, auf die gesamte Belegschaft übertragen.[96] Und im Januar 1960 wurde für die Arbeiter ein Lohnausgleich für die beiden noch unbezahlten gesetzlichen Karenztage vereinbart, was gesetzlich erst 1969 von der sozialliberalen Koalition verwirklicht werden

---

91 Von Weiher/Goetzeler, Weg, 1972, S. 126.
92 Bericht über die 3. Sitzung des GBR von S&H, SSW und SE am 20./21.4.1966 in Berlin, AdsD 5/IGMA 160115.
93 Bericht über die 9. GBR-Sitzung am 9.7.1957 in München, AdsD 5/IGMA 160114.
94 Vgl. SAA, 4.Lt 398-1 bis 4.Lt 398-8 (Nachlass Carl Friedrich von Siemens. Aktennotizen zu Aufsichtsrats- und Vorstandssitzungen).
95 Bericht über die 3. Sitzung des GBR am 1./2.2.1956 in Düsseldorf, AdsD 5/IGMA 160113.
96 Bericht über die 4. GBR-Sitzung am 23. und 24.4.1958 in Mülheim, AdsD 5/IGMA 160114.

konnte.[97] Die betriebliche Mitbestimmungspraxis übte so eine Vorreiterfunktion für gesellschaftliche Reformprojekte aus, die später in Tarifpolitik oder Gesetzgebung verwirklicht werden sollten. Bei einer systematischen Untersuchung wird man vielleicht zu dem Ergebnis kommen, dass der Durchbruch zur Sozialen Marktwirtschaft zu einem großen Teil von Impulsen aus den Betrieben heraus gespeist wurde.

5 Fazit

Bei Siemens entstand ab der zweiten Hälfte der 1950er-Jahre – wie in anderen bundesdeutschen Großunternehmen und Konzernen – zwischen Betriebsräten und Arbeitgebern ein Verhandlungssystem, das die auftretenden innerbetrieblichen Konflikte kanalisierte, institutionalisierte und fachspezifisch löste. Die Betriebsräte waren nicht mehr nur geduldet, sondern wurden zu einem spezifischen Bestandteil der Unternehmenshierarchie. Eine neue betriebliche Sozialordnung, an deren kontroversem Ausgangspunkt das BetrVG gestanden hatte, setzte sich allmählich durch. Aus Sicht der Unternehmerseite war dabei entscheidend, dass sich die beiden Sozialpartner in Betrieb selbst einigten und externe Kräfte – Staat, Gewerkschaften oder Unternehmerverbände – allenfalls als eine Art Vermittler in bestimmten Fällen in Erscheinung treten durften. Die Belegschaftsvertretungen verstanden ihre Rolle ganz im Sinne des Betriebsverfassungsgesetzes, indem sie die Interessen der Beschäftigten nicht aus den Augen verloren, im Rahmen ihrer Interessenvertretung aber darauf achteten, dass das Unternehmensganze nicht aus dem Blick geriet.[98] Dass mit dieser Entwicklung bei den Arbeitgebern aber zunächst noch keine grundsätzliche Akzeptanz des gewerkschaftlichen Mitbestimmungsgedankens verbunden sein musste, sondern lediglich eine pragmatische Anerkennung der Betriebsräte in ihrer Rolle als Interessenmittler zwischen Unternehmensleitung und Belegschaft, zeigt die zugespitzte Äußerung von Gisbert Kley – der in der Zwischenzeit neben seiner Tätigkeit bei Siemens auch als Bundestagsabgeordneter der Christlich-Sozialen Union (CSU) und als Mitglied des Präsidiums der BDA politische Gestaltungsaufgaben übernommen hatte – aus dem Jahre 1968: »Die erweiterte Montanmitbestimmung bedeutet: Aufrechterhaltung des sozialen Konflikts. Das Betriebsverfassungsgesetz bedeutet: Lösung des sozialen Konflikts durch Partnerschaft!«[99]

Am Beispiel Siemens wird deutlich, dass die Herausbildung eines »neuen Betriebsstils«, den Otto Neuloh zum Ausklang der 1950er-Jahre bei den betrieblichen

---

97 Bericht über die GBR-Sitzung von S&H, SSW und SE am 20./21.1.1960 in Berlin, AdsD 5/ IGMA 160114.
98 Dietmar Süß, Kumpel und Genossen. Arbeiterschaft, Betrieb und Sozialdemokratie in der bayerischen Montanindustrie 1945 bis 1976, München 2003, S. 439.
99 Gisbert Kley, Montan-Mitbestimmung. Antworten auf die Forderungen des DGB. Zum Dialog – Schriftenreihe des Wirtschaftsrats der CDU e. V. Nr. 7, Bonn 1968, S. 32.

Sozialbeziehungen in vielen deutschen Unternehmen festgestellt hatte[100], nicht überall ein kontinuierlicher Prozess gewesen ist, der seinen Ursprung in der Zusammenarbeit in der unmittelbaren Nachkriegszeit hatte. Eher ist zu vermuten, dass sich in der Mehrzahl der Betriebe zwischen Management und Betriebsräten seit Mitte der 1950er-Jahre ein Verhältnis der gegenseitigen Anerkennung und der Kompromissbereitschaft entwickelte[101], wobei die stete wirtschaftliche Prosperität die Folie dafür abgab, dass in den Betrieben ein »Produktivitäts- und Wachstumspakt« zwischen den Akteuren aufgebaut werden konnte.[102] Der Befund einer Untersuchung über die Wirkung der Mitbestimmung vom Beginn der 1960er-Jahre, dass bei »vorzugsweise größeren Unternehmen« sich die Stellung des Betriebsrates in personellen Fragen »als stärker [erwies], als sie im Gesetz vorgesehen ist«[103], zeigt, dass die Belegschaftsvertretung in vielen Industriebetrieben nicht nur akzeptiert, sondern respektiert wurde.

Bei Siemens verlief die Entwicklung zu einem partnerschaftlichen Verhältnis in der Nachkriegszeit jedenfalls nicht gradlinig. Der von Seiten der Konzernleitung nach Inkrafttreten des BetrVG angegangene Kurswechsel in den innerbetrieblichen Beziehungen lief ins Leere, weil der Konfrontationskurs keine rationalen Ergebnisse brachte und schließlich deutlich wurde, dass die Betriebsräte sich nicht – wie von der Unternehmensleitung angenommen – auf die Rolle eines willfährigen Instruments der IG Metall reduzieren ließen.[104] Die Konzernleitung akzeptierte seit Mitte der 1950er-Jahre das funktionale Angebot des Betriebsverfassungsgesetzes von 1952, die

---

100 Neuloh versteht darunter »eine nach dem Humanprinzip gestaltete und durch zweiseitige Willensbildung beeinflusste Ausdruckseinheit sozialen Denkens und Handelns in der Betriebsordnung und dem Betriebsklima«, Neuloh, Betriebsstil, 1960, S. 53.

101 So kommt Roland Schwarz in seiner Darstellung der Geschichte der Westberliner Betriebsräte nach 1945 zu dem Ergebnis, dass erst Ende der 1950er-Jahre der Beginn sozialpartnerschaftlicher Arbeitsbeziehungen zu konstatieren sei, was er allerdings dem Frontstadtcharakter Berlins zuschreibt, Roland Schwarz, Von der Betriebsgemeinschaft zur Sozialpartnerschaft. Untersuchungen zur Geschichte der Betriebsräte in Berlin (West) vom Kriegsende bis in die späten fünfziger Jahre unter besonderer Berücksichtigung der Unternehmen Borsig, Osram, Schering und Schultheiss, in: Wolfgang Ribbe (Hg.), Berlin-Forschungen. Einzelveröffentlichungen der Historischen Kommission zu Berlin, Bd. 71, Berlin 1990, S. 280-383, hier: S. 283, und auch Günther Koch terminiert den Beginn »für die schrittweise Anerkennung der Interessenvertretung als respektierter Partner durch die Unternehmensleitung« bei VW auf die Mitte der 1950er-Jahre, Günther Koch, Stabilität und Wandel der Belegschaftsvertretung im Volkswagenwerk Wolfsburg, Diss. Göttingen 1985, S. 106.

102 Thomas Haipeter, Mitbestimmung bei VW. Neue Chancen für die betriebliche Interessenvertretung?, Münster i. Westf. 2000, S. 146.

103 Franz Voigt, Die Mitbestimmung der Arbeitnehmer in den Unternehmungen. Eine Analyse der Einwirkungen der Mitbestimmung in der Bundesrepublik Deutschland auf die Unternehmensführung, in: Walter Weddigen (Hg.), Zur Theorie und Praxis der Mitbestimmung, Erster Band, Berlin 1962, S. 87-536, hier: S. 441.

104 Vgl. die ähnliche Entwicklung in der montanmitbestimmten Eisen- und Stahlindustrie bei Karl Lauschke, Die halbe Macht. Mitbestimmung in der Eisen- und Stahlindustrie 1945 bis 1989, Essen 2007, S. 111.

Betriebsräte als betriebliche Mittler von Interessen anzuerkennen. Mehr noch: Bis zum Beginn der 1960er-Jahre entwickelte sich ein ausgesprochen kooperationsbereites Klima. Der GBR-Vorsitzende Eugen Tausig konnte Mitte 1961 in seiner Erfolgsbilanz darauf hinweisen, dass »fast drei Viertel aller mit der Firmenleitung bereits abschließend erörterten Themen und ein gleicher Prozentsatz aller Anträge von örtlichen Betriebsräten, die der GBR behandelt hat, in einem positiven Sinne erledigt werden konnten«.[105] Deshalb lobte er auch die Firmenleitung mit den Worten, sie strebe »eine wirklich vertrauensvolle Zusammenarbeit an und halte sich nicht engherzig an den Buchstaben des Gesetzes, solange sich dieses Zusammenwirken bewahrheite und bewähre«.[106] Vor diesem Hintergrund stand das positive Urteil über Beziehungen zwischen Management und Betriebsräten bei Siemens, das Friedrich Fürstenberg 1970 gefällt hatte, im Einklang mit der betrieblichen Realität, wie sie sich seit der zweiten Hälfte der 1950er-Jahre herausgebildet hatte.

---

[105] Der neue Gesamtbetriebsrat – fast ganz der alte, in: SM August 1961, S. 9.
[106] Siemens-Betriebsräte tagten in Hannover, in: SM September 1958, S. 5.

Karolina Mikołajewska

Negotiated Meanings of Capitalism: Biographical Narratives of Trade Union Members and Managers of a Privatised Polish Chocolate Factory E. Wedel[1]

Only few years after the introduction of the radical transformation program marking the end of state socialism »Poland [was] seen by most analysts and commentators as a success story: growth is high, inflation is falling, and most of the economy is privately owned«.[2] From *macro* accounts of transformation one could infer that the new economic order implemented as a result of the Balcerowicz Plan was introduced and accepted overnight. But understanding the complexity of transition from socialism to capitalism and democracy depends less on applying macro models than on understanding the way in which »diverse people negotiate and reshape the structures within which they live«.[3]

This contribution aims at analysing the memories of coining the »new deal« at *micro* level, in one of the very first Polish state-owned factories, which was privatized and sold to a foreign investor as recounted by its employees. The encounters with representatives of foreign capital might have been the first occasion to encounter rules and practices connected to capitalist economy. We can assume that in this case there were no ready institutional patterns at the time of ownership change to be used during cross-cultural encounters[4] between representatives of different economic cultures. The proposed study is an attempt to fulfill the goal of *microhistory*, that is, »to elucidate historical causation on the level of small groups where most of real life takes place and to open history to peoples who would be left out by other methods«.[5]

---

1 I would like to thank Dr. Jan Dzierzgowski for his careful reading and valuable remarks.
2 Leszek Balcerowicz/Barbara Błaszczyk/Marek Dąbrowski, The Polish Way to the Market Economy 1989–1995, in: Wing Thye Woo/Stephen Parker/Jeffrey Sachs (eds.), Economies in Transition, Cambridge, MA 1997, p. 131.
3 Elizabeth Dunn, Slick Salesmen and Simple People. Negotiated Capitalism in a Privatized Polish Firm, in: Michael Burawoy/Katherine Verdery (eds.), Uncertain Transition. Ethnographies of Change in the Postsocialist World, Lanham etc. 1999, p. 147.
4 Mikołaj Lewicki, Transfer wiedzy w międzynarodowej korporacji bankowej, in: Jacek Kochanowicz/Sławomir Mandes/Mirosława Marody (eds.), Kulturowe aspekty transformacji ekonomicznej, Warszawa 2007, pp. 119-150.
5 Edward Muir, Observing Trifles, in: Edward Muir/Guido Ruggiero (eds.), Microhistory and the Lost Peoples of Europe, Baltimore/London 1991, p. cci.

The proposed analysis is based on a qualitative study, in which biographical narratives of employees of the confectionery plant E. Wedel were collected. In interpretations thereof emphasis is put especially on the question how do the employees of the firm perceive the privatisation from today's perspective? How do they perceive their agency in the process of transformation? How do they interpret the new reality of 1990s after some time and – in many cases – having retired? What *meanings* do they ascribe today to the redefined workplace and to their professional roles under new circumstances? I am particularly interested in finding out how the managers reconstruct the process of *manufacturing consent over capitalism*[6] in their narratives in hindsight.

1 Privatisation of state-owned enterprises as a way of dismantling socialism

At the beginning of 1980s Sławomir Magala has stated that Poland lays on a periphery, in a political and an economic sense. Poland was literally and metaphorically located far away from the center of the Soviet Union. The country was marginalized by the Western capital, whose representatives served at most as lenders, enabling the short-lived economic growth of People's Republic of Poland in the 1970s, which incidentally soon resulted in a many years long economic crisis. In the Soviet Union Poland was to a great extent ignored, especially in strategic and military planning.[7]

Not even ten years after Magala's statement, Poland saw the implementation of major reforms aiming at introducing not only democratic governance, but also at replacing the centrally planned economy with a free market. The so-called Balcerowicz Plan (named so by the media after its main author) was introduced hastily from the beginning of 1990. Because of the complex and precipitate nature of the changes it was referred to as »shock therapy«.[8] The reform package has imposed among other things the draconian budget cuts, a drastic reduction of wage growth, elimination of restrictions on foreign investment and of price control and removed the guarantee of existence of all state-owned enterprises (SOEs) which until then applied to all of them regardless of their economic results. Further, the plan included privatisation of SOEs either by sale or lease.[9] The task of transnational corporations in the process of

---

6 Michael Burawoy, Manufacturing Consent. Changes in the Labor Process under Monopoly Capitalism. Chicago/London 1979.
7 Sławomir Magala, Walka klas w bezklasowej Polsce, Warszawa 2012, p. 219; orig.: Class Struggle in Classless Poland, Boston 1982.
8 See e. g. Jane Hardy, Poland's New Capitalism, London 2009.
9 »The economic programme, its principles and main directions«. [Program gospodarczy, główne założenia i kierunki]. Rzeczpospolita, October 1989. See also Elena Iankova, Eastern European Capitalism in the Making, Cambridge 2002, pp. 92-122.

incorporating the Polish economy into the capitalist world-system was to bring both capital and the Western know-how to socialist enterprises.[10]

The processes – sometimes referred to as a »reform through ruining« – launched in at the threshold of 1990s[11], influenced the social life and biographies of employees, whose professional life was now to be structured through a different kind of regulation. I would claim that the liberalization of the Polish economy has shaped to a great extent the social order of the contemporary Polish society while privatization of the industrial sector may have been the first opportunity for encountering principles of free market economy for a significant part of the Polish population.

2   Case study: E. Wedel factory

E. Wedel is not only one of the most popular brands in Poland, a factory with a long tradition, which has grown into the landscape of Warsaw and its history, but it is also a particularly interesting setting for studying the formation of the post-communist economic order because it was the very first firm to undergo a capital privatisation with PepsiCo Ltd. as the investor and among the first ones to enter the newly established Polish stock market in 1991.[12] Unlike many other privatized firms, it still exists, however there is a continuity of brand, and not of the company.

E. Wedel was founded in mid 19th century by a German confectioner, whose name it still bears and had remained a family business until late 1940s. Before the Second World War the manufacture became a modern factory lead by the grandson of the first owner, Jan Wedel. After the war and the introduction of communist regime to Poland the plant along with the facilities available for its workers (kindergarten, housing project, cinema etc.) were nationalized and became center of a conglomerate of four confectionery factories located in Warsaw and in nearby cities under a changed name of »22nd of July«, which was commemorating the creation of the People's Republic of Poland. In the early 1990s, the SOE (under the original name again) was selected by the state authorities to take part in the newly introduced privatization program. Since the introduction of the first investor, PepsiCo Ltd., Wedel has had three other foreign owners – Cadbury's, Kraft Foods and now Lotte. One could claim – without exaggeration – that the story of this company represents the history of the modern Polish economy in a nutshell.

For the purpose of this article 15 biographical narratives were analysed: the narratives of nine managers who (with two exceptions) were appointed to their roles

---

10   Andrzej Koźmiński, Catching up? Organizational and management change in the ex-Socialist Block, Albany 1993, p. 35.
11   Andrzej Koźmiński, Kto wygra następne wybory?, in: Kultura 6 (1997), pp. 145-146.
12   Mieczysław Kozłowski, Dzieje firmy E. Wedel, Warszawa 1993.

prior to privatization and of six members of »Solidarity« (»S«) union.[13] The reason for this selection is rooted in the context of the Polish transformation: managers were often the very first ones to negotiate the »new order« in »their« factories as they were undergoing privatization. Also, managers were first to frame the social reality of the organisation by providing *meanings*.[14] At the same time they were struggling to maintain their positions in a firm's organisational structure. The choice of the narratives of trade union' members (amongst them is also the current leader of Wedel's »Solidarity«) was dictated by the symbolic leadership of the »Solidarity« movement in dismantling socialism, as well as in manufacturing consent over the new social order, especially after the appointment of the first post-communist government.[15] The most remarkable characteristic of the debate on the liberalization reforms was, as David Ost pointed out, that there was almost *no* discussion about it. The majority of the »Solidarity« officials have agreed not to discuss it publicly in order to avoid social turbulence. When the »Solidarity« press criticized the first post-communist government, the subject of criticism was not the Balcerowicz Plan, but the too tardy implementation of it.[16] This unparalleled support at the macro level draws our attention to the perception of »Solidarity« in Wedel at that time in the eyes of its members.

3 Privatisation as biographical experience: Research methodology

The analysed narratives were collected in the course of the research project titled »Privatisation as biographical experience. Long-term effects of ownership changes in industrial workplaces in the perspective of life courses«. The major aim of this project was the »reconstruction of the consequences of privatisation in biographies of former employees of large socialist industrial enterprises«.[17]

In total there were 23 biographical narratives of mostly former employees of the E. Wedel confectionery plant and twelve narratives of former employees of Warsaw Steelworks (currently ArcelorMittal Warszawa) recorded by undergraduate and graduate students of the Institute of Sociology (including the author of this text) and

---

13 For the list of interviews see Appendix.
14 Linda Smircich/Garreth Morgan, Leadership: The management of meaning, in: Journal of Applied Behavioral Science 18 (1985), pp. 257-273.
15 During the Round Table talks in the early 1989 »the Solidarity« delegation was rather sceptical of the idea of a real market and capitalist economy, preferring the idea of »social ownership« and democratic planning, source: Barbara Błaszczyk/Dąbrowski Marek, The privatisation process in Poland 1989–1992. Expectations, results and remaining dilemmas, London 1993, p. 13.
16 David Ost, The defeat of solidarity. Anger and politics in postcommunist Europe, Ithaca 2006.
17 Joanna Wawrzyniak/Karolina Szatanderska/Piotr Filipkowski, Prywatyzacja doświadczeniem biograficznym. Długoterminowe skutki przekształceń własnościowych w zakładach przemysłowych w perspektywie losów indywidualnych, unpublished document, 2010, p. 14.

are archived in the History Meeting House in Warsaw. The interviewees should have met the requirement of working in the factory in the transformation period – that is, before as well as after the privatization. For many interviewees either factory was their only ever workplace. Employees held various positions in the factory jobs – both shop floor workers and employees from the middle- and higher management positions were included in our sample. Respondents were sought using the snowball method.[18]

Most of the interviews were conducted during two meetings. During the first one the interviewee was asked to present his/her life story without being interrupted by the researcher, whereas in the second meeting additional questions would have been asked to clarify some strands of the narrative which remained unclear. This procedure chimed with the narrative method proposed by Fritz Schütze.[19] Authors of the research project assume that the biographical method designates not only the methodological dimension, but also an ontological and epistemological one.[20] In addition, the situation of an encounter of the interviewee and the interviewer was an opportunity to critically assess transformation as well as gain intimate knowledge about the life courses, which were entrusted to the researchers.

4 Conceptualising biography: Biographical method in the inquiry into meanings ascribed to changing economic order

What has triggered this research was the strong belief that in spite of significant achievements of Polish sociology in describing the post-communist transformation, not enough attention was given to *micro* analyses, for example to reconstructions of bottom-up social practices, everyday strategies as well as »analyses of ways of experiencing and making sense of the transformation«[21], which would reach beyond the economic and political level.

The research is based on life narratives. The analysis is focused on reconstructing ways, in which observers and to some extent active participants of the process of change interpret them from today's perspective, the use of oral history is a legitimate way to conduct an inquiry into the interrelations between the life histories and the history of the institution – the factory. Anchoring the interpretations in the paradigm of social constructivism enabled us to avoid the tension between seeing biographical method as either »objective« source of »hard facts« about one's life or purely »subjec-

---

18 Earl Babbie, The Practice of Social Research, Wadsworth 2008, p. 191.
19 Fritz Schütze, Das narrative Interview in Interaktionsfeldstudien, Hagen 1987.
20 Wawrzyniak/Filipkowski/Sztanderska, Prywatyzacja doświadczeniem biograficznym, 2010.
21 Ibid., p. 17.

tive« accounts, on the basis of referring to objectivation: interactions (like for instance between the researcher and the interviewee) enable reciprocal access to subjective meanings, because of the objectifying character of language.[22] Thus, a narrative is understood as a »retrospective meaning making – the shaping or ordering of past experience. A narrative is a way of understanding one's own and others' actions, of organizing events and objects into a meaningful whole, and of connecting and seeing the consequences of actions and events over time«.[23]

The biographical method was chosen because it can help bridging the gap between accounts of broader social processes on macro and micro level[24], and since it may find explanations concerning changing organisational settings, especially if we follow the point that

> »a social institution can be fully understood only if we do not limit ourselves to the abstract study of its formal organisation, but analyse the way in which it appears in the personal experience of various members of the group and follow the influence which it has upon their lives«.[25]

In bridging this gap between micro and macro level and describing the coining of the new institutional order the concept of negotiations proposed by Anselm Strauss[26] is a helpful tool. It enables to tackle (1) the interactive process of defining the new order in the workplace by representatives of various economic cultures and professions, (2) the reconceptualization of the social roles resulting from the change and (3) negotiations of meanings ascribed to these transformations. The next important step is to discuss how *consent* over the change and the reconstructed social order is *manufactured*.[27] Michael Burawoy points out that it is not given, but is subject to constant negotiations. In his study done in one of the factories in Chicago he observed that the labour process was organized *as a game,* and the very *participation* in the game has generated consent over its rules in itself – and »participating in the choices capitalism forces us to make also generates consent over to its rules, its norms«.[28] Therefore

---

22 Peter Berger/Thomas Luckmann, Social Construction of Reality. A Treatise in the Sociology of Knowledge, Garden City 1966, pp. 49-61.
23 Susan Chase, Narrative Inquiry. Multiple Lenses, Approaches, Voices, in: Norman Denzin/Yvonna Lincoln (eds.), The Sage Handbook of Qualitative Research, Thousand Oaks/London etc. 2005, p. 656.
24 Paulina Bednarz-Łuczewska/Michał Łuczewski, Podejście biograficzne, in: Dariusz Jemielniak (ed.), Badania jakościowe, Warszawa 2012.
25 William Thomas/Florian Znaniecki, The Polish Peasant in Europe and America. Monograph of an Immigrant Group, Boston 1919, p. 7.
26 Anselm Strauss. Negotiations. Varieties, Contexts, Processes, and Social Order. San Francisco, Washington, London, 1978.
27 Burawoy, Manufacturing Consent, 1979.
28 Ibid., p. 93.

»we do make history, but not as we please. We make history ›behind our backs‹ through the unintended as well as the intended consequences of our acts. The game metaphor suggests a ›history‹ with ›laws‹ of its own, beyond our control and yet the product of our actions.«[29]

Participation in the incorporation of the chocolate factory into the capitalist world-system is without doubt an element of such broader »history making«.[30] Such a formulation fits well in the constructivist point of view. In the proposed analysis I discuss also biographical work[31] done in life narratives – the negotiations of meanings concerning one's role in the process of organisation change in relation to the grand narrative of reintroducing capitalist order and one's experience of work and observations of this broader order in hindsight.

An enacted narrative is the basic form of social life[32], a natural form of expression, in which the interviewee is not pressed into predefined categories, but has the opportunity to build her/his own language and categories and define the importance of particular events or processes according to one's own experience.[33] Thus, today's reflections upon the process in the situation of a narrative interview might haven given the interviewees the opportunity to reflect upon their agency in this process, especially when we take into consideration the context of a rapid influx of Western managerial practices to central-eastern Europe in the 1990s, described by Monika Kostera as crusade, »one-sided transfer of ›truths‹ from the West to the East«[34], »truths« or rather ideologies, if we agree to define ideology in a descriptive way as »a meaning in the service of power«.[35]

Nonetheless, the reader should pay attention to potential biases of this method as well. I shall turn to some problematic issues pointed out by Michel Villette and Catherine Vuillermot. First of all, the interviewee might *omit* some inconvenient elements or *displace* accents so as to achieve better presentation of him- or herself. Secondly, the narrative can be based on an *inversion* – the interviewee might stress, that she/he is in favour of some values, whereas other elements of the narrative challenge this conviction. This should nonetheless be treated as a point of departure for a more careful analysis and does not undermine the method as such. Third, there can be a *condensation* mechanism: the respondent might for example attribute excessive merit

---

29 Ibid.
30 Immanuel Wallerstein, World-systems Analysis. An Introduction, Durham, NC 2004.
31 Juliet Corbin/Anselm Strauss, Accompaniments of chronic illness: Changes in body, self, biography, and biographical time, in: Research in the Sociology of Health Care 6 (1987), pp. 249-281.
32 Barbara Czarniawska, Narratives in Social Science Research, London/Thousand Oaks 2004.
33 Czarniawska, Narratives in Social Science Research.
34 Monika Kostera, The Modern Crusade: The Missionaries of Management Come to Eastern Europe, in: Management Learning 26 (1995) pp. 331-352, p. 349.
35 John Thompson, Ideology and Modern Culture, Cambridge 1990, p. 5.

to him- or herself, without being willing to claim that the successes or failures were the results of structural condition etcetera.[36]

These biases were the reason to combine biographical narratives with a wide range of institutional documents, especially the documentation of the privatization process, which is available in the Archive of the Ministry of Treasure in Warsaw. The purpose of using the documents was twofold. It enabled gaining extensive knowledge of the details of the process of ownership change and its operations in the first years after privatisation, which allowed us to add more relevant questions in the second part of the interview. Also, it enabled us to indicate topics that have not been mentioned by the interviewees and to immerse ourselves in details of organisational change and provide the clearest possible account of organisational chnage as seen by its witnesses.

5 Wedel's way to capitalism as seen by the managers and »Solidarity« members

The signing of the contract with PepsiCo has taken place in July 1991. The ceremony was arranged carefully: it has taken place in the memorial hall in the Wedel factory, in which memorabilia connected to the factory's history were collected and the check for $ 25 millions was handed over to the Minister of Ownership Transformation in the Knight's Hall of the Royal Castle in Warsaw. Based on a report from the ceremony by an employee and an active trade union member, included in a historical book about the factory, one could conclude, that the representatives of the three institutions, who participated in this event (the managers of Wedel and PepsiCo and the politicians) have expressed their unanimity: a brand with a long and well-known history has found a foreign partner, which would acknowledge Wedel's heritage and improve its physical condition.[37] In their speeches the act of selling 40 % of shares to the investor was referred to as »partnership«, but in fact PepsiCo Ltd. had from the very beginning over 50 % of votes in the General Meeting.[38] Wedel has been assigned a special role in the process of transforming the Polish economy, because of its popularity and history. But at the threshold of introducing capitalism to Poland the factory has also gained a new meaning – it now symbolised the avant-garde of capitalism, the perfect combination of past and future and therefore contributed to the macro-history of the Polish transformation presented as a great success. However, in contemporary narratives privatization and the foreign investor are not presented in such unequivocal and positive manner.

---

36 Catherine Vuillermot/Michel Villette, From Predators to Icons. Exposing the Myth of the Business Hero, Ithaca/London 2009.
37 Kozłowski, Dzieje firmy E. Wedel, 1993, pp. 138-143.
38 Source: Report on acquisition of shares of E. Wedel by PepsiCo Ltd., CSFB; August 1991, Archives of the Ministry of Treasure, sign 3385/2.

6   Privatization in the eyes of the Polish managers: a chance and a threat

What is striking in the narratives of the managers is their surprise about PepsiCo. In their eyes the Americans seemed barely interested in the factory. They are remembered as paying almost no attention to the production, but only to ecological matters and statistics concerning the staff. The manager of the mechanical workshop and former leader of the dissolved Workers' Council pointed to the lack of experience of the concern in running a confectionery factory, which was made up by the sum they offered for investment – 50 m $ [M_1]. The head of the technical department claimed he was afraid of PepsiCo, because their production technology was unknown to Wedel's engineers [M_2]. Therefore, the choice of the investor was not accepted without second thoughts.

But from the narratives emerges a picture in which the managers had no agency in this process. The director of the Syrena factory (another confectionery plant in Warsaw, which belonged to E. Wedel conglomerate in communist times) comments on their role in the following manner: »We were like a product available for sale. So the client comes and looks at everything, gets some information, […] there were lots of them« [M_5].

This recollection shows the managers *excluded* from the decision-making. They did not expect such a turn of events. However, there is also another picture of their actions, a picture in which they appear to be *agents* seeking to complete an ownership reform prior to the general transformation of the economy. As the general director appointed shortly before privatization stated:

> »In 1989, when the economic reforms were introduced […] we were thinking about changing something […] the employees already knew that something is going to happen, that the machinery needs renovations, that the change has to come. We were persuading them that major foreign producers will enter our market, that the quality of our chocolate won't be so good in comparison with them, so we have to invest. […] Maybe it was also about our ambition to do something. New machines are necessary […] so as to catch up with the general changes […] so we wanted to do something by ourselves, without interference from outside« [M_4].

This statement reveals many important details. First, the managers have actively sought ways to turn Wedel into a private company. They have recognized the sings of the upcoming reform. Secondly, privatization is interpreted as a way to gain means for investment, which was seen as necessary in order to survive. The management has sought support among employees to change the firm without loosing control over this process – as another manager put it, »not to be thrown off the train« [M_5]. Narratives of other managers support this conviction [M_6] [M_1]. Thirdly, the management has gained support of Workers' Council in pursuing the goal to anticipate the centrally planned ownership reform and start a »bottom-up« ownership transformation.

Yet, there is a tension between the narrative of pursuit of a »pre-emptive strike« and being cast in a role of hosts of the factory, with the task of demonstrating it to the potential investors, which has evoked a feeling of seclusion and loss of control over the privatization process. The feeling of isolation was deepened by many factors. In some cases there was a language barrier – having to rely upon a translator was sometimes linked with the feeling of being moved away from the main course of events [M_4]. Furthermore, the manager of the social department claims, that they were *not* told that the factory was going to be sold, but that it would enter the stock market [M_3]. Third, not all employees were certain that PepsiCo is the right investor. »Solidarity« thought that when we become private, we will modernize the facilities at the expense […] of the buyer. I personally was not […] convinced. I would say my position was neutral, I regretted that Wedel was sold. I think we could have managed the factory by ourselves, I understood that I […] would have to leave. But I still thought that Wedel should have remained in our hands« [M_2].

Since the managers have pursued the possibility to privatize the factory *before* the official policy was introduced, there was no need for *manufacturing consent* over the change. In today's narratives, however, they also underline the managers' exclusion from the decision process and this might be a symptom of veiled criticism towards the then chosen strategy. In the eyes of this manager quoted above »S« was an advocate of capital privatisation. How are these times remembered from the perspective of union members?

7 Privatisation in the eyes of »Solidarity« members: exclusion from the course of changes and active attitude change

Even though one of the above cited managers expressed his belief that »Solidarity« generally supported the privatization, contemporary narratives of some members of the union show a much more complicated picture. Support for the privatization, shared by the members of the Workers' Council and the directorate was not so obvious amongst shop floor workers.

Two of the interviewed »S« members working at the shop floor feel they were not informed about what was happening in the company, apart from a general meeting with the directors [S_6], [S_5]. They recalled the atmosphere of uncertainty over the future, especially since Wedel was one of the first privatized factories. After the introduction of the new investor some felt deceived: »We were simply cheated in this privatization, because we didn't even know what is going on. […] There was some information, but what could we say? Nothing.« [S_6].

This feeling was deepened by misinformation about how the stock market functions. Years prior to the Second World War were the last time when there was a stock market in Poland, so the employees who have grown up in the socialist period had little or no knowledge about such an institution. Additionally the person employed to teach the staff about shares seemed to have had a worse preparation than those few of the employees who had contact with Western countries [S_1].

20 % of the pool of shares was offered to the employees at preferential prices and was distributed according to seniority but not the occupation. Some employees got indebted in order to buy the shares and then had to quickly sell them in order to return the borrowed money [S_6].

»Who was canny […] kept the shares and if you were rich, you bought more stock, yeah? People, who had been in the West gained most, because they saw what it is all about and they were sly. They bought shares from other employees, because they knew […] what was going on« [S_5].

In the eyes of the former chair of Workers' Council, a manager in the mechanical workshop, employees with less cultural capital were rendered *naïve*[39]:

»At the beginning [in the meetings] there were lots of questions, different ones, sometimes very naïve, because we were taught all the time what capitalism actually is. That it means exploitation and so on. And many people, especially the older ones […] were concerned whether they would still have the job and survive until the retirement, so […] we needed a lot of time to convince them in one way or another« [M_1].

This »naïvety« could be interpreted as a sign of concern about securing one's livelihood after the privatization and a result of socialization into a socialist state and workplace. In contrast to the managers from the technology department, a member of »Solidarity«, who has made use of her knowledge about the free market to help other workers, the chairman of the Council shows his superiority in this respect in order to mark a distinction between alleged caring about *one's private interest* and dedication to a greater goal, namely *the success of the company,* which would be possible through privatisation.

It should be stressed that in the narratives of the members of the trade union alternative ideas about the organisation of the economy were expressed.

---

39 Pierre Bourdieu, The Forms of Capital, in: John Richardson (ed.), Handbook of Theory and Research for the Sociology of Education, New York/Westport etc. 1968, pp. 241-258.

»The comparison is as follows: you have a ›big Fiat‹[40] and you have a Mercedes, so what do you sell? It is obvious that you sell the Fiat. And here just the opposite. The best factory was sold. This workplace has brought the most money to the state's Treasury« [S_5]. »Wedel was privatized in the first place […] Our products were sold abroad, and you don't sell a goose that lays golden eggs. There were firms in far worse condition and no one wanted to sell them.« [S_6].

According to this logic the factories in worse condition than Wedel should have been privatized in the first place. The interviewees consider their factory in the broader context of the Polish economy and underline the benefits that the state derived from this company. Their concern is definitely not purely caused by self-interest.

These alternative views should be contrasted with the narrative presented by the present leader of »Solidarity« in Wedel, who then joined the union:

»We knew that we are making profits. We were prepared that the privatization should take place. Old machinery […] differed from the standard in Western Europe. We could have coped with buying new machines on our own […] we had a lot to offer in terms of production capacities« [S_4].

Even though he points out that the Ministry of Ownership Transformation has priced the factory wrongly, the view he presents is not different from the official accounts of the director of Wedel, the Minister and PepsiCo representatives uttered at the signing ceremony. The first reaction to the information that the firm would be taken over by a foreign concern was often resistance.

»The fact was: Lewandowski [Minister of Ownership Transformation] – what a son of a bitch! He offered national jewels for bargain […] we should not give it away! – I thought. But then when I started to read the leaflets […] no one would go to these information meetings. But once I went there […] these meetings started and people began to think differently, too. I waived from my obstinacy. Incomprehension is obstinacy, you don't try to understand but you only want to be an opportunist, only because you want to see your rationale in other peoples' eyes« [S_2].

The statement quoted was made by an employee of the mechanical department. It shows a change in the attitude towards privatization. *Consent over capitalism* was enabled by an *active work* towards understanding the market perspective and neglecting the patriotic values – a former frame of reference. According to this account information necessary for accepting privatisation was available, but only few emp-

---

40 A »big Fiat« was Fiat 125p, also known as Polski Fiat, it was manufactured between 1967 and 1991 in Poland in FSO factory.

loyees would *actively work to change their attitudes*. Thus it can be said that elements, which were described by Elizabeth Dunn as *effects* of introducing capitalist practices, namely the framing of the employee's attitude as active, independent, decision-making, were inscribed already into the very process of accepting the transformation, thus seem to have been prior to implementation of capitalist regime.[41] Members of »Solidarity« in higher posts have provided explanations for the *need* to privatize the company, which fit into the official discourse. The *consent* over the process was built either through active working over of their attitudes or by lack of objection, despite the feeling of deception.

8 Transforming the workplace: investments, higher salaries and layoffs

Surprisingly, the first months after the rapid and challenging process of preparing the factory to be sold were characterised as calm but in this time technical specialists have put a titanic effort to plan the allocation of promised investments in machinery. Some shop floor workers felt *betrayed:* a lot of money and new markets possibilities were promised [S_5], but the employees did not recognise it immediately in their everyday lives. PepsiCo had very little experience in producing sweets, therefore technical experts at Wedel played a crucial role in this process and have put a significant effort in this task: »Our goal was to outline this development. And we stayed at work long hours, until nine and considered different variants. And very much was bought for this factory« [M_2].

The investment plan has touched upon a sensitive issue, namely the care and devotion to the workplace as an important part of identity of the Wedel people. Long traditions of the factory as well as pride on working there were often underlined in the narratives. Even if the representatives of PepsiCo had to rely on Polish technology specialists, the role of the latter was at the same time depreciated, since according to PepsiCo it was easy to *produce* something while the hard task was to *sell* it [M_2]. The employees at Wedel never had to care for sales under socialism: not only were sweets scarce, but Wedel belonged to the very best producers, which has resulted in long queues of clients lining up at the factory store.

When commenting on investments, a middle-manageress from technological department, member of »S«, claims that:

»I don't care if everybody liked it [that PepsiCo bought Wedel] or not, I don't give a damn. I must say that they have put a lot of money in this firm, everything started

---

41 Elizabeth C. Dunn, Privatizing Poland. Baby Food, Big Business, and the Remaking of Labor, London 2004.

to look different. A multitude of new things, new machines […] bought from best manufacturers in the world. So the technology has improved significantly […] the firm has gained much, and before there were no such chances. Cracow [Wawel factory, second-biggest confectionery producer then] was turned into an employee-owned company, wasn't it? And they had a hard time […] and here everything was served on a golden platter, the possibilities were unlimited« [S_1].

The promise of investments has been a major source of legitimisation of the corporation – amongst the managers as well as the interviewed trade union members, especially if they were skilled. The above cited interviewee seems to defend both PepsiCo *and* the form of privatization, which in her narrative is rendered the only thing which could have led to such investments.

The consequences of introducing new machinery were at least two-fold: first, the scale of production has risen significantly, second, craft production was almost fully superseded [M_1]. This in turn resulted in layoffs after the protection period secured in the contract with the investor ended. The employees at Wedel experienced workforce reductions for the first time in their life. As one of the union's member, a laboratory specialist, put it: »[You felt] puzzled, because for the first time you saw a situation in which someone is given a quit notice and has one hour to leave the firm. Gets his box […] and just leaves the building« [S_3].

The reductions have affected the production workers in the first place. Importantly, when the Polish managers refer to the layoffs in their narratives, there is a tendency to use words like *it had to happen, it was necessary*: »Well, we had to achieve some financial goals […] and improve efficiency and […] there was an excess in jobs, so something should have been changed« [M_7]. However, a deeper inquiry into this issue showed, that some managers admitted they have to some extent supported this policy introduced by the corporation and saw it as a positive change: »I cannot actually say that the directorate was against it. We saw that there had been some unnecessary posts« [M_2]. Surprisingly, the current leader of »Solidarity« expressed the same belief: »When we got the new machines, then these group reductions were unavoidable, there was an inevitable excess of workers« [S_4]. Another »S« member, a mechanist, mentions that the corporation »has come to an agreement with the trade unions instantaneously« [S_2], but this issue was not mentioned in any other narrative of the »S« members. A middle-manageress and union member from the technology department had a similar interpretation to the one provided by the union leader: »It was obvious, that very many people would have to leave […] and perhaps even though some of them maybe were needed, the investor had probably thought that less people can do the same job as well and I think they were right in this respect« [S_1].

At the same time she admits that the new owners did not pay enough attention to the process and have dismissed very many valuable employees, whose craftsmanship was irreplaceable. And what could not be replaced by machines was substituted by temporary employees, who in many cases worked in the factory throughout the year. Introducing an »inferior« category of workers, who within Polish legal framework could not join a trade union has led not only to leaning the production but has also affected the solidarity of the workers and undermined the social relations at the shop floor. »*Will I have the job,* you ask yourself, if it wasn't like this, there would be a different atmosphere. But now […] this is the basis of everything, it's psychosis. It crushes people« [S_6].

The reverse side of the insecurity was a significant increase of wages. The long-awaited salary rises were mentioned in most of the biographical accounts and were strongly associated with the arrival of new order. »When Wedel went public and Americans came, there were talks with the trade unions, and initially our salaries have jumped. Of course, the inflation was frightening, but […] were had incredible salaries. Five-six times higher than previously« [S_4].

At the same time it should be underlined that the satisfaction with the pays was inevitably supplemented by disappointment over dismantling the welfare facilities of the factory, which was established by the pre-war owners and then maintained throughout the socialist period. In the narratives of both managers and the union members this was seen as both as destruction of the legacy of Jan Wedel and a loss of significant effort made by generations of the Wedel employees. While recalling these changes the union leader refers to »requirements of rapacious capitalism, which have affected this factory very hard« [S_4]. A technology specialist admits that: »We were somewhat naïve, this harsh world has demonstrated its character to us and showed that we were accustomed to the old world, right, we knew everything. And here […] we were naïve, we were not prepared for all that« [S_1].

Quoting Michael Burawoy it can be said that while in the socialist period *employment security* (because of the full employment policy) was combined with *wage insecurity* (due to the piece-rate system) after introduction of capitalism the labour relations could be described as *employment insecurity,* combined with *wage security.*[42] An important part of the biographical work was done in order to legitimising this change. And this changing characteristic of labour is in many narratives linked to modernization. Those employees, who participated in the modernization process are sometimes *defending themselves:* they negotiate such a meaning of investment, which would be directed mostly at saving the company from the influx of foreign companies to the Polish market, which in their eyes could lead to losing factories' key position on the Polish market and major layoffs. Thus, some reductions of staff are rendered *necessary,* even though an important element of Wedel's tradition – artisanal production – is irreversibly lost. The differences in the interpretations of the first impressions related to the investor do not coincide with the managerial-unionist division: rather,

---

42 Michael Burawoy, The politics of production. Factory regimes under capitalism and socialism, London 1985, p. 171.

in the narratives of shop-floor workers there is a lot of criticism towards the investor, whereas those employees who took part in coining the new deal (either main managers or unionists) have ambiguous interpretations of their own participation in introducing broader capitalist order.

9   Transforming work: recognition of new roles

Based on her observations in a food processing plant in Rzeszów, Elizabeth Dunn claims that the Western managers have tried to *make* the people they dealt with *into* a kind of people familiar to them: flexible workers of late capitalism.[43] The author claims that »creation of [post-Fordist – KM] working subjects«[44] is an inherent element of institutionalizing capitalism and since foreign entrepreneurs could not find *flexible, autonomous, individualistic* and *competitive* employees – they had to form them by implementing capitalist managing techniques that were directed at »managing of self«. In this section I would like to have a closer look at the *making* of capitalist employees as seen through the lens of the collected biographical accounts and ways, in which the employees of Wedel have attempted to negotiate the rules implemented by the foreign investor.

A motive of intensive learning connected to earliest capitalist rules in 1990s returns in many narratives. As a newly employed marketing manageress put it:

> »The work was incredibly intensive, but so much was going on in Poland at that time […] everybody says that this was like a crash course […] and I think that even in the West the people could not have experienced so many things in four-five years as we have. Stock exchange was created, new firms emerged, companies were being transformed […] all the changes introduced by Balcerowicz […] it was amazing. A lot of things were happening, it was very interesting, we have experienced it very intensively, everybody wished Poland will become so modern and independent […] and we were all proud that we could participate in these events« [M_6].

The memories of an electrician, member of »S«, are formulated in a similar vein: »And then suddenly everything began to grow. We had to learn rapidly. These sleepless moments, enchanted moments. It was all to regain something, which I never had [before]« [S_2]. The newly appointed director of a crisps factory built by PepsiCo, who has worked in Wedel for many years links the survival through these hard times to the character of Poles, as she claims: »[What] ended up successfully in Poland [and was not observable in other countries, where PepsiCo had their factories] was this

---

43   Dunn, Privatizing Poland, 2004.
44   Ibid., p. 21.

obstinacy, tenacity of Poles and after all the desire to arrive at what is expected of them« [M_5].

By these three employees – who were in favour of privatizing Wedel – the introduction of capitalism is described in a romanticized manner. But a technology manageress and unionist recalls an atmosphere of anxiety amongst employees. She links it to the *necessity* to change something in one's behaviour:

> »And I thought about some of these people […] that it is weird that they are not changing, what did they expect, right? Because wise people have already felt, that there is no other way and they have changed [their behaviour]. Many people who […] were drinking have stopped doing it. Many people have started to work differently, wise people, and there were some others, who thought they will go on the way they did earlier. Well, they did not get along in the longer term. Because when someone wanted to come to work and eat breakfast first, it was OK, but when someone started the day with a newspaper, it was no longer possible. Back then [in socialism] a lot was acceptable […] but later you needed to know« [S_1].

What one *had to know,* or *had to recognize* was his or her role in the new capitalist order. In some narratives this mechanism was presented as universal and applied not only to white-collar but also to blue-collar workers, especially since qualities sought after in recruiting were *an open attitude* and *willingness* to learn how to work. As a young HR specialist put it: »We were looking for a potential of these employees, willingness, readiness to learn. If [someone] was developing [him- or herself], was showing initiative […] had this attitude, we invested in such a person« [W_23].

Reference to attitude rather than skill is very significant and chimes with the conclusions of Dunn that the way in which the new employees were trained have reassured them, that their performance relies upon having certain personality traits.[45] At the same time all other employees were supposed to recognize the new role, which would inevitably lead to success, since, as for instance the HR manageress claimed, *everybody* was given the chance to acquire the new role:

> »You just had to think about what good can happen to us and what can we benefit from it, a different way of thinking […] and this was actually the key to success, and nothing more, readiness to learn, to develop [oneself], this was also important […] so everybody, who wanted […] well, maybe not everybody could […] but never mind« [M_7].

A few important issues should be underlined here: first of all, not only *explicit* requirements like obeying the new stringent health and safety regimes should have been

---

45 Ibid., p. 98.

accepted. The *implicit* »rules of game« with the *necessity to recognize one's role* should have also been accepted and followed. Secondly, the *individual employees* were tasked with learning of and conforming to the rules, even though within this particular discursive framework the rules were supposed to be same for everyone and essentially collective. Secondly, the work to detect and conform to the rules of behaviour was rendered *individual,* even though it was *universal* and supposed to apply to all employees within this discursive framework. Third, it seems that the *open attitude* was already inherent in the very work necessary to identify the desirable roles.

Echoing Max Weber I could say that redemption (here meaning the chance to pursue one's career or simply to stay employed) was given to those, who have worked hard in ascesis oriented at hardening one's personality and endurance.[46] A by-product of such work was the certainty about what was desirable in the eyes of the Western management. In order to achieve this:

> »I worked for 12–14 or even 16 hours, it wasn't something that amazed us, because we knew that these times are hard and […] that is, I was aware of that when you give full measure, you'll have more chances, because […] it was not like in the old times, when the workers or generally the employees ruled and the director had nothing to say, right?« [M_7].

Inherent in the new work regime in the offices of Wedel was definitely the extended working hours. It was not made explicit by the Western managers, but is interpreted as implied in their actions, as for instance here with the reference to a Polish-based English HR general manageress: »We felt that she introduced such a rule, that when she is working, we should be working too. She wouldn't mention it, but she would come to our room sometimes even at 6 pm« [M_2]. A middle manageress from technology department would stay at work late to meet her foreign supervisor: »He was coming to Poland for two to three days and […] when he arrived, his secretary would call me and ask to stay until eight o'clock, because he would like to speak to me. So I stayed, if I didn't, I wouldn't have the job« [S_1].

The office employees had to learn for example how to use the computer under a huge time pressure. A Polish manageress from the marketing department relates this pace of work to the branch itself – in FMCG's (*fast-moving consumer goods companies*) the work should have been done »for yesterday« [M_6]. Such a conviction served as a disciplinary measure. The process of changing priorities from production and supplies of the socialist period to sale and what Dunn termed accountability[47] required accepting strict rules of reporting imposed by the corporation. The work of managers was accounted monthly for the so-called Key Performance Indicators.

---

46 Max Weber, The Protestant Ethic and the Spirit of Capitalism [1920], Abingdon/New York 2001.
47 Dunn, Privatizing Poland, 2004, pp. 45-78.

By building an overt pressure to deliver work results as soon as possible and at the same time implying that one should stay at office long enough have changed the work regime of the office employees. It should be underlined, however, that this transformation was rarely interpreted as compulsion, but rather as a *chance* and adjustment to legitimate rules of behaviour.

The manageress from the HR department noted that maybe not *all* employees were given the *chance* to recognize their new role so as to fulfill the requirements of the investor. The analysis of biographical narratives enables some conclusions about structural constraints of *the possibility to recognize one's role.*

First of all, there were certain personal circumstances which made it possible for some of the office employees to pursue their careers. The interviewed Wedel employees who established their careers under PepsiCo had in 1990s already grown-up children or no children at all, moreover they could rely upon help of their spouse with household and therefore could stay at work till late hours. Second, these employees had some unique qualifications, which have turned out to be indispensable for the company, whereas before introduction of capitalism were not needed or did not play a major role in performing daily duties: they knew English very well and/or were dealing with financial issues and knew Polish tax law. Third, they had to be relatively young, since some of the managers, who started work in 1950s or 1960s and preferred to stay at the factory were given quit notice, because they were eligible to retire. Age was a covert factor in selecting, what kind of employees would be given the chance to continue their work.

Last, but not least – since the functioning of the factory became subordinated to the rule of sales performance, newly established departments, as for instance marketing, PR or HR were rendered the most important. This had a two-fold consequence for the structure of the personnel. On one hand it had contributed to the diminution of the role of technology specialists and on the other hand, it has resulted in replacing many workers by machines or temporary workers – in other words, in introduction of lean manufacturing.[48]

In the narrative of the current trade union leader the first foreign HR manageress is remembered as saying that workers might be as well replaced by *monkeys* at the production line. The unionist relates her later dismissal with this attitude towards workers and interprets it in the context of the history of the factory: such an approach did not match the public image of the company and was considered an illegitimate way of addressing the employees [S_4].

Repeating the statement made by Elizabeth Dunn it can be said that the workers at Wedel have tried to renegotiate their social roles in the factory and instead of being

---

48 Cf. John Krafcik, Triumph of lean manufacturing, in: Sloan Management Review 30, 1998, pp. 41-52; James Womack/Daniel Jones/Daniel Roos, The Machine that Changed the World, New York etc. 1990.

aligned with *monkeys* – thus bereft of agency – in contemporary narratives about their lives they were trying to resist the role imposed on them by the corporation.

Firstly, they question the need for the expansion of marketing and PR departments and don't understand the kind of work they are doing: »I always wondered what those people do for eight hours a day. What can you do with a box of cocoa or with a chocolate bar? Well, every now and then they devised new packaging, boxes, labels« [S_1].

This technology specialist and »S« member, along with other employees, doubts the necessity to employ so many office workers, whose effort *doesn't contribute to production,* thus in his eyes represents a burden for the company. The »old« personnel at Wedel believed that products of good quality didn't need advertising, but »speak for themselves« [M_2]. What is more, the union leader criticized the new management, which had no expertise in production and in turn led to worsening of quality of chocolate:

> »The tempo of production, all this elasticity and these requirements and stupid things, they don't really prove correct in this type of production and especially in our factory. Not everything can be converted into money. Sometimes it is better to produce less and in slower tempo, but then you don't have any complaints« [S_4].

Another union member, a laboratory specialist, noted that employees, who were doing »simple jobs« as for instance cleaning were treated as unnecessary and were paid the least money, even though she underlines the importance of the effort they put in the production process [S_3].

Secondly, even though PepsiCo is remembered as ascribing the workers inflexibility and a rather limited ability to learn, the company was trying at the same time to *make the workers more flexible* – by compelling them to change divisions and tasks every few months, which is sometimes interpreted as undermining the expertise which the experienced workers have had acquired. At the same time, however, their »inflexible« status is preserved – tasks requiring experience and skills, as tasting if the chocolate is well prepared are entrusted to machines rather than the workers.

> »Now I feel that I have fallen down a little. I used to work using my brain more and now I use my hands rather. When I worked at the production of chocolate bars, I had to look […]. When I looked at chocolate, I knew if it was well tempered or not. When it was in the form I knew, if it was too dense or not, because I observed air bubbles and I knew what I should do, heat it a little bit or cool it. And now I have to check the temperature, I cannot see the chocolate. I have to write it down from a screen« [S_6].

The workers in their narratives are underlining their expertise in production, at the same time pointing out that the investors preferred to buy expensive testing machines, which according to the »Solidarity« leader never gave other results than organoleptic tests performed by workers:

>»I have learned it quickly […] we tasted the chocolate. We could, our taste buds could verify if the chocolate was tempered properly. We were never wrong and then the machines verified our assessment and [the managers came] and were astonished that we can do it using only our tongues. But you gain experience and practice« [S_4].

They relate their knowledge and skills to their long work experience and draw upon the memories of the last pre-war owner Jan Wedel, who is remembered as rewarding his employees for long-time work in a single plant. Out of the well-remembered stories about his times emerges a picture of a *different* type of capitalism: a system, in which long experience has not led to »inflexibility«, but rather to artistry. The investors have introduced a different salary schedule, in which seniority was no longer rewarded. The underestimated value of physical work resulted also in replacing many experienced workers with temporary employees, who in some cases stayed in the factory for only three to five days. Therefore a task for which the remaining skilled workers became responsible was training these employees sent to the factory by a temporary employment agency. This task is interpreted as disturbing and in vain – since these workers rotate so quickly. As temporary workers don't manage to learn all the hygienic disciplinary procedures, they are sometimes named *scuffs* by the regular employees, such labelling is done for instance in the narrative of the »S« leaders [S_4]. In his eyes these *scuffs* don't have a strong bond with the factory, thus have no habit to take care for the cleanness of the shop floor.

One of the outcomes of the new factory regime was a perpetuation of divisions amongst employees. First – between the production workers, since temporary workers were given a rather cold welcome and their presence was perceived with mixed feeling of anger and pity. Secondly – between the shop floor and offices at Wedel. These two *milieus* became remote and barriers between them – impervious. Before privatization some office employees or even managers were recruited from the shop floor workers, but afterwards office workers and managers from a younger generation were chosen on the basis of their *open* attitude and skills that were not specific for production facilities. Such employees are said to change jobs often and to look for new challenges, without devoting themselves to the workplace saturated with old traditions. As the Polish director put it:

>»On the one hand there is a rotation of young people, because they think they have achieved all they could in this firm and have to look for a better career outside We-

del. On the other hand, those who manage dismiss people or hire people who suit them better. Such a rotation doesn't lead anywhere. Actually, they [the owners] do not value the people, who have worked here for years, because if someone new is able to learn the task, then why keep the old useless employee? In that way a lot of harm was done to people who were tied to Wedel permanently« [M_4].

At the same time the new employees are said not to have such a strong connection to the workplace, mediated by the long tradition of the factory. The union leader recalls a day, when he was asked to show the facilities to a foreign delegation, because HR specialists did not even know where the production divisions were located [S_4].

The third dimension is the growing gap between the trade union and the Polish managers. One might argue that these roles are inherently conflicting, whatever the general economic regime. Nonetheless, when the company was state-owned, »central appropriation incorporate[d] enterprises into a hierarchical bargaining structure«[49] and this bargaining structure started from negotiations between groups of workers, trade unions and socialist managers, who served then as intermediaries in political institutions dealing with production. But this very process of haggling over the production norms lead to intensive contacts between different groups of employees. This was to a great extent lost since the privatization, especially because performance in a system in which demand-uncertainty prevails over supply-uncertainty was evaluated on the basis of financial indicators and such contacts were not necessary any more.[50] Besides, the American-based corporation undertook effort to deliberately divide the Polish employees:

»Americans were well aware that when one of these ›Solidarity‹ activists was hassling, the best way to deal with it was to give this person a high salary rise and announce it publicly, so the people would find all his flaws, that's what they taught us. Anyway, I attended such a course« [M_2].

The same technical director remembers, that the representatives of the corporation rendered the demands of trade unions as »not normal« and acted as if they did not have trade unions in their home countries, depreciating their role. One way of reducing the importance of trade unions was achieved by imposing the necessity to rent rooms for union' offices, which were until then occupied for free. Therefore, even though almost every narrative of former directors or workers, who at the same time are or were »S« members, are saturated with stories about Jan Wedel and the long

---

49 Michael Burawoy/János Lukács, The radiant past. Ideology and reality in Hungary's road to capitalism, Chicago 1992, p. 90.
50 Ibid., p. 89.

traditions of the Wedel factory, these groups have accepted the new rules of the game almost without overt criticism and have not recognized each other as potential allies.

10 Conclusions: the workplace as a profit generation site

The analysis presented above encompasses only a fragment of collected materials and a limited number of issues – I have focused on the interpretation of capital privatisation and of newly rendered professional roles resulting from the ownership transformation as seen by socialist managers and members of »Solidarity« trade union at Wedel.

There is no easy answer to the question how managers and unionists perceive their role in the process of transformation. The managers occur as actively pursuing a way to change the ownership status of the company prior to the introduction of market reforms of 1989, yet at the same time they see themselves as bereft of influence upon the factory and surprised by the decision that the plant was sold to PepsiCo. Unsurprisingly, given the general role of »S« in legitimizing the new order, the members of the trade union provide legitimate explanation to the change – they inscribe it in a broader modernization narrative. However, members of both groups don't remain uncritical towards the investor. Their attitude towards PepsiCo is a mixture of love and hate, *Hassliebe*. The mismatch in interpreting the new order does not fit the division into managers and unionists – rather, the division between employees who were *given* the chance to continue work in the company and those, who either were rendered as unnecessary or whose perceived position has lost prestige and respect in the eyes of foreign representatives of the corporation and – to a greater extent – a new generation of managers educated in business schools, without experience in production facilities.

Today's criticism towards the change has to do a lot with the loss of *control*. First of all, introduction of neoliberal capitalism meant loss of certainty of work and breaking the routine of work. Secondly, despite the egalitarian discourse of the necessity to recognize the desirable role what would lead everybody to »redemption« – being able to stay in the job – the principles governing the realm of work remained obscure and have proved not to be universal. I agree with the conclusion by David Ost that under newly introduced capitalist regime the employees were evaluated before they were given the chance to prove how much they were worth.[51]

Moreover, the workers of Wedel have – at least to some extent – lost the control over the *meanings* ascribed to the workplace. Dismantling the welfare facilities and underlining the importance of profits was the result of redefining the factory by new

---

51 David Ost, Introduction, in: Elizabeth Dunn, Prywatyzując Polskę [Polish edition], Warsaw 2008, pp. 5-12.

owners. It was now to be an organization for *generating profits* rather than a life world encompassing social activities.

The observations made by Burawoy seem to fit well to the situation of introducing capitalist rules and corporate practices to a newly privatized socialist enterprise (with strong capitalist pre-war roots): *playing the game,* participating in the changes generates consent to their rules. By adopting these basic rules with almost no apparent objection, the Polish managers and »S« members have accepted the privatization. One of the mechanisms, which have supported this process was the transformation of the imposed rules into the promise for *professionalization,* mediated by the discourse of self-development, catching up with the West, and opening of career opportunities. Therefore, the biographical work connected to negotiating consent over capitalism was rather an internal process and emotional work of individuals than a collective »running-in«.

11 Annex: List of interviews

11.1 MANAGERS

M_1	Male, born in 1930. He has graduated from Warsaw Polytechnic University, worked at E. Wedel from 1959 till mid 1990s. He worked as Chief Mechanic and then Chief Constructor. In the 1980s unanimously appointed as Head of the Worker's Council.
M_2	Male, born in 1935. He has graduated from Warsaw Polytechnic University and worked at Wedel since 1960 until 1993. He worked as Chief Power Engineer and then became Technical Director. After privatization he became member of the first Board of Directors, responsible for technical matters and production.
M_3	Female, exact year of birth unknown. She has worked at Wedel since 1966 as organization engineer. In 1980s she started to work in the Social Department, where she stayed until early retirement in 1990s.
M_4	Male, born in 1947. He has a degree in economy. He worked at the factory since 1971 until 2004. Manager of the Economic Department, then of the Financial Department, Vice-Director of the company. In 1990 he became the first CEO of the privatized firm and he remained on this position until his early retirement.
M_5	Female, born in 1947. She graduated from Industrial Engineering and Economics Department in Wrocław. Since 1970 she worked at Wedel. She led the Section of Planning and then Vice-Director of the Economic Department, Director of Norms and Wages Department and Director of Syrena Factory. She was a member of the first Board of Directors and became the first General Director of the newly established crisps factory. Since 2001 till 2004 she has headed a crisps factory established by PepsiCo in Russia. Now she is retired.
M_6	Female, born in 1961. She has graduated from archaeology in Great Britain and worked for some time at University of Warsaw. Since the beginning of privatization programme she became a translator for foreign investors and investment banks. After Wedel was privatized she was employed as Communication Manager and then worked at Marketing Department. After few years she moved to PepsiCo's central office for Poland. Since 1999 she worked as HR Manager for an American insurance firm in Poland.
M_7	Female, born in 1951. She graduated from confectionery vocational school, in 1969 she started to work at E. Wedel. At the same time she was studying at Warsaw's Main School of Planning and Statistics. In 1980s she was responsible for salaries and in 1990s – in HR Department and eventually became its Director when Cadbury owned Wedel (late 1990s). In 2004 she has changed her job, but remains in managerial position.
M_8	Female, exact year of birth unknown. She has a diploma in management, law and natural sciences. In 1994–5 she worked as a HR Manager in crisps factory. Afterwards she has held the post of HR Director in many companies.

11.2 »SOLIDARITY« MEMBERS

S_1	Female, exact year of birth unknown. She has worked at Wedel since 1960 till mid 1990s. She headed the Department of Pastries and then was a middle manageress at Technology Department. Active member of »Solidarity« in 1980s and 1990s.
S_2	Male, born in 1948. Electrician, he studied for some time at the Warsaw Polytechnical University. He worked at Ursus Tractor Factory, which he left after a severe injury. Since 1971 until late 1990s worked at Wedel as electrician. Active member of »S« in 1990s.
S_3	Female, born in 1959. She has graduated from chemical vocational school and worked at the Industrial Telecommunication Institute until early 1990s. For some time she was running a small business. In mid 1990s she was unemployed for 1,5 years. Since 1996 she works at the chemical laboratory in Wedel. Member of »S«.
S_4	Male, born in 1967. He graduated from a vocational school as an engraver. He works at Wedel since 1985. He worked as engraver, as a production worker at one of the production lines, and then as an operator of the chocolate production line. In 2005 he became the leader of »S«, thus he works at the union's office.
S_5	Male, born in 1950, finished a vocational school. He worked at Wedel as mechanicist since 1969 until 2009. he was an active member of »S«, in early 1980s as well as in 1990s.
S_6	Male, born in 1956, has finished a vocational school. Workes in Wedel since 1975. He worked in Chocolate Figurines Dep., then he was an operator of an aggregate, after that he worked at Chocolate Bars Department, and now in Marshmallow Department.

IV

Der Betrieb als kultur- und ideengeschichtlicher Ort

Hannah Ahlheim

Der Betrieb und das Schlafzimmer. Die »Humanisierung« der Schicht- und Nachtarbeit in der Bundesrepublik der 1970er-Jahre

Im Oktober 1969 gab Willy Brandt als erster Bundeskanzler der SPD seine berühmte Regierungserklärung ab, in der er ankündigte, »mehr Demokratie wagen« zu wollen. Brandt nutzte in seiner Rede neben diesem prägenden Motto auch ein weiteres bekannt gewordenes Schlagwort, das sich konkret auf die Welt der Arbeit bezog: »Zur Humanisierung des Arbeitslebens«, so Brandt, »haben Gesetzgeber und Tarifparteien den Schutz der Arbeitnehmer am Arbeitsplatz zu garantieren.«[1] Tatsächlich initiierte die sozialliberale Koalition während der beschleunigten »sozialstaatlichen Expansion«[2] 1974 auch ein offizielles und groß angelegtes Programm mit dem Namen »Humanisierung des Arbeitslebens« (HdA). Unter dem Dach des HdA-Programms wurden bis ins Jahr 1984 Projekte zusammengebunden und finanziert, an denen unterschiedliche Forschungsinstitute und Universitäten, Gewerkschaften und Arbeitnehmer beteiligt waren. Doch auch jenseits des staatlich geförderten HdA-Programms entstanden in der »Reformära« zahlreiche Arbeitsgemeinschaften und Foren, die sich für eine »menschliche« Arbeitswelt einsetzten und unterschiedliche gesellschaftliche Gruppen zusammenbrachten.[3]

---

1 Regierungserklärung Willy Brandts v. 28. Oktober 1969, Abschn. X, »Gesellschafts- und Sozialpolitik«, abgedr. i.: Die großen Regierungserklärungen der deutschen Bundeskanzler von Adenauer bis Schmidt, eingeleitet und kommentiert von Klaus von Beyme, München/Wien 1979, S. 251-281, hier: S. 272.
2 Anselm Doering-Manteuffel/Lutz Raphael, Nach dem Boom: Perspektiven auf die Zeitgeschichte seit 1970, 2. Aufl., Göttingen 2010, S. 47; dies., Der Epochenbruch in den 1970er-Jahren: Thesen zur Phänomenologie und den Wirkungen des Strukturwandels »nach dem Boom«, in: Knud Andresen/Ursula Bitzegeio/Jürgen Mittag (Hg.), »Nach dem Strukturbruch?«. Kontinuität und Wandel von Arbeitsbeziehungen und Arbeitswelt(en) seit den 1970er-Jahren, Bonn 2011, S. 25-40. Vgl. auch Hans Günter Hockerts, Der deutsche Sozialstaat. Entfaltung und Gefährdung seit 1945, Göttingen 2011, S. 186 ff.; Winfried Süß, Der keynesianische Traum und sein langes Ende. Sozioökonomischer Wandel und Sozialpolitik in den 1970er Jahren, in: Konrad H. Jarausch (Hg.), Das Ende der Zuversicht? Die siebziger Jahre als Geschichte, Göttingen 2008, S. 120-137; Winfried Süß, Sozialpolitische Denk- und Handlungsfelder in der Reformära, in: Hans Günter Hockerts (Hg.), 1966–1974. Bundesrepublik Deutschland. Eine Zeit vielfältigen Aufbruchs (Geschichte der Sozialpolitik in Deutschland seit 1945, Bd. 5), Baden-Baden 2006, S. 157-221; Stefan Remeke, Gewerkschaften und Sozialgesetzgebung. DGB und Arbeitnehmerschutz in der Reformphase der sozialliberalen Koalition, Essen 2005.
3 Anne Seibring: Die Humanisierung des Arbeitslebens in den 1970er-Jahren: Forschungsstand und Forschungsperspektiven, in: Knud Andresen/Ursula Bitzegeio/Jürgen Mittag (Hg.), »Nach dem

Eine wichtige Rolle sowohl in den Diskussionen um Veränderungen der Arbeitswelt als auch in den praktischen Ansätzen des HdA-Programms spielten Schichtarbeit und Nachtarbeit. Als das HdA-Programm ins Leben gerufen wurde, waren bundesweit ca. 17,5 % der Beschäftigten in verschiedenen Formen der Schichtarbeit eingesetzt, ca. 8,9 % leisteten regelmäßig Nacht- und Sonntagsarbeit, und immerhin 4,8 % waren dauerhafte Nachtarbeiter.[4] Kaum eine andere Form der Arbeitsorganisation schien sich so schwer mit einem »normalen« und »menschlichen« Leben verbinden zu lassen wie die komplexen Wechselschichtsysteme, die sowohl im Dienstleitungsbereich als auch in der Industrie durch nun notwendige und mögliche »kontinuierliche Arbeitsweise« immer häufiger zu finden waren. Die Arbeit in »Kontischichten« veränderte den Alltag der Beschäftigten entscheidend: Arbeitnehmer arbeiteten nun sechs bis sieben Tage am Stück, über die Wochenenden hinweg, hatten dann zwei bis vier Tage frei, um dann wieder für sechs bis sieben Tage zu arbeiten, meist dann in einer anderen Schichtart (Früh-, Mittags-, Spät- oder Nachtschicht). Dadurch hatten viele »Kontischichtler« nur noch ein freies Wochenende im Monat, sie gaben nicht nur den »normalen« Tagesrhythmus auf, sondern auch den gewohnten Wochenrhythmus.

Wie »unmenschlich« solche Formen der Schichtarbeit sein konnten, zeigte sich unter anderem daran, dass grundlegende, eigentlich selbstverständliche Bedürfnisse im nach Schichtplänen organisierten Leben der Arbeitnehmer keinen festen Platz mehr fanden: Das »führende Beschwerdesyndrom« bei Nacht- und Schichtarbeit stellten neben sozialen Konflikten nicht zufällig »Schlafstörungen« dar.[5] Wechselschichtarbei-

---

Strukturbruch?«. Kontinuität und Wandel von Arbeitsbeziehungen und Arbeitswelt(en) seit den 1970er-Jahren, Bonn 2011, S. 107-126.

4 Es war schon für die Zeitgenossen schwierig, verlässliche Daten und Zahlen zur Nacht- und Schichtarbeit zusammenzustellen, da es keine aussagekräftigen Statistiken gab und sich die Definitionen von »Schichtarbeit« und »regelmäßiger Nachtarbeit« unterschieden. Vgl. u. a. Friedhelm Nachreiner u. a., Schichtarbeit bei kontinuierlicher Produktion (Forschungsberichte der Bundesanstalt für Arbeitsschutz und Unfallforschung, Bd. 141), Wilhelmshaven 1975, S. 4; Ein Informationsblatt des Projekts Schichtarbeit (PROSA) der IG Chemie-Papier-Keramik vom August 1979 sah den Prozentsatz der Schichtarbeiter zwischen 1960 und 1975 insgesamt sogar von 12 auf 27 % gestiegen, in: Projekt Schichtarbeit. Bericht der Projektleitung bei der Industriegewerkschaft Chemie-Papier-Keramik, Forschungsprojekt Entwicklung und Erprobung von Vermittlungskonzeptionen zur Umsetzung von arbeitswissenschaftlichen und arbeitsorganisatorischen Erkenntnissen im Bereich Schichtarbeit, Hannover 1979, S. 31. Zur Historisierung des gesellschaftlichen Umgangs mit Schlaf vgl. Hannah Ahlheim (Hg.), Kontrollgewinn – Kontrollverlust. Die Geschichte des Schlafs in der Moderne. Frankfurt a. M. 2014. Als zeitgenössische Studien vgl. u. a. Horst Wilhelm, Schlaf- und Freizeitverhalten von Normal- und Kontischichtarbeitern in Abhängigkeit von periodisch wechselnden Schichtbedingungen, Diss. Universität des Saarlandes, Saarbrücken 1978.

5 Joseph Rutenfranz, Arbeitsphysiologische Grundprobleme von Nacht- und Schichtarbeit (Vorträge/Rheinisch-Westfälische Akademie der Wissenschaften, N 275), Opladen 1978, S. 14.

ter mussten ihre Schlafzeiten den Arbeitszeiten unterordnen und ihren Rhythmus regelmäßig »umtakten«, große Teile ihres Alltagslebens liefen »gegen die Uhr«[6].

Um nachzuvollziehen, auf welche Weise, aus welchen Gründen und mit welchen Folgen der Schlaf von Schichtarbeitern im Laufe der 1970er-Jahre zu einem politisch und auch ökonomisch wichtigen Thema wurde, sollen im Folgenden in einem ersten Schritt die Debatten um eine »qualitative« Verbesserung der Arbeitswelt vor allem in den ersten Jahren der sozialliberalen Koalition dargestellt werden. In einem zweiten Schritt diskutiert der Artikel dann unter anderem am Beispiel von zwei bei der Saarbergwerke AG im Jahr 1976 entstandenen Studien zum Thema »Schichtarbeit und Schlaf«, mit welchen Mitteln und mit welchen Zielen Experten, Politiker und Gewerkschaftler begannen, den schlafenden Arbeiter in seinen eigenen vier Wänden zu erforschen und zu kategorisieren. Mit der Einbeziehung des Schlafzimmers in die arbeitsmedizinische Betreuung und die gewerkschaftliche Politik, so die These, lösten sich die Grenzen des Betriebes auf, die soziale Ordnung der Arbeit wurde nun auch im privaten Raum verhandelt. Der Artikel ordnet die Versuche zur »Humanisierung der Schichtarbeit« so in die Diskussionen um einen »Strukturbruch« in den 1970er-Jahren ein und fragt nach Veränderungen im alltäglichen Verhältnis von Arbeitsplatz und privatem Leben.[7] Dazu verbindet er den unter anderem von Thomas Welskopp eingeforderten konkreten Blick auf die Akteure und die »Mikropolitik«[8] mit Überlegungen zum Begriff und Verständnis vom »Betrieb«. Am Beispiel des Schlafs der Arbeitenden kann gezeigt werden, dass die von Timo Luks in seiner diskurstheoretisch geprägten Analyse diagnostizierte Auflösung der »sozialräumlichen Institution« Betrieb in den Jahren »nach dem Boom« und der Erfolg des »abstrakten, kontingenten Kommunikations- und Kontrollsystems« Unternehmen[9] ihre Entsprechung in alltäglichen Praktiken hatten, die den Ort der Arbeit entgrenzten. Erst die Verbindung beider Perspektiven zeigt das Zusammenspiel von Institutionen, alltäglichen Praktiken und den Begriffen, mit denen sie gefasst werden, und lässt erahnen, wie sich der »soziale und politische Ort Betrieb« veränderte.

---

6   Vgl. u. a. Ulrich Birkner u. a. (Hg.), Leben gegen die Uhr. Die Schichtarbeitergesellschaft kommt (Werkkreis Literatur der Arbeitswelt), Frankfurt a. M. 1985.
7   Zur Bedeutung der Zäsur der 1970er-Jahre in der Zeitgeschichte vgl. v. a. Doering-Manteuffel/Raphael, Nach dem Boom, 2010; Andresen/Bitzegeio/Mittag (Hg.), 2011; Jarausch, Das Ende der Zuversicht, 2007; Thomas Raithel/Andreas Rödder/Andreas Wirsching (Hg.), Auf dem Weg in eine neue Moderne? Die Bundesrepublik Deutschland in den siebziger und achtziger Jahren, München 2009. Zur Geschichte der 1970er-Jahre auch Edgar Wolfrum, Die geglückte Demokratie. Geschichte der Bundesrepublik Deutschland von ihren Anfängen bis zur Gegenwart, Bonn 2007; Ulrich Herbert (Hg.), Wandlungsprozesse in Westdeutschland: Belastung, Integration, Liberalisierung 1945–1980, Göttingen 2002.
8   Vgl. dazu den Beitrag von Thomas Welskopp in diesem Band.
9   Vgl. dazu den Beitrag von Timo Luks in diesem Band.

Abschnitt IV | Der Betrieb als kultur- und ideengeschichtlicher Ort

1 Die »Qualität des Lebens« und das Programm der »Humanisierung der Arbeit« in den frühen 1970er-Jahren

Die Bemühungen, Arbeit »menschlicher« zu gestalten, fügten sich ein in umfassende, gesamtgesellschaftliche Debatten zur »Qualität des Lebens«, die die frühen 1970er-Jahre in Deutschland prägten.[10] Stefan Remeke und Anne Seibring sprechen gar von einem »Zeitgeist«[11] der Demokratisierung, in dem »die Frage nach Lebensqualität immer häufiger gestellt und intellektuell diskutiert«[12] worden sei. Schließlich hatte die 1968er-Bewegung in vielen Bereichen der Gesellschaft grundlegende Diskussionen angestoßen, die alternative Gesellschaftsmodelle denkbar werden ließen, Intellektuelle, aber auch linke Gewerkschafter formulierten Kritik an den herrschenden Zuständen nun offen und mit Verve.[13] Das Nachdenken über die Lebensqualität fiel aber auch in eine Situation, in der sich abzuzeichnen begann, dass der wachsende Wohlstand der westlichen Industrienationen keineswegs stabil und sicher war.[14] Die Aufkündigung des Bretton-Woods-Abkommens und die erste Ölkrise 1973/74 wurden als ernstzunehmende Anzeichen einer weltweiten Krise des Wirtschaftssystems gelesen, und die Warnung des Club of Rome vor den »Grenzen des Wachstums« ging 1972 um die Welt.[15]

Die Erkenntnis, dass Lebensstandard und Arbeitsplatz in der Zukunft nicht so sicher waren, wie lange gedacht, führte zusammen mit den Forderungen auf Veränderungen der Gesellschaftsordnung dazu, dass die Qualität des Lebens zu einem wichtigen Thema wurde. Und mit der Qualität des Lebens stand auch die Qualität der Arbeit auf der Tagesordnung: Für viele war im Alltagsleben eine »wachsende Kluft zwischen dem erreichten Wohlstandsniveau und den vorherrschenden Lebens- und Arbeitsbedingungen«[16] zu spüren. Die Arbeitsunfallrate war erschreckend hoch[17], die Einführung tayloristischer Systeme etwa mithilfe des Verbandes für Arbeitsstudien REFA[18], die fortschreitende Automatisierung und die sich abzeichnende »dritte industrielle Revolution« durch Mikroelektronik und Informationstechnologien hatten dazu geführt, dass die Arbeitsintensität und das Arbeitstempo gestiegen waren und

---

10 Vgl. Werner Abelshauser, Nach dem Wirtschaftswunder. Der Gewerkschafter, Politiker und Unternehmer Hans Matthöfer, Bonn 2009, S. 288.
11 Anne Seibring, Humanisierung des Arbeitslebens, in: Andresen/Bitzegeio/Mittag (Hg.), 2011, S. 112.
12 Remeke, Gewerkschaften und Sozialgesetzgebung, 2005, S. 74.
13 Zur Bedeutung der Neuen Linken für die Gewerkschaften vgl. u. a. Wolfgang Schroeder, Gewerkschaften als soziale Bewegung – soziale Bewegung in den Gewerkschaften in den Siebzigerjahren, in: Archiv für Sozialgeschichte [AfS] 44 (2004) S. 243-265.
14 Raphael/Doering-Manteuffel, Nach dem Boom, 2010, S. 26 f.
15 Ebd.; auch Schroeder, Gewerkschaften als soziale Bewegung, in: AfS 44 (2004), S. 248.
16 Süß, Sozialpolitische Denk- und Handlungsfelder, in: Hockerts (Hg.), 2006, 126.
17 Seibring, Humanisierung des Arbeitslebens, in: Andresen/Bitzegeio/Mittag (Hg.), 2011, S. 111.
18 Zuerst »Reichsausschuß für Arbeitszeitermittlung«, ab 1977 Verband für Arbeitsstudien und Betriebsorganisation e. V.

die Ansprüche an Qualifikation sich veränderten.[19] Die Unzufriedenheit der Arbeitnehmer wuchs, und das hatte wiederum Auswirkungen auf ihr Leben jenseits der Arbeitswelt.

Zum ersten Mal machte im Jahr 1972 eine Massenpartei, die SPD, die »Qualität des Lebens« zu einem Programmpunkt. Sie konstatierte in ihrem Dortmunder Parteiprogramm, »Lebensqualität« meine »Bereicherung unseres Lebens über den materiellen Konsum hinaus«.[20] Auch die Gewerkschaften reagierten auf die neuen Konflikte und Debatten, setzten sich immer stärker für grundlegende Veränderungen im Arbeitsleben ein und stellten »die Verbesserung der allgemeinen Lebens- und Arbeitsbedingungen als zentrales Ziel«[21] heraus. So veröffentlichte etwa die IG Metall die Ergebnisse ihrer Vierten Internationalen Arbeitstagung 1972 in Oberhausen unter dem Titel »Qualität des Lebens. Aufgabe Zukunft«.[22] Statt der Quantität müsse die »Qualität des Wachstums«[23] im Vordergrund stehen, forderten die Delegierten.

Mit der »Qualität des Lebens« geriet also auch in der gewerkschaftlichen Diskussion die »Qualität der Arbeit« in den Fokus.[24] Klaus Lompe sieht in den frühen 1970er-Jahren generell eine neue, *»qualitativ-gesellschaftspolitische Ausrichtung der Gewerkschaftspolitik«*[25] eingeleitet. Die Erfahrungen der ersten Nachkriegs-Rezession von 1966/67, die Septemberstreiks 1969, weitere spontane Streiks in den frühen 1970er-Jahren, wachsender Absentismus und die steigende Fluktuation am Arbeitsplatz hatten gezeigt, dass traditionelle gewerkschaftliche Tarifpolitik an ihre Gren-

---

19 Vgl. z. B. Rüdiger Hachtmann, Gewerkschaften und Rationalisierung: Die 1970er-Jahre – ein Wendepunkt?, in: Andresen/Bitzegeio/Mittag, 2011, S. 181-209, hier: S. 181, 199. Auch Doering-Manteuffel/Raphael, Nach dem Boom, 2010, S. 52 ff.
20 Außerordentlicher Parteitag der SPD, Dortmund 12.–13.10.1972. Protokoll der Verhandlungen, Hg. v. Vorstand der SPD, Bonn 1972, S. 458. Vgl. auch Abelshauser, Nach dem Wirtschaftswunder, 2009, S. 289.
21 Klaus Lompe, Gewerkschaftliche Politik in der Phase gesellschaftlicher Reformen und der außenpolitischen Neuorientierung der Bundesrepublik 1969 bis 1974, in: Hans-Otto Hemmer/Kurt Thomas Schmitz (Hg.), Geschichte der Gewerkschaften in der Bundesrepublik Deutschland. Von den Anfängen bis heute, Frankfurt a. M. 1990, S. 281-338, hier: S. 301.
22 Günter Friedrichs (Hg.), Qualität des Lebens. Beiträge zur vierten Internationalen Arbeitstagung der IG Metall für die Bundesrepublik Deutschland, 11.–14. April 1972 in Oberhausen, 10 Bde., Frankfurt a. M. 1972.
23 Antrag 7 der IG Metall: Forderungen des DGB zur Gesellschaftsreform an den 9. Ordentlichen Bundeskongreß, 25.–20. Juni 1972, abgedr. i.: Gerhard Leminsky/Bernd Otto, Politik und Programmatik des Deutschen Gewerkschaftsbundes, 1. Aufl., Köln 1974, S. 75; vgl. Lompe, Gewerkschaftliche Politik, in: Hemmer/Schmitz (Hg.), 1990, S. 302; Schroeder, Gewerkschaften als soziale Bewegung, in: AfS 44 (2004), S. 248.
24 Dieter Sauer, Von der »Humanisierung der Arbeit« zur »Guten Arbeit«, in: APuZ 61 (2011) H. 15, <http://www.das-parlament.de/2011/15/Beilage/003.html> (letzter Abruf 1.6.2013).
25 Lompe, Gewerkschaftliche Politik, 1990, S. 300 [Herv. i. Orig.]. Zum Wechsel von »quantitativer zu qualitativer Tarifpolitik« vgl. u. a. auch Schroeder, Gewerkschaften als soziale Bewegung, in: AfS 44 (2004), S. 256.

zen stieß.²⁶ Die Gewerkschaften gingen daher zumindest in ersten Ansätzen über zu einer »offensiveren, begrenzt präventiven Rationalisierungsschutzpolitik«.²⁷ Langsam habe sich, fasst Lompe zusammen, das Bewusstsein durchgesetzt, dass »intensive Technik und Organisation als variable Faktoren« begriffen werden könnten und menschwürdig »gestaltbar« seien.²⁸ Als Wegmarke gilt heute der Lohnrahmentarifvertrag II der Metallindustrie Nordwürttemberg/Nordbaden 1973: Zum ersten Mal konzentrierte sich die IG Metall hier nicht nur auf Arbeitszeitverkürzung oder Lohnerhöhung, sondern stemmte sich gegen eine »Intensivierung der Arbeit« und forderte Verbesserungen der Arbeitssituation.²⁹ Mit diesem Abschluss habe man gezeigt, jubilierte der damalige Verhandlungsführer Franz Steinkühler, wie man die »Qualität des Lebens«³⁰ erkämpfen könne: »Wir haben begonnen, das Fließband in den Griff zu bekommen.«³¹

Auch wenn der Lohnrahmentarifvertrag ein Erfolg blieb, den die Gewerkschaften in den folgenden Jahren so nicht wiederholen konnten, und auch wenn sich der Gestaltungsspielraum gewerkschaftlicher Politik allerspätestens mit der zweiten Ölpreiskrise in der zweiten Hälfte der 1970er-Jahre verkleinerte³², zeigte die auf die Qualität des Arbeitslebens ausgerichtete Politik in den folgenden Jahren doch in einigen Bereichen ihre Wirkung. So wurden in der zweiten Hälfte der 1970er-Jahre sowohl im Rahmen des staatlichen HdA-Programms als auch von verschiedenen Einzelgewerkschaften und Arbeitsgemeinschaften zahlreiche Projekte und Untersuchungen finanziert und

---

26 Seibring, Humanisierung, in: Andresen/Bitzegeio/Mittag (Hg.), 2011, S. 111; vgl. auch Hachtmann, Gewerkschaften, in: ebd., S. 199, zu den Streiks vgl. Peter Birke, Wilde Streiks im Wirtschaftswunder. Arbeitskämpfe, Gewerkschaften und soziale Bewegungen in der Bundesrepublik und in Dänemark, Frankfurt a. M./New York 2007; ders., Der Eigensinn der Arbeitskämpfe. Wilde Streiks und Gewerkschaften in der Bundesrepublik vor und nach 1969, in: Bernd Gehrke/Gerd-Rainer Horn (Hg.), 1968 und die Arbeiter. Studien zum »proletarischen Mai« in Europa, Hamburg 2007, S. 53-75, sowie den Beitrag von Felix Heinrichs in diesem Band.
27 Hachtmann, Gewerkschaften, in: Andresen/Bitzegeio/Mittag (Hg.), 2011, S. 201.
28 Lompe, Gewerkschaftliche Politik, 1990, S. 304.
29 Vgl. u. a. Hachtmann, Gewerkschaften, in: Andresen/Bitzegeio/Mittag (Hg.), 2011, S. 197, 202. Vgl. auch Lompe, Gewerkschaftliche Politik, in: Hemmer/Schmitz (Hg.), 1990, S. 325 ff.; auch Süß, Sozialpolitische Denk- und Handlungsfelder, in: Hockerts (Hg.), 2006, S. 219; Michael Schneider, Kleine Geschichte der Gewerkschaften. Ihre Entwicklung in Deutschland von den Anfängen bis heute, Bonn 1989, S. 345.
30 Aufruf von Franz Steinkühler zur Zweiten Urabstimmung, Streik bei Daimler-Benz und Bosch, Streiknachrichten v. 23. Oktober 1973 (NW 5), zit. n. Jürgen Peters/Holger Gorr (Hg.), In freier Verhandlung: Dokumente zur Geschichte der Tarifpolitik in der Metallindustrie 1945 bis 2002, 2. Aufl., Göttingen 2009, S. 327.
31 Süß, Sozialpolitische Denk- und Handlungsfelder, in: Hockerts (Hg.), 2006, S. 219; Steinkühler zit. n. Peters/Gorr, In freier Verhandlung, 2009, S. 327.
32 Vgl. u. a. Schneider, Kleine Geschichte der Gewerkschaften, 1989, S. 354 ff.; Klaus von Beyme, Gewerkschaftliche Politik in der Wirtschaftskrise I – 1973 bis 1978, in: Hans-Otto Hemmer/Kurt Thomas Schmitz (Hg.), Geschichte der Gewerkschaften in der Bundesrepublik Deutschland. Von den Anfängen bis heute, Köln 1990, S. 339-374.

durchgeführt, die ein »Kernstück«[33] der »Humanisierung der Arbeit« in Angriff nahmen: die Nacht- und Schichtarbeit. Ein zentraler Ansatzpunkt für die »menschlichere« Gestaltung der Arbeit war dabei das »führende Beschwerdesymptom«, der gestörte Schlaf des Schichtarbeiters. Wissenschaftliche Studien, Forschungsinstitute, aber auch kleinere Projekte wie Ausstellungen oder Literaturwerkstätten nahmen nun den Rhythmus von Schlaf und Arbeit und mit der Qualität des Lebens und der Arbeit auch die Qualität des Schlafs in den Blick.

2 Schichtarbeit und Schlaf

2.1 Schlaf wird zum Thema der Arbeitsphysiologie

Die Frage, welche Auswirkungen nächtliches Arbeiten und ein »verschobener Schlaf«[34] auf die Leistungsfähigkeit und Gesundheit des Menschen hatten, beschäftigte einige Experten in Deutschland bereits seit den 1920er-Jahren.[35] Zu Beginn des Zweiten Weltkriegs 1939 hatte dann der »Vater« der modernen Schlafforschung, der US-amerikanische Physiologe Nathaniel Kleitman, die erste Auflage seines später berühmten Buches »Sleep and Wakefulness as Alternating Phases in the Cycle of Existence« veröffentlicht, in dem er auch auf die Forschungen seiner deutschen Kollegen zurückgriff.[36] In diesem Buch beschrieb Kleitman die Ergebnisse zahlreicher (Selbst-)Experimente zum Schlaf- und Wachrhythmus, die er gemeinsam mit Kollegen an der Universität in Chicago durchgeführt hatte.[37] Die Wissenschaftler kamen zu dem Ergebnis, dass der scheinbar natürliche 8-stündige Nachtschlaf des Menschen nicht etwa unveränderlich, biologisch und »angeboren« sei: Vielmehr »lerne« der menschliche Körper, so Kleitman, das Schlafen von seiner Umwelt. Der Mensch richte sich beim Schlafen in der Regel nur deswegen nach Tag und Nacht, weil er nun einmal geboren werde »into a world which is run on the routine of a daytime work, evening leisure and night sleep«.[38]

---

33 Den Begriff verwendete der Vorsitzende des DGB des Landesbezirks Nordrhein-Westfalen, Siegfried Bleicher, siehe Friedhelm Farthmann (Hg.), Landesforum Schichtarbeit. Bericht über eine Tagung der Arbeitsgemeinschaft für Arbeitnehmerfragen (AfA) der SPD des Landes Nordrhein-Westfalen am 27. Januar 1979 in Recklinghausen, Bonn 1979, S. 19.
34 So bezeichnete es F. Gutmann bereits 1930, vgl. F. Gutmann, Verschobener Schlaf, in: Leipziger populäre Zeitschrift für Homöopathie 61 (1930), S. 456-457.
35 Vgl. Hannah Ahlheim: Die Vermessung des Schlafs und die Optimierung des Menschen. Eine deutsch-amerikanische Geschichte (1930 bis 1960), in: Zeitgeschichtliche Forschungen/Studies in Contemporary History 10 (2013), S. 13-37.
36 Nathaniel Kleitman, Sleep and Wakefulness as Alternating Phases in the Cycle of Existence, Chicago 1939.
37 Vgl. u. a. ebd., S. 259 ff.
38 Nathaniel Kleitman, A Scientific Solution of the Multiple Shift Problem, in: Industrial Hygiene Foundation of America, Seventh Annual Meeting of Members, Pittsburgh 1942, S. 19-23, hier: S. 19.

Diese Erkenntnis aber war wichtig für die frühen US-amerikanischen Schlafforscher: Wenn der Mensch in der Lage war, seinen Schlafrhythmus zu erlernen und damit zu verändern, ergaben sich ganz neue Möglichkeiten und Regeln für die Gestaltung von Arbeitszeiten. Während des Zweiten Weltkriegs wurden daher erste Projekte der Schlafforschung von der Industrie, dem Militär und staatlichen Stellen unterstützt. US-amerikanische Schlafforscher arbeiteten so zum Beispiel während des Zweiten Weltkrieges daran, den Schlafrhythmus von Millionen von Amerikanern zu verändern und zu verbessern. Sie erstellten Pläne zu Schicht- und Nachtarbeit für den 24-Stunden-Betrieb in der forcierten Rüstungsindustrie, sie begannen, den Schlaf von Soldaten, vor allem von Piloten und U-Boot-Besatzungen zu vermessen und umzutakten, und in den Jahrzehnten nach dem Krieg blieb das Militär wichtiger Finanzier und Förderer von Schlafforschung.[39]

In Deutschland spielte die Forschung zum Rhythmus des Schlafs während des Zweiten Weltkriegs kaum eine Rolle, hier ging es vor allem um den Einsatz von »Wachmachern« wie Pervitin, das an Soldaten und KZ-Häftlingen getestet und in großem Stil beforscht und beworben wurde.[40] Erst als sich nach dem Ende des Krieges dann auch in Deutschland das Bewusstsein durchsetzte, dass Schicht- und Nachtarbeit in Zukunft selbst in bisher davon kaum betroffenen Wirtschaftszeigen »unumgänglich notwendig«[41] sein würden, begannen Experten wieder, sich intensiver mit den Rhyth-

---

39 Vgl. z. B. Nathaniel Kleitman, The Sleep-Wakefulness Cycle in Submarine Personal, in: A Survey Report on Human Factors in Undersea Warfare, hg. v. Committee on Undersea Warfare/National Research Council, Baltimore 1949, S. 329-341; Robert A. Utterback u. a., A Comparative Study of Schedules for Standing Watches Aboard Submarines Based on Body Temperature, Naval Medical Research Institute, Bethesda, Maryland, 24.3.1949; David B. Tyler, A Summary of the Findings of the Studies on Motion Sickness, Fatigue and Prolonged Wakefulness, National Research Council, Division of Medical Sciences, Report No. 505, 15.12.1945 (National Library of Medicine, Washington); vgl. auch Sleep and Behavioral Factors. A Report Bibliography, June 1962, hg. von der Armed Service Technical Information Agency, Unclassified (National Library of Medicine, Washington).
40 Belegt sind u. a. Versuche an Häftlingen des »Schuhläuferkommandos« im KZ Sachsenhausen; vgl. Astrid Ley/Günter Morsch, Medizin und Verbrechen. Das Krankenrevier des KZ Sachsenhausen 1936–1945, Berlin 2007, S. 365-370. Vgl. auch Karl-Heinz Roth, Pervitin und »Leistungsgemeinschaft«. Pharmakologische Versuche zur Stimulation der Arbeitsleistung unter dem Nationalsozialismus (1938–1945), in: Medizin im Nationalsozialismus. Tagung vom 30. April bis 2. Mai 1982, Bad Boll 1982, S. 200-226; Martin Höfler-Waag, Die Arbeits- und Leistungsmedizin im Nationalsozialismus von 1939–1945, Husum 1994, S. 170 f.; Alexander Neumann, Das Kaiser-Wilhelm-Institut für Arbeitsphysiologie und der Kampf gegen die Ermüdung, in: Theo Plesser/Hans-Ulrich Thamer (Hg.), Arbeit, Leistung und Ernährung. Vom Kaiser-Wilhelm-Institut für Arbeitsphysiologie in Berlin zum Max-Planck-Institut für Arbeitsforschung in Dortmund, Stuttgart 2012, S. 171-195, hier: S. 187 ff.
41 Otto Graf u. a., Nervöse Belastung im Betrieb. I. Teil: Nachtarbeit und nervöse Belastung, (Forschungsberichte des Wirtschafts- und Verkehrsministeriums Nordrhein-Westfalen, Nr. 530), Köln/Opladen 1958, S. 49. Zu diesem Zeitpunkt arbeiteten vermutlich ca. 10 % der Bevölkerung in Schicht- und Nachtarbeit, vgl. Werner Menzel, Menschliche Tag-Nacht-Rhythmik und Schichtarbeit. Die spontane Tagesrhythmik der Körperfunktionen in ihrer Bedeutung für den

men des Lebens, der Leistung und des Schlafes zu beschäftigen. Während die Entdeckung der so genannten REM-Schlafphasen, die mit dem Träumen in Verbindung gebracht wurden, zunächst kaum eine Rolle spielte[42], galt das Interesse vor allem den Forschungen zu chronobiologischen Rhythmuskurven. Die Rhythmusforschung verzeichnete Schlaf- und Ruhephasen ebenso wie Leistungshochs und Leistungstiefs und bot zahlreiche Anknüpfungspunkte für die Arbeitsphysiologie und -medizin und die Forschungen zu Nacht- und Schichtarbeit.

Eine erste größere Studie des Arbeitspsychologen Eberhard Ulich, die sich mit dem Rhythmus von Nacht- und Schichtarbeitern beschäftigte, zeigte 1958, dass zwischen 55 und 62,6 % der befragten Nachtschichtarbeiter über gestörten Schlaf und Müdigkeit klagten. Ulrich schrieb dem »Schlafdefizit« bereits schwerwiegende Folgen zu: Krankheiten wie Magengeschwüre oder Herzinfarkte, aber auch »Stimmungsbeeinträchtigungen«, Störungen der Wochenenderholung und Konflikte im Privatleben seien auf den »eigentlichen Urheber« Schlafstörung zurückzuführen, so Ulich.[43] Ulichs Studie bestätigte damit neuere Untersuchungen der internationalen Schlaf- und Rhythmusforschung: Auch wenn eine Umstellung des Rhythmus für den Menschen zwar grundsätzlich möglich war – das zeigten etwa Untersuchungen zum Wechsel von Zeitzonen –, so fand auch bei regelmäßiger Schicht- und Nachtarbeit eine Gewöhnung des Körpers an die Rhythmen der Nacht- und Schichtarbeit nicht statt. Eine vollständige Inversion des Wach- und Schlafrhythmus schien nicht möglich zu sein.

Damit erhielt die These vom »erlernten« Rhythmus eine wichtige Ergänzung: Der Mensch konnte seinen einmal erlernten Rhythmus dann scheinbar doch nicht mehr beliebig ändern. Die Chronobiologen hatten eine einleuchtende Erklärung für diese Tatsache: Mehr als alle anderen Lebewesen, argumentierten sie, sei der Mensch abhängig vom Rhythmus der Gesellschaft, die ihn umgab, von den so genannten »sozialen Zeitgebern«[44]. Diese »sozialen Zeitgeber« änderten sich, wenn man etwa in eine neue

---

Nacht- und Schichtarbeiter, Basel 1962, S. 80 ff.; zu den Zahlen auch Edwin Schudlich, Die Abkehr vom Normalarbeitstag. Entwicklung der Arbeitszeiten in der Bundesrepublik seit 1945, Frankfurt a. M./New York 1987, S. 37 f.

42 Vgl. u. a. William C. Dement/Christopher Vaughan, Der Schlaf und unsere Gesundheit. Über Schlafstörungen, Schlaflosigkeit und die Heilkraft des Schlafs, München 2002, S. 41-51; Kenton Kroker, The Sleep of Others and the Transformations of Sleep Research, Toronto 2007, S. 308 ff.; Matthew J. Wolf-Meyer, The Slumbering Masses. Sleep, medicine, and modern American life, Minneapolis 2012, S. 35 ff.

43 Eberhardt Ulich, Zur Frage der Belastung des arbeitenden Menschen durch Nacht- und Schichtarbeit, in: Psychologische Rundschau 8 (1957), S. 42-61, S. 58 f.

44 Zu den »sozialen Zeitgebern« vgl. u. a. Jörg Münstermann/Klaus Preiser, Schichtarbeit in der Bundesrepublik Deutschland. Sozialwissenschaftliche Bilanzierung des Forschungsstandes, statistische Trends und Maßnahmeempfehlungen. Bericht über ein Forschungsvorhaben (Forschungsbericht Humanisierung des Arbeitslebens/Bundesministerium für Arbeit und Sozialordnung, Bd. 8), Bonn 1978, S. 108 ff.

Zeitzone flog, für Nacht- und Schichtarbeiter blieben diese »Zeitgeber« der sie umgebenden Gesellschaft aber konstant und unveränderlich: Die Arbeitnehmer lebten und schliefen »gegen« die Uhr der Gesellschaft und damit auch gegen ihre eigene innere Uhr. Ihr Rhythmus und ihr Schlaf waren »gestört«.

Dabei kam gerade in der sich wandelnden Welt der Arbeit der 1970er-Jahre dem »Schlaf des Schichtarbeiters« »besondere Bedeutung«[45] zu, so fassten es der Mediziner Joseph Rutenfranz und sein Mitarbeiter Peter Knauth, die am Institut für Arbeitsphysiologie in Dortmund tätig waren. »Ermüdung« behindere »ja nicht nur körperliche Leistungen, sondern setze vor allem das Wachsamkeitsniveau herab und störe die Koordination von Bewegungen und Denkabläufen empfindlich«.[46] Damit bedrohe Schlafmangel zentrale Funktionen, die »in vielen modernen Arbeitsabläufen bei Montagen, Kontroll-, Überwachungs- und Steuertätigkeiten«[47] gebraucht würden.

Doch nicht nur die »Produktivität« der Schichtarbeiter stand zu Debatte. Mit den neuen Ansätzen zur »Humanisierung der Arbeit« wuchs auch der Druck, die dem Schichtarbeiter und seiner Familie »und damit der Gesellschaft zugefügten Verluste«, so fasste es der Psychologe und Schlafforscher Horst Wilhelm 1978 zusammen, »nicht mehr als schicksalhaft hinzunehmen«[48], sondern die Arbeitswelt und das Leben von Schichtarbeitern insgesamt »menschlicher« zu gestalten. Mit den neuen Formen der kontinuierlichen Arbeit, die sich in den 1970er-Jahren verbreiteten, wurden daher das »verschobene Leben« und der Schlaf von Schicht- und Nachtarbeitern Gegenstand zahlreicher Untersuchungen, die von der Politik, von Ministerien, aber auch von einzelnen Gewerkschaften und Unternehmen in Auftrag gegeben und unterstützt wurden.[49]

---

45 Joseph Rutenfranz/Peter Knauth, Schichtarbeit und Nachtarbeit, München 1982, S. 30.
46 Ebd.
47 Ebd.
48 Wilhelm greift hier auf die Formulierung eines »Journalisten« zurück, dessen Namen er nicht nennt; Wilhelm, Schlaf- und Freizeitverhalten, S. 234.
49 Vgl. etwa Joseph Rutenfranz/Roland Singer (Hg.), Aktuelle Probleme der Arbeitsumwelt. Probleme der Nacht- und Schichtarbeit. Umgebungseinflüsse am Arbeitsplatz, Bericht über die 10. Jahrestagung der Deutschen Gesellschaft für Arbeitsmedizin e. V., gemeinsam veranstaltet mit dem Verband deutscher Werksärzte, Stuttgart 1971; Elke Schmitz, Zur Problematik »Schichtarbeit«, Diss. Rheinisch-Westfälische Technische Hochschule Aachen, Aachen 1971; Nachreiner u. a., Schichtarbeit; Projekt Schichtarbeit. Gesamtergebnisse der Problemanalyse Schichtarbeit im Organisationsbereich der IG Chemie-Papier-Keramik, Hannover, Abt. Bildungswesen im Rahmen des Projekts Schichtarbeit, Hannover 1981; Joseph Rutenfranz, Arbeitsphysiologische Grundprobleme von Nacht- und Schichtarbeit (Vorträge/Rheinisch-Westfälische Akademie der Wissenschaften, N 275), Opladen 1978; Probleme und Folgen der Schichtarbeit. Eine Untersuchung der Kommission des AFA-Landesvorstandes der SPD/NW, Dortmund 1977; Münstermann/Preiser, Schichtarbeit; Jörg Münstermann/Christa Putz, Schichtarbeit und Berufsverlauf von Polizeibeamten, hg. v. Bundesministerium für Arbeit und Sozialordnung, Bonn 1980; Klaus Preiser, Statistik der Schichtarbeit, 2 Bde., (Bundesanstalt f. Arbeitsschutz u. Unfallforschung. Forschungsbericht, Bd. 249), Dortmund 1980; Erich Werner u. a., Schichtarbeit als Langzeiteinfluss auf betriebliche, private und soziale Bezüge (Forschungsberichte des Landes Nordrhein-

2.2 Der Schlaf der Mitarbeiter der Saarbergwerke AG

Horst Wilhelms 1978 an der Universität des Saarlandes verteidigte Dissertation zum Thema »Schlaf- und Freizeitverhalten von Normal- und Kontischichtarbeitern in Abhängigkeit von periodisch wechselnden Schichten« gehört zu den ersten Arbeiten, die sich explizit mit dem Zusammenhang von Schicht- und Nachtarbeit und dem Schlafverhalten der Arbeiter beschäftigten. Gemeinsam mit seinem Kollegen Hermann Zayer, der die »Schlafproblematik von Schichtarbeitern in Abhängigkeit von psychosozialen Bedingungen und Persönlichkeitsfaktoren« erforschte, hatte Wilhelm 1976 mehrere Hundert Beschäftigte der Saarbergwerke AG zu ihrem Schlafverhalten befragt. Beide Arbeiten wurden betreut von der Psychologieprofessorin Inge Strauch, die unter dem Eindruck ihrer Forschungserfahrung in den USA[50] ein Projekt zu »Schlaf und Stimulation« ins Leben gerufen hatte. Ausgangspunkt des Projektes, so begründete Zayer das Thema seiner Arbeit im Vorwort, sei zunächst »die Frage nach den Bedingungen und Besonderheiten des Tageschlafs« gewesen, für dessen Erforschung sich der Schlaf der Nacht- und Schichtarbeiter angeboten habe. Während der Beschäftigung mit den Themenbereichen Schlaf und Tagesschlaf habe dann aber »die Problematik der Schichtarbeit einen ebenso großen Stellenwert [gewonnen], wie dem ursprünglichen Gegenstand, der Erkundung des Tagesschlafs, zugekommen war«.[51]

Die Studien der beiden Doktoranden knüpften an neue Forschungstrends und gesamtgesellschaftliche Debatten an, zogen aber auch Verbindungen zwischen der Universität und der sie umgebenden Gesellschaft, denn Schichtarbeit war nach Wilhelm fester Bestandteil der »industriellen Landschaft an der Saar«.[52] Mehr als 80 % der saarländischen Schichtarbeiter waren in der eisenerzeugenden beziehungsweise eisenverarbeitenden Industrie und im Bergbau beschäftigt, sodass sich die Saarbergwerke AG schon aus diesem Grund als Untersuchungsfeld anbot.[53] Hinzu kam jedoch, dass die Saarbergwerke AG ungewöhnlicherweise zwei unterschiedliche Schichtsysteme unter einem Dach vereinte. Eine Gruppe von Arbeitern fuhr hier die altbekannte

---

Westfalen, Nr. 2974), Opladen 1980; Rolf Jansen/Ulrich Möllenstedt/Klaus Preiser, Schichtarbeit im öffentlichen Dienst in Bremen, Forschungsbericht, hg. v. Bundesministerium für Arbeit und Sozialordnung, Dortmund 1980; Rutenfranz/Knauth, Schichtarbeit und Nachtarbeit; Ingrid Krau/Manfred Walz, »Wer weiß denn schon was Kontischicht bedeutet«. Zum Zusammenhang von Arbeit und Leben außerhalb des Werktors. Kooperatives Forschen in der Stahlindustrie (Schriftenreihe »Humanisierung des Arbeitslebens«; 62), Frankfurt a. M./New York 1986.

50 Vgl. David Werner, Eine Forscherin auf der Spur der Träume, <http://www.gleichstellung.uzh.ch/politik/em-professorinnen/ingestrauch/121022_Portraet_Inge_Strauch.pdf> (letzter Abruf 11.6.2013).
51 Hermann Zayer, Schlafproblematik von Schichtarbeitern in Abhängigkeit von psychosozialen Bedingungen und Persönlichkeitsfaktoren, Phil. Diss., Universität des Saarlandes, Saarbrücken 1977, Vorwort.
52 Wilhelm, Vorwort, in: ders.: Schlaf- und Freizeitverhalten, 1978.
53 Ebd., S. 16.

»Normalschicht«, während eine andere Gruppe in den Kraftwerken und Kokereien der Saarbergwerk AG im System der Kontischicht arbeitete. Die »Normalschichtarbeiter«, die vor allem unter Tage in den Gruben Reden, Luisenthal-Camphausen, Warndt, Ensdorf und Göttelborn beschäftigt waren, hatten (bis auf wenige Ausnahmen) eine Fünf-Tage-Woche mit freien Wochenenden, ca. 50 % arbeiteten in einer »ständigen« Schicht, ein Viertel fuhr eine Wechselschicht.[54] Bei den befragten Beschäftigten in der Kokerei Fürstenhausen und den Kraftwerken Fenne, Weiher und St. Barbara fuhren nur 12 % eine »ständige« Schicht, rund 70 % dagegen Wechselschichten im Kontischichtsystem mit einer flexiblen Arbeitswoche.[55]

Die Studien von Zayer und Wilhelm sollten nun Ergebnisse und Daten zum Vergleich der beiden unterschiedlichen Schichtsysteme liefern und ausgehend von den Schlafgewohnheiten und -bedingungen den Zusammenhang von Arbeitswelt und der »Qualität des Lebens« genauer untersuchen. Hermann Zayer ordnete das Projekt explizit in die Debatten und Bemühungen um eine »menschlichere Arbeit« ein: Mit seiner Themenwahl könne, so Zayer im Vorwort, »nicht nur ein wissenschaftliches Interesse verfolgt werden«, sondern auch die »praktische Bedeutung« sei »offensichtlich, zumal zu dieser Zeit die ›Humanisierung der Arbeitswelt‹ als Aufgabe zur Verbesserung der Lebensbedingungen immer mehr in das Bewußtsein der Öffentlichkeit drang«.[56]

Nicht umsonst wurden die Doktoranden bei ihren Untersuchungen dann auch von der Saarbergwerke AG selbst, vor allem von der Arbeitsdirektion, den einzelnen Bergwerksdirektoren, den Betriebsräten und der Industrie-Gewerkschaft Bergbau und Energie unterstützt. Die Arbeitsdirektion stellte »statistisches Material«[57] zur Verfügung und organisierte Informationsgespräche mit den Betriebsräten der einzelnen Betriebe, die Betriebsratsbüros fungierten als »Endverteilerstellen«[58] für die Fragebögen und das Untersuchungsmaterial. Die Gewerkschaft, so hieß es in einem Schreiben der Arbeitsdirektion an die einzelnen Betriebsgruppen, brauche die Erkenntnisse der Forschung, um die »menschengerechte Gestaltung der Arbeitsplätze«[59] voranzutreiben. Darüber hinaus seien die Daten aber auch »wesentlich für die Gestaltung eines zukünftigen Tarifvertrages«.[60]

---

54 Ein weiteres Viertel war zum Zeitpunkt der Untersuchung im Urlaub oder krank, vgl. Wilhelm, Schlaf- und Freizeitverhalten, S. 60, 70. Vgl. auch 25 Jahre Saarbergwerke Aktiengesellschaft 1957–1982, hg. von der Saarbergwerke Aktiengesellschaft, Allgemeine Dienste, Saarbrücken 1982, S. 99; hier auch ein Überblick über die Grubenbetriebe, S. 109 ff.
55 Wilhelm, Schlaf- und Freizeitverhalten, 1978, S. 70. Zu den einzelnen Standorten der SBW vgl. 25 Jahre Saarbergwerke Aktiengesellschaft, 1982, S. 141 ff.
56 Zayer, Schlafproblematik von Schichtarbeitern, 1977, Vorwort.
57 Wilhelm, Schlaf- und Freizeitverhalten, 1978, S. 51.
58 Ebd., S. 53.
59 Schreiben der IG Bergbau und Energie, Bezirk Saar, an die »Kollegen«, 12.2.1976, abgedr. i.: Wilhelm, Schlaf- und Freizeitverhalten, 1978, S. 247.
60 Ebd.

Mit ihrem Versuch, Methoden der Schlafforschung mit soziologischen und arbeitswissenschaftlichen Ansätzen zu verbinden, betraten die beiden Forscher der Universität in Saarbrücken Neuland.[61] Nur vereinzelt hatten Studien zuvor überhaupt die Auswirkungen verschiedener Schichtsysteme auf die Arbeitnehmer miteinander verglichen, und die neuen Methoden der Schlafforschung waren dabei kaum angewendet worden. Die Schlafforschung hatte im Gegenteil das Problem, das bemängelten etwa Jörg Münstermann und Klaus Preiser in einer im Rahmen des HdA-Programms für das *Bundesministerium für Arbeit und Sozialordnung* erstellten Studie, dass sie ihre Experimente in der Regel mit jungen Studenten durchführte, und eben nicht mit altgedienten Schichtarbeitern.[62] Zayer und Wilhelm versuchten nun, zumindest einige Elemente der neuen Schlafforschung im Bereich der Arbeitsmedizin und -psychologie nutzbar zu machen.

Zum einen entwarfen sie einen detaillierten Fragebogen, der anonym an 1800 Arbeitnehmer verschickt wurde und zumindest in 740 Fällen dann auch auswertbar zurückkam.[63] Mithilfe dieses Bogens wollten sie einen »Querschnitt« durch die Belegschaft ziehen und Erkenntnisse über Schlafgewohnheiten und Arbeitsbedingungen erhalten. Sie fragten neben den üblichen Sozialdaten etwa danach, in welcher Schicht gearbeitet wurde, wie belastend Arbeit wahrgenommen wurde, ob die Betroffenen ihre Arbeit ihrem Sohn empfehlen würden. Außerdem wollten die Forscher wissen, wie häufig die Arbeiternehmer »Nickerchen« hielten, ob es ihnen schwer falle einzuschlafen, wie lange sie wachlägen, wie sich ihr Tagesschlaf vom Nachtschlaf unterscheide, was sie beim Schlafen störe, wie gern und wie lange sie im Urlaub schliefen.

Zum anderen setzte Wilhelm ein so genanntes »sleep log« ein, ein Schlaftagebuch. An der Tagebuchaktion nahmen 121 ausgewählte Arbeiter teil. Sie mussten drei Wochen lang täglich zwei kurze Fragebogen ausfüllen, ihre Schlafzeiten festhalten und die Qualität ihres Schlafs bewerten. Auf einem roten Blatt war zum »Zeitpunkt des Aufstehens die vorangegangene Schlafperiode zu bewerten«, auf einem blauen Blatt »mußte nach dem Zubettgehen die vorangegangene Wachperiode bewertet werden«, und am Ende der »Wochenpäckchen« befand sich schließlich noch ein weißes Blatt, das die Woche zusammenfasste.[64] Mithilfe dieses »Längsschnitts« sollte es möglich werden, die Veränderungen von Schlafgewohnheiten in Abhängigkeit vom Schichtwechsel nachzuvollziehen.

Die Auswertung der Fragebogen und der Schlaftagebücher zeigte, wie komplex und vielgestaltig der Zusammenhang zwischen Schlaf und Schichtsystem war. Die Forscher mussten nicht nur zwischen verschiedenen Formen der Schichtarbeit

---

61 Zayer, Schlafproblematik von Schichtarbeitern, 1977, S. 46.
62 Münstermann/Preiser, Schichtarbeit, 1978, S. 121.
63 Wilhelm, Schlaf- und Freizeitverhalten, 1978, S. 58. Fragebogen abgedr. i. Wilhelm und Zayer, Anhang.
64 Wilhelm, Schlaf- und Freizeitverhalten, 1978, S. 55.

(»Normalschicht« oder Kontischicht) unterscheiden, sondern auch zwischen den verschiedenen Schichtarten, also Früh-, Mittags-, Spät- und Nachtschicht. Zudem zeigte sich, dass viele weitere Faktoren wie etwa Alter, Ausbildung, Wohnsituation, Arbeitsweg oder auch die innere Einstellung großen Einfluss hatten. In einigen Punkten war das Ergebnis der bei der Saarbergwerke AG durchgeführten Untersuchungen jedoch eindeutig: »Normalschichtarbeiter« begriffen diese Schichtart eher als eine »Außenbedingung ihres Lebens«, die man mit entsprechenden »Regulationsmechanismen« in den Griff bekommen könne, ohne »das normale Leben« wesentlich ändern zu müssen.[65] Die Kontischicht bewirke hingegen, so Wilhelm, »durch ihre umfassende Lebensrhythmusveränderung unabhängig von der Schichtart eine stärkere Integration der Schichtbedingungen in den Gesamtlebenslauf«[66] der Arbeitnehmer.

Kontischichtarbeiter entwickelten nach Wilhelms Beschreibung eine Art Subkultur, in der die Schichtarbeit zum entscheidenden strukturierenden Element des Lebens werden musste. Der Schichtplan werde in ihrem Alltag zum wichtigsten »sozialen Zeitgeber«, da er »weder von dem direkt Betroffenen selbst, noch von seiner Familie«[67] kompensiert werden könne. Nur durch die völlige Unterwerfung unter den Rhythmus der Arbeit könnten die Arbeiter »Konfliktsituationen« vermeiden, die »dadurch entstehen, daß die übrigen sozialen Zeitgeber bei Beibehaltung ihrer normalen Phasenlage mit den Schichtbedingungen asynchron verlaufen«.[68] Die Untersuchungen von Zayer und Wilhelm bestätigten damit, was andere Studien schon angedeutet hatten: Kontischichtarbeiter und ihre Familien mussten ihr Leben der Arbeit anpassen, sie bewegten sich in einem engen Kreis, hatten nur wenige Kontakte zu ihrer Umwelt und gerieten mit den Jahren in eine »soziale Isolation«, die Zayer im Anschluss an amerikanische Forscher sogar als »Apartheid«[69] bezeichnete.

Dabei blieb das »Schlafdefizit« ein zentrales Problem der Schichtarbeiter, auch wenn sie sich dem Rhythmus des Schichtplans so gut wie möglich anpassten. Es äußerte sich in der größeren Variabilität der Schlafzeiten, in einer größeren Neigung zu Einschlaf- und Durchschlafstörungen und einer Form der Erschöpfung, die zu einer deutlichen Beschränkung der Freizeitaktivitäten auf häusliche und familiäre Bereiche führte. Hinzu kamen durch die Rhythmusverschiebung weitere körperliche Beschwerden wie Nervosität und Appetitprobleme.[70] Insgesamt seien, das stellten die Wissenschaftler fest, sowohl das gestörte »Schlafverhalten« als auch »familiäre Verhältnisse« der Kontischichtarbeiter bei der Saarbergwerke AG als »Folgen der

---

65 Ebd., S. 201.
66 Ebd., S. 229.
67 Ebd., S. 228.
68 Ebd., S. 229.
69 Zayer, Schlafproblematik von Schichtarbeitern, 1977, S. 33.
70 Vgl. unter vielen Studien etwa Wilhelm, Schlaf- und Freizeitverhalten, 1978, S. 224; Rutenfranz/Knauth, Schichtarbeit und Nachtarbeit, 1982, S. 33 ff.

Arbeitsbedingungen anzusehen«.[71] Das Leben und Schlafen der Arbeiter war in diesem Fall also im Ganzen bestimmt von der Welt des Betriebs, die Arbeit war nicht etwa an den Menschen angepasst, wie es die Ideen der »Humanisierung« forderten, sondern der Mensch richtete sich nach der Arbeit. Es schien damit nur folgerichtig, das Schlafzimmer von Nacht- und Schichtarbeitern als ein »Kernstück« in die »Humanisierung der Arbeit« einzubeziehen.

3   Der Betrieb im Schlafzimmer: »Humanisierung« als »Optimierung« der Arbeitswelt

Die Einbeziehung des Schlafs von Nacht- und Schichtarbeitern in die Projekte und Untersuchungen zur »Humanisierung der Arbeit« führte dazu, dass die Grenze zwischen dem Ort »Betrieb« und dem privaten Lebensraum der Arbeitnehmer sich veränderte und verschwamm. Die Studien von Zayer und Wilhelm trugen zum einen schon allein durch die von ihnen genutzten Methoden und erhobenen Daten dazu bei, den Ort des Betriebes und die privaten vier Wände des Schlafzimmers auf neue Art und Weise miteinander zu verbinden. Die befragten Beschäftigten nahmen die »Aufgaben« und das Material der Forscher aus dem Betrieb mit nach Hause, das »sleep-log« lag auf ihrem Nachttisch neben ihrem Bett und wurde für einige Wochen Teil ihres Alltags zu Hause. In den Fragebögen gaben die Arbeiter Auskunft über ihre »private« Zeit im Bett, auch und gerade während ihrer freien Tage und ihres Urlaubs.

Zum anderen belegten aber auch die Ergebnisse der von Wilhelm und Zayer bei der Saarbergwerke AG durchgeführten Studien den engen Zusammenhang von Arbeit und Leben, von »Betrieb« und »Bett«. Ganz eindeutig hatte etwa Wilhelms Arbeit gezeigt, dass »Schlafdefizit und Schlafbedürfnis nach der Schicht [...] enge Beziehungen zur Zufriedenheit mit den Wohnverhältnissen, zur körperlichen Verfassung und zur seelischen Belastung« aufwiesen.[72] Eine gute familiäre Situation und angenehme Wohnverhältnisse beeinflussten sowohl die »Länge des Schlafs als auch das Ausmaß an Schlafstörungen« positiv.[73]

Wilhelm schlug daher vor allem vor, die Frage, »wieweit ein Kontischichtarbeiter zusammen mit seiner Familie bereit und in der Lage ist, die vorhandenen Schichtbedingungen als ›soziale Zeitgeber‹ zu akzeptieren«, als »Eignungsvoraussetzung« für die Schichtarbeit zu prüfen.[74] Solche Forderungen stellten auch andere Experten, deren Untersuchungen ähnliche Ergebnisse erbracht hatten. So griff auch ein von Joseph Rutenfranz und Peter Knauth zusammengestelltes Heftchen zu »Schichtarbeit

---

71   Wilhelm, Schlaf- und Freizeitverhalten, S. 223.
72   Ebd., S. 111.
73   Ebd., S. 225.
74   Ebd., S. 234.

und Nachtarbeit«, das im Namen des Bayerischen Staatsministeriums für Arbeit und Sozialordnung herausgeben wurde, die Idee auf, das »Bett« des Arbeiters zum Gegenstand betriebsärztlicher Untersuchungen zu machen. Durch regelmäßige Nachfrage solle festgestellt werden, ob Schlafstörungen aufträten oder ob die Familie die Schichtarbeit »annehme« und damit für gute Schlafbedingungen sorge.[75] Doch nicht nur die eigene Wohnung, die Lebenswelt der Familie sollten zu regelmäßig untersuchten »Kriterien« für die Eignung zur Schicht- und Nachtarbeit werden. Auch die persönliche, physische und psychische Disposition des Arbeitnehmers, das postulierten Rutenfranz und Knauth 1982, müsse in die »Auswahl« der Arbeiter einbezogen werden, um eine zu große Belastung des Arbeitnehmers durch Schlafstörungen zu vermeiden.[76] Schließlich hatte etwa Zayers Studie den Zusammenhang zwischen »Persönlichkeitsfaktoren und Schlafstörungen« bei den Arbeitern der Saarbergwerke AG »eindeutig bestätigt«.[77]

Die Studien und Projekte zur Verbesserung der Bedingungen von Nacht- und Schichtarbeit passten sich damit ein in eine neue Politik, der es nun nicht mehr um »quantitative«, sondern um »qualitative« Maßnahmen im Arbeitskampf ging. Zwar spielte die Eingruppierung in Lohngruppen eine Rolle für die Zufriedenheit mit dem Schichtarbeitsplatz[78], und Zayer gab zu, dass Geld ein wesentliches Motiv für Schichtarbeit sei, aber mehr Geld biete dennoch »keine Lösung für die eigentlichen, psychischen Belastungen«.[79] Auch Rutenfranz hielt es angesichts der neueren Erkenntnisse »nicht länger für tragbar, daß bei Tarifverhandlungen seit vielen Jahren versucht wurde, die besondere Situation der Schichtarbeiter mit Geld zu kompensieren«.[80] Ganz deutlich hatte sich also im Falle der Nacht- und Schichtarbeit der Ansatz einer »qualitativen« Politik durchgesetzt: Es ging nicht mehr darum, Tarifpolitik im klassischen Sinne zu betreiben, vielmehr sollten die Arbeit menschlicher gestaltet und damit die »Lebensqualität« der Arbeitnehmer insgesamt verbessert werden: Wissen über den Zusammenhang von Schlaf und Arbeit, von Bett und Betrieb spielte nun, wie die Gewerkschaft im Saarland ja angekündigt hatte, eine wichtige Rolle »für zukünftige Tarifverhandlungen«.

Die Geschichte von Schlaf und Arbeit in den 1970er-Jahren zeigt so, dass zumindest einige Akteure die »Humanisierung« als Chance begriffen, gesamtgesellschaftli-

---

75 Rutenfranz/Knauth, Schichtarbeit und Nachtarbeit, 1982, S. 41.
76 Ebd., S. 42.
77 Zayer, Schlafproblematik von Schichtarbeitern, 1977, S. 146. Zum Zugriff auf die »Innenräume« des Subjekts unter anderem durch neue Formen der betrieblichen Personalpolitik, der teilweise ebenfalls unter der Überschrift der »Humanisierung« erfolgte, vgl. u. a. Ruth Rosenberger, Demokratisierung durch Verwissenschaftlichung? Betriebliche Humanexperten als Akteure des Wandels der betrieblichen Sozialordnung in westdeutschen Unternehmen, in: Archiv für Sozialgeschichte [AfS] 44 (2004), S. 327-355.
78 Wilhelm, Schlaf- und Freizeitverhalten, 1978, S. 106, 111.
79 Zayer, Schlafproblematik von Schichtarbeitern, 1977, S. 34.
80 Rutenfranz, Schichtarbeit, 1978, S. 72.

che Veränderungen in Gang zu setzen. Die mit viel Engagement betriebenen Projekte zur »Humanisierung der Arbeit« brachten mit Sicherheit entscheidende, »graduelle Verbesserungen«[81], nicht zuletzt dadurch, dass sie auf soziale Ungleichheiten und den harten Lebensalltag etwa von Schicht- und Nachtarbeitern aufmerksam machten. In den Bemühungen um »bessere« Arbeit zeigt sich damit eine für die 1970er-Jahre typische und auch folgenreiche »Gestaltungseuphorie«[82], die durch die allgemein verwandte Formel »nach dem Boom« in der geschichtswissenschaftlichen Forschung oft »verdeckt beziehungsweise verniedlicht«[83] wird, wie Rüdiger Hachtmann zu Recht konstatiert.

Doch die Spielräume der Gestaltung blieben kleiner als erhofft, und mit der »geistig-moralischen Wende« der Regierung Kohl wurde das HdA-Programm schließlich 1984 offiziell eingestellt. Außerdem gingen die angestoßenen Veränderungen, so könnte es im Rückblick aussehen, in eine Richtung, die viele Unterstützer der »Humanisierung« eben gerade nicht einschlagen wollten. Die Debatten um Schichtarbeit und Schlaf und die Methoden, Ergebnisse und Ratschläge der Experten zeigen, dass die Versuche der »Humanisierung des Arbeitslebens« schon in ihrer Anlage ambivalent waren. Sie trugen nicht nur die Möglichkeit der Befreiung, sondern auch der mehr oder weniger offenen Einpassung des Individuums in sich: Denn nun geriet tatsächlich der »ganze Mensch« in den Blick der Experten. Der lange Arm von Wissenschaftlern, Ministerien und Arbeitgebern erreichte ganz offiziell und scheinbar helfend und »rational« auch das ganz private Schlafzimmer des Einzelnen, das untersucht und vermessen wurde. Arbeit wurde nicht nur am Ort der Arbeit, im Betrieb optimiert, selbst das Privatleben, die Familie spielte nun eine Rolle für die Qualität der Arbeit. Die erst in Anfängen erkennbare historische Forschung zur Welt der Arbeit in den 1970er-Jahren beziehungsweise zum Phänomen der »Humanisierung« muss also um einen wichtigen Punkt ergänzt werden: Die »Humanisierung der Arbeit«, das war den Zeitgenossen durchaus bewusst, wird aber in der Forschung bisher weitgehend ausgeblendet, bezog sich nicht nur auf den Betrieb, sondern auf die gesamte Lebenswelt der arbeitenden Bevölkerung. Die Flexibilisierung des Betriebs-Begriffs und die gleichzeitig verallgemeinerte und individualisierte Vorstellung vom »Unternehmen«, die Luks in diesen Jahren ausmacht, spiegelten konkrete Praktiken und Veränderungen in der sozialen Ordnung von Arbeit und Gesellschaft wider.

Schon zu Beginn der 1970er-Jahre hatten kritische Stimmen auch innerhalb der Gewerkschaften das nun in alle Lebensbereiche vordringende Regierungsprogramm HdA als von oben organisierte »soziale Abfederung« des politischen Konzepts zur

---

81 Abelshauser, Nach dem Wirtschaftswunder, 2009, S. 295.
82 Seibring, Humanisierung, in: Andresen/Bitzegeio/Mittag (Hg.), 2011, S. 211; Hachtmann, Gewerkschaften, in: ebd., S. 181.
83 Hachtmann, Gewerkschaften, in: ebd., S. 181. Zu den Schwierigkeiten der Beschreibung der 1970er-Jahre als »Krise« vgl. u. a. auch Süß, Der keynesianische Traum, in: Jarausch (Hg.), 2008, S. 133 f.

»Modernisierung der Volkswirtschaft«[84] verstanden, das letztlich den »Produktivierungsinteressen der Unternehmen«[85] entgegen komme, so die Kritiker. Indem die Gewerkschaften ihre »tatkräftige [...] und sachkundige [...] Mithilfe« anboten, bilanziert Werner Abelshauser dann 2009, unterstützten sie die »sozialpolitische Maschinerie der sozialliberalen Koalition«.[86] Abelshauser konstatiert weiterhin, dass die durch die Bemühungen um »Humanisierung« angestoßenen Veränderungen bei der Suche der westlichen Industriestaaten »nach neuen, weltweit wettbewerbsfähigen Organisationsweisen der Wirtschaft« nicht den »Kern der technologischen Entwicklung« betroffen hätten.[87] Dennoch könnte man bestimmte Aspekte der Humanisierung als eine zentrale Weichenstellung in der Entwicklung der Arbeitswelt beschreiben: Gerade der immer individuellere Zugriff auf den Arbeitnehmer, der durch Projekte wie die zur »Humanisierung« des Schlafs der Schicht- und Nachtarbeiter erprobt und etabliert wurde, ein Zugriff, der auf das gesamte Privatleben und die »psychische Disposition« des Arbeitnehmers zielte, kann durchaus auch als entscheidender Faktor bewertet werden, der den Weg in den »flexiblen« Kapitalismus des 21. Jahrhunderts bahnen half.

---

84 Abelshauser, Nach dem Wirtschaftswunder, 2009, S. 294; Lompe, Gewerkschaftliche Politik, in: Hemmer/Schmitz (Hg.), 1990, S. 305 ff.
85 Remeke, Gewerkschaften und Sozialgesetzgebung, 2005, S. 75.
86 Abelshauser, Nach dem Wirtschaftswunder, 2009, S. 295.
87 Ebd.

Christian Marx

Der Betrieb als politischer Ort und seine legislative Verankerung. Der Einfluss der Verbände auf die Reform des Betriebsverfassungsgesetzes (BetrVG) 1972

Der Betrieb war zu keiner Zeit nur ein Ort der Produktion, sondern immer zugleich komplexes Beziehungs- und Interaktionssystem sozialer Gruppen mit divergierenden Interessenlagen. Die konkrete Ausgestaltung der betrieblichen Praxis stand dabei in enger Relation zum rechtlichen Rahmen, auch wenn sie keineswegs vollständig durch Gesetze und Regeln determiniert war. Das legitim Sagbare und die damit verbundenen Praktiken im Betrieb verwiesen somit auf Machtstrukturen, die in analoger Form in anderen gesellschaftlichen Handlungsfeldern – beispielsweise auf der Ebene der Interessenverbände – zu finden waren. In Deutschland musste nach dem Zweiten Weltkrieg die Frage nach dem legitimen Einfluss wirtschaftlicher Interessenorganisationen innerhalb einer demokratischen Grundordnung neu beantwortet werden. Während die westlichen Alliierten kartellförmige Zusammenschlüsse in der Bundesrepublik verboten, räumten sie dem Sachverstand der Verbände durchaus Platz ein und schrieben denselben eine legitime Interessenvermittlungsfunktion zu. Zugleich half der langfristige Erfolg des deutschen Wirtschaftsmodells den Verbänden, ihre Stellung im institutionellen Gefüge des deutschen Produktionsregimes dauerhaft zu sichern.[1] Aus der ihnen zugeschriebenen ordnungspolitischen Funktion lässt sich allerdings noch nicht ihr tatsächlicher Einfluss auf einzelne gesellschaftliche Felder und politische Entscheidungen ableiten. Der folgende Beitrag fragt deshalb exemplarisch nach den Einfluss- und Durchsetzungsmöglichkeiten von Interessenorganisationen auf den legislativen Prozess.

Das Betriebsverfassungsgesetz bietet sich hierfür in besonderer Weise an, da sich mikropolitische Konflikte im Betrieb auf der Makroebene bei der Ausgestaltung betrieblicher Mitbestimmung zwischen Arbeitgeberverbänden und Gewerkschaften widerspiegelten und somit zahlreiche Interessenorganisationen – mit teils divergierenden Vorstellungen – ihren Einfluss auf diesen Gesetzgebungsprozess ausübten. Im Fall betrieblicher Mitbestimmung gab es daher eine Simultaneität konfligierender

---

1 Werner Abelshauser, Kulturkampf. Der deutsche Weg in die Neue Wirtschaft und die amerikanische Herausforderung, Berlin 2003, S. 55-107; Hans-Ulrich Wehler, Deutsche Gesellschaftsgeschichte. Vierter Band: Vom Beginn des Ersten Weltkriegs bis zur Gründung der beiden deutschen Staaten 1914–1949, 3. Aufl., München 2008, S. 372-373.

Interessen auf unterschiedlichen Ebenen, die in einem engen Wechselverhältnis zueinander standen. So blieb die Novellierung des BetrVG nicht ohne Folgen für die betriebliche Praxis der Mitbestimmung, die in den folgenden Jahren aufgrund der neuen Gesetzeslage nochmals erheblich professionalisiert wurde und durch einen erleichterten Zugang der Gewerkschaften zum Betrieb gekennzeichnet war.

Der Artikel zeigt den konkreten Einfluss von Interessenorganisationen – speziell Arbeitgeberorganisationen und Gewerkschaften – auf die Novellierung des Betriebsverfassungsgesetzes (BetrVG) 1972 und verknüpft die empirischen Ergebnisse mit theoretischen Erklärungsansätzen. Gegen den Protest der Gewerkschaften hatte die konservative Regierung Adenauer 1952 ein Gesetz über die Betriebsverfassung erlassen und diesen damit eine schwere Niederlage im Kampf um mehr Mitbestimmung zugefügt. In der Aufbruchstimmung der 1960er-Jahre und mit der Veränderung der Arbeitswelten wuchs das Bedürfnis nach einer Reform des BetrVG.[2] Im nächsten Abschnitt wird zunächst ein knapper Überblick über Konzeptionen zur Erklärung des Verbandseinflusses gegeben. Anschließend folgt ein Kapitel, in dem die Vorschläge einzelner Interessenorganisationen zur Novellierung des BetrVG und ihre Beziehungen zu den politischen Parteien dargestellt werden, bevor die Einflussnahme auf den parlamentarischen Gesetzgebungsprozess beleuchtet wird und ein abschließendes Fazit erfolgt.

1 Zugänge und Konzeptionen

Mitte der 1950er-Jahre wurde in der Öffentlichkeit der angeblich überhandnehmende Einfluss der Verbände auf politische Entscheidungen diskutiert. Der »Pluralismus oligarchischer Herrschaftsgruppen«[3] stehe im Gegensatz zu den im Grundgesetz festgelegten Grundsätzen repräsentativer Demokratie und habe bereits zu einem Verbändestaat geführt.[4] Diese Perzeption verbandlicher Interessenvertretung wurde durch Theodor Eschenburgs Buch »Herrschaft der Verbände« noch verstärkt.[5] Während die Beurteilung aus gesellschaftspolitischer Perspektive unterschiedlich ausfiel,

---

2 Knud Andresen/Ursula Bitzegeio/Jürgen Mittag (Hg.), »Nach dem Strukturbruch«? Kontinuität und Wandel von Arbeitsbeziehungen und Arbeitswelt(en) seit den 1970er-Jahren, Bonn 2011; Anselm Doering-Manteuffel/Lutz Raphael, Nach dem Boom. Perspektiven auf die Zeitgeschichte seit 1970, 2. Aufl., Göttingen 2010; Axel Schildt (Hg.), Dynamische Zeiten. Die 60er Jahre in den beiden deutschen Gesellschaften, Hamburg 2000.
3 Werner Weber, Spannungen und Kräfte im westdeutschen Verfassungssystem. Stuttgart 1951, S. 49.
4 Ulrike Liebert, Modelle demokratischer Konsolidierung. Parlamente und organisierte Interessen in der Bundesrepublik Deutschland, Italien und Spanien (1948–1990), Opladen 1995, S. 278-279; Otto Stammer u. a., Verbände und Gesetzgebung. Die Einflussnahme der Verbände auf die Gestaltung des Personalvertretungsgesetzes, Köln/Opladen 1965, S. 7.
5 Theodor Eschenburg, Herrschaft der Verbände?, Stuttgart 1955, S. 5, 17, 24.

setzte sich in der Soziologie und im Verfassungsrecht bald der Standpunkt durch, Verbänden in einer pluralistischen Demokratie für die politische Willensbildung eine legitime Bedeutung beizumessen. In die Debatte über die Rolle der Verbände warf Kanzlerberater Rüdiger Altmann alsbald den Gegenentwurf der »formierten Gesellschaft« ein, der von Ludwig Erhard aufgegriffen wurde und auf eine Disziplinierung der Verbände zielte.[6] Diese Entwicklung verlief zeitgleich mit dem Aufstieg der von Ernst Fraenkel konzipierten Pluralismustheorie, nach der Verbände legitime Teilnehmer am politischen Willensbildungsprozess waren.[7] Während konservative Kritik am Pluralismuskonzept häufig gegen gewerkschaftlichen Einfluss in westlichen Industriegesellschaften gerichtet war[8], wurde dasselbe zugleich für die Ausblendung struktureller gesellschaftlicher Ungleichheiten und die Nichtberücksichtigung bestimmter Interessen kritisiert.[9] Demokratietheoretiker verlangten deshalb eine Untersuchung oberhalb pluralistischer Strukturen. Marxistische Kritiker bestritten zwar nicht die Existenz einer Vielzahl gesellschaftlicher Gruppen, zweifelten allerdings an den normativen Grundannahmen des Pluralismus und interpretierten dessen Ansätze als Rechtfertigungsideologien bestehender Verhältnisse.[10]

Der schwindende Einfluss pluralistischer Ideen ging Anfang der 1970er-Jahre mit dem (Wieder-)Aufleben des (Neo-)Korporatismus einher. In der Diskussion um die Unregierbarkeit westlicher kapitalistischer Systeme wurde nach Steuerungsmethoden gesucht, um den Stabilitätsverlust zu kompensieren. Die Wiederentdeckung des Korporatismus-Begriffs durch Schmitter und Lehmbruch etablierte im Grenzbereich von Politikwissenschaft, Soziologie und Wirtschaftstheorie neue Perspektiven für die Analyse von Interessenverbänden und sozialen Institutionen. Für die vorliegende

---

6 Rüdiger Altmann, Das Erbe Adenauers. Eine Bilanz, Stuttgart 1960; Tim Schanetzky, Die große Ernüchterung. Wirtschaftspolitik, Expertise und Gesellschaft in der Bundesrepublik 1966 bis 1982, Berlin 2007, S. 142.
7 Ulrich von Alemann/Rolf G. Heinze, Verbändepolitik und Verbändeforschung in der Bundesrepublik, in: Ulrich von Alemann/Rolf G. Heinze (Hg.), Vom Pluralismus zum Korporatismus. Analysen, Positionen, Dokumente, 2. Aufl., Opladen 1981, S. 12-37, hier: S. 15-16; Josef Schmid (Bearb.), Verbände. Interessenvermittlung und Interessenorganisation. Lehr- und Arbeitsbuch, München/Wien 1998, S. 32-66.
8 Goetz Briefs, Pluralismus als Gefährdung der Einheit, in: Franz Nuscheler/Winfried Steffani (Hg.), Pluralismus. Konzeptionen und Kontroversen, 2. Aufl., München 1973, S. 140-143.
9 Alemann/Heinze, Verbändepolitik, in: Alemann/Heinze (Hg.) 1981, S. 12-37, hier: S. 18-19; Claus Offe, Die Institutionalisierung des Verbandseinflusses – eine ordnungspolitische Zwickmühle, in: Ulrich von Alemann/Rolf G. Heinze (Hg.), Vom Pluralismus zum Korporatismus. Analysen, Positionen, Dokumente, 2. Aufl., Opladen 1981, S. 72-91, hier: S. 145-147; Wolfgang Streeck, Staat und Verbände. Neue Fragen. Neue Antworten?, in: Wolfgang Streeck (Hg.), Staat und Verbände, Opladen 1994, S. 7-34, hier: S. 13-15.
10 Johannes Agnoli/Peter Brückner, Die Transformation der Demokratie, Frankfurt a. M. 1968; Herbert Marcuse, Pluralismus im Wohlfahrts- und Kriegsführungsstaat, in: Franz Nuscheler/Winfried Steffani (Hg.), Pluralismus. Konzeptionen und Kontroversen, 2. Aufl., München 1973, S. 224-227; Schmid, Verbände, 1998, S. 46-48.

Fragestellung ist vor allem die im Neo-Korporatismus formulierte soziopolitische Integration der Interessenorganisationen von Bedeutung, die Spitzenverbänden einen zentralen Einfluss auf den politischen Entscheidungsprozess zuschreibt.[11] Auf den Gesetzgebungsprozess bezogen bedeutete dies, dass Spitzenverbände durch den ständigen Informationsaustausch mit der Ministerialbürokratie und den Parteien bereits in die Vorbereitungsphase miteinbezogen wurden. Mit der soziopolitischen Integration der Verbände in Form von Anerkennung und Beteiligung ging damit ein klarer Transaktionskosten senkender Entlastungs- und Legitimationseffekt einher.[12]

Die Wirtschafts- und Unternehmensgeschichte maß Verbänden vor allem in den Konzepten des »Organisierten Kapitalismus« und der »korporativen Marktwirtschaft« eine herausgehobene Bedeutung bei. Während der etwas unspezifische Begriff des Organisierten Kapitalismus das Moment bewusster, kollektiver Organisation – teils komplementär, teils auf Kosten des Marktes (Konzerne, Kartelle, Netzwerke) – sowie die Dauerallianz von organisierten Interessen und Parteien im Kaiserreich und in der Weimarer Republik betonte, ohne dabei eine Periodisierung zu liefern und die politische Entwicklung ausreichend zu berücksichtigen[13], stellte die These der korporativen Marktwirtschaft neben einer interventionsstaatlichen Wirtschaftspolitik und einer spezifischen Produktionsweise besonders die starke und bis zur Gegenwart fortdauernde Stellung von Unternehmensverbänden und Gewerkschaften seit Beginn der Hochmoderne heraus.[14] Der Einfluss auf die Novellierung des BetrVG muss demzufolge aus zwei Blickwinkeln erfolgen: zum einen zur Kennzeichnung des Einflusspotenzials von Interessenorganisationen auf einen Gesetzgebungsprozess, zum anderen zur Durchsetzung einer spezifischen Form der Mitbestimmung,

---

11   Ulrich von Alemann/Rolf G. Heinze, Kooperativer Staat und Korporatismus. Dimensionen der Neo-Korporatismusdiskussion, in: Ulrich von Alemann (Hg.), Neokorporatismus, Frankfurt a. M./New York 1981, S. 43-61; Roland Czada, Konjunkturen des Korporatismus. Zur Geschichte eines Paradigmenwechsels in der Verbändeforschung, in: Wolfgang Streeck (Hg.), Staat und Verbände, Opladen 1994, S. 37-64; Gerhard Lehmbruch, Liberal Corporatism and Party Government, in: Philippe C. Schmitter/Gerhard Lehmbruch (Hg.), Trends Towards Corporatist Intermediation, London/Beverly Hills 1979, S. 53-62; Philippe C. Schmitter, Still the Century of Corporatism?, in: Review of Politics 36 (1974), S. 85-131, hier: S. 93-98.

12   Volker Ebert, Korporatismus zwischen Bonn und Brüssel. Die Beteiligung deutscher Unternehmensverbände an der Güterverkehrspolitik (1957–1972), Stuttgart 2010, S. 35-37; Ulrich Billerbeck u. a., Korporatismus und gewerkschaftliche Interessenvertretung, Frankfurt a. M./New York 1982; Josef Esser/Wolfgang Fach, Korporatistische Krisenregulierung im »Modell Deutschland«, in: Ulrich von Alemann (Hg.), Neokorporatismus, Frankfurt a. M./New York 1981, S. 158-179.

13   Jürgen Kocka, Organisierter Kapitalismus im Kaiserreich?, in: Historische Zeitschrift 230 (1980), S. 613-631, Hans-Jürgen Puhle, Historische Konzepte des entwickelten Industriekapitalismus. »Organisierter Kapitalismus« und »Korporatismus«, in: Geschichte und Gesellschaft 10 (1984), S. 165-184; Heinrich August Winkler (Hg.), Organisierter Kapitalismus. Voraussetzungen und Anfänge, Göttingen 1974.

14   Abelshauser, Kulturkampf, 2003, S. 93-107; Werner Abelshauser, Deutsche Wirtschaftsgeschichte seit 1945, Bonn 2011, S. 50-58.

deren ökonomischer Wert sich in einer Kanalisierung der Konflikte innerhalb des Konsenskapitalismus zeigte.[15]

2 Verbände als Ideengeber – Verbände in Abwehrhaltung

In den 1960er-Jahren begannen sich einige gesellschaftliche, politische und wirtschaftliche Achsen des bis dahin stabilen Koordinatensystems der Bundesrepublik zu verschieben. Fallende ökonomische Wachstumsraten und die Wirtschaftskrise 1966/67 deuteten bereits das Ende des »goldenen Zeitalters« und den bevorstehenden gesellschaftlichen Umbruch an.[16] Die Regierung begegnete der ökonomischen Entwicklung mit einer nachfrageorientierten keynesianischen Wirtschaftspolitik, dem Erlass des Stabilitätsgesetzes und der Initiierung der Konzertierten Aktion. Zwar erholten sich die ökonomischen Daten noch einmal recht schnell, gleichwohl war eine Rückkehr zur Prosperitätskonstellation der Wirtschaftswunderjahre nicht möglich.[17] Mit dem Regierungswechsel 1969, dem Aufkommen einer Außerparlamentarischen Opposition und einer von der Studentenbewegung in Gang gesetzten antiautoritären Protestwelle erlebte die Bundesrepublik eine Liberalisierungsbewegung in Richtung mehr Partizipation. Wahlbeteiligung und Mitgliederzahlen bei Parteien und Verbänden stiegen, die Demokratiefrage wurde zum neuen Maßstab des Ordnungsdenkens. Brandt griff das Thema in seiner Regierungserklärung auf, in der er unter dem Motto »Mehr Demokratie wagen« eine größere gesellschaftliche Beteiligung proklamierte. Neben der Herabsetzung des Wahlalters und der Förderung der Gleichberechtigung verwies die Forderung nach mehr Partizipation auch auf eine Reform des BetrVG.[18]

---

15 Abelshauser, Wirtschaftsgeschichte, 2011, S. 355-360; Julia Angster, Konsenskapitalismus und Sozialdemokratie. Die Westernisierung von SPD und DGB, München 2003, S. 33.
16 Doering-Manteuffel/Raphael, Nach dem Boom, 2010; Konrad H. Jarausch (Hg.), Das Ende der Zuversicht? Die siebziger Jahre als Geschichte, Göttingen 2008; Werner Plumpe, Wirtschaftskrisen. Geschichte und Gegenwart, München 2010, S. 95-101; Klaus Schönhoven, Aufbruch in die sozialliberale Ära. Zur Bedeutung der 60er Jahre in der Geschichte der Bundesrepublik, in: Geschichte und Gesellschaft 25 (1999), S. 123-145.
17 Andrea Rehling, Konfliktstrategie und Konsenssuche in der Krise. Von der Zentralarbeitsgemeinschaft zur Konzertierten Aktion, Baden-Baden 2012, S. 300-388; Peter Jansen/Ulrich Jürgens, Gewerkschaften und Industriepolitik, in: Wolfgang Schroeder/Bernhard Weßels (Hg.), Die Gewerkschaften in Politik und Gesellschaft der Bundesrepublik Deutschland. Ein Handbuch, Wiesbaden 2003, S. 429-450, hier: S. 435-437; Alexander Nützenadel, Stunde der Ökonomen. Wissenschaft, Politik und Expertenkultur in der Bundesrepublik 1949–1974, Göttingen 2005, S. 307-343; Tim Schanetzky, Sachverständiger Rat und Konzertierte Aktion. Staat, Gesellschaft und wissenschaftliche Expertise in der bundesrepublikanischen Wirtschaftspolitik, in: Vierteljahrschrift für Sozial- und Wirtschaftsgeschichte 91 (2004), S. 310-331.
18 Wolfgang Jäger, Die Innenpolitik der sozial-liberalen Koalition 1969–1974, in: Karl Dietrich Bracher/Wolfgang Jäger/Werner Link (Hg.), Republik im Wandel. Bd. I: Die Ära Brandt 1969–1974, Stuttgart 1986, S. 15-162, hier: S. 20-27, 127-129; Walther Müller-Jentsch, Mitbestimmungspoli-

Im Herbst 1965 erklärte der DGB-Vorsitzende Ludwig Rosenberg, der DGB werde die volle wirtschaftliche und soziale Mitbestimmung in allen deutschen Großunternehmen einfordern. Im Düsseldorfer Grundsatzprogramm zwei Jahre zuvor hatten die Gewerkschaften viele antikapitalistische Grundpfeiler des Münchener Programms von 1949 aufgegeben, ihre Forderung nach Ausbau der Mitbestimmung auf betrieblicher, unternehmerischer und überbetrieblicher Ebene blieb aber bekräftigt und so wurde die DGB-Abteilung Sozialpolitik Ende 1963 mit der Ausarbeitung eines neuen Gesetzesvorschlags beauftragt. Der DGB forderte einen Ausbau der Beteiligungsmöglichkeiten, da das geringe Mitbestimmungsrecht in sozialen Angelegenheiten im personellen Bereich weiter zusammenschrumpfe und in wirtschaftlichen Fragen völlig unzureichend sei.[19]

Nachdem der DGB-Bundesvorstand im Februar 1967 einen »Aktionsplan Mitbestimmung« beschlossen hatte, verabschiedete er am 10. Oktober 1967 Vorschläge zur Änderung der Betriebsverfassung, in denen er eine engere Zusammenarbeit von Betriebsrat und Gewerkschaften sowie eine Abschwächung der Wählbarkeitskriterien forderte.[20] Das Wahlrecht für den Bundestag sollte zukünftig nicht mehr Voraussetzung sein, um in den Betriebsrat gewählt zu werden, denn ausländische Arbeitnehmer stellten zu diesem Zeitpunkt einen nicht unbeträchtlichen Teil der Belegschaften. Zudem sollte der Betriebsrat vergrößert werden und die gemeinsame Mehrheitswahl der Arbeiter und Angestellten den Regelfall, separate Gruppenwahl hingegen die Ausnahme bilden.[21] Daneben plädierte der DGB für den Ausbau der Jugendvertretung, einen verbesserten Zugang der Gewerkschaftsfunktionäre zu den Unternehmen und eine Abschaffung des Verbots parteipolitischer Betätigung. Ferner war eine Auswei-

---

tik, in: Wolfgang Schroeder/Bernhard Weßels (Hg.), Die Gewerkschaften in Politik und Gesellschaft der Bundesrepublik Deutschland. Ein Handbuch, Wiesbaden 2003, S. 451-477, hier: S. 462-466.

19 Walter Köpping, Partnerschaftsideologie und Mitbestimmungsforderung, in: Gewerkschaftliche Monatshefte 20 (1969) 2, S. 389-395; Werner Milert/Rudolf Tschirbs, Die andere Demokratie. Betriebliche Interessenvertretung in Deutschland, 1848 bis 2008, Essen 2012, S. 462-463. Im BetrVG werden Mitbestimmungsrechte in sozialen, personellen und wirtschaftlichen Angelegenheiten unterschieden; zugleich wird nach Informations-, Beratungs-, Anhörungs- und Mitwirkungsrechten differenziert.

20 Bundesarchiv Koblenz [BAK], B149/9853, Bd. 1-2: BetrVG. Änderungsvorschläge des DGB/ Änderungsvorschlag der Landesgruppe der CSU (1967–1970); Ludwig Franz, Betriebsverfassungsgesetz. Synopse der aktuellen Novellierungs-Vorschläge, 2. Aufl., Bonn 1968, S. 1, 5; Milert/Tschirbs, Demokratie, 2012, S. 464-466; Helmut Pinther, Novellierung des Betriebsverfassungsgesetzes, in: Das Mitbestimmungsgespräch [MitbestG] 14 (1968), S. 4-9, hier: S. 5. Die in den Fußnoten in Klammern angegebenen Artikel bezeichnen die jeweiligen Artikel des Forderungskatalogs, des BetrVG 1952 bzw. der Entwürfe. [§ 1, § 7].

21 Franz, Synopse, 1968, S. 7, 11; Pinther, Novellierung, in: MitbestG 14 (1968), S. 4-9, hier: S. 5, Michael Schneider, Kleine Geschichte der Gewerkschaften. Ihre Entwicklung in Deutschland von den Anfängen bis heute, Bonn 2000, S. 600; Wolfgang Schneider, Die verschiedenen Vorstellungen zur Novellierung des Betriebsverfassungsgesetzes. Ein Vergleich mit den Vorschlägen des DGB, in: Das Mitbestimmungsgespräch [MitbestG] 16 (1970), S. 51-64, hier: S. 55. [§ 9, § 13].

tung der Betriebsratsarbeit vorgesehen, indem Betriebsratsmitglieder für Schulungs- und Bildungsveranstaltungen freigestellt und die Mitbestimmungsrechte in sozialen Angelegenheiten ausgebaut werden sollten. In personellen Angelegenheiten – wie Einstellungen und Kündigungen – sollte der Betriebsrat nicht nur beratend mitwirken, sondern echte Mitbestimmungsrechte erhalten.[22] In wirtschaftlichen Angelegenheiten war im BetrVG 1952 die Bildung eines Wirtschaftsausschusses vorgesehen, der je hälftig durch den Betriebsrat und die Unternehmensleitung bestimmt wurde; laut DGB-Entwurf sollten alle Mitglieder durch den Betriebsrat bestimmt werden.[23] Darüber hinaus sollten Arbeitnehmer nicht mehr lediglich ein Drittel der Aufsichtsratsmitglieder stellen, vielmehr wurde die Ausdehnung der paritätischen Mitbestimmung angestrebt. Hier zeigten sich klare Divergenzen zur DAG.[24]

Die DAG erachtete eine Änderung des BetrVG ebenfalls als notwendig und verfasste während der Großen Koalition eigene Reformvorschläge. Im Gegensatz zum DGB forderte sie jedoch keine engere Zusammenarbeit von Betriebsrat und Gewerkschaften, hielt am Wahlrecht für den Bundestag als Wählbarkeitskriterium fest und beschränkte den Betriebsrat auf maximal 35 Personen. Ein wesentliches Anliegen der DAG bestand in der zahlenmäßigen Erhöhung der Minderheitengruppenvertreter, um den Einfluss der Angestellten zu erhöhen. Das Repräsentationsprinzip der einzelnen Gruppen sollte auf Kosten des Mehrheitsprinzips ausgebaut werden.[25] Während sich beide Gewerkschaften trotz unterschiedlicher Realisierungskonzepte über den grundsätzlichen Ausbau der Jugendvertretung einig waren, wichen die Vorstellungen in anderen Bereichen deutlich voneinander ab. So wollte die DAG – anders als der DGB – externe Gewerkschaftsbeauftragte heranziehen, wenn die Mehrheit einer einzelnen Gruppe dies beantragen würde, und forderte, gruppenspezifische Angelegenheiten nur von den Vertretern der betroffenen Gruppe abstimmen zu lassen. Dadurch hätten die Angestellten die Chance erhalten, alle ihre Gruppe betreffenden Anträge im Zweifelsfall abzulehnen, obschon die Mehrheit des Betriebsrats den Antrag befürwortete. Auch bei der Festlegung von Arbeitgeber- und Betriebsratsaufgaben vertra-

---

22 Franz, Synopse, 1968, S. 20, 28, 33, 46, 49-64, 69; Pinther, Novellierung, in: MitbestG 14 (1968), S. 4-9, hier: S. 6-8; Schneider, Novellierung, in: MitbestG 16 (1970), S. 51-64, hier: S. 52-56. [§ 31, § 37, § 49, § 51, § 54, § 56, § 58, § 60, § 61, § 66].
23 Franz, Synopse, 1968, S. 71-74; Erhard Kaßler, Die verschiedenen Pläne zur Ausweitung der Mitbestimmung in Betrieb und Unternehmen. Vergleichende Darstellung und Kommentierung, in: Das Mitbestimmungsgespräch, [MitbestG] 15 (1969), S. 39-43, hier: S. 41; Pinther, Novellierung, in: MitbestG 14 (1968), S. 4-9, hier: S. 8-9; Schneider, Novellierung, in: MitbestG 16 (1970), S. 51-64, hier: S. 54. [§ 68, § 69].
24 Franz, Synopse, 1968, S. 81-85; Pinther, Novellierung, in: MitbestG 14 (1968), S. 4-9, hier: S. 9. [§ 76, § 77].
25 BAK, B 149/9854, Bd. 1-2: BetrVG. Änderungsvorschläge der DAG/Änderungsvorschläge der Sozialausschüsse der CDA (1968–1970); Franz, Synopse, 1968, S. 1, 5, 7-8; Hans-Peter Müller, Die Deutsche Angestellten-Gewerkschaft im Wettbewerb mit dem DGB. Geschichte der DAG 1947–2001, Baden-Baden 2011, S. 500-502. [§ 1, § 7, § 9, § 10].

ten DGB und DAG unterschiedliche Positionen. Während der DGB die parteipolitische Betätigung im Betrieb zulassen wollte, sah die DAG hierfür keinen Grund.[26] Ebenso war sie mit der bisherigen Ausgestaltung im personellen Bereich weitgehend zufrieden. Im Bereich der Unternehmensmitbestimmung wichen die Vorstellungen der beiden Gewerkschaften schließlich vollkommen voneinander ab, da die DAG die bestehende Regelung der Drittelparität im Aufsichtsrat beibehalten wollte.[27]

Die Regierungsbeteiligung der SPD seit 1966 ließ bei vielen Gewerkschaftern die Hoffnung aufkommen, verstärkt sozialpolitische Maßnahmen in ihrem Sinne durchsetzen zu können. Doch die SPD konnte sich mit der Union nicht auf eine gemeinsame Regierungsvorlage einigen.[28] Mit Bildung der sozialliberalen Koalition wurden die Gewerkschaften noch stärker in die Regierungspolitik eingebunden. Georg Leber und Walter Arendt, beides führende Gewerkschaftsfunktionäre, übernahmen Ministerposten, umgekehrt war das SPD-Mitglied Heinz Oskar Vetter im Mai 1969 zum DGB-Vorsitzenden gewählt worden.[29] Vor diesem Hintergrund bedauerten die Gewerkschaften, dass die Ausweitung der paritätischen Mitbestimmung nicht in das Regierungsprogramm aufgenommen worden war, und machten hierfür den kleinen Koalitionspartner FDP verantwortlich.[30]

Im Unterschied zu den Unternehmensverbänden sah der DGB in der abschließenden Stellungnahme der noch von der Großen Koalition eingesetzten Mitbestimmungs-Kommission eine Empfehlung für eine Ausweitung der Mitbestimmung.[31] Die DAG veröffentlichte daraufhin im Februar 1970 neue Vorschläge zur Novellierung des BetrVG. Sie forderte jetzt ebenfalls eine engere Zusammenarbeit von Betriebsrat und Gewerkschaften, eine Vergrößerung des Betriebsrats sowie eine Ausdehnung des Kündigungsschutzes und näherte sich mit diesen Modifikationen der Position des DGB an. Jegliche parteipolitische Betätigung sollte allerdings weiterhin verboten bleiben. Nach wie vor herrschte bei der DAG die Überzeugung vor, die

---

26 Franz, Synopse, 1968, S. 11, 20, 28-29, 52; Schneider, Novellierung, in: MitbestG 16 (1970), S. 51-64, hier: S. 56. [§ 31, § 32, § 51].
27 Franz, Synopse, 1968, S. 56-60, 63-65, 69-71, 73-74, 81-85 [§ 76, § 77].
28 Schneider, Gewerkschaften, 2000, S. 334-335; Werner Milert/Rudolf Tschirbs, Von den Arbeiterausschüssen zum Betriebsverfassungsgesetz. Geschichte der betrieblichen Interessenvertretung in Deutschland, Köln 1991, S. 80.
29 Hans-Böckler-Stiftung, Entschließungen zum Betriebsverfassungs- und Personalvertretungsgesetz, in: Das Mitbestimmungsgespräch 15 (1969), S. 108-109; Hans-Böckler-Stiftung, Stellungnahmen der Parteien zur Mitbestimmungsfrage, in: Das Mitbestimmungsgespräch 15 (1969), S. 130.
30 Otto Brenner, Zur gegenwärtigen Mitbestimmungssituation, in: Das Mitbestimmungsgespräch [MitbestG] 15 (1969), S. 214-215; DGB, Stellungnahme des DGB zur Regierungserklärung v. 28. Oktober 1969, in: Das Mitbestimmungsgespräch [MitbestG] 15 (1969), S. 178.
31 BAK, B149/9874, Bd. 1-3: Sachverständigenkommission zur Prüfung der Probleme der Mitbestimmung (1966–1967); Sachverständigenkommission, Bericht der Sachverständigenkommission zur Auswertung der bisherigen Erfahrungen bei der Mitbestimmung (Mitbestimmungskommission). Mitbestimmung im Unternehmen, Kassel 1970, S. 172.

Interessen ihrer Klientel durch die Stärkung von Gruppenrechten am besten zu vertreten, weshalb sie für die Bildung von Arbeits- und Funktionsgruppen plädierte.[32] Auf Unternehmensebene verlangte die DAG zwar eine Ausdehnung der geltenden Drittelparität auf andere Gesellschaftsformen, die DGB-Forderung nach paritätischer Besetzung wurde aber nicht übernommen, obwohl sich die DAG in einer Stellungnahme zum Bericht der Mitbestimmungskommission für eine solche Regelung ausgesprochen hatte.[33] Auch der DGB überarbeitete seinen Forderungskatalog und verabschiedete im März 1970 neue Reformvorschläge, in denen das Lebensalter für die Wählbarkeit zum Betriebsrat auf 18 Jahre gesenkt und dem Betriebsrat ein Beratungsrecht bei Personalplanungen zugestanden wurde. Neu war zudem die Forderung, die Stellung des einzelnen Arbeitnehmers zu verbessern, womit der DGB auf Erfahrungen aus der Betriebspraxis und Vorstöße seitens der Arbeitgeber reagierte. Gleichzeitig untermauerte er seine Forderungen im Dezember 1970 durch eine öffentliche Kampagne »Für ein besseres Betriebsverfassungsgesetz« und koppelte die Frage der Unternehmensmitbestimmung – ganz im Sinne der sozialliberalen Regierung – von der Reform des BetrVG ab.[34]

Die Union der Leitenden Angestellten (ULA) war trotz ihrer funktionalen Nähe zum Arbeitgeberlager formal den Arbeitnehmerorganisationen zugeordnet, in der Auseinandersetzung um die Neufassung des BetrVG nahm sie jedoch vornehmlich die Position der Wirtschaftsverbände ein. Die von der ULA vertretenen Personen waren Angestellte, sodass sie nicht unter den Begriff des »Arbeitgebers« oder des »Unternehmers« fielen, sie waren aber laut BetrVG vom aktiven und passiven Wahlrecht zum Betriebsrat ausgeschlossen. Die Gruppe der leitenden Angestellten war bis Anfang der 1970er-Jahre stark angewachsen und trat nun für die Einrichtung eigener Organe, so genannter Sprecherausschüsse, ein. Im November 1968 veröffentlichte die ULA einen eigenen Gesetzesentwurf und machte damit ihre Distanz zu den Gewerkschaften deutlich. Auch im Bereich der unternehmerischen Mitbestimmung zeigten sich Differenzen. Hier begrüßte die ULA die Stellungnahme des Arbeitgeberpräsi-

---

32 DAG-Bundesvorstand (Hg.), Forderungen zur Novellierung des Betriebsverfassungsgesetzes und Entschließung zum Bericht der Mitbestimmungskommission (Biedenkopf-Kommission), Hamburg 1970, S. 8-17, 21; DAG-Bundesvorstand (Hg.), Forderungen für leitende und wissenschaftliche Angestellte. Eine Stellungnahme der DAG, Hamburg 1970, S. 14-15; DAG-Bundesvorstand (Hg.), Synopse Betriebsverfassung. Regierungsentwurf v. 3.12.1970 – VI/1786. Entwurf der CDU/CSU-Fraktion v. 11.2.1971 – VI/1806. DAG-Forderungen zur Novellierung des BetrVG v. 11.2.1970. BetrVG v. 11.10.1952, Hamburg 1971; Müller, Angestellten-Gewerkschaft, 2011, S. 506-508. [§ 9, § 19, § 37, § 46, § 48, § 51].
33 DAG-Bundesvorstand (Hg.), Novellierung, 1970, S. 12, 31-32; DAG-Bundesvorstand (Hg.), Synopse, 1971. [§ 76, § 77].
34 DGB-Bundesvorstand (Hg.), Vorschläge des DGB zur Änderung des Betriebsverfassungsgesetzes, Düsseldorf 1970, S. 4-7, 14-18, 21-24, 28, 31-40; Milert/Tschirbs, Demokratie, 2012, S. 467-470; Schneider, Novellierung, in: MitbestG 16 (1970), S. 51-64, hier: S. 57-58.

denten Hanns Martin Schleyer, der sich 1969 für eine eigene Repräsentanz leitender Angestellter im Aufsichtsrat ausgesprochen hatte.[35]

Auf Seiten der Unternehmens- und Arbeitgeberverbände fiel die Reform des BetrVG hauptsächlich in den Aufgabenbereich der Bundesvereinigung der Deutschen Arbeitgeberverbände (BDA).[36] Mit der im DGB-Grundsatzprogramm von 1963 festgehaltenen Forderung nach Ausweitung der Montanmitbestimmung sah Fritz Berg »endgültig den sozialistischen Monster-Staat heraufziehen.«[37] Allerdings wichen Mitte der 1960er-Jahre – teils branchen-, teils generationsbedingt – Vertreter der BDA und des Deutschen Industrie- und Handelstages (DIHT) von dieser kompromisslosen Rhetorik ab. Insbesondere hatten sich die Arbeitgeberverbände in den 1960er-Jahren zur tripartistischen Kooperation in Form der Konzertierten Aktion bereitgefunden.[38] Mit Amtsantritt der SPD-geführten Regierung sank jedoch ihre Bereitschaft zur Zusammenarbeit. Breite Unternehmerkreise reagierten auf den Regierungswechsel mit Unbehagen. Die Betriebs- und Unternehmensverfassung stellte dabei ein konfliktgeladenes Thema dar.[39] Der SPD wurde seitens der BDA vorgeworfen, sie ziele mit ihrer Gesetzesvorlage von 1968, durch die der Betriebsrat zu einem gewerkschaftlichen Hilfsorgan degenerieren würde, lediglich auf den folgenden Bundestagswahlkampf. Zugleich lehnte die BDA den SPD-Vorschlag ab, durch Tarifvertrag oder Betriebsvereinbarung über das BetrVG hinausgehende Rechte auszuhandeln, da hierdurch eine neue Konfliktlinie erzeugt würde, die letztlich durch Streik entschieden werde und damit den Betriebsfrieden dauerhaft bedrohe. Die Arbeitgeber wandten sich zudem gegen die Abschaffung der politischen Neutralität im Betrieb und unterstellten der SPD, die gesamte Wirtschafts- und Sozialordnung in Richtung eines Gewerkschaftsstaats umgestalten zu wollen.[40]

---

35 BDA, Arbeitsrecht und arbeitsrechtliche Gesetzgebung. I. Betriebsverfassungsgesetz, in: Jahresbericht der BDA (1969), S. 28-32; Johannes Gottwald, Betriebsverfassung. Leitende Angestellte, in: Der Arbeitgeber 21 (1969) 5, S. 159-161; Gerhard Müller, Leitende Angestellte. Enge Auslegung des § 4, 2c BetrVG, in: Der Arbeitgeber 21 (1969) 10-11, S. 417-418; Müller, Angestellten-Gewerkschaft, 2011, S. 509. [§ 4, 2c BetrVG 1952].

36 Werner Bührer, Unternehmerverbände, in: Wolfgang Benz (Hg.), Die Geschichte der Bundesrepublik Deutschland. Bd. 2: Wirtschaft, Frankfurt a. M. 1989, S. 140-168, hier: S. 140-141; Walther Müller-Jentsch, Soziologie der industriellen Beziehungen, 2. Aufl., Frankfurt a. M./New York 1997, S. 159-192; Werner Plumpe, Die Unternehmerverbände im Transformationsprozess nach dem Zweiten Weltkrieg, in: Werner Bührer/Edgar Grande (Hg.), Unternehmerverbände und Staat in Deutschland, Baden-Baden 2000, S. 75-87.

37 Bührer, Unternehmerverbände, in: Benz (Hg.), 1989, S. 140-168, hier: S. 152. Fritz Berg war von 1949 bis 1971 BDI-Präsident.

38 Volker R. Berghahn, Unternehmer und Politik in der Bundesrepublik, Frankfurt a. M. 1985, S. 180-201, 287-301; Bührer, Unternehmerverbände, in: Benz (Hg.), 1989, S. 140-168, hier: S. 150-154; Milert/Tschirbs, Demokratie, 2012, S. 470; Rehling, Konfliktstrategie, 2012, S. 300-435.

39 Berghahn, Unternehmer, 1985, S. 301-323; Bührer, Unternehmerverbände, in: Benz (Hg.) 1989, S. 140-168, hier: S. 154-158.

40 BDA, Mitbestimmung – Betriebsverfassung – Führung im Betrieb, in: Jahresbericht der BDA (1969), S. 13-15; Berghahn, Unternehmer, 1985, S. 313-321; Philipp von Bismarck, Betriebsverfassung à la SPD. Analyse der SPD-Gesetzesinitiative, Bonn 1969.

Im Falle einer Reform des BetrVG wollte die BDA vor allem die Rechte des einzelnen Arbeitnehmers stärken. Während die Gewerkschaften mit dem Terminus »Wirtschaftsbürger« mehr Mitbestimmungsrechte für den Betriebsrat verbanden, leiteten die Arbeitgeber daraus die eigenständige Verantwortung des Individuums ab. Dieser Versuch der Individualisierung stand dem Prinzip gewerkschaftlicher Solidarität diametral entgegen. Die Lesarten des Biedenkopf-Gutachtens wichen deshalb stark voneinander ab: Während sich die Gewerkschaften in Richtung Montanmitbestimmung bestätigt sahen, erkannten BDI und BDA darin eine Ablehnung der paritätischen Mitbestimmung.[41] In der Debatte um die Novellierung des BetrVG betonten die Unternehmensverbände stets die Leistungen des bestehenden Regelwerks.[42] Da alle im Bundestag vertretenen Parteien aber mittlerweile einen Änderungsantrag eingebracht hatten und die Diskussion auch die Öffentlichkeit erfasst hatte, konnten die Wirtschaftsverbände eine Reform kaum noch verhindern. Vor diesem Hintergrund schlug die BDA eine vorsichtige Öffnung bisheriger Informationsrechte vor. Zugleich kritisierte der BDI die SPD für die reine Übernahme von DGB-Positionen, die »die Gewerkschaftsmacht im Betrieb legalisieren, die Mitbestimmung in sozialen und personellen Angelegenheiten totalisieren und die Gleichbehandlung organisierter und nicht organisierter Arbeitnehmer beseitigen«[43] würden. Dahingegen begrüßte er den von der FDP 1969 eingebrachten Gesetzentwurf.[44]

Einen konstruktiven Beitrag zur Reform des BetrVG leisteten die Arbeitgeber erst im Jahr 1970. Dabei betonte die BDA den Ausbau einzelner Arbeitnehmerrechte, sprach sich für die Wahl von Arbeitsgruppensprechern aus und wollte lediglich in sozialen Angelegenheiten eine Erweiterung der Betriebsratsrechte zulassen. Der Wirtschaftsausschuss sollte auch zukünftig paritätisch besetzt werden, allerdings sollte seine Zuständigkeit auf Investitions- und Rationalisierungsvorhaben sowie um Fragen der Personalplanung ausgeweitet werden. Darüber hinaus erklärte sich die BDA mit der Bildung von Gesamtbetriebsräten und der Weiterentwicklung der Jugendvertretung einverstanden. Damit hatten BDA und Gewerkschaften zumindest an dieser Stelle eine ähnliche Zielrichtung. Die vom DGB geforderte Zulassung

---

41 BDA, Führung, in: Jahresbericht der BDA (1969), S. 13-15; BDA, Mitbestimmung – Betriebsverfassung – Leitende Angestellte, in: Jahresbericht der BDA (1970), S. 17-19; BDA, Erste Stellungnahme zum Bericht der Mitbestimmungskommission, Köln 1970; BDI, Sozialwirtschaft, in: Jahresbericht des BDI (1970), S. 185-188; BDI, Sozialwirtschaft, in: Jahresbericht des BDI (1971), S. 70-73.
42 BDA, Arbeitsrecht, in: Jahresbericht der BDA (1969), S. 28-32.
43 BDI, Sozialwirtschaft 1970, in: Jahresbericht des BDI (1970), S. 185-188, hier: S. 186.
44 BDA, Angestellte, in: Jahresbericht der BDA (1970), S. 17-19; BDA, Arbeitsrechtsausschuss. Unterausschuss Betriebsverfassungsrecht, in: Jahresbericht der BDA (1970), S. 44-45; BDI, Sozialwirtschaft 1970, in: Jahresbericht des BDI (1970), S. 185-188; BDI, Sozialwirtschaft 1971, in: Jahresbericht des BDI (1971), S. 70-73; Otto A. Friedrich, Die aktuellen Aufgaben der BDA, in: Jahresbericht der BDA (1970), S. 210-214; Müller, Gedanken, in: Der Betrieb 23 (1970) 22-23, S. 1023-1033, 1076-1084.

parteipolitischer Betätigung lehnte sie hingegen entschieden ab.[45] In Koalition mit der ULA wollten die Arbeitgeber zudem den Begriff des leitenden Angestellten neu fassen und ihnen das Recht zur Bildung von Sprecherausschüssen einräumen.[46] Alles in allem wiesen die Unternehmens- und Arbeitgeberverbände die Forderungen von DGB und SPD zurück und stützten ihre Hoffnung auf die FDP als Korrektiv der neuen Regierung.

3 Der Einfluss der Verbände auf die politischen Parteien

Im Dezember 1967 wurde innerhalb der SPD zunächst ein Sachverständigengremium zum Thema Mitbestimmung gebildet. Der folgende Parteitag im März 1968 betonte die erforderliche Novellierung des BetrVG und die Einführung der paritätischen Mitbestimmung.[47] Die personelle und inhaltliche Nähe zwischen SPD und DGB hatte die Frage der Mitbestimmung ab Mitte der 1960er-Jahre zu einem zentralen Thema der Parteiagenda gemacht. Im Dezember 1968 brachte die Bundestagsfraktion einen Neuregelungsentwurf ein, bei dem die Partei teilweise wortwörtlich den Änderungsvorschlag des DGB übernahm.[48] Gleichzeitig bezog die SPD in Fragen externer Gewerkschaftsfunktionäre eine abweichende Position gegenüber dem DGB und ergänzte den geltenden Paragraphen um einen Vorschlag der DAG. Umgekehrt folgte die SPD dem DGB wieder bei der Zusammenarbeit von Arbeitgeber und Betriebsrat: Betriebsratsmitgliedern, Sondervertretern sowie Jugendvertretern sollte es gestattet sein, im Betrieb als Gewerkschaftsmitglieder tätig zu werden. Die SPD kam den Gewerkschaften hier weit entgegen und wollte gleichfalls eine parteipolitische Betätigung des Betriebsrats zulassen.[49] Ebenso stimmten die Vorschläge in sozialen, personellen und

---

45 BDA, Integration der Arbeitnehmer – Vorschläge zur Betriebsverfassung, Köln 1970.
46 BDA, Angestellte, in: Jahresbericht der BDA (1970), S. 17-19; BDA, Arbeitsrechtsausschuss, in: Jahresbericht der BDA (1970), S. 44-45; BDI, Sozialwirtschaft 1971, in: Jahresbericht des BDI (1971), S. 70-73; Gerhard Müller, Zur arbeitsrechtlichen Situation, in: Der Betrieb 22 (1969) 17, S. 749-751.
47 SPD-Vorstand, Parteitag der SPD vom 17. bis 21. März 1968 in Nürnberg, Bonn 1968, S. 108-111, 416-424; SPD-Vorstand, Außerordentlicher Parteitag der SPD vom 16. bis 18. April 1969 in der Stadthalle zu Bad Godesberg, Bonn 1969, S. 117-118, 417-418.
48 Peter Lösche/Franz Walter, Die SPD. Klassenpartei – Volkspartei – Quotenpartei. Zur Entwicklung der Sozialdemokratie von Weimar bis zur deutschen Vereinigung, Darmstadt 1992, S. 115-118, 146-157. Ähnlich wie der DGB wollte die SPD die Zusammenarbeit von Betriebsrat und Gewerkschaften fördern (§ 1), Absprachen über Tarifvertrag oder Betriebsvereinbarung zulassen (§ 2) und die Kriterien zur Wählbarkeit lockern (§ 7). Bei der Betriebsratsgröße ging der SPD-Entwurf über die Vorschläge von DAG und DGB hinaus (§ 9). Vgl. BAK, B149/9859, Bd. 1-2: Änderungsvorschlag der SPD-Fraktion/FDP-Fraktion (1968–1969); Bundestags-Drucksache [BT-Drs.] V/3658, Antrag der Fraktion der SPD (1968): 1-2; Franz, Synopse, 1968, S. 1-8.
49 BT-Drs. V/3658: 6, 11; Franz, Synopse, 1968, S. 28-29, 48-52. [§ 31, § 49, § 51].

wirtschaftlichen Angelegenheiten weitgehend überein.[50] Ein grundlegender Konflikt bestand hingegen hinsichtlich der Mitbestimmung auf Unternehmensebene, denn hier folgte die SPD nicht den DGB-Empfehlungen und hielt am Prinzip der Drittelparität fest. Obwohl sich die SPD mehrfach für die Ausdehnung des Montanmodells ausgesprochen hatte, konnte sie diese Forderung mit Rücksicht auf den Koalitionspartner nicht in den Entwurf 1968 aufnehmen. Sie hatte sich mit der Union darauf verständigt, die Ergebnisse der Mitbestimmungskommission abzuwarten, um einen möglichen Bruch der Koalition über diese Frage zu verhindern.[51] Während die Spannungen zwischen Gewerkschaften und Sozialdemokratie über die Verabschiedung der Notstandsgesetze 1967 inhaltlicher Natur waren, basierten die Differenzen über die Ausgestaltung der Unternehmensmitbestimmung auf der Koalitionsdisziplin der SPD.[52] Insgesamt aber war der SPD-Entwurf eng an den Vorschlägen des DGB angelehnt. Auf dem folgenden außerordentlichen Parteitag wurde der Gesetzentwurf allgemein positiv aufgenommen.[53] Da sich die Große Koalition jedoch auf keinen gemeinsamen Änderungsentwurf einigen konnte, wurde der SPD-Vorschlag bis zur Bundestagswahl 1969 nicht mehr beraten. Auf dem Parteitag 1970 bekräftigte die SPD allerdings nochmals ihren Willen zur Neufassung der Betriebsverfassung.[54]

Die FDP hatte sich in der Oppositionszeit programmatisch neu orientiert und damit den Grundstein für die sozialliberale Koalition gelegt. Der paritätischen Mitbestimmung auf Unternehmensebene stand die Partei aber immer noch ablehnend gegenüber. Sowohl in den Nürnberger Entschließungen 1966 als auch im Aktionsprogramm 1967 lehnte sie dieselbe explizit ab.[55] Bei der betrieblichen Mitbestimmung zeigte sie sich kompromissbereiter und brachte im März 1969 ebenfalls einen Ände-

---

50 Der Arbeitgeber sollte zukünftig nur Einstellungen mit Zustimmung des Betriebsrats vornehmen dürfen, womit sich die SPD gegen das geltende negative Vetorecht aussprach (§ 60, § 61). Die Kompetenzen des Wirtschaftsausschusses sollten ausgedeht, seine Mitglieder vollständig vom Betriebsrat bestimmt (§ 67, § 68, § 69) und der Einigungsstelle bei Betriebsänderungen eine verbindliche Entscheidungskompetenz zugesprochen werden (§ 72, § 73). Vgl. BT-Drs. V/3658: 13-16; Franz, Synopse, S. 56-60, 63-65.
51 BT-Drs. V/3658: 16-17; Franz, Synopse, 1968, S. 71-85; Milert/Tschirbs, Demokratie, 2012, S. 466. [§ 76].
52 Walther Müller-Jentsch, Länderanalyse Bundesrepublik Deutschland, in: Helga Grebing/Thomas Meyer (Hg.), Linksparteien und Gewerkschaften in Europa. Die Zukunft einer Partnerschaft, Köln 1992, S. 103-117, hier: S. 108-109; Schneider, Gewerkschaften, 2000, S. 335-338; Michael Schneider, Demokratie in Gefahr? Der Konflikt um die Notstandsgesetze. Sozialdemokratie, Gewerkschaften und intellektueller Protest (1958–1968), Bonn 1986; Klaus Schönhoven, Wendejahre. Die Sozialdemokratie in der Zeit der Großen Koalition 1966–1969, Bonn 2004.
53 SPD-Vorstand, Parteitag 1969, 1969, S. 542-548, 1013-1014, 1021-1030.
54 SPD-Vorstand (Hg.), Parteitag der SPD vom 11. bis 14. Mai 1970 in Saarbrücken, Bonn 1970, S. 776-792.
55 Ossip K. Flechtheim/Siegfried Kupper/Manfred Meisner (Hg.), Dokumente zur parteipolitischen Entwicklung in Deutschland seit 1945, Berlin 1971, S. 103-104; Peter Lösche/Franz Walter, Die FDP. Richtungsstreit und Zukunftszweifel, Darmstadt 1996, S. 66-77.

rungsentwurf in den Bundestag ein. Im Unterschied zur SPD und zum DGB sahen die Liberalen allerdings keinen Grund, eine enge Zusammenarbeit von Betriebsrat und Gewerkschaften gesetzlich festzuschreiben oder die Wählbarkeitskriterien zu lockern. Sie hatten hingegen besonders die (leitenden) Angestellten im Blick und sprachen sich für eine Änderung im Sinne des DAG-Konzepts aus. Einem Ausbau gewerkschaftlicher Macht im Betrieb stand die FDP weiterhin skeptisch gegenüber und auch eine parteipolitische Betätigung des Betriebsrats kam für sie nicht in Frage.[56]

Die FDP wollte die Rechte der einzelnen Gruppen – besonders der Angestellten – stärken. Der Wirtschaftsausschuss sollte in »technisch-wirtschaftlicher Ausschuss« umbenannt und von den Arbeitnehmern gewählt werden. Dieser Vorschlag hätte neben dem Betriebsrat ein zweites, direkt gewähltes Gremium geschaffen. Obwohl für beide Organe unterschiedliche Aufgabenbereiche vorgesehen waren, sahen Gewerkschafter hierin eine Entmachtung des Betriebsrats. Ein weiterer Grundkonflikt zum DGB bestand in der Arbeitnehmerbeteiligung im Aufsichtsrat: Ähnlich wie die DAG- und SPD-Entwürfe sah die FDP keine Ausweitung des Montanmodells vor.[57] Die insgesamt starke Orientierung an den Wünschen der DAG hing mit der wirtschaftspolitischen Ausrichtung der Partei und dem hohen Anteil an Angestellten und Selbständigen in ihrer Mitglieder- und Wählerstruktur zusammen. Die Nürnberger Wahlplattform der FDP vom Juni 1969 bot auf vielen Politikfeldern – auch bei der Betriebsverfassung – Ansatzpunkte für eine Zusammenarbeit mit der SPD. Bei der konkreten Ausgestaltung zeigten sich allerdings Divergenzen.[58] Die FDP-Forderung nach einer wirksamen Mitbestimmungsordnung zielte dabei, wie es Hans Friderichs ausdrückte, auf die Entfaltungs- und Mitwirkungsrechte des Einzelnen. Parteiinterne Konflikte über den Kurs der Partei wurden durch personelle Änderungen auf dem Bonner Parteitag 1970 zugunsten des sozialliberalen Kurses beendet und ermöglichten schließlich einen gemeinsamen Gesetzesentwurf der neuen Regierungskoalition.[59]

Auch die Union positionierte sich während der Großen Koalition im Feld der Mitbestimmungsdiskussion neu. In ihr trafen die unterschiedlichen Vorstellungen der Arbeitnehmer-, der Mittelstands- und der Arbeitgebergruppe aufeinander. Während der Fraktionsvorstand die Ergebnisse der Mitbestimmungskommission abwarten wollte, brachten Abgeordnete der Sozialausschüsse einen Novellierungsvorschlag zum BetrVG ein, der die Geschlossenheit der Fraktion bedrohte und den die SPD zum Anlass nahm, ihrerseits initiativ zu werden. Die Novellierungsvorlage sah kei-

---

56 BAK, B149/9859, Bd. 1-2: Änderungsvorschlag der SPD-Fraktion/FDP-Fraktion (1968–1969); BT-Drs. V/4011, Antrag der Fraktion der FDP (1969): 1-3; Franz, Synopse, 1968, S. 1-13, 28-29, 52; Müller, Angestellten-Gewerkschaft, 2011, S. 502-503. [§ 1, § 7, § 9, § 10, § 13, § 51].
57 BT-Drs. V/4011: 5-6; Franz, Synopse, 1968, S. 56-60, 71-76, 81-85. [§ 67-§ 70, § 76, § 77].
58 Flechtheim/Kupper/Meisner (Hg.), Dokumente, 1971, S. 147-148.
59 Hans Friderichs, Politik für eine freie Gesellschaft, in: Bundesvorstand der FDP (Hg.), Zeugnisse Liberaler Politik. 25 Jahre F.D.P. (1948–1973), Offenbach 1973, S. 205-213; Lösche/Walter, FDP, 1996, S. 77-87.

nesfalls eine Ausweitung der qualifizierten Mitbestimmung vor und strebte im Sinne der christlichen Arbeiterbewegung – und übereinstimmend mit der DAG – vornehmlich die Verbesserung des Minderheitenschutzes an. Die DAG begrüßte deshalb die Intention des Unionsvorschlags.[60] Damit blieb die Union aus Arbeitnehmersicht weit hinter den Forderungen von SPD und DGB zurück. Ebenso wollte sie in sozialen, personellen und wirtschaftlichen Angelegenheiten keine grundlegenden Änderungen vornehmen. Der Entwurf ähnelte den Vorschlägen der FDP und machte die fundamentalen Unterschiede zur SPD und zum DGB deutlich. Auch an der Drittelparität im Aufsichtsrat wurde festgehalten.[61] Lediglich bei der Betriebsratsgröße, den Zugangsbedingungen von Gewerkschaftsbeauftragten und einer Jugendvertretung zeigte die Union eine gewisse Reformbereitschaft. Zudem sah die Union eine Erhöhung der Vertreteranzahl der einzelnen Gruppen vor. Während die DAG hierüber die Interessen ihrer Mitglieder ausbauen wollte, entsprach eine Reform in diesem Punkt vor allem den veränderten Arbeiter-Angestellten-Relationen.[62]

Auf dem Berliner Parteitag 1968 hob die CDU nochmals die verbesserte Stellung betrieblicher Minderheiten und Jugendlicher in ihrem Entwurf hervor, vielen Beschäftigten erschien er hingegen wenig attraktiv. Sowohl im Diskussionskreis Mittelstand als auch im Berliner Parteiprogramm wurde mit Verweis auf das Biedenkopf-Gutachten die ablehnende Haltung gegenüber einer Ausdehnung der Montanmitbestimmung festgehalten. Die Schwesterpartei CSU stellte in ihrem Grundsatzprogramm 1968 den einzelnen Menschen sowie die unternehmerische Entscheidungsfreiheit in den Mittelpunkt und positionierte sich damit gegen einen Einflussgewinn der Gewerkschaften.[63] Der gemeinsame CDU/CSU-Entwurf vom November 1967 war nach erster Lesung an die zuständigen Ausschüsse überwiesen worden, wo er allerdings aufgrund divergierender Vorstellungen innerhalb der Großen Koalition bis zum Ende der Legislaturperiode liegen blieb.[64]

---

60 BAK, B149/9858, Bd. 1-3: BetrVG. Änderungsvorschlag der CDU/CSU-Fraktion (1967–1970); Heribert Knorr, Der parlamentarische Entscheidungsprozess während der Großen Koalition 1966–1969. Struktur und Einfluss der Koalitionsfraktionen und ihr Verhältnis zur Regierung der Großen Koalition, Meisenheim am Glan 1975, S. 123-126; Müller, Angestellten-Gewerkschaft, 2011, S. 501-502.
61 BT-Drs. V/2234, Antrag der Fraktion der CDU/CSU (1967): 1, 4-5; V/4011: 4-6; Franz, Synopse, 1968, S. 1-6, 33-36, 48-85. [§ 49-§ 77] Weder sollten die gewerkschaftliche Position im Betrieb verbessert (§ 1), noch das Wahlrecht zum Bundestag als Wählbarkeitskriterium aufgeweicht (§ 7) oder Betriebsratsmitglieder zu Schulungs- und Bildungsveranstaltungen freigestellt werden (§ 37).
62 BT-Drs. V/2234: 1-3; V/4011: 1-3; Franz, Synopse, 1968, S. 6-9, 11-13, 20-21, 28-29. [§ 9, § 10, § 20a].
63 Flechtheim/Kupper/Meisner (Hg.), Dokumente, 1971, S. 12-13, 68-69.
64 Knorr, Entscheidungsprozess, 1975, S. 124.

4 Verbände im parlamentarischen Prozess

Die SPD stand während der sozialliberalen Koalition vor der schwierigen Aufgabe, die Absprache mit ihrem Koalitionspartner einzuhalten und zugleich ein gutes Verhältnis zu den Gewerkschaften aufrechtzuerhalten. Da die Sozialdemokraten aus Koalitionsgründen nicht alle Vorschläge des DGB übernehmen konnten, machten sie in anderen Bereichen Zugeständnisse. So musste der etablierte SPD-Sozialexperte Ernst Schellenberg als Kandidat für das Arbeitsministerium hinter den Gewerkschafter Walter Arendt zurücktreten.[65] Gleichwohl musste sich die Regierung im Januar 1970 zum Biedenkopf-Gutachten äußern.[66] Dabei verständigte man sich auf die Formel, dass die Kommission die sachliche Notwendigkeit der Mitbestimmung begründet habe und die Rationalität des Entscheidungsprozesses durch die Arbeitnehmerbeteiligung im Aufsichtsrat nicht in Frage gestellt worden sei. Die FDP mochte sich jedoch nicht der Empfehlung zur Besetzung des Aufsichtsrats im Verhältnis sieben zu fünf mit Anteilseigner- und Arbeitnehmervertretern anschließen. In anderen Punkten waren sich Regierung und Kommission durchaus einig. So sollte die Mitbestimmung nicht von der Rechtsform des Unternehmens abhängig sein.[67]

Im Oktober 1970 sendete das Bundesarbeitsministerium seinen BetrVG-Entwurf an die beteiligten Institutionen und Verbände. Das Kernstück des Referentenentwurfs bildete die erhebliche Erweiterung der Mitwirkungs- und Mitbestimmungsrechte in sozialen und personellen Angelegenheiten sowie in Fragen der Arbeitsplatzgestaltung und des Arbeitsablaufs. Die Beteiligung der Arbeitnehmer auf Unternehmensebene wurde nicht angesprochen. Während die Einbeziehung des Betriebsrats in die Personalplanung gewerkschaftlichen Forderungen nachkam, entsprach die Ausweitung der Arbeitnehmerrechte am Arbeitsplatz vornehmlich Vorschlägen der Arbeitgeberseite. Insgesamt orientierte sich das Ministerium allerdings an der Linie der SPD. In personellen und wirtschaftlichen Angelegenheiten griff der Entwurf auf Vorschläge der SPD respektive des DGB zurück und machte das Einverständnis des Betriebsrats bei Einstellungen zur Voraussetzung. Ferner sollte der Betriebsrat die Mitglieder des Wirtschaftsausschusses alleine bestimmen, in unternehmerisch-wirtschaftlichen Ent-

---

[65] Jäger, Innenpolitik, in: Bracher/Jäger/Link (Hg.) 1986, S. 15-162, hier: S. 20-27; Helmut Wiesenthal/Ralf Clasen, Gewerkschaften in Politik und Gesellschaft. Von der Gestaltungsmacht zum Traditionswächter?, in: Wolfgang Schroeder/Bernhard Weßels (Hg.), Die Gewerkschaften in Politik und Gesellschaft der Bundesrepublik Deutschland. Ein Handbuch, Wiesbaden 2003, S. 296-322, hier: S. 300; Müller-Jentsch, Länderanalyse, in: Grebing/Meyer (Hg.) 1992, S. 103-117.

[66] Die Kommission hatte zur Reform des BetrVG keine gesonderten Vorschläge vorgelegt. Grundsätzlich forderte sie die Bildung eines Gesamt- bzw. Konzernbetriebsrats und die Ausweitung der Drittelparität im Aufsichtsrat. Vgl. Sachverständigenkommission, Bericht, 1970, S. 172-174.

[67] BT-Drs. VI/334, Mitbestimmung im Unternehmen (1970); VI/1551, Stellungnahme der Bundesregierung zum Bericht der Mitbestimmungskommission (1970); Sachverständigenkommission, Bericht, 1970.

scheidungen ein umfassendes Informations- und Beratungsrecht erhalten sowie das Verbot parteipolitischer Betätigung gekippt werden.[68] Bei sozialen Auswirkungen unternehmerischer Entscheidungen wurde der Handlungsspielraum des Betriebsrats erheblich ausgeweitet, indem der Einigungsstelle die Möglichkeit eingeräumt wurde, einen verbindlichen Sozialplan auszuarbeiten. Die leitenden Angestellten sollten weiterhin durch den Betriebsrat vertreten werden, Forderungen zur Ausweitung der Gruppenrechte seitens der DAG fanden zunächst kaum Berücksichtigung.[69] In Bezug auf die Bildung eines Gesamtbetriebsrats wich der Referentenentwurf von den Vorschlägen der Parteien ab und folgte der Empfehlung der Mitbestimmungskommission vom Januar 1970, die eine obligatorische Errichtung desselben vorgeschlagen hatte.[70] Schließlich sollten die bisher über das gesamte Gesetz verteilten Bestimmungen zur Jugendvertretung in einem eigenständigen Teil zusammengefasst werden.[71]

Der anschließend vom Bundeskabinett gebilligte und an den Bundesrat weitergeleitete Entwurf wich nur in einigen Punkten vom Referentenentwurf des Arbeitsministeriums ab. So wurde das Wahlrecht zum Deutschen Bundestag als Wählbarkeitskriterium gestrichen, da für Arbeitnehmer aus EWG-Staaten dieses Wahlrecht aufgrund der vorrangigen EWG-Verordnung vom 15. Oktober 1968 nicht mehr als Bedingung galt und der Bundesregierung eine Beibehaltung der Bestimmung für Arbeitnehmer aus Nicht-EWG-Staaten mit Rücksicht auf den Grundsatz der Nichtdiskriminierung nicht gerechtfertigt erschien.[72] Ferner wurden die erweiterten Mitwirkungs- und Beschwerderechte des einzelnen Arbeitnehmers (bspw. Einsicht in die Personalakte) mit Erfahrungen aus der betrieblichen Praxis begründet. Nach intensiven Verhandlungen zwischen Günter Apel (DAG) und Bundesarbeitsminister Walter Arendt sollte zudem die Gruppenwahl – anders als vom DGB gefordert – der Regelfall bleiben.[73] Gleichwohl blieb der Einfluss des DGB auf den Kabinettsbeschluss hoch. In ihrer Stellungnahme hob die Bundesregierung die Notwendigkeit einer Reform aufgrund der sich wandelnden Betriebsverfassungspraktiken und der

---

68 Franz, Synopse, 1968, S. 33-36, 48-55, 62-71; Hans-Böckler-Stiftung, Grundzüge eines Entwurfes für ein neues Betriebsverfassungsgesetz, in: Das Mitbestimmungsgespräch [MitbestG] 16 (1970), S. 195-200; Schneider, Novellierung, in: MitbestG 16 (1970), S. 51-64, hier: S. 58. [§ 49, § 51, § 61-§ 68].
69 Franz, Synopse, 1968, S. 8-9, 28-29, 43-44, 71-80. [§ 10, § 31, § 47, § 67-§ 75].
70 Franz, Synopse, 1968, S. 42-43; Sachverständigenkommission, Bericht, 1970, S. 172. [§ 46].
71 Franz, Synopse, 1968, S. 20, 31-32, 46-48. [§ 20a, § 35, § 48a-c].
72 BT-Drs. VI/1786, Entwurf eines Betriebsverfassungsgesetzes (1971): 4, 37; Franz, Synopse, 1968, S. 5-6. [§ 7, § 8].
73 BT-Drs. VI/1786: 17, 47-48; DAG-Bundesvorstand (Hg.), Synopse, 1971; Müller, Angestellten-Gewerkschaft, 2011, S. 511; SPD-Vorstand (Hg.), Neue Betriebsverfassung. Erläuterung und Text des Regierungsentwurfs v. 3. Dezember 1970 für ein neues Betriebsverfassungsgesetz. (Reihe Gesellschaftspolitik; 2), in: Parlamentsarchiv des Deutschen Bundestages (PA-DBT): Gesetzesmaterialien zum Betriebsverfassungsgesetz v. 15. Januar 1972, Bestand 4000, Sign. VI/234, Bd B3, Anlage 96, S. 17.

zunehmenden Anwendung technisch-organisatorischer Neuerungen hervor. Die Ausweitung rechtlicher Kompetenzen bei der Arbeitsplatzgestaltung, dem Arbeitsablauf sowie der Personalplanung wurde hierbei mit neuen, gesicherten Erkenntnissen der Arbeitswissenschaften begründet.[74]

Der Bundesrat behandelte den Entwurf am 29. Januar 1971 und sprach sich für eine geringere Vergrößerung des Betriebsrats und die Beibehaltung des Verbots parteipolitischer Betätigung aus. Ferner sollten den leitenden Angestellten die den übrigen Arbeitnehmern eingeräumten Individualrechte zugestanden werden. Hier spiegelten sich teilweise die Vorstellungen der CDU/CSU-regierten Länder wider, die zu diesem Zeitpunkt im Bundesrat über eine Mehrheit verfügten.[75] Die Bundesregierung begrüßte die Annahme des Gesamtkonzepts und stimmte einigen Klarstellungsvorschlägen direkt zu, hielt ansonsten aber an ihrer Position fest. Anschließend sandte sie den von ihr am 3. Dezember 1970 beschlossenen BetrVG-Entwurf mit der Stellungnahme des Bundesrates und ihrer Gegenäußerung zur Beratung an den Deutschen Bundestag.[76]

Noch bevor die Beratungen über den Gesetzentwurf der Bundesregierung stattfanden, legte die CDU/CSU-Fraktion dem Bundestag einen eigenen, neuen Entwurf vor. Im Gegensatz zur Regierung plädierte die Union darin für die Aufnahme eines Grundrechtskatalogs, in dem die Rechte des einzelnen Arbeitnehmers festgehalten werden sollten, sowie für die Etablierung von Sprecherausschüssen für leitende Angestellte. Mit der Betonung individueller Rechte und dem Festhalten an bestehenden Regelungen verdeutlichte die Opposition ihre Nähe zu den zögerlichen Reformvorschlägen der Unternehmensverbände. Gleichzeitig ging die Union allerdings über bisherige Parteienvorschläge hinaus, indem sie die Empfehlungen der Mitbestimmungskommission aufgriff und sieben Vertreter für die Anteilseigner sowie fünf für die Arbeitnehmer im Aufsichtsrat forderte. Obwohl dies aus Arbeitnehmersicht eine Verbesserung zur aktuellen Gesetzeslage bedeutet hätte, konnte die Union die nach paritätischer Besetzung strebenden Gewerkschaften damit nicht überzeugen.[77]

Auch wenn viele seiner Reformvorschläge Eingang in den Gesetzentwurf gefunden hatten, übte der DGB seinerseits Kritik am Regierungsentwurf. Während der Referentenentwurf des Bundesarbeitsministeriums den Gewerkschaften noch weitgehende Zugangsrechte zum Betrieb zugesprochen hatte, war das Bundeskabinett hier zurückhaltender. Zudem war der Begriff des leitenden Angestellten aus Sicht

---

74 Milert/Tschirbs, Demokratie, 2012, S. 470-471.
75 BT-Drs. VI/1786: 62-68; Bundesrat (1971): Bericht über die 361. Sitzung, in: PA-DBT 4000 VI/234 Bd A1, Anlage 19; DAG-Bundesvorstand (Hg.), Synopse, 1971.
76 BT-Drs. VI/1786: 70; Presse- und Informationsamt der Bundesregierung (Hg.), Reform der Betriebsverfassung, Bonn 1971.
77 BT-Drs. VI/1806, Gesetzentwurf der Fraktion der CDU/CSU (1971); DAG-Bundesvorstand (Hg.), Synopse, 1971.

des DGB zu weit gefasst.[78] In wirtschaftlichen Angelegenheiten wuchs die Kritik an: Durch den Regierungsentwurf würde dem Betriebsrat bei Betriebsänderungen oftmals kein Mitbestimmungsrecht mehr eingeräumt und die Abhängigkeit der Beteiligungsrechte von der Anzahl betroffener Arbeitnehmer könne durch stufenweise unternehmerische Maßnahmen umgangen werden. Der DGB lehnte deshalb beide Gesetzesentwürfe ab.[79] Die Arbeitgeber- und Unternehmensverbände reagierten mit noch schärferer Kritik. Zwar hatten die Gespräche der BDA mit dem Bundesarbeitsministerium zu Änderungen geführt, doch kam der vom Kabinett beschlossene Entwurf ihren Vorstellungen nur begrenzt entgegen.[80]

In der 101. Sitzung des Deutschen Bundestags wurde die Novellierung der Betriebsverfassung in erster Lesung beraten.[81] Bundesarbeitsminister Walter Arendt begründete die Notwendigkeit einer Reform mit dem wirtschaftlichen und sozialen Wandel seit dem Erlass des Gesetzes 1952 und betonte die Ausgewogenheit des Entwurfs gegenüber den Sozialpartnern. In der anschließenden Begründung des Oppositionsentwurfs wurden besonders der Grundrechtskatalog, die Einrichtung von Sprecherausschüssen und Arbeitsgruppen sowie das Verbot parteipolitischer Betätigung hervorgehoben. Dem CDU-Abgeordneten Thomas Ruf wurde daraufhin seitens des Plenums vorgeworfen, er vertrete alleine die Vorstellung des BDI. In der anschließenden Aussprache warf Harry Liehr (SPD) der Union vor, in der vorangegangen Legislaturperiode die konstruktive Arbeit an einer Novelle behindert zu haben, und erteilte wechselnden Mehrheiten eine klare Absage. Damit wollte er Versuche der CDU/CSU verhindern, mithilfe von FDP-Stimmen Punkte des Oppositionsentwurfs durchzusetzen. Laut FDP-Sprecher Hansheinrich Schmidt entsprach der Regierungsentwurf jedoch voll den Vorstellungen seiner Partei. Vor dem Hintergrund früherer FDP-Vorschläge war diese Aussage allerdings primär der Koalitionsdisziplin der FDP geschuldet. Der CSU-Abgeordnete Erich Ziegler wandte sich vehement gegen

---

78 DGB-Bundesvorstand (Hg.), Für ein besseres Betriebsverfassungsgesetz. Eine vergleichende Darstellung zum Regierungsentwurf, Düsseldorf 1971, S. 2-5, 8-11, 18-21, 30-31. [§ 2, § 5].

79 DGB-Bundesvorstand (Hg.), Regierungsentwurf, 1971, S. 72-75; DGB-Bundesvorstand (Hg.), Für ein besseres Betriebsverfassungsgesetz. Eine Stellungnahme des DGB zum Gesetzentwurf der CDU/CSU über die Mitbestimmung der Arbeitnehmer in Betrieb und Unternehmen, Düsseldorf 1971; DGB-Bundesvorstand (1971): Brief an die Mitglieder des Deutschen Bundestages (8.2.1971), in: PA-DBT 4000 VI/234 Bd A4, Anlage 3; Milert/Tschirbs, Demokratie, 2012, S. 470-471. [§ 111-§ 113].

80 BDA, Arbeitsrecht und arbeitsrechtliche Gesetzgebung. I. Betriebsverfassung, in: Jahresbericht der BDA (1971), S. 30-39; Hans-Joachim Kettner, Betriebsverfassung. SPD im DGB-Schlepptau, in: Der Arbeitgeber 21 (1969) 1, S. 16-19.

81 Der Bundestag behandelte den Bericht der Mitbestimmungskommission (BT-Drs. VI/334), die Stellungnahme der Bundesregierung zum Bericht der Biedenkopf-Kommission (BT-Drs. VI/1551), den Entwurf eines Gesetzes über die befristete Fortgeltung der Mitbestimmung in bisher den Mitbestimmungsgesetzen unterliegenden Unternehmen (BT-Drs. VI/1785), den Entwurf eines Betriebsverfassungsgesetzes (BT-Drs. VI/1786) sowie den Entwurf eines Gesetzes über die Mitbestimmung der Arbeitnehmer in Betrieb und Unternehmen (BT-Drs. VI/1806).

Unterstellungen, der CDU/CSU-Entwurf verfolge antigewerkschaftliche Tendenzen, umgekehrt warf der SPD-Sozialexperte Ernst Schellenberg der Opposition vor, die Meinung ihrer Sozialausschüsse nicht ausreichend berücksichtigt zu haben. Die Auseinandersetzung drehte sich insgesamt besonders um die Stellung der Minderheiten, das Recht der politischen Betätigung, die Zugangsrechte der Gewerkschaften, das passive Wahlrecht für Ausländer sowie die Rechte und die Größe des Betriebsrats. Nach Abschluss der Aussprache wurden die Gesetzentwürfe der Bundesregierung und der Opposition an den federführenden Bundestags-Ausschuss für Arbeit und Sozialordnung (AAS) sowie an den beteiligten Rechtsausschuss und den Ausschuss für Wirtschaft überwiesen.[82]

Nun wandten sich erneut die Interessenverbände an die Parlamentarier und Ausschussmitglieder.[83] Die BDA äußerte in einem Brief an den AAS-Vorsitzenden Ernst Schellenberg (SPD) explizit ihre Erwartung, die Erfordernisse der Wirtschaft gebührend zu berücksichtigen. Während die BDA die Vorschläge der Opposition im sozialen und wirtschaftlichen Bereich begrüßte, lehnte sie sowohl den Regierungs- als auch den Oppositionsentwurf in personellen Fragen, hinsichtlich eines Gesamtbetriebsrates und bei der begrifflichen Bestimmung der leitenden Angestellten ab.[84] Die DAG wandte sich im Februar 1971 ebenfalls an alle Bundestagsabgeordneten und verwies auf den notwendigen Ausbau der Minderheitengruppenrechte. Während sie beim Aufbau eines Gesamtbetriebsrats, bei den individuellen Arbeitnehmerrechten sowie bei freiwilligen Betriebsvereinbarungen auf den Unionsentwurf zurückgriff, unterstützte sie insgesamt die Konzeption der Regierung.[85]

Der AAS veranstaltete am 24. und 25. Februar 1971 eine öffentliche Informationssitzung mit Sachverständigen der verschiedenen Sozialpartner. Neben den Abgeordneten der drei Fraktionen sowie Vertretern der Bundesregierung und des Bundesrates nahmen Sachverständige des DGB, der DAG, des CGB, der ULA und der BDA an der Anhörung teil.[86] Der DGB kritisierte besonders den geplanten Ausbau der Grup-

---

82 Deutscher Bundestag, 101. Sitzung. Bonn, 11. Februar 1971, Bonn 1971; Milert/Tschirbs, Demokratie, 2012, S. 471. Der CDU-Abgeordnete Hans Katzer machte darauf aufmerksam, dass die Mitglieder der Sozialausschüsse den Parteitagsbeschluss und den eigenen Gesetzesentwurf mitgetragen hatten.

83 AAS (1971): Protokoll. 45./46. Sitzung. Öffentliche Informationssitzung des AAS (24./25.2.1971), in: PA-DBT 4000 VI/234 Bd A2, Anlage 38, S. 5-6.

84 BDA, Vorschlag für ein Betriebsverfassungsgesetz, Köln 1971; BDA an den Vorsitzenden des AAS (17.2.1971), in: PA-DBT 4000 VI/234 Bd A5, Anlage 6; BDA an den Vorsitzenden des Rechtsausschusses (17.2.1971), in: PA-DBT 4000 VI/234 Bd B1, Anlage 8.

85 DAG an die Abgeordneten des Deutschen Bundestages (Februar 1971), in: PA-DBT 4000 VI/234 Bd A4, Anlage 5.

86 Besonders die Rolle der leitenden Angestellten wurde kontrovers diskutiert. Während der DGB und die DAG diese Gruppe in den Betriebsrat miteinbeziehen wollten, forderten BDA und ULA eigene Sprecherausschüsse. Es herrschte keine Einigkeit darüber, welche Größe die Gruppe der leitenden Angestellten mittlerweile umfasse und welche Beteiligungsform die Gruppe selbst anstrebe. Nach einer DGB-Untersuchung sprachen sich 74 % der leitenden Angestellten für eine

pen- und Minderheitenrechte. Einigkeit zwischen den Interessenverbänden bestand lediglich über den grundsätzlichen Ausbau der Jugendvertretung. Hinsichtlich der politischen Betätigung im Betrieb und des Aufgabenbereichs der Einigungsstelle standen Gewerkschaftsvertreter dem CGB und der BDA unversöhnlich gegenüber und mit Ausnahme der Mitbestimmung am Arbeitsplatz und beim Arbeitsablauf blieben auch die Mitbestimmungsrechte in personellen und wirtschaftlichen Angelegenheiten umstritten. BDA und CGB lehnten sowohl einen vom Betriebsrat bestimmten Wirtschaftsausschuss als auch die bei Betriebsänderungen abgeleiteten Konsequenzen (Interessenausgleich, Sozialplan, Nachteilsausgleich) vehement ab. Umgekehrt wurde der Unionsvorschlag zur Einrichtung von Sondervertretungen von BDA und ULA befürwortet.[87] Hier zeigte sich, dass die Konfliktlinien nicht immer exakt entlang der Verbandsgrenzen verliefen. Insgesamt schienen die Differenzen keinen Konsens zuzulassen, obgleich sich die Interessenorganisationen grundsätzlich darin einig waren, das geltende BetrVG zu reformieren.[88]

Die Arbeitgeber wandten sich zudem an den beigeordneten Rechtsausschuss und versuchten über eine rechtliche Begründung Änderungen zu erreichen, jedoch ohne großen Erfolg.[89] Der AAS behandelte die Gesetzesentwürfe in insgesamt 23 Sitzungen, die um vier öffentliche Informationssitzungen mit 137 Sachverständigen ergänzt wurden. Im anschließenden Entscheidungsprozess hielten die Parteivertreter allerdings an ihren Positionen fest und argumentierten nur selten mit Erkenntnissen der Sachverständigen. Folglich wurde auch bei der Abstimmung am 15./16. September 1971 kein vollständiger Konsens erzielt.[90] Während die Abgeordneten einigen Teilen

---

Mitbestimmung im Rahmen des Betriebsrats aus. Vgl. Protokoll. 45./46. Sitzung. Öffentliche Informationssitzung des AAS (24./25.2.1971), in: PA-DBT 4000 VI/234 Bd A2, Anlage 38, S. 13-46; DGB-Bundesvorstand an den AAS (2.3.1971), in: PA-DBT 4000 VI/234 Bd A5, Anlage 7; DGB-Bundesvorstand an Herrn Dr. Frauenkorn (Bundeshaus) (26.3.1971), in: PA-DBT 4000 VI/234 Bd B1, Anlage 25; ULA an die Mitglieder des AAS (2.3.1971, 22.3.1971), in: PA-DBT 4000 VI/234 Bd B2.

87 Protokoll. 45./46. Sitzung. Öffentliche Informationssitzung des AAS (24./25.2.1971), in: PA-DBT 4000 VI/234 Bd A2, Anlage 38, S. 79-99, 115-151.

88 DGB-Bundesvorstand an den AAS (2.3.1971), in: PA-DBT 4000 VI/234 Bd A5, Anlage 7; DGB-Bundesvorstand an Herrn Dr. Frauenkorn (Bundeshaus) (26.3.1971), in: PA-DBT 4000 VI/234 Bd B1, Anlage 25; ULA an die Mitglieder des AAS (2.3.1971, 22.3.1971), in: PA-DBT 4000 VI/234 Bd B2.

89 BDA an den Bundestagsabgeordneten Dr. Carl Otto Lenz (18.5.1971), in: PA-DBT 4000 VI/234 Bd B1, Anlage 9.

90 Nachdem der AAS in der 63. und 64. Sitzung den Gesetzentwurf beschlossen hatte, wurde dieser an den mitberatenden Rechts- bzw. Wirtschaftsausschuss übermittelt. Die Vertreter der Opposition bezweifelten im Rechtsausschuss erfolglos die Verfassungskonformität des Entwurfs. Der Wirtschaftsausschuss nahm den Gesetzentwurf mit 18 Stimmen und acht Enthaltungen an. Vgl. Kurzprotokoll. 70. Sitzung des AAS (14.10.1971), in: PA-DBT 4000 VI/234 Bd A3, Anlage 58; Kurzprotokoll der 40. Sitzung des Ausschusses für Wirtschaft (22.9.1971), in: PA-DBT 4000 VI/234 Bd A1, Anlage 33; Stenographisches Protokoll. 55. Sitzung des Rechtsausschusses (23.9.1971, 29.9.1971), in: PA-DBT 4000 VI/234 Bd A1, Anlage 26 und 28.

des Regierungsentwurfs einstimmig zustimmten, wurden andere Paragraphen nur mehrheitlich bei Enthaltungen oder Gegenstimmen der Unionsabgeordneten angenommen.[91] Die Mehrheit des AAS lehnte das Unionskonzept vor allem deshalb ab, da man der Ansicht war, die Unternehmensmitbestimmung aufgrund tiefgreifender Gegensätze der Verhandlungspartner aus dem Reformvorhaben des BetrVG herauszuhalten.[92]

Insgesamt befürwortete die AAS-Mehrheit die Ausweitung der Betriebsratsbefugnisse in sozialen Angelegenheiten, nahm die von der Union beantragten Betriebsvereinbarungen zur Förderung der Vermögensbildung auf und gestand dem Betriebsrat erweiterte Rechte bei der Personalplanung, dem Kündigungsschutz und der Erstellung von Auswahlrichtlinien zu. Ferner stattete er den Betriebsrat gegen die Stimmen der Opposition mit einem erzwingbaren Initiativrecht für Grundsätze der Personalentscheidung aus. Der Betriebsrat sollte den Wirtschaftsausschuss fortan alleine besetzen dürfen und im Fall von Betriebsänderungen echte Mitbestimmungsrechte (Sozialplan) erhalten. Regierungs- und Oppositionsentwurf hatten zudem den Ausbau individueller Rechte gefordert. Hier folgte der AAS mehrheitlich der Leitlinie der Regierung, nur Individualrechte zu kodifizieren, die wegen ihres betriebsbezogenen Charakters einen kollektiven Bezugspunkt hatten. Während die vertrauensvolle Zusammenarbeit und die Friedenspflicht im Betrieb festgeschrieben blieben, fand der Unionsantrag zur Aufnahme einer Gemeinwohlorientierung keine Mehrheit. Eine parteipolitische Betätigung wurde – im Unterschied zum Regierungsentwurf – nicht zugelassen, womit der AAS auf zahlreiche Hinweise aus der betrieblichen Praxis reagierte.[93] Bei der begrifflichen Definition der leitenden Angestellten griff man auf eine funktionsgebundene Empfehlung des Rechtsausschusses zurück; die Einrichtung entsprechender Sprecherausschüsse wurde abgelehnt.[94] Im Vergleich zum Regierungsentwurf verkleinerte der AAS die Zahl der Betriebsratsmitglieder, um die Arbeitsfähigkeit des Betriebsrats zu gewährleisten, und beschloss die Zusammenfassung der Jugendvertretung in einem neuen Gesetzesteil. Unterhalb der Ebene des Betriebsrats wurde zudem die Bildung von Arbeitsgruppen und Arbeitsgruppensprechern geneh-

---

91 Kurzprotokoll. 63. Sitzung des AAS (15.9.1971), in: PA-DBT 4000 VI/234 Bd A3, Anlage 54; Kurzprotokoll. 64. Sitzung des AAS (16.9.1971), in: PA-DBT 4000 VI/234 Bd A3, Anlage 55; Kurzprotokoll. 70. Sitzung des AAS (14.10.1971), in: PA-DBT 4000 VI/234 Bd A3, Anlage 58; BT-Drs. VI/1786: 70.
92 BT-Drs. VI/2729b, Schriftlicher Bericht des AAS (1971): 3.
93 Kurzprotokoll. 63. Sitzung des AAS (15.9.1971), in: PA-DBT 4000 VI/234 Bd A3, Anlage 54; Kurzprotokoll. 64. Sitzung des AAS (16.9.1971), in: PA-DBT 4000 VI/234 Bd A3, Anlage 55; Kurzprotokoll. 70. Sitzung des AAS (14.10.1971), in: PA-DBT 4000 VI/234 Bd A3, Anlage 58; BT-Drs. VI/2729a: 2-3, 32-33, 37-53; VI/2729b: 28-32. [§ 2, § 74, § 81-§ 113].
94 Kurzprotokoll. 63. Sitzung des AAS (15.9.1971), in: PA-DBT 4000 VI/234 Bd A3, Anlage 54; Kurzprotokoll. 70. Sitzung des AAS (14.10.1971), in: PA-DBT 4000 VI/234 Bd A3, Anlage 58; BT-Drs. VI/2729a: 4; VI/2729b: 19; Stenographisches Protokoll. 55. Sitzung des Rechtsausschusses (23.9.1971, 29.9.1971), in: PA-DBT 4000 VI/234 Bd A1, Anlage 26 und 28, S. 7. [§ 5].

migt.⁹⁵ Trotz einiger Abänderungen entsprach dieser Kompromiss in weiten Teilen der Regierungsvorlage und berücksichtigte wesentliche Forderungen des DGB, der daraufhin eine bereits geplante Großveranstaltung wieder absagte.⁹⁶ Auch wenn sich die Experten aus der betrieblichen Praxis nicht in allen Punkten hatten durchsetzen können, so gingen zumindest die Änderung der Betriebsratsgröße und das Verbot parteipolitischer Betätigung auf ihren Einfluss zurück.

Auf Grundlage des Ausschussberichts beriet der Bundestag am 10. November 1971 den entsprechenden Gesetzentwurf. Hermann Buschfort (SPD) betonte, dass von den ersten 59 Paragraphen 54 einstimmig verabschiedet worden seien. In Bezug auf das Zutrittsrecht der Gewerkschaften hatte der AAS der starken gewerkschaftlichen Kritik Rechnung getragen. In der Diskussion um das passive Wahlrecht rückten die Unionsabgeordneten von ihrer ursprünglichen Position ab und schlossen sich der Ausschussmehrheit zur Wählbarkeit von Nicht-EWG-Arbeitnehmern an.⁹⁷ Doch nicht alle Streitpunkte konnten in der Ausschussphase ausgeräumt werden. So wies der CDU-Abgeordnete Otto Zink trotz Kompromissen beim Kündigungsschutz und bei Betriebsänderungen darauf hin, dass das erzwingbare Initiativrecht des Betriebsrats bei Personalentscheidungen sowie die Zusammensetzung des Wirtschaftsausschusses gegen die Stimmen der Union beschlossen worden seien. Obwohl der AAS insgesamt 80 Änderungen am Regierungsentwurf vorgenommen hatte, war die Union mit der Ausschussvorlage nicht zufrieden; umgekehrt forderte die SPD den Arbeitnehmerflügel der Union auf, die Vorlage zu unterstützen. Zugleich verwahrte sich die FDP gegen den Vorwurf, mit dem von ihr unterstützten Gesetzentwurf die unternehmerische Freiheit einzuschränken und die soziale Marktwirtschaft zu gefährden. Die von der CDU/CSU-Fraktion gestellten Änderungsanträge in der anschließenden Einzelberatung wurden alle mit Regierungsmehrheit abgelehnt.⁹⁸

In der dritten Beratung verteidigte Bundesminister Arendt den Ausschussentwurf gegen Kritik seitens der Arbeitgeber. Kurt Spitzmüller (FDP) räumte zwar unterschiedliche Auffassungen über die Ausgestaltung der Betriebsverfassung zwischen den Koalitionären ein, das erzielte Ergebnis sei aber ein ausgewogener Kompromiss. Seitens der Union erkannte Rainer Barzel (CDU) die Verbesserungen des ursprünglichen Regierungsentwurfs an, wies aber nochmals auf die grundlegenden Differenzen hin, die eine Zustimmung seiner Fraktion unmöglich machen würden. Die Sozialdemokraten wiesen demgegenüber auf den Kompromisscharakter hin. Schellenberg (SPD) machte interne Konflikte der CDU/CSU für die Spaltung der Union verant-

---

95 Kurzprotokoll. 63. Sitzung des AAS (15.9.1971), in: PA-DBT 4000 VI/234 Bd A3, Anlage 54; Kurzprotokoll. 64. Sitzung des AAS (16.9.1971), in: PA-DBT 4000 VI/234 Bd A3, Anlage 55; Kurzprotokoll. 70. Sitzung des AAS (14.10.1971), in: PA-DBT 4000 VI/234 Bd A3, Anlage 58; BT-Drs. VI/2729a: 3-6, 18-19, 22-25, 27-32; VI/2729b: 14, 19-28. [§ 3, § 9].
96 Milert/Tschirbs, Demokratie, 2012, S. 471-472.
97 Deutscher Bundestag, 150. Sitzung. Bonn, 10. November 1971, Bonn 1971, S. 8587-8589.
98 Deutscher Bundestag, 150. Sitzung, 1971, S. 8591-8592, 8596-8619, 8633-8663, 8677-8688.

wortlich: Während die Mittelstandsgruppe mit der Ausschussvorlage einen kollektivistisch-sozialistisch geprägten Regelungsversuch verbinde, sehe die Arbeitnehmergruppe große Teile ihrer Forderungen verwirklicht. Diese Spaltung spiegelte sich auch in der abschließenden Abstimmung wider: Mit Ausnahme von zwei FDP-Abgeordneten nahmen die Abgeordneten der Regierung den Gesetzentwurf geschlossen an; weiterhin stimmten 21 Abgeordnete der Union dem Entwurf zu und vier weitere enthielten sich der Stimme.[99] Damit hatten nicht alle der insgesamt 47 gewerkschaftlich organisierten Unionsabgeordneten für das Gesetz votiert; die gewerkschaftliche Bindung bestimmte das Abstimmungsverhalten somit nicht alleine. Die Befürworter der Union gehörten im Wesentlichen dem DGB, der KAB oder den Sozialausschüssen der Union an und machten die innere Zerrissenheit der Union in der Frage der betrieblichen Mitbestimmung offenkundig. Während das Abstimmungsverhalten der Liberalen ganz erheblich der Koalitionsdisziplin geschuldet war, konnten die Sozialdemokraten der Vorlage geschlossen zustimmen.[100]

Der vom Bundestag beschlossene Gesetzentwurf wurde anschließend an den Bundesrat weitergeleitet.[101] Sowohl der federführende Ausschuss des Bundesrates, der Ausschuss für Arbeit und Sozialpolitik als auch der Wirtschaftsausschuss stimmten dem Entwurf ohne Gegenstimmen zu.[102] Trotzdem sprach sich die Bundesratsmehrheit der unionsgeführten Länder mit 21 zu 20 Stimmen für die Anrufung des Vermittlungsausschusses aus. Dieser bestätigte allerdings am 13. Dezember 1971 den Beschluss des Bundestages und vor dem Hintergrund einer bundesweiten Protestaktion des DGB lenkten auch einige CDU-geführte Länderregierungen ein, sodass der Bundesrat den Vorschlag am 17. Dezember 1971 mehrheitlich annahm und das Gesetz am 15. Januar 1972 verkündet werden konnte.[103] Aus Gewerkschaftssicht brachte das neue BetrVG besonders in sozialen und personellen Angelegenheiten Verbesse-

---

99 Deutscher Bundestag, 150. Sitzung, 1971, S. 8663-8675; Milert/Tschirbs, Demokratie, 2012, S. 472.
100 Während von den 237 in den sechsten Bundestag gewählten Sozialdemokraten 215 (über 90 %) gewerkschaftlich organisiert waren, war der Organisationsgrad in der CDU/CSU (47 von 250) wesentlich geringer. Nur 19 Abgeordnete der Union, aber 207 der SPD gehörten dem DGB an. Vgl. Walter Böhm, Gewerkschafter im Deutschen Bundestag, in: Zeitschrift für Parlamentsfragen [ZfP] 5 (1974), S. 17-23; Deutscher Bundestag, 150. Sitzung, 1971, S. 8674-8675; Kürschners Volkshandbuch, Deutscher Bundestag. 6. Wahlperiode, 26. Aufl., Darmstadt 1970, S. 75-252; Peter Schindler, Datenhandbuch zur Geschichte des Deutschen Bundestages 1949–1982, Bonn 1983, S. 206.
101 BT-Drs. VI/1786: 62-68; Bundesrat. Unterausschuss des Rechtsausschusses (1971): Niederschrift über die Sitzung (11.11.1971), in: PA-DBT 4000 VI/234 Bd A3, Anlage 71.
102 Bundesrat (1971): Bericht über die 375. Sitzung, in: PA-DBT 4000 VI/234 Bd A3, Anlage 85, S. 371.
103 BT-Drs. VI/2904, Gründe für die Einberufung des Vermittlungsausschusses (1971); VI/2941, Einigungsvorschlag zum BetrVG (1971); Bericht über die 374. Sitzung des Bundesrats, in: PA-DBT 4000 VI/234 Bd A3, Anlage 84; Bericht über die 375. Sitzung des Bundesrats, in: PA-DBT 4000 VI/234 Bd A3, Anlage 85; Milert/Tschirbs, Demokratie, 2012, S. 472.

rungen, indem dem Betriebsrat hier Veto- und Zustimmungsrechte zuerkannt wurden und die Einigungsstelle im Konfliktfall eine verbindliche Entscheidung treffen konnte. Der Wirtschaftsausschuss setzte sich zwar zukünftig nur noch aus Belegschaftsmitgliedern zusammen, seine Kompetenzen blieben aber auf Beratungs- und Unterrichtungsrechte begrenzt. Neben dem Sozialplan und dem Vorschlagsrecht in der Personalplanung bedeutete das explizite Zugangsrecht der Gewerkschaften zum Betrieb für die Arbeitnehmervertreter einen erheblichen Zugewinn gegenüber dem BetrVG 1952. Auch wenn die Aufspaltung der Beschäftigten in Arbeiter, Angestellte und leitende Angestellte vom DGB kritisiert wurde, so gingen die Vergrößerung des Betriebsrats und die Freistellung seiner Mitglieder zu Bildungszwecken eindeutig mit einer Professionalisierung der Betriebsratsarbeit einher und wurden auch seitens der Gewerkschaften begrüßt.[104]

5 Fazit

Neben der Vielzahl spezifischer Verbands- und Parteieninteressen spielten die äußeren Rahmenbedingungen eine nicht zu unterschätzende Rolle für den Gesetzgebungsprozess. Die Gewerkschaften nutzten die gesellschaftliche Reformeuphorie in Richtung Demokratisierung am Ende der 1960er-Jahre gezielt, um ihre Interessen auf legislativer Ebene festzuschreiben.[105] Aufgrund personeller und inhaltlicher Überschneidungen fand der DGB-Vorschlag in weiten Teilen Eingang in den Entwurf der SPD-Bundestagsfraktion von 1968. Im Regierungsentwurf der sozialliberalen Koalition 1970 hatte sich dieser Einfluss etwas abgeschwächt, obwohl die FDP bei der Bundestagswahl 1969 gerade einmal 5,8 % erreicht hatte, gleichwohl war der Einfluss der Gewerkschaften auch im Regierungsentwurf unverkennbar. Der Gesetzesentwurf der Opposition mit seiner Forderung nach einem Grundrechtskatalog individueller Arbeitnehmerrechte verdeutlichte hingegen deren Nähe zum Arbeitgeberlager.

Mitte der 1960er-Jahre wichen die Wirtschaftsverbände – begünstigt durch einen Generationswechsel auf Führungsebene – von ihrer kompromisslosen Haltung ab und fanden sich zunehmend zu Gesprächen über die betriebliche Mitbestimmung bereit. Ihr primäres Ziel blieb zunächst, gewerkschaftliche Forderungen in Richtung erweiterter Mitbestimmungsrechte in wirtschaftlichen Angelegenheiten und auf Unternehmensebene abzuwehren. Erst im Jahr 1970 brachen sie aus dieser defensiven Position aus und unterbreiteten eigene Reformvorschläge. Die Unterneh-

---

104 Milert/Tschirbs, Demokratie, 2012, S. 472-474; Gunter Rose, Mitbestimmung auf Betriebsebene – Ansätze und Schwerpunkte nach dem Betriebsverfassungsgesetz 1972, in: Gewerkschaftliche Monatshefte [GMH] 24 (1973) 10, S. 614-622.
105 Hermann Kotthoff, Betriebsräte und Bürgerstatus. Wandel und Kontinuität betrieblicher Mitbestimmung, München 1994, S. 316-317.

mensverbände wollten die gewerkschaftliche Stellung im Betrieb begrenzen und schlugen stattdessen den Ausbau individueller Arbeitnehmerrechte vor. Obwohl die Gewerkschaften befürchteten, diese Erweiterung könne zulasten kollektiver Bestimmungen gehen, wurden diese Vorschläge in das Gesetz eingebaut. Letztlich konnten die Arbeitnehmervertreter diesen Passus akzeptieren, da er durch Erkenntnisse aus den Arbeitswissenschaften und der betrieblichen Praxis gestützt wurde und mit der gleichzeitigen Stärkung kollektiver Rechte einherging. Hier spiegelte sich in Teilen auch die Kompromissfähigkeit von Unternehmerverbänden und Gewerkschaften im westdeutschen Konsenskapitalismus der 1960er-Jahre wider.[106]

Die Hearings während der Ausschussphase und die zahlreichen Publikationen demonstrieren den öffentlichen Charakter des parlamentarischen Entscheidungsprozesses. Mit ihren konkreten Gesetzesvorschlägen und ihrer Expertise nahmen die Interessenorganisationen eine konstruktive und keineswegs illegitime Position im Gesetzgebungsprozess ein. Der AAS-Entwurf integrierte letztlich die Interessen unterschiedlicher Verbände und Parteien mit wissenschaftlichen und betriebspraktischen Erkenntnissen, wobei der Einfluss von SPD und DGB erhalten blieb. Die CDU/CSU konnte sich kaum auf eine einheitliche Position in der Frage der Mitbestimmung durchringen; dieses innerparteiliche Zerwürfnis zeigte sich besonders deutlich in der abschließenden Abstimmung. Da die gewerkschaftlichen Forderungen – mit Ausnahme der Mitbestimmung auf Unternehmensebene – vielfach berücksichtigt worden waren und die Novellierung eine deutliche Verbesserung gegenüber der bestehenden Gesetzeslage mit sich brachte, konnten die meist gewerkschaftlich organisierten Sozialdemokraten dem Gesetz ohne größere Bedenken zustimmen.[107]

Die nahezu zeitgleich während der Großen Koalition initiierte und von der sozialliberalen Koalition fortgesetzte Konzertierte Aktion gilt als klassisches Beispiel des gesellschaftliche Konflikte reduzierenden Makrokorporatismus. Vor dem Hintergrund zunehmender Heterogenität und Pluralität sowie dem erwarteten, aber nicht eintretenden Ende der Ideologien akzeptierten die Akteure in den 1970er-Jahren Konflikte immer mehr als konstitutiven Teil gesellschaftlicher Prozesse. Nachfolgende Korporatismusformen hatten deshalb einen geringeren Steuerungsanspruch und setzten vor allem auf Meso- und Mikroebene an. Es gab somit seit Anfang der 1970er-Jahre eine Tendenz zu einem »selektiven Korporatismus«, der besonders im Bereich der Tarifpolitik, der Arbeitsmarktpolitik und der Bewältigung von Strukturkrisen

---

106 Angster, Konsenskapitalismus, 2003.
107 Karl Kehrmann/Wolfgang Schneider, Die Beteiligung der Arbeitnehmer in wirtschaftlichen Angelegenheiten nach dem neuen Betriebsverfassungsgesetz (I und II), in: Das Mitbestimmungsgespräch [MitbestG] 18 (1972), S. 71-75, 91-100; Stefan Remeke, Gewerkschaften und Sozialgesetzgebung. DGB und Arbeitnehmerschutz in der Reformphase der sozialliberalen Koalition, Essen 2005, S. 27-28.

Anwendung fand.[108] Die Novellierung des BetrVG stand hingegen noch unter der Annahme, am Ende von Verhandlungen einen umfassenden, von kollektiver Vernunft getragenen Konsens erzielen zu können.

Die nach Verabschiedung des Gesetzes geäußerte Kritik der Gewerkschaften und der Wirtschaftsverbände zeigt, dass die soziopolitische Integration divergierender Interessen nicht vollständig gelang. Gleichwohl wurde die Reform von einem breiten politischen Konsens getragen; eine grundlegende Auseinandersetzung über die Institution betriebliche Mitbestimmung blieb aus. Stattdessen wurden die Auseinandersetzungen um die Details der Betriebsverfassung von einem korporatistischen Steuerungsverbund in Form der Konzertierten Aktion begleitet.[109] Im Unterschied zu den Auseinandersetzungen um die Montanmitbestimmung 1951 und das BetrVG 1952 zeigte sich hier auch der Wandel von SPD und DGB in Richtung atlantisch-westlicher Wertvorstellungen in den 1950er- und frühen 1960er-Jahren.[110] Die Novellierung der Betriebsverfassung entsprach somit einer Mischform idealtypischer Staat-Verbände-Beziehungen, die durch einen Grundkonsens zur Reform und einen Konflikt über deren konkrete Ausgestaltung gekennzeichnet war. Dabei betrieben die Verbände durchaus *pressure politics* gegenüber den politischen Parteien, ohne jedoch die gesellschaftlichen und ökonomischen Grundpfeiler in Frage zu stellen. So akzeptieren die Gewerkschaften letztlich auch die vorläufige Ausklammerung der von ihnen geforderten Ausweitung der Montanmitbestimmung.

Die korporative Marktwirtschaft der Bundesrepublik basierte neben einer spezifischen Arbeitsmarkt- und Finanzierungsstruktur auf dem Prinzip der Mitbestimmung und starken Interessenverbänden. Deren Einbeziehung in den Gesetzgebungsprozess im Fall des BetrVG – ihre Funktion als Ideengeber und Ausgestalter konkreter Gesetzesvorhaben, ihre personellen Überschneidungen mit den Parteien sowie ihre Bereitstellung von Expertenwissen in der Ausschussphase – stützte dieses auf Konsens und Ausgleich ausgerichtete Konzept. In diesem Zusammenhang stellt eine Untersuchung zur konkreten Einflussnahme von Unternehmen auf die Mitbestimmungsregeln weiterhin ein Forschungsdesiderat dar. Die Novellierung des BetrVG bedeutete eine Er-

---

108 Josef Esser, Funktionen und Funktionswandel der Gewerkschaften in Deutschland, in: Wolfgang Schroeder/Bernhard Weßels (Hg.), Die Gewerkschaften in Politik und Gesellschaft der Bundesrepublik Deutschland. Ein Handbuch, Wiesbaden 2003, S. 65-85, hier: S. 78-79; Andrea Rehling, Die konzertierte Aktion im Spannungsfeld der 1970er-Jahre. Geburtsstunde des Modells Deutschland und Ende des modernen Korporatismus, in: Knud Andresen/Ursula Bitzegeio/Jürgen Mittag (Hg.), »Nach dem Strukturbruch«? Kontinuität und Wandel von Arbeitsbeziehungen und Arbeitswelt(en) seit den 1970er-Jahren, Bonn 2011, S. 65-86; Rehling, Konfliktstrategie, 2012, S. 441-443.
109 Otto Jacobi, Industrielle Beziehungen und Korporatismus in der Bundesrepublik Deutschland, in: Ulrich Billerbeck u. a. (Hg.), Korporatismus und gewerkschaftliche Interessenvertretung, Frankfurt a. M./New York 1982, S. 47-88, S. 90-91; Milert/Tschirbs, Demokratie, 2012, S. 474.
110 Angster, Konsenskapitalismus, 2003; Anselm Doering-Manteuffel, Wie westlich sind die Deutschen? Amerikanisierung und Westernisierung im 20. Jahrhundert, Göttingen 1999.

weiterung bestehender Rechte und keine umfassende Umstrukturierung der ökonomischen Verhältnisse. Die gegensätzlichen Interessen blieben deshalb auf das Feld des BetrVG beschränkt, lösten keinen Verhandlungsabbruch auf anderen Politikfeldern aus und beendeten – im Gegensatz zum Mitbestimmungsgesetz 1976 – auch nicht die Kooperation innerhalb der Konzertierten Aktion.

Im Vergleich zu den Gesetzgebungsprozessen zum BetrVG 1952 und zum Mitbestimmungsgesetz 1976 variierten die Durchsetzungschancen einzelner Interessenverbände offenkundig. Eine Generalisierung des Verbandseinflusses über den Zeitverlauf erscheint aufgrund wechselnder Interessen- und Akteurskonstellationen somit kaum möglich. Die Unternehmer hatten ihre Position 1952 aufgrund ihrer engen personellen Beziehungen zur Regierung weitgehend durchsetzen können, wohingegen Forderungen der Opposition und der Gewerkschaften vielfach ausgeklammert worden waren. In der an die Novellierung 1972 anschließenden Diskussion um die Reform der Unternehmensmitbestimmung konnten die Arbeitgeber wegen der bevorstehenden Bundestagswahl und der verfassungsrechtlichen Diskussion erneut erheblichen Einfluss – insbesondere auf die wiedererstarkte FDP – ausüben. Auch wenn die Montanmitbestimmung deshalb nicht auf alle Branchen ausgeweitet wurde, erweiterte das Gesetz von 1976 die bestehenden Beteiligungsrechte erheblich und führte zu einer Klage der Arbeitgeber beim Bundesverfassungsgericht, die jedoch 1979 abgewiesen wurde. Der interessenspolitische Erfolg der Kapitalseite – die Verhinderung der vollständigen Parität – hing vor allem mit dem Defizit des DGB bei der Vermittlung des Mitbestimmungsproblems und dem abgestimmten Vorgehen der Arbeitgeberverbände zusammen. Zudem hatte der krisenhafte Wandel seit der ersten Ölpreiskrise den Wunsch nach Reformen deutlich gedämpft. Die Novellierung des BetrVG 1972 war hingegen noch in einem Klima gesellschaftlicher Reformfreude erarbeitet worden.

Karsten Uhl

Potenzial oder Störfaktor? Die Subjektivität von Arbeitern und Arbeiterinnen in der Zwischenkriegszeit

Seit dem späten 20. Jahrhundert ist die Rede von der Subjektivität im Arbeitsleben allgegenwärtig. In Schlagworten wird die »selbstverantwortliche und selbstbewusste Persönlichkeit« gepriesen, als Ziel der Personalpolitik gilt es, die Beschäftigten »zum aktiven Einsatz des eigenen Ichs zu gewinnen«.[1] Soziologen wie Ulrich Bröckling schließen aus solchen Phänomenen auf eine grundsätzliche Neubewertung der Subjektivität der Arbeitenden: Sie werde nicht als Gefährdung der Arbeitsabläufe, sondern zunehmend als ein nutzbares Potenzial betrachtet.[2] Die Zeitanalyse Bröcklings weiß zu überzeugen, aus historischer Perspektive bleibt jedoch zu fragen, inwieweit solche Prozesse tatsächlich der oft als Post-Fordismus bezeichneten Gegenwart zuzuschreiben sind. Die beiden eingangs genannten Zitate entstammen nämlich den 1930er- beziehungsweise 1940er-Jahren. Der Autor Helmut Stein, Betriebsdirektor bei Klöckner-Humboldt-Deutz (KHD), griff dabei eine Debatte auf, die in dem Unternehmen seit den 1920er-Jahren intensiv geführt und in Maßnahmen des Personalmanagements umgesetzt wurde.

Folglich verlangt Bröcklings Behauptung, die Arbeitersubjektivität sei unter tayloristischen Produktionsbedingungen allgemein als Störfaktor betrachtet worden[3], eine differenzierte Betrachtung. Am Beispiel KHD lässt sich aufzeigen, inwieweit die Arbeitersubjektivität bereits in der Zwischenkriegszeit als eine wichtige Ressource des Produktionsprozesses betrachtet werden konnte, was eine gleichzeitige Rationalisierung des Betriebes nach tayloristischen und fordistischen Prinzipien keinesfalls ausschloss. Trotz einer gewissen Erweiterung der Handlungsspielräume der Arbeiter_innen ist

---

1   Helmut Stein, Fertigungs- und Führungsaufgaben der Gegenwart. Erfahrungen in einer Motorenfabrik, unveröffentl. Manuskript, 1944/1945, S. 184, Rheinisch-Westfälisches Wirtschaftsarchiv [RWWA], Sign. 107-VII-16c; Denkschrift Helmut Stein über die Entwicklung und den Ausbau der Humboldt-Deutzmotoren A.-G. von 1929 bis 1937, Dezember 1937, Bl. 23, RWWA 107-VII/9.
2   Ulrich Bröckling, Das unternehmerische Selbst. Soziologie einer Subjektivierungsform, Frankfurt a. M. 2007, S. 224 f. Eine grundsätzlich überzeugende Studie zur »Entdeckung des Personalmanagements in der Bundesrepublik« hat Ruth Rosenberger vorgelegt, vgl. Ruth Rosenberger, Experten für Humankapital. Die Entdeckung des Personalmanagements in der Bundesrepublik Deutschland, München 2008. Im Folgenden wird allerdings zu zeigen sein, dass sich gute Argumente für eine Vordatierung von Personalmanagement-Ansätzen in die Zwischenkriegszeit präsentieren lassen.
3   Bröckling, Das unternehmerische Selbst, 2007, S. 224.

darunter allerdings keine Autonomie im eigentlichen Sinne zu verstehen: Es geht vielmehr um den effektiven Einsatz individueller Potenziale der Beschäftigten. Der britische Soziologe Nikolas Rose hat derartige Prozesse als eine neue – post-fordistische – Machtform im Arbeitsleben beschrieben, deren Ziel es sei, in einem gewissen Rahmen die Autonomie und Kreativität der Arbeitenden zu fördern und für Firmenzwecke zu kanalisieren.[4] Im Folgenden geht es darum, ähnliche Prozesse bereits als ein wichtiges Element der fordistischen Phase zu verorten. Wie auszuführen sein wird, kam der Arbeitersubjektivität beim Maschinenbauer KHD aufgrund der branchenspezifischen Beschäftigtenstruktur eine bedeutende Rolle zu: Auch im rationalisierten Produktionsprozess konnte nicht auf Facharbeiter verzichtet werden.[5]

Im Kontrast dazu soll untersucht werden, wie sich zur gleichen Zeit bei dem Süßwarenhersteller Stollwerck, einem Betrieb, der hauptsächlich ungelernte Arbeiterinnen beschäftigte, das Verhältnis von Disziplinierung und Subjektivierung der Beschäftigten wandelte. Selbstverständlich können Ergebnisse auf dieser schmalen Basis keine Repräsentativität für die industriellen Debatten und Praktiken dieser Zeit beanspruchen.[6] Trotz der Unterschiedlichkeit der beiden Beispiele lässt sich eine gemeinsame Stoßrichtung bei der Neuausrichtung der betrieblichen Machtausübung in der Zwischenkriegszeit feststellen, die sich im Abschied von einer reinen Disziplinarordnung und im verstärkten Interesse an der Subjektivität der Arbeitenden zeigte. Zugleich traten in der konkreten Umsetzung im Betrieb große Unterschiede zwischen KHD und Stollwerck auf, die sich zum Teil aus der jeweiligen Geschlechter- und Qualifikationsstruktur der Belegschaft erklären lassen. Gerade aufgrund dieser unterschiedlichen Struktur bietet sich also ein Vergleich der beiden Unternehmen aus einer geschlechtergeschichtlichen Perspektive an.

Die Quellenlage verlangt unterschiedliche methodische Zugriffe auf die beiden Beispiele. Während für KHD ein ausführlicher schriftlicher Quellenbestand eine Rekonstruktion der personalpolitischen Maßnahmen zur Übertragung von Verantwortung an die Arbeiter ermöglicht und sowohl über die Motivation des Managements als auch über verschiedene Schritte bei der Verwirklichung dieser Maßnahmen Auskunft gibt, ist die schriftliche Überlieferung bei Stollwerck bei weitem nicht so umfangreich. Ein umfassender fotografischer Bestand erlaubt allerdings bei Stollwerck einen

---

4 Vgl. Nikolas Rose, Governing the Enterprising Self, in: Paul Heelas (Hg.), The Values oft the Enterprise Culture. The Moral Debate, London 1992, S. 141-164, hier: S. 154.

5 Damit gehe ich Fragen nach, die Timo Luks in seiner überzeugenden diskursanalytischen Studie zum »Betrieb als Ort der Moderne« ausschließt; ihm geht es explizit nicht um »Subjekte im Betrieb, ihre Autonomie, Unterwerfung oder Widerspenstigkeit«, Timo Luks, Der Betrieb als Ort der Moderne. Zur Geschichte von Industriearbeit, Ordnungsdenken und Social Engineering im 20. Jahrhundert, Bielefeld 2010, S. 124.

6 Auf breiterer Quellenbasis habe ich betriebliche Praktiken und arbeitswissenschaftliche Debatten des 20. Jahrhunderts in monographischer Form untersucht, vgl. Karsten Uhl, Humane Rationalisierung? Die Raumordnung der Fabrik im fordistischen Jahrhundert, Bielefeld 2014.

detaillierten Einblick in verschiedene Produktionsräume und ihre Veränderung, aus denen sich Veränderungen in der Machtausübung im Betrieb ableiten lassen. Dabei ist es möglich, den Zusammenhang zwischen technischem Wandel und veränderten Arbeitsbedingungen in den Blick zu nehmen.

1 Personalmanagement in einem »Männerbetrieb«: Klöckner Humboldt Deutz (KHD)

Die Kölner Motorenfabrik Deutz, die durch Fusionen 1930 zu Humboldt-Deutz und 1938 zu Klöckner-Humboldt-Deutz wurde, beschäftigte hauptsächlich männliche Facharbeiter. Die Entwicklung des Unternehmens in den ersten Jahrzehnten des 20. Jahrhunderts wurde stark von den zeitgenössischen Rationalisierungsdiskussionen geprägt. In diesem Sinne war Deutz durchaus repräsentativ für die Maschinenbaubranche in Deutschland, gleichzeitig begann die Auseinandersetzung mit amerikanischen Produktions- und Personalmanagementmethoden bei Deutz jedoch sehr früh: Bereits vor dem Ersten Weltkrieg wurden begleitend zur Umrüstung auf moderne Spezialmaschinen interne Diskussionen über Taylors Scientific Management geführt. In der Weimarer Republik stellte das Deutzer Management Überlegungen an, inwieweit die Neuerungen, die unter dem Schlagwort des »Amerikanismus«[7] diskutiert wurden, an die deutschen Verhältnisse anzupassen seien; es ging darum, zu erkunden, wie die technische Rationalisierung um eine »geistige Rationalisierung« erweitert werden könnte.[8] Gleichzeitig wurde die technische Rationalisierung vorangetrieben: Als eines der ersten deutschen Unternehmen führte Deutz, nachdem diese Maßnahme mit Zeitstudien und Umstrukturierungen vorbereitet worden war, im Sommer 1925 die Fließbandfertigung ein, zunächst für die kleineren und mittleren Motoren.[9]

Anders als oft in der historischen Forschung vorausgesetzt wird[10], war das Rationalisierungsziel der Effizienzsteigerung nicht ausschließlich mit der Methode der Disziplinierung verknüpft. Verschiedene Vertreter in der Forschungsdiskussion, wie Welskopp und Lauschke, haben bereits darauf hingewiesen, dass die betriebliche Machtausübung eben auch das Ziel hatte, die Eigeninitiative der Arbeiter_innen für

---

7 Zur Diskussion über amerikanische Produktionsmethoden in der Weimarer Republik vgl. Mary Nolan, Visions of Modernity. American Business and the Modernization of Germany, New York/Oxford 1994; Hans-Liudger Dienel, »Hier sauber und gründlich, dort husch-husch, fertig.« Deutsche Vorbehalte gegen amerikanische Produktionsmethoden 1870–1930, in: Blätter für Technikgeschichte 55 (1993), S. 11-39.
8 Vgl. Karsten Uhl, Giving Scientific Management a »Human« Face: The Engine Factory Deutz and a »German« Path to Efficiency, 1910–1945, in: Labor History 52 (2011), S. 511-533.
9 Vgl. Ernst Birkner, Die Motorenfabrik Deutz AG, in: Industrie-Bibliothek. Die illustrierte Zeitschrift der deutschen Wirtschaft 5 (1929), S. 17-68, hier: S. 53.
10 Vgl. z. B. Jennifer Karns Alexander, The Mantra of Efficiency. From Waterwheel to Social Control, Baltimore 2008, S. 121 ff.

die Produktionsziele nutzbar zu machen.[11] Diesen Hinweisen soll im Folgenden nachgegangen werden. Unter den geschilderten Rahmenbedingungen entstanden ab der zweiten Hälfte der 1920er-Jahre einige konkrete Neuerungen im Personalmanagement bei Deutz (beziehungsweise Humboldt-Deutz beziehungsweise KHD), die es im Folgenden genauer in den Blick zu nehmen gilt. Diese Innovationen spiegelten die in der deutschen Industrie und Arbeitswissenschaft geführte Diskussion um die betriebliche Machtausübung, Disziplinierung und (Selbst-)Motivation der Arbeiter_innen grundsätzlich wider; das Deutzer Management griff die diskutierten Fragen und Probleme auf, kam aber zu Lösungsversuchen, die über das zeitgenössisch Übliche hinausgingen. Insofern sind diese Maßnahmen geeignet, die Grenzen des Rationalisierungsdiskurses[12] zu vermessen. An Deutz lässt sich sehen, wieweit Vorstellungen zur Rationalisierung der Machtausübung und zur Übertragung von Verantwortung auf die Arbeitenden in der Praxis gehen konnten. Bereits vor dem Ersten Weltkrieg hatte sich das Unternehmen intensiv mit dem Faktor Mensch in der Produktion beschäftigt, in der Mitte der 1920er-Jahre verschob es die Strategie: Während zunächst versucht worden war, eine rationelle Produktionsorganisation zu finden, die möglichst weitgehend unabhängig von der Motivation der Beschäftigten war[13], ging es nun aktiv darum, den guten Willen der Arbeiter zu erobern. Unabhängigkeit von etwaigen Schwankungen der Arbeitermotivation sollte dadurch erreicht werden, dass Maßnahmen zur Erzeugung permanenter (Selbst-)Motivation ergriffen wurden. Der zentrale Akteur bei der Umsetzung eines solchen Programms war der spätere Betriebsdirektor Helmut Stein.

Helmut Stein, dessen Vater Carl bereits technischer Direktor bei Deutz gewesen war, nahm nach einem Ingenieursstudium an der TH Charlottenburg 1925 eine Tätigkeit bei der seit 1921 zur Deutz AG gehörenden Motorenfabrik Oberursel auf, wo er bereits zwei Jahre später zum Betriebsdirektor befördert wurde.[14] Während Steins Zeit in Oberursel wurden die ersten Arbeiter zu »Selbstprüfern« ernannt. Der langjährige technische Direktor der Deutz AG, Franz Schultz-Balluff, ordnete diese Maßnahme in

---

11 Vgl. Karl Lauschke/Thomas Welskopp, Einführung. Mikropolitik im Unternehmen. Chancen und Voraussetzungen beziehungsanalytischer Ansätze in der Industrie- und Arbeitergeschichte, in: dies. (Hg.), Mikropolitik im Unternehmen. Arbeitsbeziehungen in industriellen Großbetrieben des 20. Jahrhunderts, Essen 1994, S. 7-15, hier: S. 12; Thomas Welskopp, Ein modernes Klassenkonzept für die vergleichende Geschichte industrialisierender und industrieller Gesellschaften. Kritische Skizzen und theoretische Überlegungen, in: ebd., S. 48-106, hier: S. 91.
12 Zur Rationalisierungsdebatte der Weimarer Republik vgl. u. a. Ronald J. Shearer, Talking About Efficiency. Politics and the Industrial Rationalization Movement in the Weimar Republic, in: Central European History 28 (1995), S. 483-507; Hans Wupper-Tewes, Rationalisierung als Normalisierung. Betriebswissenschaft und betriebliche Leistungspolitik in der Weimarer Republik, Münster i. Westf. 1995.
13 Vgl. Uhl, Scientific Management, in: Labor History 52 (2011).
14 Vgl. Martin Rüther, Zur Sozialpolitik bei Klöckner-Humboldt-Deutz während des Nationalsozialismus: »Die Masse der Arbeiterschaft muss aufgespalten werden«, in: Zeitschrift für Unternehmensgeschichte [ZfU] 33 (1988), S. 81-117, hier: S. 87 f.

K. Uhl: Die Subjektivität von Arbeitern und Arbeiterinnen in der Zwischenkriegszeit

eine längerfristig angelegte Unternehmenskultur ein, der es darum ginge, über die notwendige »Pflichterfüllung« hinausgehend zu einer »Zusammenarbeit aller« zu gelangen. Als Schritte in diese Richtung bewertete Schultz-Balluff zum einen das betriebliche Vorschlagswesen, das in Deutschland recht populär wurde, zum anderen aber auch eine Innovation der Motorenfabrik Oberursel, die Selbstkontrolle, auf die stolz ein Schild im Werk hinwies.[15] Eine Fotografie aus den späten 1920er-Jahren zeigt eine solche Abteilung der Selbstkontrolle, über der ein Schild »Wir kontrollieren selbst« verkündet.

Abbildung 1 Motorenfabrik Oberursel AG. Bearbeitung der Zylinderköpfe in einer Abteilung der Selbstkontrolleure, ca. 1927.

Was zeichnete nun die Selbstkontrolleure genau aus? Wie entstand diese Maßnahme? Helmut Stein erwähnte in dem biographisch geprägten unveröffentlichten Manuskript »Fertigungs- und Führungsaufgaben der Gegenwart. Erfahrungen in einer Maschinenfabrik«, das er 1944/45 verfasst hat, er habe 1926 in Oberursel die ersten Arbeiter zu Selbstprüfern ernannt.[16] Die Datierung Steins erscheint plausibel. Seine

---

15 Franz Schultz, Zusammenarbeit!, in: Deutz Humboldt Oberursel Nachrichten, Januar 1930, Nr. 11, S. 1, RWWA, Sign. 107-VIII/5.
16 Helmut Stein: Fertigungs- und Führungsaufgaben der Gegenwart. Erfahrungen in einer Motorenfabrik, unveröffentl. Manuskript, 1944/1945, S. 54, RWWA, Sign. 107-VII-16c.

Darstellung konstruierte einen direkten Zusammenhang zwischen Maßnahmen der technischen Rationalisierung und Personalführungsreformen wie der Übertragung von Verantwortung an die Arbeiter. Der Erfolg des 1925 eingeführten Fließbandes habe »das Eis« zwischen Stein und der Belegschaft »gebrochen«, das Verhältnis habe sich in der Folge merklich gebessert. Ein Verständnis von der »Notwendigkeit einer allseitigen Zusammenarbeit« habe sich durchgesetzt. In dieser Situation habe schließlich einer »der tüchtigsten Vorarbeiter« gefragt, »ob er nicht die Kontrolle über die Güte und Maßhaltigkeit der Teile selbst durchführen könnte«. Er und seine Gruppe baten um die Befreiung von der »Fremdkontrolle«. Dem Wunsch des geschätzten Arbeiters, der bereits viele Verbesserungsvorschläge unterbreitet hatte, entsprach Stein gerne. Postwendend ließ er über den Arbeitsplätzen der Gruppe das Schild »Wir prüfen selbst« aufhängen. Stein wertete diesen Vorgang aus der Perspektive des Jahres 1944 rückblickend als Maßnahme wider den Zeitgeist des »Klassenkampfes«.[17]

Die gewiss zu Publikationszwecken verfasste, nach dem Ende des Nationalsozialismus aber nie veröffentlichte Schrift mag erzählerische Glättungen vorgenommen haben. Eine gewisse Glaubwürdigkeit erhält die Darstellung allerdings dadurch, dass der Autor Stein gerade nicht als der Urheber dieser Idee der Selbstkontrolle erscheint, sondern dass die Initiative von einem Arbeiter ausgegangen sein soll. Stein selbst räumte hingegen ein, er habe zunächst den »wertvolle[n] Gedanke[n], der in diesem Vorgang steckte, nämlich die freiwillige Übernahme von Verantwortung für seine Arbeit durch den Arbeiter selbst,« nicht »in vollem Umfange« erkannt.[18] Über die Ausgangsmotivation und die Zielsetzungen der neuen Personalpolitik ließ sich die bereits erwähnte Denkschrift zur Entwicklung des Unternehmens aus. Aus Steins Schilderungen spricht ein Bewusstsein für die Grenzen der Disziplin: Offensichtlich funktionierte das System einer scharfen Kontrolle über den Arbeitsprozess nicht wie gewünscht. Nach seiner Arbeitsaufnahme habe er in Oberursel einen Zustand vorgefunden, in dem »von einer wirksamen Kontrolle über die wirklich geleistete Arbeit durch die Meister keine Rede« hätte sein können.[19] Sein Wechsel nach Köln – 1929 übernahm Stein die Leitung des Humboldt-Werkes Kalk, 1932 zusätzlich die Leitung des Werkes in Deutz – konfrontierte ihn erneut mit ähnlichen Problemen. Als Grundproblem betrachtete Stein einen ausgeprägten Kollektivgeist unter den Arbeitern: Da sie »sich als Masse fühlten«, hätten sie »kein Selbstvertrauen« besessen und »keine Selbstverantwortung« zeigen können. Folglich sei der »damaligen Werksführung zur Durchführung ihrer Aufgaben nur der Weg des Befehls, der scharfen Kontrolle« übrig geblieben.[20]

---

17 Ebd., S. 54 f.
18 Ebd., S. 56.
19 Denkschrift Helmut Stein über die Entwicklung und den Ausbau der Humboldt-Deutzmotoren A.-G. von 1929 bis 1937, Dezember 1937, Bl. 22, RWWA 107-VII/9.
20 Ebd., Bl. 23.

Der Wirksamkeit der Kontrolle wiederum waren enge Grenzen gesetzt. Stein habe es erlebt, dass Arbeiter, die sich bereits kurz vor Betriebsschluss zum Aufbruch vorbereitet hätten, bei seinem unerwarteten Erscheinen in der Werkstatt vortäuschten zu arbeiten. Auf einer Reise in die USA, wo er 1929 mehrere Fabriken besichtigte, habe er hingegen sehen können, wie in Phasen, in denen es kurzzeitig nichts zu tun gab, die Arbeiter sich selbstverständlich entspannten, ohne den Vorgesetzten gegenüber »eine Scheinbeschäftigung vorzutäuschen«. Stein erklärte es zu seinem Ziel, seine Arbeiter »von den Fesseln des Misstrauens« zu befreien, damit sie eine »selbstverantwortliche und selbstbewusste Persönlichkeit« entwickelten.[21] Wie konnte es nun gelingen, »die Arbeiterschaft aus einer passiven, mehr oder weniger gleichgültigen Haltung und Einstellung gegenüber dem Werk herauszureißen und zum aktiven Einsatz des eigenen Ichs zu gewinnen«?[22]

In Oberursel hatte sich Stein noch ausschließlich für Maßnahmen entschieden, die dem Diskurs um den Lebensraum Fabrik zuzuordnen sind[23]: Es war um eine »Verschönerung des Werkes und der Werksumgebung« (Einrichtung eines Schwimmbades und einer Fließkantine) und um ein »persönlicheres Verhältnis« zu den Arbeitern gegangen. Damit hatten »Arbeitsfreude und Leistung« gehoben werden sollen, was nach Steins Aussage auch gelungen war.[24] Der »gleiche Weg« war Steins Darstellung zufolge von ihm in Deutz »beschritten und weiter ausgebaut worden«. Der Ausbau stellte sich als eine Kombination gestaltender Formen der Machtausübung mit Formen der repressiven Macht dar. Die Arbeiter sollten weiterhin die Fabrik als eine »zweite Heimat« empfinden, der Lebensraum-Diskurs blieb also bedeutsam. Die Grundlage dafür musste nach Steins Ansicht aber durch repressive Maßnahmen erst ermöglicht werden: Es »musste zunächst einmal die Masse der Arbeiterschaft aufgespalten werden«.[25] Eine Möglichkeit war die Erhebung einzelner Arbeiter zu Selbstprüfern, eine andere bestand in grundlegenden räumlichen Veränderungen.

So nahm Stein, nachdem ihm im August 1932 die Leitung des Werkes Deutz übertragen wurde, zunächst eine fast vollständige Neuaufteilung der Belegschaft vor. Die Arbeiter hatten zum Teil seit Jahrzehnten am gleichen Platz gearbeitet und seien »mit ihren Bänken und Arbeitsplätzen verwurzelt« gewesen, weshalb sie allen Änderungen gegenüber misstrauisch gewesen seien. Stein hielt es für notwendig, diese Menschen

---

21 Helmut Stein, Fertigungs- und Führungsaufgaben der Gegenwart. Erfahrungen in einer Motorenfabrik, unveröffentl. Manuskript, 1944/1945, S. 184, RWWA, Sign. 107-VII-16c.
22 Denkschrift Helmut Stein über die Entwicklung und den Ausbau der Humboldt-Deutzmotoren A.-G. von 1929 bis 1937, Dezember 1937, Bl. 23, RWWA 107-VII/9.
23 Vgl. Karsten Uhl, »Schafft Lebensraum in der Fabrik!« Betriebliche Kantinen und Speiseräume im deutschen Rationalisierungsdiskurs 1880–1945, in: Lars Bluma/Karsten Uhl (Hg.), Kontrollierte Arbeit – disziplinierte Körper? Zur Sozial- und Kulturgeschichte der Industriearbeit im 19. und 20. Jahrhundert, Bielefeld 2012, S. 361-395.
24 Denkschrift Helmut Stein über die Entwicklung und den Ausbau der Humboldt-Deutzmotoren A.-G. von 1929 bis 1937, Dezember 1937, Bl. 5, RWWA 107-VII/9.
25 Ebd., Bl. 23.

zu »entwurzel[n]«, damit sie »bei der Lösung der Aufgabe einer umfassenden Leistungssteigerung« mitgingen.[26] Offenbar begannen diese Maßnahmen noch vor der Machtübernahme der Nationalsozialisten, allerdings betonte Stein, dass seine Bemühungen um die Erzeugung eines »neuen Betriebsgeistes und einer neuen Pflichtauffassung« vom »Umbruch des Jahres 1933« wesentlich »unterstützt und gefördert« wurden. Erleichtert wurden seine Ziele vor allem durch die Zerschlagung der Gewerkschaften und Betriebsräte, also durch die Befreiung des »Betriebsführers« von der Notwendigkeit zu etwaigen Kompromissen mit der organisierten Arbeiterschaft, in Steins Worten: »durch das auf Grund des Gesetzes der Ordnung der nationalen Arbeit neugeformte betriebliche Gemeinschaftsleben«.[27]

Mit diesen Umstellungen gingen bauliche Maßnahmen einher, die den zeitgenössischen Vorstellungen entsprechend Ordnung und Schönheit betonten: »Überflüssige Winkel und Pfeiler wurden beseitigt«, zusätzliche Fenster und Glasdächer eingebaut. Das Ziel war die Gestaltung von »geräumigen, übersichtlichen, luftigen und lichtdurchfluteten Hallen«. Zudem sollte eine neue Farbgebung »einen besonders freundlichen und lebhaften Eindruck« erzeugen. Das »allbekannte öde Schmutziggrau« wurde durch »ein zartes Hellgelb mit grellroter Betonung der Unterzüge« ersetzt.[28] Neben der physischen Atmosphäre legte Stein auch großen Wert auf die soziale Betriebsatmosphäre. Überkommene und ineffektive Überbleibsel der autoritären Betriebsordnung seien abgeschafft worden. Der Umgang der Vorgesetzten mit den Arbeitern habe nun »in eine anständige, kameradschaftliche Form« gebracht werden müssen. Beschimpfungen durch Meister seien nicht mehr geduldet worden.[29] Auch dies waren Ergebnisse der Firmenbesichtigungen in den USA. Dort erlebte Stein einen »freundlichen Ton«, eine »überaus gute Stimmung im Betrieb« und einen großen »Arbeitseifer«. Nach seiner Rückkehr nach Deutschland habe auch er sich den »Aufgaben der Menschenführung« gestellt und das Ziel gehabt, die Arbeiter »zu wirklichen Mitarbeitern« zu erziehen.[30] Die verschiedenen personalpolitischen Maßnahmen waren also miteinander verzahnt: Verbesserungen der Arbeitsräume gingen mit der angeordneten Umgruppierung der Arbeitsplätze einher. Erst auf der Basis der vorangegangenen Repressionen wurde dann das Ziel verkündet, die Arbeiter zu

---

26 Ebd., Bl. 16.
27 Ebd., Bl. 24. Helmut Stein wurde am 1.4.1940 in die NSDAP aufgenommen. Bereits 1937 hatte er einen Aufnahmeantrag gestellt, der aber zunächst wegen seiner von 1919 bis 1933 währenden Mitgliedschaft in einer Freimaurerloge abgelehnt worden war, vgl. BA Berlin, Sign. PK, Stein, Helmut, geb. 19.8.1891. Zur Zerschlagung der ersten deutschen Betriebsdemokratie vgl. Werner Milert/Rudolf Tschirbs, Die andere Demokratie. Betriebliche Interessenvertretung in Deutschland, 1848–2008, Essen 2012, S. 230 ff., sowie dies., Zerschlagung der Mitbestimmung 1933. Die Zerstörung der ersten deutschen Betriebsdemokratie, Düsseldorf 2013.
28 Denkschrift Helmut Stein über die Entwicklung und den Ausbau der Humboldt-Deutzmotoren A.-G. von 1929 bis 1937, Dezember 1937, Bl. 17, RWWA, Sign. 107-VII/9.
29 Ebd., Bl. 23 f.
30 Ebd., Bl. 21.

»Mitarbeitern« zu erheben, was seinen treffendsten Ausdruck in der Einrichtung der Selbstprüfung fand.

Der Historiker Martin Rüther beschreibt die von Stein betriebene »Sozialpolitik« bei KHD ausschließlich als Mittel der »sozialen Disziplinierung« und interpretiert die Einrichtung der Selbstkontrolle als Versuch, die »Belegschaft zu entsolidarisieren«.[31] Ich möchte über den engen Rahmen des Interpretationsrasters Sozialdisziplinierung hinausgehen: Rüthers Interpretation greift gewiss einen wesentlichen Kern der Betriebspolitik auf. Ich denke aber, dass er Steins Vorhaben, die Arbeitersubjektivität produktiv einzusetzen, vorschnell als reine Phrasendrescherei abtut. Es spricht einiges dafür, insbesondere die umfangreiche, jahrelang geführte innerbetriebliche Dokumentation dieser Maßnahmen, dass es sich um Versuche handelte, neue Formen der Machtausübung im Betrieb zu installieren. Keineswegs sollte auf Disziplin und Kontrolle verzichtet werden. Das alte Ziel der autoritären Unternehmer im 19. Jahrhundert, durch ein harsches – hin und wieder paternalistisch ergänztes – Regiment die Betriebsordnung durchzusetzen, schien jedoch nicht mehr ambitioniert genug zu sein. Im Vorstand von Humboldt-Deutz wurde hingegen intensiv darüber diskutiert, wie es zu bewirken sei, »dass der Arbeiter den wirtschaftlichen Zwang zur Leistung freiwillig auf sich nimmt«.[32] Der gedankliche Rahmen war dabei letztlich immer noch derjenige der Rationalisierung: Es ging um eine Effizienzsteigerung, um die Erhöhung des Wirkungsgrades. In diesem Sinne lässt sich die Beschäftigung mit der Arbeitersubjektivität als elementarer Bestandteil der Rationalisierung betrachten. Stein machte sich für »Selbstkontrolle« und »Selbstverantwortung« der Arbeiter stark, weil das »weit wirksamer als äußerliche Kontrollen und vielseitige Methoden der Leistungsüberwachung« die Arbeiter veranlasse, »das Rechte zu tun und das Unrechte zu meiden«.[33] Selbstverständlich ging es dem Deutz-Management nicht darum, autonom handelnde Arbeiter im Werk zu haben. Vielmehr sollten individuelle Potenziale für Firmenzwecke nutzbar gemacht werden: Die Arbeiter sollten zu Subjekten werden, die innerhalb eines vorgegebenen Rahmens selbstverantwortlich arbeiteten.

In einer auf der Einrichtung der Selbstkontrolle aufbauenden Maßnahme wurde unter dem Schlagwort »Selbstkalkulation« die Verantwortung über die Festlegung des Akkordes an einzelne Arbeiter übertragen. Stein fasste in der Denkschrift von 1937 zusammen, dass nur besonders gute und vertrauenswürdige Facharbeiter zu Selbstkalkulatoren ernannt werden könnten. Für die Ausgewählten galt in der Folge nicht mehr die Zeitvorgabe der Vorkalkulation, vielmehr wurden sie zu »Assistenten der Vorkalkulation« erhoben, die ihre Arbeitszeiten selbst festlegten. Der Clou bestand für Stein darin, dass die Selbstkalkulatoren auch weiterhin von den Arbeitern als Ka-

---

31 Rüther, Sozialpolitik, in: ZfU 33 (1988), S. 82, 105.
32 Denkschrift der Humboldt-Deutzmotoren A. G. über die Weiterentwicklung im Geschäftsjahr 1937/38, Bl. 2, RWWA 107-VII/10.
33 Helmut Stein, Menschenleere Fabriken, in: Völkischer Beobachter [VB], 27.2.1944, S. 5.

meraden wahrgenommen worden seien und deren Vertrauen genossen hätten. Dieses Vertrauen wiederum stellte eine wichtige Ressource bei etwaigen Streitigkeiten über die Angemessenheit eines Akkords dar: Die Einschätzung der Selbstkalkulatoren, die mit der Tätigkeit genauso vertraut waren wie die anderen Arbeiter, wäre eher akzeptiert worden als die Maßgabe der Vorkalkulation.[34]

Aussagen über den Realitätsgehalt von Steins Ausführungen sind schwierig; zur Einstellung der Arbeiter zur Selbstkalkulation wie Selbstprüfung gibt es nur wenige Quellen, die weiter unten noch zu diskutieren sein werden. Es lässt sich jedoch festhalten, dass Stein hier implizit eine mögliche Lösung für das von seinem Vorgänger Wolfensberger aufgestellte arbeitspsychologische Problem – »Niemand lässt sich gern sein Arbeitstempo vorschreiben« – angeboten und praktisch erprobt hat.[35] Da die Akzeptanz von arbeitsorganisatorischen Maßnahmen wie der Vorkalkulation schwer zu erreichen war, wurden ausgewählte Arbeiter teilweise mit dieser Aufgabe betraut. Auf diese Weise sollte eine Identifikation durch Einbindung erreicht werden. In Steins Darstellung sei dies durchaus erfolgreich gewesen: Selbstkontrolleure und Selbstkalkulatoren, resümierte Stein, seien »zu einem Vortrupp im Werk geworden, der die Leistungen der Übrigen im besten Sinne beeinflusst.«[36] Insgesamt hielt der Sozialbericht des Deutz-Werkes für das Geschäftsjahr 1938/39 die Zahl von 400 Selbstprüfern und 150 Selbstkalkulatoren fest.[37]

Der Ausweitung der Selbstverantwortung waren aber bereits konzeptionell Grenzen gesetzt; auch in diesem Sinne »musste zunächst einmal die Masse der Arbeiterschaft aufgespalten werden«[38]: In einem Aufsatz für die *Zeitschrift für Organisation* von 1939 unterschied Stein zwischen wertvollen und verlässlichen Arbeitern, die stolz

---

34 Vgl. Denkschrift Helmut Stein über die Entwicklung und den Ausbau der Humboldt-Deutzmotoren A.-G. von 1929 bis 1937, Dezember 1937, Bl. 25 f., RWWA, Sign. 107-VII/9.
35 Vgl. Uhl, Scientific Management, in: Labor History 52 (2011).
36 Denkschrift Helmut Steins über die Entwicklung und den Ausbau der Humboldt-Deutzmotoren A.-G. von 1929 bis 1937, Dezember 1937, Bl. 26, RWWA, Sign. 107-VII/9.
37 Sozialbericht von Dr. rer. pol Hartmann (Betriebsverwaltung), 1938/39, Bl. 3, RWWA, Sign. 107-VII/11. Im ebenfalls zum KHD-Konzern gehörenden Magirus-Werk in Ulm wurde die Zahl der Selbstkontrolleure im Jahr 1941 mit 178 angegeben, zusätzlich seien einige Werkstätten vollständig die Selbstkontrolle übertragen worden, vgl. Bericht der Betriebsgemeinschaft der Klöckner-Humboldt-Deutz AG Werk Ulm zum Leistungskampf der deutschen Betriebe 1940–41, Bl. 82, RWWA, Sign. 107-VII/13a. Für alle KHD-Betriebe zusammen gibt Horsten für Ende 1938 die Zahl von 570 Selbstkontrolleuren an, vgl. Franz Horsten, Die nationalsozialistische Leistungsauslese. Ihre Aufgaben im Bereich der nationalen Arbeit und praktische Vorschläge für ihre Durchführung, 2. veränderte Aufl., Würzburg-Aumühle 1939, S. 104, Anm. 4. Stein nennt in seinem nach seinem Abschied aus Köln 1944/45 verfassten Manuskript die letzte Zahl von 660 Selbstkontrolleuren und 200 Selbstkalkulatoren, vgl. Helmut Stein: Fertigungs- und Führungsaufgaben der Gegenwart. Erfahrungen in einer Motorenfabrik, unveröffentl. Manuskript, 1944/1945, S. 186, RWWA, Sign. 107-VII-16c.
38 Denkschrift Helmut Stein über die Entwicklung und den Ausbau der Humboldt-Deutzmotoren A.-G. von 1929 bis 1937, Dezember 1937, Bl. 23, RWWA 107-VII/9.

darauf seien, ihre Leistung selbst zu überwachen und denen, die nie frei von gründlicher externer Überwachung würden arbeiten können.[39] Keineswegs sollte also auf disziplinarische Maßnahmen verzichtet werden. Auch wurde der Akkord, den die Selbstkalkulatoren für sich festlegten, regelmäßig überprüft.[40]

Die Einrichtungen der Selbstkontrolle und Selbstkalkulation waren kein Abgesang auf Disziplin und Kontrolle. Es ging um eine effektive Kombination von Formen der Selbstverantwortung mit weiterhin aufrechterhaltenen Überwachungsmöglichkeiten durch das Management. Veröffentlicht wurde jedoch, dass es keinen Fall von Vertrauensmissbrauch gegeben habe: So betonte Stein 1937 in der *Zeitschrift für Organisation*, dass keinem Selbstkalkulator sein »Ehrentitel« wegen eines etwaigen Fehlverhaltens hätte entzogen werden müssen. Auch der NS-Ideologe und Ökonom Franz Horsten behauptete, bei den ersten 150 Selbstkalkulatoren bis Ende 1938 habe es keine Enttäuschungen gegeben. Unter den 300 Selbstkontrolleuren konnte Horsten nur zwei »Versager« ausmachen, »die eigene Fehler nicht rechtzeitig gemeldet hatten«.[41] Glaubwürdiger erscheint diesbezüglich die Anmerkung Steins in dem unveröffentlichten Manuskript von 1944. Er räumt ein, dass sowohl unter den Selbstprüfern wie unter den Selbstkalkulatoren »einige Versager« ausgemacht wurden. Allerdings habe es sich nur um wenige Fälle gehandelt und zudem spreche »die Art, wie sie ausgemerzt wurden«, für sich.[42] Der lakonische Kommentar lässt auf ein ausgebautes Denunziantenwesen unter den Selbstkalkulatoren schließen. Genossen diese Selbstkalkulatoren tatsächlich das »volle Vertrauen« der Arbeiter, wie Stein in der Denkschrift seinen Kollegen in der Betriebsleitung versicherte?[43]

Eine zunächst mangelnde Akzeptanz der Selbstprüfer und -kontrolleure unter den Arbeitern räumten sowohl Stein als auch Horsten ein. Allerdings seien »anfängliche Bedenken und Vorurteile« durch das vorbildliche Verhalten der Selbstkontrolleure ausgeräumt worden.[44] Stein sah das Grundproblem für die Skepsis und Ablehnung in den »altüberlieferten Anschauungen der Solidarität« begründet, letztlich hätte aber das Können der ausgewählten Selbstkontrolleure und -prüfer »mitreißend« auch auf

---

39 Helmut Stein, Leistungssteigerung und Leistungshemmung, in: Zeitschrift für Organisation (Z für O) 13 (1939), S. 163-172, hier: S. 170 f.
40 Vgl. Bericht der Betriebsgemeinschaft der Klöckner-Humboldt-Deutz AG Werk Ulm zum Leistungskampf der deutschen Betriebe 1940–41, RWWA, Sign. 107-VII/13A, Bl. 83.
41 Vgl. Helmut Stein, Arbeiter bestimmen selbst Zeitvorgabe und Stückpreis. Teil 1, in: Zeitschrift für Organisation (Z für O) 11 (1937), S. 15-16, hier: S. 16; Horsten, Leistungsauslese, 1939, S. 104, 108.
42 Helmut Stein, Fertigungs- und Führungsaufgaben der Gegenwart. Erfahrungen in einer Motorenfabrik, unveröffentl. Manuskript, 1944/1945, S. 145, RWWA, Sign. 107-VII-16c.
43 Denkschrift Helmut Stein über die Entwicklung und den Ausbau der Humboldt-Deutzmotoren A.-G. von 1929 bis 1937, Dezember 1937, Bl. 26, RWWA 107-VII/9.
44 Horsten, Leistungsauslese, 1939, S. 104.

jene gewirkt, »die nicht zu den Besten zählten«.[45] Auch die Selbstprüfer selbst, die ebenfalls »im marxistischen Geist der Solidarität« erzogen worden wären, seien nicht nur »Anfeindungen« ausgesetzt gewesen, sondern hätten sich vor ihren Kollegen anfangs häufig geniert »das Ehrenzeichen in der Tasche« getragen.[46] Selbst Stein und Horsten geben in ihrer Schilderung einer Erfolgsgeschichte der Selbstverantwortung also gewisse Schwierigkeiten bei der Einführung dieser neuen Maßnahmen zu; ob der Darstellung, dass die ablehnende Haltung der Arbeiterschaft letztlich überwunden werden konnte, Glauben geschenkt werden kann, bleibt zweifelhaft.

Der Kölner Lokalhistoriker Gebhard Aders hat in den 1980er-Jahren einen Deutz-Arbeiter zu der NS-Zeit bei KHD interviewt. Der Interviewte erinnerte sich, ab ungefähr 1937 mit Selbstkontrolleuren und Selbstkalkulatoren zu tun gehabt zu haben. Es habe »solche und solche« gegeben: »Einige waren wirkliche Spitzenkönner, pünktlich und fleißig und trotzdem kollegial. Denen gönnten wir den Aufstieg und die Lohnzuschläge.« Unter ihnen seien einige gewesen, die der anonyme Arbeiter genauso beschrieb, wie sein Betriebsdirektor das getan hatte: Sie »genierten sich für die Herausstellung« und versteckten das Ehrenzeichen. Die meisten Selbstkontrolleure und -kalkulatoren seien aber »besonders stramme Nazis« und »unangenehme Streber« gewesen, »Kerls, die immer von ›Volksgemeinschaft‹ redeten, sich aber nicht mehr dazu zählten«. Grundsätzlich spiegelt diese Erinnerung eines Arbeiters – negativ konnotiert – die Vorstellungen Steins: Die Selbstkontrolleure hätten durchaus auf die gesamte Belegschaft gewirkt; sie hätten »weniger sich selbst als vielmehr uns in jeder Hinsicht« kontrolliert. Der befragte Arbeiter räumte bedauernd ein, dass hinter dem »großen Mundwerk« dieser Männer in der Regel trotzdem gute Arbeit stand: Sie hätten stets die Akkordleistung geschafft und »mitunter« bei der Betriebsprüfung – zum Unwillen der Arbeiter – eine »Erhöhung der Akkordnormen« durchgesetzt.[47] Während Beschwerden der Arbeiter beim jeweiligen Chef oder der DAF erfolglos gewesen seien, berichtete der befragte Arbeiter von einer erfolgreichen Methode, die Normen wieder auf das alte Maß heruntergesetzt zu bekommen: Die Gruppe musste lediglich den Akkord ein bis zwei Wochen lang regelmäßig verfehlen. Sofern sie die Beschimpfungen der Vorgesetzten und die Lohneinbußen aushielten, hätten sie dann ihr Ziel erreicht. Aders geht davon aus, dass ein solches widerständiges Verhalten Steins Entschluss forciert habe, vom Gruppenakkord zum individuellen Leistungslohn zu wechseln.[48]

Ob tatsächlich, wie von Stein erhofft, im größeren Umfang Vertrauen zu den Arbeitern aufgebaut werden konnte, lässt sich also in Frage stellen. Inwieweit Stein

---

45 Helmut Stein, Fertigungs- und Führungsaufgaben der Gegenwart. Erfahrungen in einer Motorenfabrik, unveröffentl. Manuskript, 1944/1945, S. 186, RWWA, Sign. 107-VII-16c.
46 Ebd., S. 138.
47 Gebhard Aders, Die Firma Klöckner-Humboldt-Deutz AG im Zweiten Weltkrieg. Teil 1: Vom letzten Vorkriegsjahr bis zum Sommer 1942, in: Rechtsrheinisches Köln 14 (1988), S. 89-143, hier: S. 97.
48 Ebd., S. 138.

seine Maßnahmen als erfolgreich betrachten konnte, musste aber nicht unbedingt davon abhängen, ob es ihm gelang, eine Mehrheit der Arbeiter zu begeistern. Die Repressionen des NS-Regimes gegen die Arbeiterbewegung ermöglichten ihm sowieso weitgehend freie Handlungsoptionen. Wenn es darüber hinaus gelungen war, einige hundert Selbstprüfer und -kalkulatoren zu ernennen und zumindest einen Teil der restlichen Arbeiterschaft mit seinen Maßnahmen anzusprechen, war sein Ziel vermutlich weitgehend erreicht. Wenngleich wahrscheinlich weiterhin Desinteresse oder Ablehnung unter der Arbeiterschaft vorherrschend war, war es Stein wohl doch gelungen »eine Bresche« für seine Bemühungen zu schlagen. So hatte er von Beginn an seine Ziele definiert: Es sollte darum gehen, die »guten und wertvollen Elemente« für die Absichten der Betriebsleitung zu gewinnen, indem sie »Vertrauen gewannen und aus ihrer Zurückhaltung heraustraten«.[49]

Die Einsetzung von Selbstprüfern und -kalkulatoren kann in diesem Zusammenhang als Ausdruck einer Verschiebung der Perspektive betrachtet werden. Ideologisch verbrämt formulierte Stein diese »Wandlung« in seinem unveröffentlichten Manuskript wie folgt: »Es ist die Entwicklung des Arbeiters zu einem ›Arbeitnehmer‹, vom nur lose an seinen Arbeitsplatz gebundenen Tagelöhner zum anerkannten und vollwertigen Mitarbeiter in der nationalen Produktion.« Die Bemerkung, der »echte deutsche Unternehmer« begrüße diese Entwicklung, lässt sich als Hinweis darauf verstehen, dass Steins Anschauung in Unternehmerkreisen durchaus umstritten gewesen sein dürfte.[50] Auch bezüglich dieser uneinheitlichen Strategie in der Unternehmerschaft ähnelt der dargestellte Wandel dem Aufkommen des modernen Personalmanagements in den USA, wie es Bruce Kaufman beschrieben hat. Idealtypisch entstand neben dem alten Modell, das die Arbeiter_innen als Tagelöhner_innen betrachtete, während des Ersten Weltkrieges ein neues Modell der Personalführung, das die Arbeiter_innen als Humankapital ansah. Selbstverständlich ging es in beiden Ansätzen in erster Linie um die Interessen des Unternehmens, also vor allem um die Wahrung des Arbeitsfriedens, die Eindämmung der Macht der Gewerkschaften und eine Steigerung der Produktion. Das ältere Modell des Tagelöhners war bis 1915 quasi konkurrenzlos und zielte einzig darauf, bei möglichst geringen Lohnkosten einen möglichst hohen Ertrag zu erzielen. Das neue Modell hingegen betrachtete die Arbeiter_innen aber als nachhaltig nutzbare Ressource, was letztlich auch Vorteile für die Arbeiter_innen selbst gezeigt habe.[51]

In diesem Sinne bestand die Neuerung im Zusammenhang mit der Selbstkontrolle und der Selbstkalkulation darin, dass die effiziente Ausnutzung der Arbeitskraft zwar weiterhin das zentrale Ziel des Managements war, es allerdings nicht mehr vorrangig

---

49 Denkschrift Helmut Stein über die Entwicklung und den Ausbau der Humboldt-Deutzmotoren A.-G. von 1929 bis 1937, Dezember 1937, Bl. 21, RWWA 107-VII/9.
50 Helmut Stein, Fertigungs- und Führungsaufgaben der Gegenwart. Erfahrungen in einer Motorenfabrik, unveröffentl. Manuskript, 1944/1945, S. 182, RWWA, Sign. 107-VII-16c.
51 Vgl. Bruce E. Kaufmann, Managing the Human Factor. The Early Years of Human Resource Management in American Industry, Ithaca/London 2008, S. 285 ff.

darum ging, den Wirkungsgrad der Arbeitsleistung zu erhöhen. Vielmehr sollten neue Wege des Zugriffs auf die Potenziale der Arbeitskräfte erschlossen werden. Es ging also nicht mehr zuvorderst um einen effizienten Einsatz der Arbeitskraft und die Vermeidung von Störungen und Energieverschwendung. Vielmehr bestand das neue Hauptziel darin, die Arbeitenden effektiv einzusetzen und die in ihnen vermuteten Potenziale vollständig auszunutzen. Die Arbeiter_innen waren zum Humankapital geworden.

Damit öffnete sich, wie Stein 1944 im *Völkischen Beobachter* schrieb, das »umfangreiche Gebiet der Gestaltung der betrieblichen Umwelt und der psychologischen Beeinflussung des arbeitenden Menschen«. Zu diesem Bereich zählte er neben der »Schönheit der Arbeit« Aufgaben wie »Weckung der Arbeitsfreude«, »Beseitigung von Leistungshemmnissen« und »Erziehung zur Mitarbeit«.[52] Ein weiterer Bestandteil des neuen Denkens, das Arbeiter_innen als Humankapital betrachtete, war ein verstärktes Augenmerk auf die Schulung der Vorgesetzten in Hinblick auf die »Menschenführung«. Schulungen von Meistern, Vorarbeitern und Kalkulatoren wurden bei KHD intensiviert, um die Erfüllung der genannten Aufgaben der Arbeitermotivation und -erziehung zu gewährleisten.[53]

Gleichzeitig lässt sich die Selbstkalkulation als ein Versuch interpretieren, tayloristische Ziele zu erreichen, ohne tayloristische Pfade im engeren Sinne zu beschreiten: Wie Frederick Taylor (»the one best way«) ging es auch Helmut Stein darum, den »besten und billigsten Weg [...], wie das Stück herzustellen ist«, zu suchen. Nur sollte der Arbeiter als Selbstkalkulator diesen Weg suchen und nicht der Ingenieur in der Arbeitsvorbereitung, wie es im taylorschen Modell vorgesehen war. Die für das *Scientific Management* Taylors grundlegende Trennung von Planung und Ausführung wurde bei Stein wieder zusammengeführt: »Der Selbstkalkulator vereinigt in sich die Funktion der planenden, beaufsichtigenden und ausführenden Tätigkeit.« Er sollte selbst nach Möglichkeiten suchen, wie seine Arbeit zu verbessern sei, und Vorrichtungen und Verfahren erfinden.[54]

Horsten berichtete im Jahr 1941 davon, dass eine »Ausdehnung auf die weiblichen Gefolgschaftsmitglieder« vorgesehen sei.[55] Ob es dazu kam, ist ungewiss. Dem *Schwarzen Korps* jedenfalls galt die Selbstkontrolle als Beleg einer »wahren, männ-

---

52 Stein, Menschenleere Fabriken, in: VB 27.2.1944, S. 5.
53 Denkschrift Helmut Stein über die Entwicklung und den Ausbau der Humboldt-Deutzmotoren A.-G. von 1929 bis 1937, Dezember 1937, Bl. 24, RWWA, Sign. 107-VII/9; Helmut Stein, Fertigungs- und Führungsaufgaben der Gegenwart. Erfahrungen in einer Motorenfabrik, unveröffentl. Manuskript, 1944/1945, S. 154, RWWA, Sign. 107-VII-16c.
54 Stein, Arbeiter, Z für O 11 (1937), S. 16.
55 Franz Horsten, Leistungsgemeinschaft und Eigenverantwortung im Bereich der nationalen Arbeit und Grundgedanken über eine Neuordnung der deutschen Lohnpolitik, Würzburg-Aumühle 1941, S. 73.

lichen Arbeitsleistung«.[56] Während in den Arbeitswissenschaften durchaus die These einer bei Frauen stärker ausgeprägten Befähigung zur Selbstverantwortung vertreten wurde[57], scheinen in der Praxis die Beharrungskräfte der Geschlechterhierarchie ausschlaggebend gewesen zu sein: Bei KHD waren die Selbstkontrolle und -kalkulation offenbar ebenfalls sehr lange eine rein männliche Domäne. Allerdings gab es vor dem Krieg nur sehr wenige Arbeiterinnen: Unter knapp 10.000 Beschäftigen in den Kölner Werken waren im Juli 1939 nur 220 Arbeiterinnen. Die notwendige Anwerbung von Arbeiterinnen während des Krieges gestaltete sich schwierig, dennoch erhöhte sich die Zahl deutlich, im Juni 1941 waren es 723 Frauen, im August 1943 bei sinkender Gesamtbelegschaft 1.025 Arbeiterinnen.[58] Es ist davon auszugehen, dass nach einiger Zeit die ersten Arbeiterinnen in die Riege der Selbstkalkulatoren und -prüfer aufgenommen wurden. Firmenakten belegen dies nicht; im Jahr 1941 wurde noch für das Werk Ulm festgehalten, dass »nur durchaus vertrauenswürdige und charakterlich erprobte Männer« zu Selbstprüfern berufen wurden.[59] Allerdings sprach Stein in seinem kurz vor Kriegsende geschriebenen unveröffentlichten Manuskript auf der letzten Seite von »Werkskameraden und -kameradinnen«, die eine Auszeichnung als Selbstprüfer oder -kalkulator erhalten hätten.[60]

2   Personalmanagement in einem »Frauenbetrieb«: Stollwerck

Nur wenige Kilometer entfernt von Deutz lagen ebenfalls in Köln die Werke der Stollwerck AG. Typisch für die Süßwarenbranche im 20. Jahrhundert beschäftigte Stollwerck überwiegend ungelernte Arbeiterinnen. Der Kontrast in der Qualifikations- und Geschlechterstruktur zwischen den beiden Kölner Unternehmen drängt – bei aller gebotenen Vorsicht, etwaige Unterschiede nicht allein auf den Faktor Geschlecht zurückzuführen – einen Vergleich der jeweiligen Machtausübung im Betrieb auf. Wie sah bei Stollwerck das Verhältnis von Disziplinierung zur Subjektivierung, also zur Gewährung von gewissen Freiräumen im Arbeitsprozess, aus?

Nach kleinen Anfängen in der Mitte des 19. Jahrhunderts als Hersteller von Zuckerwaren und Hustenbonbons, entwickelte sich Stollwerck bis zur Mitte der 1880er-

---

56 Anonym, Das ist Sozialismus!, in: Das schwarze Korps, 5.1.1939.
57 Vgl. Karsten Uhl, Die Geschlechterordnung der Fabrik. Arbeitswissenschaftliche Entwürfe von Rationalisierung und Humanisierung 1900–1970, in: Österreichische Zeitschrift für Geschichtswissenschaften [ÖZG] 21 (2010), S. 93–117.
58 Vgl. Aders, Firma, in: Rechtsrheinisches Köln 14 (1988), S. 104, 123; Martin Rüther, Arbeiterschaft in Köln 1928–1945, Köln 1990, S. 447.
59 Bericht der Betriebsgemeinschaft der Klöckner-Humboldt-Deutz AG Werk Ulm zum Leistungskampf der deutschen Betriebe 1940–41, RWWA 107-VII/13A, Bl. 81 f.
60 Helmut Stein, Fertigungs- und Führungsaufgaben der Gegenwart. Erfahrungen in einer Motorenfabrik, unveröffentl. Manuskript, 1944/1945, S. 186, RWWA, Sign. 107-VII-16c.

Jahre zu einer modernen Schokoladenfabrik, die 1890 bereits 1.500 Beschäftigte zählte.[61] In der Zeit bis zum Ersten Weltkrieg wurde Stollwerck dann, zwischenzeitlich zur Aktiengesellschaft umgewandelt, zum größten Schokoladenproduzenten Europas.[62] Mit dem Wandel von einem handwerklichen Betrieb zu einem industriellen Unternehmen ging eine Verschiebung von der männlichen zur – billigeren – weiblichen Arbeitskraft einher. Vor allem zeigt sich dieses Verhältnis in seiner Deutlichkeit, wenn nur der Hauptbetrieb der Süßwarenfabrikation betrachtet wird. In den Nebenbetrieben – Maschinenfabrik, Druckerei, Sägewerk und Schreinerei, Kartonagefabrik, Klempnerei – waren ausschließlich Männer beschäftigt. Im Hauptbetrieb hingegen lag der Frauenanteil ab Mitte der 1880er-Jahre stets bei über 70 %.[63]

Im Folgenden wird zu untersuchen sein, welche Folgen der technische Wandel in Form der Mechanisierung und Automatisierung von Teilprozessen für die Arbeiterinnen zeitigte. Inwiefern änderte sich die Disziplinarordnung in den Arbeitsräumen durch neue Technik und geänderte räumliche Anordnungen des Arbeitsprozesses? Die Firmenfestschrift zum hundertjährigen Bestehen von Stollwerck feierte 1939 beispielsweise die Tafel-Einschlagmaschinen als Beleg einer erfolgreichen Automatisierung: »Hochleistungs-Automaten umhüllen und verschließen die Tafeln«.[64] Gleichwohl wurden jeweils zwei Arbeiterinnen benötigt, um zum einen die Einschlagmaschine zu bedienen und zum anderen die eingeschlagenen Tafeln in Kartons zu verpacken. Diese Arbeit wurde seriell ausgeführt; solche Arbeitsstationen mit zwei Arbeiterinnen standen hintereinander an einer langen Fensterfront. Am Fenster lief ein Transportband, auf das die gefüllten Kartons gestellt wurden. (☞ siehe rechts Abb. 2)

Ein Foto aus der gleichen Zeit zeigt den nämlichen Raum, unterschlägt aber im Gegensatz zu der Abbildung in der Festschrift nicht die Anwesenheit einer Disziplinarinstanz. Eine Aufseherin überwachte den Raum, bauliche Maßnahmen zur Separierung der Arbeiterinnen – die anhand des Beispiels der Pralinenpackbänder noch zu besprechen sein werden – gab es hier nicht. Bei diesem Produktionsabschnitt bestand auch keine Notwendigkeit, die Arbeiterinnen durch die bauliche Gestaltung voneinander zu trennen, um etwaige Gespräche oder sonstige Ablenkungen auszuschließen. Zum einen waren die Arbeitsplätze so angeordnet, dass die beiden Arbeiterinnen einer Einheit bei ihrer Haupttätigkeit seitlich zueinander standen und dabei in verschiedene Richtungen blickten. Zum anderen gab es einen Punkt im Raum,

---

61 Angelika Epple, Das Unternehmen Stollwerck. Eine Mikrogeschichte der Globalisierung, Frankfurt a. M./New York 2010, S. 73; vgl. Bruno Kuske, 100 Jahre Stollwerck-Geschichte 1839–1939, Köln 1939, S. 136.
62 Karl-Peter Ellerbrock, Geschichte der deutschen Nahrungs- und Genußmittelindustrie, 1750–1914, Stuttgart 1993, S. 315.
63 Vgl. Gustav Wilhelm Pohle, Probleme aus dem Leben eines industriellen Großbetriebs, Naumburg an der Saale 1905, S. 77.
64 Kuske, 100 Jahre, 1939, S. 157.

Abbildung 2 »Tafel-Einschlagmaschinen«

wo sich beide Arbeitsschritte überschnitten: an der Maschine, beim Einlegen beziehungsweise beim Entnehmen der Tafeln. Ein kurzer Wortwechsel bei fortgeführter Tätigkeit konnte durchaus geduldet werden. Im Einklang mit dem zeitgenössischen arbeitswissenschaftlichen Diskurs konnte darin sogar eine Möglichkeit bestehen, die Eintönigkeit der Arbeit und damit die Ermüdung der Arbeiterinnen zu bekämpfen.[65] (☛ siehe Abb. 3, S. 276)

Im Vergleich zu älteren manuellen Formen der Verpackung stechen abgesehen von der Teilautomatisierung vor allem zwei Unterschiede ins Auge: die relative Vereinzelung der Arbeiterinnen, deren Kolleginnen vier beziehungsweise zwei Jahrzehnte zuvor noch dichtgedrängt an Arbeitstischen saßen, und die fortgesetzte Abnahme des Aufsichtspersonals. Der Raum mit den Einschlagmaschinen war gut von einer

---

65 Vgl. Uhl, Geschlechterordnung, in: ÖZG 21 (2010).

Abschnitt IV | Der Betrieb als kultur- und ideengeschichtlicher Ort

Abbildung 3 Tafel-Einschlagmaschinen, Stollwerck, Köln, ca. 1939.

zentralen Position im Raum einzusehen. Grundsätzlich konnte also in einem solchen Raum das Aufsichtspersonal auf eine Person reduziert werden.

Es war keinesfalls die Technik, also nicht die Art der Maschine und die Organisation der Arbeit, die bei diesem Arbeitsprozess den Umfang und die Form der Disziplinierung bestimmte. Die folgende Abbildung zeigt Arbeiterinnen knapp zwanzig Jahre zuvor bei einer ähnlichen Tätigkeit. Hier handelt es sich um Karamelle-Einschlagmaschinen, die als Gruppe über eine Riementransmission von einem Elektromotor angetrieben wurden. Eine Arbeiterin sitzt jeweils zum Fenster gewandt an einer Einschlagmaschine. In ihrem Rücken werden die Karamelle an einem Tisch weiterverpackt; an den Tischen im Hintergrund sitzt jeweils eine weitere Arbeiterin, die aufgrund ihrer Sitzposition keinen Augenkontakt zu der Maschinenarbeiterin hat: Diese Platzierung schloss Ablenkungen vom Arbeitsprozess durch die jeweilige Kollegin weitgehend aus. An den ersten vier Tischen verlangte eine kleinteilige Art der Verpackung offenbar, dass zwei Arbeiterinnen, die einander gegenübersaßen, diese Tätigkeit ausübten, damit der Takt gehalten werden konnte. Diese Gestaltung des Arbeitsprozesses führte zu einer unmittelbaren Nähe der Disziplinarinstanz: Die Aufseherin stand an einem Pult, das direkt an dem vierten Arbeitstisch anschloss.

Abbildung 4 Arbeiterinnen an Einschlagmaschinen für Karamelle, Stollwerck, Köln, ca. 1922.

Auf diese Weise befand sich die Aufseherin in Sicht- und Hörweite der »problematischen« Arbeitsplätze, konnte gleichzeitig aber auch die weiter hinten gelegenen Arbeitsplätze überschauen, bei denen die Anordnung der Arbeiterinnen selbst bereits eine weitgehende Einhaltung der Disziplin erwarten ließ. Auf späteren Fotos lässt sich eine derart offensive Platzierung der Überwachungsinstanz nicht mehr finden.[66] Gleichwohl war die Disziplinierung keinesfalls aus dem Betrieb verschwunden. Die Disziplin wurde teilweise durch bauliche oder arbeitsplatzgestalterische Maßnahmen quasi institutionalisiert. Dabei spielte der technologische Wandel dann doch eine wichtige, mittelbare Rolle: Während die Riementransmission die Maschinenanordnung zu einem gewissen Grad vorgab, ermöglichte das Aufkommen des Einzelantriebs eine freiere Gestaltung. Dabei wurde nicht nur produktionstechnischen Gesichtspunkten

---

[66] Ein ähnliches Phänomen beschreiben Coopey und McKinlay für Fords Werk River Rouge in der Zwischenkriegszeit. Die Vorarbeiter standen mitten im Arbeitsbereich an Pulten zur Überwachung der Arbeiter. Coopey und McKinlay bewerten diese Form der Überwachung als ein »Terrorsystem«, das sich als ineffizient erwiesen habe und in der Nachkriegszeit durch subtilere Formen der Disziplinierung ersetzt worden sei, vgl. Richard Coopey/Alan McKinlay, Power without Knowledge? Foucault and Fordism, c. 1900–50, in: Labor History 51 (2010), S. 107-125, hier: S. 111.

Folge geleistet[67], sondern ebenso disziplinarischen. Außerdem bedeutete das Gewähren von Freiräumen für Gespräche bei der Arbeit keinesfalls zwangsläufig einen Verzicht auf Machtausübung: Eine spezielle Gestaltung des Arbeitsprozesses konnte ein solches Verhalten in manchen Abteilungen durchaus tolerieren beziehungsweise sogar fördern.

Während des Nationalsozialismus wurde eine fortgesetzte Umwandlung der betrieblichen Machtausübung auch politisch forciert. Dabei ging es selbstverständlich weder den nationalsozialistischen Machthabern noch dem Management des Betriebes um eine erhöhte Arbeiterautonomie. Vielmehr sollten die Arbeiter_innen die Disziplinarordnung internalisieren und ihre dann neugeformte Subjektivität im Arbeitsprozess, insofern selbständig produktiv einsetzen, als partiell auf Aufsichtsmaßnahmen verzichtet werden konnte. Stollwerck wurde bereits im Jahr 1937 als erstes Unternehmen im Gau Köln-Aachen mit der »Goldenen Fahne« als »NS-Musterbetrieb« ausgezeichnet.[68] Um bei der jährlichen Erneuerung des »Leistungswettkampfes der Deutschen Betriebe« erneut ausgezeichnet zu werden, ergriff die Betriebsleitung einige Maßnahmen. Dazu gehörte eine Neuausrichtung der betrieblichen Kontrollausübung. Ansatzweise vergleichbar mit den Versuchen bei Humboldt-Deutz mit der Selbstkontrolle und Selbstkalkulation, ging es auch Stollwerck darum, einen Bereich der Kontrolle aus der »eigene[n] Hand« in die »Selbstverwaltung der Gefolgschaft zu legen«.[69] Allerdings handelte es sich hierbei um Vorgänge, die außerhalb des Produktionsprozesses lagen: die Kontrolle beim Verlassen der Fabrik. Die Geschäftsleitung tat in dem Aufruf ihr Bedauern darüber kund, dass »leider auf die Ausgangskontrolle nicht verzichtet werden« könne, weil die Süßwaren insbesondere für die jugendlichen Beschäftigten eine zu große Verführungskraft zum unerlaubten Entwenden besäßen. Allerdings werde die Kontrolle nun nicht mehr durch das Aufsichtspersonal, sondern durch vom Betriebsobmann und der Geschäftsleitung ausgewählte Beschäftigte erfolgen.[70]

Dieser Versuch scheiterte jedoch deutlich schneller als die Experimente mit der Selbstkontrolle beim benachbarten Maschinenbauunternehmen. Im August 1939 führten die »Erfahrungen« der letzten Monate – also offensichtlich von den ehrenamtlichen Kontrolleuren geduldete Diebstähle – dazu, dass der alte Status quo einer Kontrolle durch Betriebsaufseher_innen wieder hergestellt wurde.[71] Dennoch waren beide Versuche trotz aller konkreten Unterschiede von einer gemeinsamen Problematisierung geprägt: Es ging in so unterschiedlichen Branchen wie Maschinenbau

---

67 Vgl. Frank Dittmann, Geschichte der elektrischen Antriebstechnik, in: Kurt Jäger (Hg.): Alles bewegt sich. Beiträge zur Geschichte elektrischer Antriebe, Berlin/Offenbach 1998, S. 7-126, hier: S. 39.
68 Vgl. NS-Auszeichnungen der Gebrüder Stollwerck AG, RWWA, Sign. 208-320/6.
69 Aufruf der Geschäftsleitung zum »Leistungswettkampf der Deutschen Betriebe«. Anhang zum Protokoll über die Sitzung des Vertrauensrates am 3.8.1937, Bl. 4, RWWA, Sign. 208-255/5.
70 Ebd.
71 Protokoll über die Sitzung des Vertrauensrates v. 25.8.1939, Bl. 1, RWWA, Sign. 208-255/6.

und Süßwarenproduktion gleichermaßen darum, Formen der externen Überwachung partiell durch die Selbstdisziplin der Beschäftigten zu ersetzen. Diese Fokussierung auf das arbeitende Subjekt schuf begrenzte Freiräume, die unterschiedliche Ausmaße einnahmen: Die Fließbandarbeiterinnen bei Stollwerck wurden in einem Bereich von Beaufsichtigung befreit, während die männlichen Facharbeiter bei Humboldt-Deutz eine frühe Form des Selbstmanagements ausüben konnten. In beiden Fällen jedoch wurde bei »Fehlverhalten« oder unbefriedigenden Ergebnissen zur alten Disziplinarordnung zurückgekehrt.

Die am Ende der 1930er-Jahre in Betrieb genommene Fließbandanlage in der Abteilung für die Pralinenverpackung gibt ein Beispiel für den Versuch einer räumlichen Lösung des Disziplinarproblems. Die Arbeiterinnen gingen in durch Trennwände abgeteilten Nischen einer Sortiertätigkeit nach. Die Bildbeschriftung in der Firmenfestschrift von 1939 erläuterte den Arbeitsvorgang wie folgt: »Die Arbeiterinnen entnehmen den vorbeirollenden Behältern die verschiedenartigsten Pralinen und legen sie nach einem genau festgelegten Mischverhältnis in die Packungen«.[72] Ein weiteres Fließband lief auf Schulterhöhe über diesem Vorgang; die Arbeiterinnen konnten die gefüllten Packungen dort ablegen, damit sie zur endgültigen Verpackung transportiert wurden. (☛ siehe Abb. 5, S. 280)

Gespräche und abschweifende Blicke wurden von dieser Art der Arbeitsplatzgestaltung also weitgehend unterbunden. Es ist zu vermuten, dass es vor allem um eine Disziplinierung des Blickes ging. Wie erwähnt gab es durchaus weitverbreitete arbeitswissenschaftliche Positionen, die Gespräche zwischen Arbeitern oder Arbeiterinnen am Fließband nicht als störend, sondern unter Umständen sogar als langfristig leistungserhaltend betrachteten. Bei dieser speziellen Tätigkeit ging es nun um den Erhalt eines konzentrierten, auf das Band fokussierten Blickes der Arbeiterinnen, damit die richtigen Pralinen aus den Behältern genommen wurden. Ein Abschweifen des Blickes durch ein Gespräch mit der Sitznachbarin sollte also verhindert werden. Es ist anzunehmen, dass bei der Gestaltung dieser Fließbandanlage das Geschlecht der Arbeiterinnen und die Unterstellung einer natürlichen »Geschwätzigkeit« der Frauen eine Rolle spielte. Zugespitzt gesagt: Während den männlichen Facharbeitern im Kölner Maschinenbauunternehmen Humboldt-Deutz in einem begrenzten Bereich Selbstverantwortung übertragen wurde, wurden die Bandarbeiterinnen in der nur wenige Kilometer entfernten Schokoladenfabrik von baulichen und disziplinarischen Maßnahmen kontrolliert. Sie übten eine Tätigkeit aus, die auch gar nicht davon profitieren konnte, dass die Arbeiterinnen ihre Subjektivität einbrachten. Die Subjektivität stellte in diesem Fall kein Potenzial dar, sondern einen Störfaktor, den es auszuschalten galt. Die Subjektivität der Arbeiterinnen wurde hier bekämpft, weil es in dieser Form der Arbeitsteilung und -organisation nicht möglich war, sie für Produktionsziele einzubinden und nutzbar zu machen.

---

72 Kuske, 100 Jahre, 1939, S. 161.

Abbildung 5 »Pralinen-Packbänder«.

Gleichwohl trat durch die Gestaltung des Arbeitsplatzes ein anderes Problem auf: Die Aufseherin konnte unerlaubtes »Naschen« aufgrund der Trennwände nicht mehr so leicht erkennen, wie es an einem freien Fließband der Fall gewesen wäre. Die Arbeitsordnungen problematisierten ein solches Verhalten der Arbeiter_innen seit 1892. Zunächst wurde sogar Entlassung in wiederholten Fällen angedroht[73], während ab 1919 zunächst eine strenge Rüge ausgesprochen werden sollte, und nur in mehrfach wiederholten Fällen Geldstrafen oder Entlassung Anwendung finden sollten.[74]

---

73 Vgl. Fabrik-Ordnung für die Beschäftigten der Chokoladen-pp. Fabriken der Gebrüder Stollwerck, 1892, S. 10, § 24, RWWA, Sign. 208-294/7.
74 Vgl. Arbeitsordnung der Gebrüder Stollwerck A.-G., 1919/1926, S. 5, § 16, RWWA, Sign. 208-496/7; Betriebsordnung der Firma Gebrüder Stollwerck Akt.-Ges., 1934, S. 10, § 32, RWWA, Sign. 208-294/7.

Die Betriebsordnung sah in diesem Bereich eine Hauptaufgabe der Raumaufsichten, die über die reine Sanktion hinausgehend erzieherisch einwirken sollten.[75] Die Fließbandanlage wurde in der Form, die in der Festschrift präsentiert worden war, noch in den 1950er-Jahren benutzt. Die folgende Fotografie zeigt diesen Arbeitsraum mit einer Aufseherin. Für sie gab es in diesem Raum keinen panoptischen Blick: Von einer bestimmten Position aus waren jeweils nur wenige Arbeitsplätze einsehbar.

Abbildung 6 Pralinenpackbänder, Stollwerck, Köln, ca. 1955.

Die jeweilige Anordnung der Arbeiterinnen an dem Fließband lässt sich als Ausdruck des Wunsches nach einer rationellen Ordnung verstehen, die anhand der Trial-and-Error-Methode hervorgebracht und weiterentwickelt wurde. Von dieser Entwicklung zeugt ein Vorläuferstadium des Pralinenpackens am Band. Fotos eines anderen Arbeitsraums bei Stollwerck zeigen, vermutlich in der Mitte der 1920er-Jahre, drei kurze Fließbänder, an denen maximal zwölf Arbeiterinnen – sechs an jeder Seite – stehend Kartons packten. Das Fließband wurde für die Aufnahme angehalten, die Arbeiterinnen hielten eine angewiesene Position. Die Anordnung der Arbeiterin-

---

75 Betriebs-Ordnung der Firma Gebrüder Stollwerck Akt.-Ges., Köln, 1.10.1938, S. 13, § 52, RWWA, Sign. 208-294/7. Gleichzeitig blieben in »hartnäckigen Fällen« strenge Maßnahmen durch die Betriebsleitung vorgesehen, ebd.

nen unterscheidet sich stark von der am zuvor besprochenen Fließband. Sie stehen hintereinander seitlich zum Band, vor ihnen befindet sich jeweils ein brusthohes Regal zur Ablage der Kartons. Eine Hand greift zum Fließband, der Oberkörper und der Blick sind dabei nur leicht zum Band gewendet.

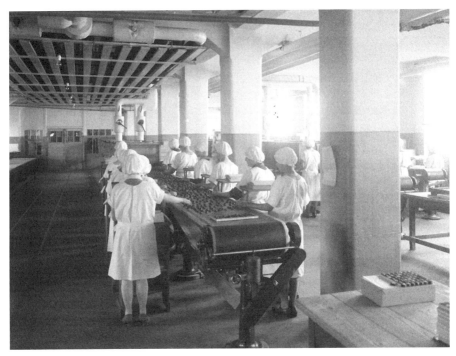

Abbildung 7 Pralinenpackbänder, Stollwerck, Köln, ca. 1925.

Dieser Arbeitsraum macht einen unfertigen, experimentellen Eindruck: Zwei Fließbänder sind direkt an der Fensterfront aufgestellt, dieses Band liegt hinter den Säulen. Eine künstliche Beleuchtung war nur unzulänglich durch die nackten Glühlampen an der Decke möglich, die im Gegensatz zur späteren Fließbandanlage nicht direkt über den Arbeitsplätzen hingen. Die aufgereihte Anordnung der Arbeiterinnen auf diesem Foto dürfte eine disziplinarische Intention gehabt haben; Gespräche waren an diesem Arbeitsplatz erschwert. Der Blick war einzig auf die Pralinen, den Karton und den Rücken einer Kollegin gerichtet. Gleichwohl ist davon auszugehen, dass auch unter diesen Bedingungen Gespräche niemals vollständig ausblieben. Die spätere Gestaltung des Pralinenpackbandes lässt sich als Versuch begreifen, einerseits die Arbeitsplätze neu ergonomisch anzuordnen, andererseits durch die Trennwände zwischen den Arbeitsplätzen aber den disziplinarischen Vorteil der alten Anordnung zu bewahren. Die Gestaltung der Arbeitsplätze war also keinesfalls vom technologischen Wandel determiniert: Die spezifische Form des Umgangs mit neuen Technologien wurde nicht in allen Fällen ausschließlich vom Gesichtspunkt einer Optimierung des Arbeitsprozesses bestimmt. Die Platzierung der Arbeiterinnen zum Fließband und die räumliche Gestaltung der Arbeitsplätze weisen immer auch auf die jeweils vorherrschende Form der betrieblichen Machtausübung hin. Bei beiden beschriebenen Pralinenpackbändern bestand das Prinzip der Ordnung des Arbeitsraums darin, die eng nebeneinander arbeitenden Frauen voneinander zu separieren und so zu disziplinieren, dass Ablenkungen vom Arbeitsprozess ausblieben.

Abhängig vom jeweiligen Produktionsprozess wurden in unterschiedlichen Abteilungen Stollwercks zur gleichen Zeit verschiedene Strategien zur Machtausübung angewendet. Stets handelte es sich um eine Kombination aus Disziplinierung und der geregelten Zubilligung von Freiräumen. Das jeweilige Verhältnis zwischen beiden Formen, etwa ein Überwiegen der Disziplin, wurde jeweils nach vermeintlichen oder tatsächlichen Produktionserfordernissen gewählt. In solchen Fällen wurde beispielsweise festgelegt, bei welchen Tätigkeiten Gespräche zwischen den Arbeiterinnen erlaubt wurden und in welchen Fällen strikte Konzentration auf den Arbeitsprozess verlangt wurde. Tendenziell zeichnete sich dabei eine Zunahme der gezielt eingeräumten Freiräume ab. Vorausgegangen war diesem schwankenden Mischungsverhältnis zwischen beiden Machttypen ein Bruch zu Beginn des Jahrhunderts. Die Fabrikordnung, die bis 1919 gültig war, sah eine strenge Disziplinarordnung vor; Fotos aus der frühen Schokoladenfabrik zeigen eine klare Überwachung des jeweiligen Arbeitsraums durch Meister und Aufseherinnen. Der Disziplinierung wurde zwar in der Folge nicht vollständig abgeschworen, allerdings wurden externe Formen der Disziplin zunehmend von einer Internalisierung der Disziplin teilweise ersetzt und Freiräume insoweit zugelassen, als sie dem Arbeitsprozess nicht abträglich waren. Kuske betonte, es sei von Beginn an Ziel Stollwercks gewesen, die Arbeiterinnen zu »Verantwortungsfreudigkeit, Ordnungsliebe und vor allem Sauberkeit« zu erziehen. Zum Erreichen des letztgenannten Ziels stellte das Unternehmen den Frauen weiße Berufskleidung, um sie durch die dann leicht zu erkennende Verschmutzung zu »bestmöglicher Körperpflege zu veranlassen«.[76]

3 Disziplin und Selbstverantwortung

Ein Vergleich der beiden Kölner Unternehmen und ihrer Betriebe hat zweierlei gezeigt: Zum einen lassen sich vorsichtig einige allgemeine Tendenzen zur Gestaltung und Organisation industrieller Arbeit in der Zwischenkriegszeit des 20. Jahrhunderts identifizieren. Zum anderen stechen Unterschiede hervor, die aus ihrer Abhängigkeit von dem miteinander verwobenen Geschlechter- und Qualifikationsprofil der jeweiligen Betriebe erklärt werden können. Sowohl bei KHD als auch bei Stollwerck zeich-

---

76 Kuske, 100 Jahre, 1939, S. 135 f.

nete sich ein partieller Abbau externer Überwachung ab. Den Arbeitern und Arbeiterinnen wurden gewisse Freiräume eingeräumt, die nun nicht mehr in jeder Ausprägung zwangsläufig als Störung des Arbeitsablaufs betrachtet wurden. Überhaupt setzte sich im Management ein langfristig angelegtes Interesse an den Beschäftigten durch. Der Subjektivität der Arbeitenden kam eine größere Bedeutung zu als um die Jahrhundertwende; das Spektrum reichte dabei abhängig von Betrieb, Abteilung und Position des oder der Einzelnen von der Selbstdisziplinierung bis zur Selbstmotivation und der Übertragung von Verantwortung. Dabei wirkte der technische Wandel jedoch nicht deterministisch auf neue Machttechnologien: Der eingeschlagene Weg des Unternehmens bezüglich der Disziplinarordnung und der Vorstellungen von der Geschlechterdifferenz gab stets einen gewissen Rahmen für den Grad des Wandels ab.

Die Disziplinierung spielte aber im Betriebsalltag der Arbeiterinnen bei Stollwerck eine deutlich größere Rolle als bei ihren männlichen Kollegen von KHD. Mittelbar hat dies mit dem Geschlecht der Arbeiterinnen zu tun: Einerseits gab es Vorstellungen von geschlechtsspezifischen Problemen der Arbeiterinnen (»Geschwätzigkeit«), die zu einer disziplinierenden Arbeitsplatzgestaltung führen konnte. Andererseits führte die Geschlechterstruktur des Arbeitsmarktes, also die Eingruppierung der Frauen in den Niedriglohnsektor als ungelernte Arbeiterinnen, dazu, dass ihre Subjektivität kein verwertbares Potenzial für das Unternehmen darstellte. Im Gegensatz zu den männlichen Facharbeitern bei Humboldt-Deutz gab es keine Bemühungen, durch die Übertragung von Verantwortung an die Arbeiterinnen deren Nutzen zu optimieren. Die spezifische Arbeitsteilung ließ es hingegen sinnvoll erscheinen, sie als mögliche Störfaktoren des Produktionsprozesses zu betrachten. Diese Störungen konnten durch Disziplinierungen, aber auch durch das gezielte Einräumen von Freiheiten unterbunden werden: Der Arbeitsprozess wurde auf eine Art gestaltet, etwa am modernen Fließband, die Plaudereien und leichte Ablenkungen eingeplant hatte. Bei den Arbeiterinnen zeigte sich diese Subjektivierung nicht in einer Übertragung von Verantwortung: Auch die Arbeiterinnen sollten ihre Persönlichkeit einbringen, allerdings ging es bei Ihnen um eine Internalisierung von Disziplin, nicht um eine etwaige Steigerung ihrer Selbstverantwortung im Arbeitsprozess.

Anhang

Abkürzungsverzeichnis

AAS	Ausschuss für Arbeit und Sozialordnung
AfA	Arbeitsgemeinschaft für Arbeitnehmerfragen
AfS	Archiv für Sozialgeschichte
AdsD	Archiv der sozialen Demokratie
AG	Aktiengesellschaft
AOG	Gesetz zur Ordnung der nationalen Arbeit
APuZ	Aus Politik und Zeitgeschichte
BA	Bundesarchiv
BAK	Bundesarchiv Koblenz
BBZ	Britische Besatzungszone
BDA	Bundesvereinigung der Deutschen Arbeitgeberverbände
BDI	Bundesverband der Deutschen Industrie
BetrVG	Betriebsverfassungsgesetz
BGBl.	Bundesgesetzblatt
BRG	Betriebsrätegesetz
BT	Bundestag
BT-Drs.	Bundestags-Drucksache
CDU	Christlich Demokratische Union
CEPREMAP	Centre pour la Recherche Économique et ses Applications
CGB	Christlicher Gewerkschaftsbund Deutschland
CGT	Confédération générale du travail
CSU	Christlich-Soziale Union
DAG	Deutsche Angestellten-Gewerkschaft
DGB	Deutscher Gewerkschaftsbund
DIHT	Deutscher Industrie- und Handelstag
DKP	Deutsche Kommunistische Partei
DM	Deutsche Mark
DMV	Deutscher Metallarbeiter-Verband
DOMID	Dokumentationszentrum und Museum über die Migration in Deutschland
e. V.	eingetragener Verein
EWG	Europäische Wirtschaftsgemeinschaft
Fa.	Firma
FDP	Freie Demokratische Partei
FMCG's	Fast-moving consumer goods companies
FSO	Fabryka Samochodów Osobowych
GBR	Gesamtbetriebsrat
GERPISA	Groupe d'Étude et de Recherche Permanent sur l'Industrie et les Salaries de l'Automobile
GG	Geschichte und Gesellschaft
GMH	Gewerkschaftliche Monatshefte
HdA	Humanisierung des Arbeitslebens
HR	human ressources
IG	Industriegewerkschaft
IGBE	Industriegewerkschaft Bergbau und Energie
IGCPK	Industriegewerkschaft Chemie-Papier-Keramik
IG Metall	Industriegewerkschaft Metall
ELHN	European Labour History Network
IGM	Industriegewerkschaft Metall
K. G.	Kommanditgesellschaft
KAB	Katholische Arbeitnehmerbewegung Deutschland
KHD	Klöckner-Humboldt-Deutz
KPD	Kommunistische Partei Deutschlands

Anhang

KPD-ML	Kommunistische Partei Deutschlands/Marxisten-Leninisten
KZfSS	Kölner Zeitschrift für Soziologie und Sozialpsychologie
MAN	Maschinenfabrik Augsburg-Nürnberg
MIT	Massachusetts Institute of Technology
MitbestG	Das Mitbestimmungsgespräch
NGZ	Neuss-Grevenbroicher Zeitung
NL	Nachlass
NSDAP	Nationalsozialistische Deutsche Arbeiterpartei
OECD	Organisation for Economic Co-operation and Development
ÖZG	Österreichische Zeitschrift für Geschichtswissenschaften
PA-DBT	Parlamentsarchiv des Deutschen Bundestages
PAISY	Personalabrechnungs- und Informationssystem
Pfg.	Pfennig
PKW	Personenkraftwagen
PROSA	Projekt Schichtarbeit
REFA	Verband für Arbeitsstudien und Betriebsorganisation
REM	Rapid Eye Movement
RM	Reichsmark
RWWA	Rheinisch-Westfälisches Wirtschaftsarchiv
S & H	Siemens und Halske AG
SAA	Siemens Archiv
SBW	Saarbergwerke AG
SE	Siemens-Electrogeräte AG
SM	Siemens-Mitteilungen
SOE	State owned enterprises
SOFI	Soziologisches Forschungsinstitut Göttingen
SPD	Sozialdemokratische Partei Deutschlands
SSW	Siemens-Schuckertwerke AG
SWP	Sozialistische Wirtschaft und Politik
TH	Technische Hochschule
ULA	Union der Leitenden Angestellten
VB	Völkischer Beobachter
VfZG	Vierteljahrshefte für Zeitgeschichte
VSWG	Vierteljahrschrift für Sozial- und Wirtschaftsgeschichte
VW	Volkswagen
WSI	Wirtschafts- und Sozialwissenschaftliches Institut
ZARh	Zentralarchiv der Rheinmetall AG
Z für O	Zeitschrift für Organisation
ZfU	Zeitschrift für Unternehmensgeschichte

Abbildungsverzeichnis

Umschlagfoto:
Frauen in der Produktion der Haribo-Fabrik, 1950er Jahre, Bonn, J. H. Darchinger, Friedrich-Ebert-Stiftung, Bonn

Abbildung 1:
Motorenfabrik Oberursel AG. Bearbeitung der Zylinderköpfe in einer Abteilung der Selbstkontrolleure, ca. 1927. Hessisches Wirtschaftsarchiv, digitales Bild, Sign. 1226. [☛ siehe S. 263]

Abbildung 2:
»Tafel-Einschlagmaschinen«, aus: Bruno Kuske, 100 Jahre Stollwerck-Geschichte 1839-1939, Köln 1939, S. 157. [☛ siehe S. 275]

Abbildung 3:
Tafel-Einschlagmaschinen, Stollwerck, Köln, ca. 1939, Rheinisch-Westfälisches Wirtschaftsarchiv Köln [RWWA], Sign. 208-GN1357. [☛ siehe S. 276]

Abbildung 4:
Arbeiterinnen an Einschlagmaschinen für Karamelle, Stollwerck, Köln, ca. 1922, RWWA, Sign. 208-GN474. [☛ siehe S. 277]

Abbildung 5:
»Pralinen-Packbänder«, aus: Bruno Kuske, 100 Jahre Stollwerck-Geschichte 1839–1939, Köln 1939, S. 161. [☛ siehe S. 280]

Abbildung 6:
Pralinenpackbänder, Stollwerck, Köln, ca. 1955, RWWA, Sign. 208-F1515. [☛ siehe S. 281]

Abbildung 7:
Pralinenpackbänder, Stollwerck, Köln, ca. 1925, RWWA, Sign. 208-GN473. [☛ siehe S. 282]

Ausgewählte Literatur

Abelshauser, Werner, Deutsche Wirtschaftsgeschichte seit 1945, München 2004.
Abelshauser, Werner, Deutsche Wirtschaftsgeschichte von 1945 bis zur Gegenwart, München 2011.
Abelshauser, Werner, Die BASF. Eine Unternehmensgeschichte, München 2002.
Abelshauser, Werner, Die langen Fünfziger Jahre. Wirtschaft und Gesellschaft der Bundesrepublik Deutschland 1949–1966, Düsseldorf 1987.
Abelshauser, Werner, Kulturkampf. Der deutsche Weg in die Neue Wirtschaft und die amerikanische Herausforderung, Berlin 2003.
Abelshauser, Werner, Nach dem Wirtschaftswunder. Der Gewerkschafter, Politiker und Unternehmer Hans Matthöfer, Bonn 2009.
Achten, Udo, Flächentarifvertrag & betriebsnahe Tarifpolitik. Vom Anfang der Bundesrepublik bis in die 1990er Jahre, Hamburg 2007.
Aders, Gebhard, Die Firma Klöckner-Humboldt-Deutz AG im Zweiten Weltkrieg. Teil 1: Vom letzten Vorkriegsjahr bis zum Sommer 1942, in: Rechtsrheinisches Köln 14 (1988), S. 89-143.
Agnoli, Johannes/Brückner, Peter, Die Transformation der Demokratie, Frankfurt a. M. 1968.
Ahlheim, Hannah, Die Vermessung des Schlafs und die Optimierung des Menschen. Eine deutsch-amerikanische Geschichte (1930 bis 1960), in: Zeitgeschichtliche Forschungen/Studies in Contemporary History 10 (2013), S. 13-37.
Ahrens, Ralf, Unternehmensgeschichte, Version: 1.0, in: Docupedia-Zeitgeschichte, 1.11.2010 <http://docupedia.de/zg/Unternehmensgeschichte?oldid=84665> (letzter Abruf 25.8.2014).
Albrecht, Gerhard, Arbeitsgemeinschaft, Betriebsgemeinschaft, Werksgemeinschaft, in: Jahrbücher für Nationalökonomie und Statistik 128 (1928), S. 530-562.
Albrecht, Gerhard, Betriebssoziologie und soziale Betriebspolitik, in: Jahrbücher für Nationalökonomie und Statistik 141 (1935), S. 737-744.
Albrecht, Gerhard, Der Wirtschaftsbetrieb als soziales Gebilde, in: ders. (Hg.), Reine und angewandte Soziologie. Festgabe für Ferdinand Tönnies, Leipzig 1936, S. 180-195.
Alemann, Ulrich von/Heinze, Rolf G., Kooperativer Staat und Korporatismus. Dimensionen der Neo-Korporatismusdiskussion, in: Alemann, Ulrich von (Hg.), Neokorporatismus, Frankfurt a. M./New York 1981, S. 43-61.
Alemann, Ulrich von/Heinze, Rolf G., Verbändepolitik und Verbändeforschung in der Bundesrepublik, in: Alemann, Ulrich von/Heinze, Rolf G. (Hg.), Vom Pluralismus zum Korporatismus. Analysen, Positionen, Dokumente, 2. Aufl., Opladen 1981, S. 12-37.
Altmann, Rüdiger, Das Erbe Adenauers. Eine Bilanz, Stuttgart 1960.
Andresen, Knud/Bitzegeio, Ursula/Mittag, Jürgen (Hg.), »Nach dem Strukturbruch?«. Kontinuität und Wandel von Arbeitsbeziehungen und Arbeitswelt(en) seit den 1970er-Jahren, Bonn 2011.
Andresen, Knud, Triumpherzählungen. Wie Gewerkschafter über ihre Erinnerung sprechen, Essen 2014.
Angster, Julia, Konsenskapitalismus und Sozialdemokratie. Die Westernisierung von SPD und DGB, München 2003.
Armann, Claus/Tandien, Reiner, 5 Tage standen alle Bänder still, in: Aberts, Jürgen (Hg.), Dieser Betrieb wird bestreikt. Berichte über die Arbeitskämpfe in der BRD, Frankfurt a. M. 1974, S. 125-135.
Arnhold, Karl, Der Deutsche Betrieb. Aufgaben und Ziele Nationalsozialistischer Betriebsführung, Leipzig 1942.
Arnold, Michael, Die Entstehung des Betriebsverfassungsgesetzes 1952, Diss. Freiburg i. Br. 1978.
Arps, Jan Ole, Frühschicht. Linke Fabrikintervention in den 70er Jahren, Berlin/Hamburg 2011.
Atzmüller, Roland, Fit mach mit? Theoretisch-politische Perspektiven des Regulationssatzes – ein Rezensionsessay, in: Grundrisse. Zeitschrift für linke Theorie & Debatte, <http://www.grundrisse.net/grundrisse10/10regulationsansatz.htm> (letzter Abruf 23.9.2013).
Aumann, Philipp, Mode und Methode. Die Kybernetik in der Bundesrepublik Deutschland, Göttingen 2009.
Autorenkollektiv Pierburg, Pierburg-Neuss: Deutsche und ausländische Arbeiter. Ein Gegner – ein Kampf, [o. O.] 1974.
Babbie, Earl, The Practice of Social Research, Wadsworth 2008.
Bachmann-Medick, Doris, Cultural Turns, in: Docupedia-Zeitgeschichte, 29.3.2010, <http://docupedia.de/zg/Cultural_Turns?oldid=84593> (letzter Abruf 26.8.2014).
Bade, Klaus/Bommes, Michael, Migration, Ethnizität, Konflikt. Erkenntnisprobleme und Beschreibungsnotstände: Eine Einführung, in: Bade, Klaus (Hg.), Migration, Ethnizität, Konflikt, Osnabrück 1996, S. 11-40.

Ausgewählte Literatur

Balcerowicz, Leszek/Błaszczyk, Barbara/Dąbrowski, Marek, The Polish Way to the Market Economy 1989–1995, in: Woo, Wing Thye/Parker, Stephen/Sachs, Jeffrey (Hg.), Economies in Transition, Cambridge, MA 1997.

Bänziger, Peter-Paul, Der betriebsame Mensch – ein Bericht (nicht nur) aus der Werkstatt, in: Österreichische Zeitschrift für Geschichtswissenschaften 23 (2012) 2, S. 222-236.

Bauer, Helmuth: »Von hier aus wird ein Stern aufgehen …«, in: »plakat«-Gruppe/Bauer, Helmuth, Daimler-Benz von Innen, in: Hamburger Stiftung für Sozialgeschichte des 20. Jahrhunderts/Angelika Ebbinghaus (Hg.), Das Daimler-Benz-Buch. Ein Rüstungskonzern im »Tausendjährigen Reich«, Nördlingen 1987, S. 594-602.

Bauer, Reinhold, Ölpreiskrisen und Industrieroboter. Die siebziger Jahre als Umbruchsphase für die Automobilindustrie in beiden deutschen Staaten, in: Jarausch, Konrad H. (Hg.), Das Ende der Zuversicht? Die siebziger Jahre als Geschichte, Göttingen 2008, S. 68-83.

Beaud, Stéphane/Pialoux, Michel, Die verlorene Zukunft der Arbeiter. Die Peugeot-Werke von Sochaux-Montbéliard, Konstanz 2004.

Becker, Martin, Arbeitsvertrag und Arbeitsverhältnis während der Weimarer Republik und in der Zeit des Nationalsozialismus, Frankfurt a. M. 2004.

Bednarz-Łuczewska, Paulina/Łuczewski, Michał, Podejście biograficzne, in: Dariusz Jemielniak (ed.), Badania jakościowe, Warszawa 2012.

Bell, Thomas, Out of this Furnace [1941], Pittsburgh 1976.

Berger, Peter/Luckmann, Thomas, Social Construction of Reality. A Treatise in the Sociology of Knowledge, Garden City 1966.

Berghahn, Volker R., Unternehmer und Politik in der Bundesrepublik, Frankfurt a. M. 1985.

Berghoff, Hartmut, Moderne Unternehmensgeschichte, Paderborn 2004.

Berghoff, Hartmut, Zwischen Kleinstadt und Weltmarkt. Hohner und die Mundharmonika. Unternehmensgeschichte als Gesellschaftsgeschichte (1857–1961), Paderborn 1997.

Bergmann, Joachim, Bemerkungen zum Begriff der »betrieblichen Sozialordnung«, in: Eckart Hildebrandt (Hg.), Betriebliche Sozialverfassung unter Veränderungsdruck. Konzepte, Varianten, Entwicklungstendenzen, Berlin 1991, S. 49-54.

Bergmann, Joachim/Jacobi, Otto/Müller-Jentsch, Walther, Gewerkschaften in der Bundesrepublik, Bd. 1: Gewerkschaftliche Lohnpolitik zwischen Mitgliederinteressen und ökonomischen Systemzwängen, Frankfurt a. M. 1976, S. 393-415.

Bericht der Sachverständigenkommission zur Auswertung der bisherigen Erfahrungen bei der Mitbestimmung (Mitbestimmungskommission). Mitbestimmung im Unternehmen, Kassel 1970.

Betriebsrat der Adam Opel AG, Standort Rüsselsheim (Hg.), Betriebsratswahlen Opel Rüsselsheim 1945–2002, Rüsselsheim 2002.

Beyme, Klaus von, Die großen Regierungserklärungen der deutschen Bundeskanzler von Adenauer bis Schmidt, eingeleitet und kommentiert von Klaus von Beyme, München/Wien 1979.

Beyme, Klaus von, Gewerkschaftliche Politik in der Wirtschaftskrise I – 1973 bis 1978, in: Hemmer, Hans-Otto/Schmitz, Kurt Thomas (Hg.), Geschichte der Gewerkschaften in der Bundesrepublik Deutschland. Von den Anfängen bis heute, Köln 1990, S. 339-374.

Billerbeck, Ulrich u. a., Korporatismus und gewerkschaftliche Interessenvertretung, Frankfurt a. M./New York 1982.

Birke, Martin, Betriebliche Technikgestaltung und Interessenvertretung als Mikropolitik. Fallstudien zum arbeitspolitischen Umbruch, Wiesbaden 1992.

Birke, Peter, Der Eigensinn der Arbeitskämpfe. Wilde Streiks und Gewerkschaften in der Bundesrepublik vor und nach 1969, in: Gehrke, Bernd/Horn, Gerd-Rainer (Hg.), 1968 und die Arbeiter. Studien zum »proletarischen Mai« in Europa, Hamburg 2007, S. 53-75.

Birke, Peter, Wilde Streiks im Wirtschaftswunder. Arbeitskämpfe, Gewerkschaften und soziale Bewegungen in der Bundesrepublik und in Dänemark, Frankfurt a. M./New York 2008.

Birkner, Ernst, Die Motorenfabrik Deutz AG, in: Industrie-Bibliothek. Die illustrierte Zeitschrift der deutschen Wirtschaft 5 (1929), S. 17-68.

Birkner, Ulrich u. a. (Hg.), Leben gegen die Uhr. Die Schichtarbeitergesellschaft kommt (Werkkreis Literatur der Arbeitswelt), Frankfurt a. M. 1985.

Bismarck, Philipp von, Betriebsverfassung à la SPD. Analyse der SPD-Gesetzesinitiative, Bonn 1969.

Błaszczyk, Barbara/Dąbrowski, Marek, The privatisation process in Poland 1989–1992. Expectations, results and remaining dilemmas, London 1993.

Bluma, Lars, Norbert Wiener und die Entstehung der Kybernetik im Zweiten Weltkrieg. Eine historische Fallstudie zur Verbindung von Wissenschaft, Technik und Gesellschaft, Münster i. Westf. 2005.

Bluma, Lars/Uhl, Karsten (Hg.), Kontrollierte Arbeit – disziplinierte Körper? Zur Sozial- und Kulturgeschichte der Industriearbeit im 19. und 20. Jahrhundert, Bielefeld 2012.

Bluma, Lars/Uhl, Karsten, Arbeit – Körper – Rationalisierung. Neue Perspektiven auf den historischen Wandel industrieller Arbeitsplätze, in: Lars Bluma/Karsten Uhl (Hg.), Kontrollierte Arbeit – disziplinierte Körper? Zur Sozial- und Kulturgeschichte der Industriearbeit im 19. und 20. Jahrhundert, Bielefeld 2012, S. 9-31.

Böcker, Günter, Auf die Mischung kommt es an, Neuss 1990.

Böhm, Walter, Gewerkschafter im Deutschen Bundestag, in: Zeitschrift für Parlamentsfragen 5 (1974), S. 17-23.

Boltanski, Luc, Die Führungskräfte. Die Entstehung einer sozialen Gruppe, Frankfurt a. M. 1990.

Boltanski, Luc/Chiapello, Ève, Der neue Geist des Kapitalismus, Konstanz 2006.

Borchardt, Knut, Der »Property-Rights-Ansatz« in der Wirtschaftsgeschichte – Zeichen für eine systematische Neuorientierung des Faches?, in: Kocka, Jürgen (Hg.), Theorien in der Praxis des Historikers. Forschungsbeispiele und ihre Diskussion, Göttingen 1977, S. 140-156.

Borchhardt, Knut, Die wirtschaftliche Entwicklung der Bundesrepublik nach dem »Wirtschaftswunder«, in: Franz Schneider (Hg.), Der Weg der Bundesrepublik. Von 1945 bis zur Gegenwart, München 1985, S. 193-216.

Borggräfe, Henning, Tagungsbericht: Der Betrieb als sozialer und politischer Ort. Neue Perspektiven auf die Gewerkschaftsgeschichte III, 15.11.2012–16.11.2012 Bonn, in: H-Soz-Kult, 19.1.2013, <http://www.hsozkult.de/conferencereport/id/tagungsberichte-4585> (letzter Abruf 31.10.2014).

Bosetzky, Horst, Mikropolitik, Machiavellismus und Machtakkumulation, in: Küpper, Willi/Ortmann, Günther (Hg.), Mikropolitik. Rationalität, Macht und Spiele in Organisationen, 2. Aufl., Opladen 1992, S. 27-37.

Bourdieu, Pierre u. a., Kapital und Bildungskapital. Reproduktionsstrategien im sozialen Wandel, in: Bourdieu, Pierre u. a., Titel und Stelle. Über die Reproduktion sozialer Macht, München 1978, S. 23-87.

Bourdieu, Pierre, Das ökonomische Feld, in: Der Einzige und sein Eigenheim. Erweiterte Neuausgabe der Schriften zu Politik & Kultur, Bd. 3, Hamburg 2006, S. 185-222.

Bourdieu, Pierre, Das ökonomische Feld, in: ders., Der Einzige und sein Eigenheim. Schriften zu Politik & Kultur, Bd. 3, Hamburg 1998, S. 162-204.

Bourdieu, Pierre, Der Staatsadel, Konstanz 2004.

Bourdieu, Pierre, Entwurf einer Theorie der Praxis auf der ethnologischen Grundlage der kabylischen Gesellschaft, 2. Aufl., Frankfurt a. M. 2009 [1972].

Bourdieu, Pierre, Für einen anderen Begriff der Ökonomie, in: ders., Der Tote packt den Lebenden, Hamburg 1997, S. 79-100.

Bourdieu, Pierre, Homo Academicus, Frankfurt a. M. 1988.

Bourdieu, Pierre, Neue Perspektiven für eine Soziologie der Wirtschaft, Wiesbaden 2006.

Bourdieu, Pierre, Reflexive Anthropologie, Frankfurt a. M. 1996, S. 124-147.

Bourdieu, Pierre, The Forms of Capital, in: Richardson, John (ed.), Handbook of Theory and Research for the Sociology of Education, New York/Westport u. a. 1968.

Bourdieu, Pierre, Von der Regel zu den Strategien, in: Rede und Antwort, Frankfurt a. M. 1992, S. 79-98.

Bourdieu, Pierre, Zur Genese der Begriffe Habitus und Feld, in: ders., Der Tote packt den Lebenden, Hamburg 1997, S. 59-78.

Boyer, Robert u. a., Between Imitation and Innovation. The Transfer and Hybridization of Productive Models in the International Automobile Industry, Oxford 1998.

Boyer, Robert, French Statism at the Crossroads, in: Crouch, Colin/Streeck, Wolfgang (Hg.), Political Economy of Modern Capitalism. Mapping Convergence and Diversity, London 1997, S. 71-101.

Boyer, Robert, The Eighties. The Search for Alternatives to Fordism, CEPREMAP Working Papers (1989), <http://econpapers.repec.org/scripts/redir.pf?u=http%3A%2F%2Fwww.cepremap.fr%2Fdepot%2Fcouv_orange%2Fco8909.pdf;h=repec:cpm:cepmap:8909> (letzter Abruf 23.9.2013).

Boyer, Robert/Freyssenet, Michel, Produktionsmodelle. Eine Typologie am Beispiel der Automobilindustrie, Berlin 2003.

Boyer, Robert/Freyssenet, Michel, The World that Changed the Machine. Synthesis of GERPISA Research Programs 1993–1996, <http://gerpisa.org/ancien-gerpisa/actes/31/31-3.pdf> (letzter Abruf 23.9.2013).

Boyer, Robert/Saillard, Yves (Hg.), Regulation Theory. The State of the Art, London 2002.

Braeg, Dieter (Hg.), Wilder Streik. Das ist Revolution. Der Streik der Arbeiterinnen bei Pierburg in Neuss 1973, Mörlenbach 2012.

Ausgewählte Literatur

Brandt, Gerhard/Jacobi, Otto/Müller-Jentsch, Walther, Anpassung an die Krise: Gewerkschaften in den siebziger Jahren, Frankfurt a. M./New York 1982.

Breger, Wolfram, Orientierungs- und Aktionsformen der spontanen Arbeiterbewegung in der Bundesrepublik. Spontane Streiks und Gewerkschaftsoppositionelle Bewegungen, Diss. Essen 1976.

Brenner, Otto, Zur gegenwärtigen Mitbestimmungssituation, in: Das Mitbestimmungsgespräch, 15 (1969), S. 214-215.

Briefs, Goetz, Betriebssoziologie, in: Vierkandt, Alfred (Hg.), Handwörterbuch der Soziologie, Stuttgart 1931, S. 31-53.

Briefs, Goetz, Die Problemstellung der sozialen Betriebspolitik, in: ders. (Hg.), Probleme der sozialen Betriebspolitik, Berlin 1930, S. 1-10.

Briefs, Goetz, Pluralismus als Gefährdung der Einheit, in: Nuscheler, Franz/Steffani, Winfried (Hg.), Pluralismus. Konzeptionen und Kontroversen, 2. Aufl., München 1973, S. 140-143.

Britscho, Winfried, Betriebsratswahlen bei Opel Rüsselsheim, in: Jacobi, Otto/Müller-Jentsch, Walther/Schmidt, Eberhard (Hg.), Gewerkschaften und Klassenkampf. Kritisches Jahrbuch 1975, Frankfurt a. M. 1975, S. 58-63.

Britscho, Winfried, Betriebsratswahlen bei Opel, Rüsselsheim, in: Jacobi, Otto/Müller-Jentsch, Walther/Schmidt, Eberhard (Hg.), Arbeiterinteressen gegen Sozialpartnerschaft. Kritisches Gewerkschaftsjahrbuch 1978/79, Berlin 1979, S. 108 f.

Britscho, Winfried, Opel Rüsselsheim: Konflikte um Sonderschichten, in: Jacobi, Otto/Müller-Jentsch, Walther/Schmidt, Eberhard (Hg.), Gewerkschaftspolitik in der Krise. Kritisches Gewerkschaftsjahrbuch 1977/78, Berlin 1978, S. 151-154.

Bröckling, Ulrich, Das unternehmerische Selbst. Soziologie einer Subjektivierungsform, Frankfurt a. M. 2007.

Bröckling, Ulrich, Menschenökonomie, Humankapital. Eine Kritik der biopolitischen Ökonomie, in: Mittelweg 36 12 (2003) 1, S. 3-22.

Brumlop, Eva/Rosenbaum, Wolf, »Humanisierung der Arbeitsbedingungen« durch gewerkschaftliche Tarifpolitik, in: Bergmann, Joachim (Hg.), Beiträge zur Soziologie der Gewerkschaften, Frankfurt a. M. 1979, S. 264-297.

Bührer, Werner, Unternehmerverbände, in: Benz, Wolfgang (Hg.), Die Geschichte der Bundesrepublik Deutschland. Bd. 2: Wirtschaft. Aktualisierte und erweiterte Neuausgabe, Frankfurt a. M. 1989, S. 140-168.

Bundesagentur für Arbeit, Statistik der Bundesagentur für Arbeit, Arbeitslosigkeit im Zeitverlauf, Nürnberg April 2012 (statistik.arbeitsagentur.de, zuletzt aufgerufen am 29. August 2012).

Bundesverband der deutschen Industrie (BDI), Sozialwirtschaft, in: Jahresbericht des BDI (1970), S. 185-188.

Bundesverband der deutschen Industrie (BDI), Sozialwirtschaft, in: Jahresbericht des BDI (1971), S. 70-73.

Bundesvereinigung der deutschen Arbeitgeberverbände (BDA), Arbeitsrecht und arbeitsrechtliche Gesetzgebung. I. Betriebsverfassungsgesetz, in: Jahresbericht der BDA (1969), S. 28-32.

Bundesvereinigung der deutschen Arbeitgeberverbände (BDA), Arbeitsrecht und arbeitsrechtliche Gesetzgebung. I. Betriebsverfassung, in: Jahresbericht der BDA (1971), S. 30-39.

Bundesvereinigung der deutschen Arbeitgeberverbände (BDA), Arbeitsrechtsausschuss. Unterausschuss Betriebsverfassungsrecht, in: Jahresbericht der BDA (1970), S. 44-45.

Bundesvereinigung der deutschen Arbeitgeberverbände (BDA), Erste Stellungnahme zum Bericht der Mitbestimmungskommission, Köln 1970.

Bundesvereinigung der deutschen Arbeitgeberverbände (BDA), Integration der Arbeitnehmer – Vorschläge zur Betriebsverfassung, Köln 1970.

Bundesvereinigung der deutschen Arbeitgeberverbände (BDA), Mitbestimmung – Betriebsverfassung – Führung im Betrieb, in: Jahresbericht der BDA (1969), S. 13-15.

Bundesvereinigung der deutschen Arbeitgeberverbände (BDA), Mitbestimmung – Betriebsverfassung – Leitende Angestellte, in: Jahresbericht der BDA (1970), S. 17-19.

Bundesvereinigung der deutschen Arbeitgeberverbände (BDA), Vorschlag für ein Betriebsverfassungsgesetz, Köln 1971.

Burawoy, Michael, Manufacturing Consent. Changes in the Labor Process under Monopoly Capitalism. Chicago/London 1979.

Burawoy, Michael/Lukács, János, The radiant past. Ideology and reality in Hungary's road to capitalism, Chicago 1992.

Burns, Tom, Micropolitics: Mechanisms of Institutional Change, in: Administrative Science Quarterly 6 (1961), S. 257-281.

Campbell, Joan, Joy in Work, German Work. The National Debate 1800–1945, Princeton/NJ 1989.

Casson, Mark, Der Unternehmer. Versuch einer historisch-theoretischen Deutung, in: Geschichte und Gesellschaft 27 (2001), S. 524-544.

Casson, Mark, The Entrepreneur. An Economic Theory, Oxford 1982.

Castel, Robert, »Problematization« as a Mode of Reading History, in: Jan Goldstein (Hg.), Foucault and the Writing of History, Oxford/Cambridge/MA 1994, S. 237-252.

Castel, Robert, Die Metamorphosen der sozialen Frage. Eine Chronik der Lohnarbeit, Konstanz 2000.

Chase, Susan, Narrative Inquiry. Multiple Lenses, Approaches, Voices, in: Denzin, Norman/Lincoln, Yvonna (Hg.), The Sage Handbook of Qualitative Research, London/Thousand Oaks u. a. 2005.

Conze, Eckart, Die Suche nach Sicherheit. Eine Geschichte der Bundesrepublik Deutschland von 1949 bis in die Gegenwart, München 2009.

Conze, Werner/Riedel, Manfred, Arbeit, in: Brunner, Otto/Conze, Werner/Koselleck, Reinhart (Hg.), Geschichtliche Grundbegriffe. Historisches Lexikon zur politisch-sozialen Sprache in Deutschland, Band 1: A-D, Stuttgart 1972, S. 154-215.

Coopey, Richard/McKinlay, Alan, Power without Knowledge? Foucault and Fordism, c. 1900–50, in: Labor History 51 (2010), S. 107-125.

Corbin, Juliet/Strauss, Anselm, Accompaniments of chronic illness: Changes in body, self, biography, and biographical time, in: Research in the Sociology of Health Care 6 (1987) 3, S. 249-281.

Czada, Roland, Konjunkturen des Korporatismus. Zur Geschichte eines Paradigmenwechsels in der Verbändeforschung, in: Streeck, Wolfgang (Hg.), Staat und Verbände, Opladen 1994, S. 37-64.

Czarniawska, Barbara, Narratives in Social Science Research, London/Thousand Oaks 2004.

D'Andrea, Mario, Aufzeichnungen eines italienischen Daimler-Benz-Arbeiters (1961–1977), in: Grohmann, Peter/Sackstetter, Horst (Hg.), plakat. 10 Jahre Betriebsarbeit bei Daimler-Benz, Berlin 1979, S. 37-63.

Delius, Friedrich Christian, Unsere Siemens-Welt. Eine Festschrift zum 125-jährigen Bestehen des Hauses S., Hamburg 1995.

Dement, William C./Vaughan, Christopher, Der Schlaf und unsere Gesundheit. Über Schlafstörungen, Schlaflosigkeit und die Heilkraft des Schlafs, München 2002.

Deppe, Frank, Der Deutsche Gewerkschaftsbund (DGB) 1949–1965, in: ders. (Hg.), Geschichte der deutschen Gewerkschaftsbewegung, 3. Aufl., Köln 1981, S. 320-409.

Deutsche Angestellen Gewerkschaft (DAG), Bundesvorstand (Hg.), Forderungen für leitende und wissenschaftliche Angestellte. Eine Stellungnahme der DAG, Hamburg 1970.

Deutsche Angestellen Gewerkschaft (DAG), Bundesvorstand (Hg.), Forderungen zur Novellierung des Betriebsverfassungsgesetzes und Entschließung zum Bericht der Mitbestimmungskommission (Biedenkopf-Kommission), Hamburg 1970.

Deutsche Angestellen Gewerkschaft (DAG), Bundesvorstand (Hg.), Synopse Betriebsverfassung. Regierungsentwurf vom 3.12.1970 – VI/1786. Entwurf der CDU/CSU-Fraktion vom 11.2.1971 – VI/1806. DAG-Forderungen zur Novellierung des Betriebsverfassungsgesetzes vom 11.2.1970. Betriebsverfassungsgesetz vom 11.10.1952, Hamburg 1971.

Deutscher Gewerkschaftsbund, Bundesvorstand (Hg.), Für ein besseres Betriebsverfassungsgesetz. Eine Stellungnahme des DGB zum Gesetzentwurf der CDU/CSU über die Mitbestimmung der Arbeitnehmer in Betrieb und Unternehmen, Düsseldorf 1971.

Deutscher Gewerkschaftsbund, Bundesvorstand (Hg.), Für ein besseres Betriebsverfassungsgesetz. Eine vergleichende Darstellung zum Regierungsentwurf, Düsseldorf 1971.

Deutscher Gewerkschaftsbund, Bundesvorstand (Hg.), Vorschläge des DGB zur Änderung des Betriebsverfassungsgesetzes, Düsseldorf 1970.

Deutscher Gewerkschaftsbund, Protokoll, 11. ordentlicher Bundeskongreß Hamburg 21. bis 26. Mai 1978, Lübeck 1978.

Deutscher Gewerkschaftsbund, Stellungnahme des DGB zur Regierungserklärung vom 28. Oktober 1969, in: Das Mitbestimmungsgespräch 15 (1969), S. 178.

Die Praxis der Betriebsräte im Aufsichtsrat. Wirtschaftspolitische Schriften des Allgemeinen freien Angestelltenbundes, Berlin 1930.

Dietz, Bernhard/Neumaier, Christopher, Vom Nutzen der Sozialwissenschaften für die Geschichte, in: Vierteljahrshefte für Zeitgeschichte 50 (2012), S. 293-304.

Dietz, Bernhard/Neumaier, Christopher/Rödder, Andreas (Hg.), Gab es den Wertewandel? Neue Forschungen zum gesellschaftlich-kulturellen Wandel seit den 1960er Jahren, München 2014.

Ausgewählte Literatur

Dittmann, Frank, Geschichte der elektrischen Antriebstechnik, in: Kurt Jäger (Hg.): Alles bewegt sich. Beiträge zur Geschichte elektrischer Antriebe, Berlin/Offenbach 1998, S. 7-126.
Doering-Manteuffel, Anselm, Wie westlich sind die Deutschen? Amerikanisierung und Westernisierung im 20. Jahrhundert, Göttingen 1999.
Doering-Manteuffel, Anselm/Raphael, Lutz, Der Epochenbruch in den 1970er-Jahren: Thesen zur Phänomenologie und den Wirkungen des Strukturwandels »nach dem Boom«, in: Andresen, Knud/Bitzegeio, Ursula/Mittag, Jürgen (Hg.), »Nach dem Strukturbruch?«. Kontinuität und Wandel von Arbeitsbeziehungen und Arbeitswelt(en) seit den 1970er-Jahren, Bonn 2011, S. 25-40.
Doering-Manteuffel, Anselm/Raphael, Lutz, Nach dem Boom. Perspektiven auf die Zeitgeschichte seit 1970, Göttingen 2008.
Doering-Manteuffel, Anselm/Raphael, Lutz, Nach dem Boom. Perspektiven auf die Zeitgeschichte seit 1970, 2. Aufl., Göttingen 2010.
Doleschal, Reinhard/Dombois, Rainer (Hg.), Wohin läuft VW? Die Automobilproduktion in der Weltwirtschaftskrise, Hamburg 1982.
Dombois, Rainer, Beschäftigungspolitik in der Krise. VW als Modell großbetrieblichen Krisenmanagements, in: Doleschal, Reinhard/Dombois, Rainer (Hg.), Wohin läuft VW? Die Automobilproduktion in der Weltwirtschaftskrise, Hamburg 1982, S. 273-290.
Dörre, Klaus/Brinkmann, Ulrich, Finanzmarkt-Kapitalismus. Triebkraft eines flexiblen Produktionsregimes?, in: Windolf, Paul (Hg.), Finanzmarktkapitalismus. Analysen zum Wandel von Produktionsregimen, Wiesbaden 2005, S. 85-116.
Düe, Dietmar/Hentrich, Jörg, Krise der Automobilindustrie – Das Beispiel des Multi General Motors/Opel AG, Frankfurt a. M. 1981.
Düll, Klaus, Industriesoziologie in Frankreich. Eine historische Analyse zu den Themen Technik, Industriearbeit, Arbeiterklasse, Frankfurt a. M. 1975.
Dunn, Elizabeth C., Privatizing Poland. Baby Food, Big Business, and the Remaking of Labor, London 2004.
Dunn, Elizabeth, Slick Salesmen and Simple People. Negotiated Capitalism in a Privatized Polish Firm, in: Burawoy, Michael/Verdery, Katherine (Hg.), Uncertain Transition. Ethnographies of Change in the Postsocialist World, Lanham u. a. 1999.
Ebert, Volker, Korporatismus zwischen Bonn und Brüssel. Die Beteiligung deutscher Unternehmensverbände an der Güterverkehrspolitik (1957–1972), Stuttgart 2010.
Einstein, Norbert, Die Betriebsräte in Konzernen, in: Betriebsräte-Zeitschrift für die Funktionäre der Metallindustrie. Hg. vom Vorstand des Deutschen Metallarbeiter-Verbandes 3 (1922), Nr. 14, S. 438-445.
Elias, Norbert, Die Gesellschaft der Individuen [1939], in: ders., Die Gesellschaft der Individuen, (Gesammelte Schriften, Bd. 10), Frankfurt a. M. 2001, S. 15-98.
Ellerbrock, Karl-Peter, Geschichte der deutschen Nahrungs- und Genußmittelindustrie, 1750–1914, Stuttgart 1993.
Engelen, Ute, Demokratisierung der betrieblichen Sozialpolitik? Das Volkswagenwerk in Wolfsburg und Automobiles Peugeot in Sochaux, Baden-Baden 2013.
Epple, Angelika, Das Unternehmen Stollwerck. Eine Mikrogeschichte der Globalisierung, Frankfurt a. M./New York 2010.
Erdmann, Lothar, Gewerkschaften, Werksgemeinschaften und industrielle Demokratie, in: Die Arbeit 2 (1925), S. 131-142.
Erdmann, Lothar, Zum Problem der Arbeitsgemeinschaft, in: Die Arbeit 3 (1926), S. 315-320, 379-390 u. 641-652.
Erker, Paul, Aufbruch zu neuen Paradigmen. Unternehmensgeschichte zwischen sozialgeschichtlicher und betriebswirtschaftlicher Erweiterung, in: Archiv für Sozialgeschichte 37 (1997), S. 321-365.
Erker, Paul, Die Arbeiter bei MAN 1945–1950, in: Klaus Tenfelde (Hg.), Arbeiter im 20. Jahrhundert, Stuttgart 1991.
Eschenburg, Theodor, Herrschaft der Verbände?, Stuttgart 1955.
Esser, Elke, Ausländerinnen in der Bundesrepublik Deutschland. Eine soziologische Analyse des Eingliederungsverhaltens ausländischer Frauen, Frankfurt a. M. 1982.
Esser, Josef, Funktionen und Funktionswandel der Gewerkschaften in Deutschland, in: Schroeder, Wolfgang/Weßels, Bernhard (Hg.), Die Gewerkschaften in Politik und Gesellschaft der Bundesrepublik Deutschland. Ein Handbuch, Wiesbaden 2003, S. 65-85.
Esser, Josef/Fach, Wolfgang, Korporatistische Krisenregulierung im »Modell Deutschland«, in: Alemann, Ulrich von (Hg.), Neokorporatismus, Frankfurt a. M./New York 1981, S. 158-179.

Etzemüller, Thomas (Hg.), Die Ordnung der Moderne. Social Engineering im 20. Jahrhundert, Bielefeld 2009.

Farthmann, Friedhelm (Hg.), Landesforum Schichtarbeit. Bericht über eine Tagung der Arbeitsgemeinschaft für Arbeitnehmerfragen (AfA) der SPD des Landes Nordrhein-Westfalen am 27. Januar 1979 in Recklinghausen, Bonn 1979.

Fattmann, Rainer, 125 Jahre Arbeit und Leben in den Werken von Daimler und Benz. Die Geschichte der Beschäftigten und ihrer Interessenvertretung, Ludwigsburg 2011.

Faulenbach, Bernd, Das sozialdemokratische Jahrzehnt. Von der Reformeuphorie zur Neuen Unübersichtlichkeit. Die SPD 1969–1982, Bonn 2011.

Feldenkirchen Wilfried/Posner, Eberhard, Gerd Tacke, in: Dies. (Hg.), Die Siemens-Unternehmer. Kontinuität und Wandel 1847–2005. Zehn Portraits, München/Zürich 2005, S. 148-157.

Feldenkirchen, Wilfried, Siemens 1918–1945, München/Zürich 1995.

Feldenkirchen, Wilfried, Siemens. Von der Werkstatt zum Weltunternehmen, München 2003.

Fichter, Michael, Von der Volksgemeinschaft zur Sozialpartnerschaft. Betriebe und Betriebsvertretung im Raum Stuttgart, 1945–1950, in: 1999. Zeitschrift für die Sozialgeschichte des 20. und 21. Jahrhunderts. 5 (1990) 3, S. 81-97.

Fiedler, Martin, Vertrauen ist gut, Kontrolle ist teuer: Vertrauen als Schlüsselkategorie wirtschaftlichen Handelns, in: Geschichte und Gesellschaft 27 (2001), S. 576-592.

Flechtheim, Ossip K./Kupper, Siegfried/Meisner, Manfred (Hg.), Dokumente zur parteipolitischen Entwicklung in Deutschland seit 1945. A: Nachtrag: Programmatik und Statuten. B: Statistiken. C: Personenregister, Berlin 1971.

Foucault, Michel, Die Sorge um die Wahrheit (Gespräch mit François Ewald) [1984], in: ders.: Schriften in vier Bänden. Dits et Ecrits, Frankfurt a. M. 2005, Bd. 4, S. 823-836.

Franz, Klaus, PAISY aber wie? Die Auseinandersetzung um die Einführung eines Personalinformationssystems bei Adam Opel AG in Rüsselsheim, in: WSI Mitteilungen 36 (1983), S. 146-149.

Franz, Ludwig, Betriebsverfassungsgesetz. Synopse der aktuellen Novellierungs-Vorschläge, 2. Aufl., Bonn 1968.

Frese, Matthias, Betriebspolitik im Dritten Reich. Deutsche Arbeitsfront, Unternehmer und Staatsbürokratie in der Westdeutschen Großindustrie 1933 bis 1939, Paderborn 1991.

Freyer, Hans, Gegenwartsaufgaben der deutschen Soziologie, in: Zeitschrift für die gesamte Staatswissenschaft 95 (1934/35), S. 116-144.

Freyssenet, Michel u. a. (Hg.), One Best Way? Trajectories and Industrial Models of the World's Automobile Producers, Oxford 1998.

Freyssenet, Michel, Renault. 1992–2007. Globalization and Strategic Uncertainties, in: ders. (Hg.), The Second Automobile Revolution. Trajectories of the World Carmakers in the 21st Century, Basingstoke 2009, S. 267-286.

Freyssenet, Michel, Renault. From Diversified Mass Production to Innovative Flexible Production, in: ders. u. a. (Hg.), One Best Way? Trajectories and Industrial Models of the World's Automobile Producers, Oxford 1998, S. 365-94.

Fricke, Fritz, Gewerkschaften und soziale Betriebspolitik. Positive oder negative Haltung, in: Die Arbeit 7 (1930), S. 608-618.

Friderichs, Hans, Politik für eine freie Gesellschaft, in: Bundesvorstand der FDP (Hg.), Zeugnisse Liberaler Politik. 25 Jahre F.D.P. (1948–1973), Offenbach 1973, S. 205-213.

Friedrich, Otto A., Die aktuellen Aufgaben der BDA, in: Jahresbericht der BDA (1970), S. 210-214.

Friedrichs, Günter (Hg.), Qualität des Lebens. Beiträge zur vierten Internationalen Arbeitstagung der IG Metall für die Bundesrepublik Deutschland, 11.–14. April 1972 in Oberhausen, 10 Bde., Frankfurt a. M. 1972.

Fürstenberg, Friedrich (unter Mitarbeit von Donnenberg, Otmar/Meyer, Klaus/Steinbrugger, Helmuth/Trost, Volker), Die Anwendung des Betriebsverfassungsgesetzes im Haus Siemens. Kurzfassung eines Untersuchungsberichtes, München 1970.

Fürstenberg, Friedrich, Der Betriebsrat – Strukturanalyse einer Grenzsituation, in: Kölner Zeitschrift für Soziologie und Sozialpsychologie 10 (1958), S. 418-429.

Fürstenberg, Friedrich, Die Anwendung des Betriebsverfassungsgesetzes im Hause Siemens. Auszug aus einem Untersuchungsbericht (1970), in: ders., Arbeitsbeziehungen im gesellschaftlichen Wandel. München/Mering 2000, S. 223-233.

Garbe, Walter, Wie gliedert sich die Zusammenarbeit der Betriebsvertretungen der Siemens-Betriebe und wie ist sie organisiert?, in: Siemens-Mitteilungen, Heft 1 vom Oktober 1951, S. 22-24.

Geck, Heinrich Adolph, Zur Entstehungsgeschichte der Betriebssoziologie, in: Specht, Karl Gustav (Hg.), Soziologische Forschung in unserer Zeit, Köln/Opladen 1951, S. 107-122.
Geck, Ludwig Heinrich Adolph, Soziale Betriebsführung nach den Grundsätzen einer Seinstheologie des Industriebetriebs, in: Kolbinger, Josef (Hg.), Betrieb und Gesellschaft. Soziale Betriebsführung, Berlin 1966, S. 19-49.
Geiger, Theodor, Sozialpolitik im Betriebe, in: Die Arbeit 7 (1930), S. 831-840.
Geiger, Theodor, Zur Soziologie der Industriearbeit und des Betriebs, in: Die Arbeit 6 (1929), S. 673-689 u. 766-781.
Gewerkschaften in Politik, Wirtschaft und Gesellschaft 1945–1949, bearbeitet von Siegfried Mielke und Peter Rütters unter Mitarbeit von Michael Becker. (Quellen zur Geschichte der deutschen Gewerkschaftsbewegung Bd. 7), Köln 1991.
Gieryn, Thomas F., Boundary-Work and the Demarcation on Science from Non-Science. Strains and Interests in Professional Ideologies of Scientists, in: American Sociological Review 48 (1983), S. 781-795.
Görtemaker, Manfred, Geschichte der Bundesrepublik Deutschland. Von der Gründung bis zur Gegenwart, München 1999.
Gottwald, Johannes, Betriebsverfassung. Leitende Angestellte, in: Der Arbeitgeber, 21 (1969) 5, S. 159-161.
Graf, Otto u. a., Nervöse Belastung im Betrieb. I. Teil: Nachtarbeit und nervöse Belastung, (Forschungsberichte des Wirtschafts- und Verkehrsministeriums Nordrhein-Westfalen, Nr. 530), Köln/Opladen 1958.
Graf, Rüdiger/Priemel, Kim Christian, Zeitgeschichte in der Welt der Sozialwissenschaften. Legitimität und Originalität einer Disziplin, in: Vierteljahrshefte für Zeitgeschichte 59 (2011), S. 479-508.
Grieger, Manfred, Der neue Geist im Volkswagenwerk. Produktinnovation, Kapazitätsabbau und Mitbestimmungsmodernisierung 1968–1976, in: Reitmayer, Morten/Rosenberger, Ruth (Hg.), Unternehmen am Ende des »goldenen Zeitalters«. Die 1970er Jahre in unternehmens- und wirtschaftshistorischer Perspektive, Essen 2008, S. 31-66.
Grohmann, Peter/Sackstetter, Horst (Hg.), plakat. 10 Jahre Betriebsarbeit bei Daimler-Benz, Berlin 1979.
Guillebaud, Claude W., The Works Council. A German Experiment in Industrial Democracy, Cambridge 1928.
Guillén, Mauro F., Models of Management. Work, Authority, and Organization in a Comparative Perspective, Chicago/London 1994.
Gutmann, F., Verschobener Schlaf, in: Leipziger populäre Zeitschrift für Homöopathie 61 (1930), S. 456-457.
Habermas, Jürgen, Legitimationsprobleme im modernen Staat, in: ders., Zur Rekonstruktion des historischen Materialismus, Frankfurt a. M. 1976, S. 271-303.
Hachtmann, Rüdiger, Fordismus, Version: 1.0, in: Docupedia-Zeitgeschichte, 27.10.2011, <http://docupedia.de/zg/Fordismus?oldid=84605> (letzter Abruf 23.9.2013).
Hachtmann, Rüdiger, Gewerkschaften und Rationalisierung: Die 1970er-Jahre – ein Wendepunkt?«, in: Andresen, Knud/Bitzegeio, Ursula/Mittag, Jürgen (Hg.), »Nach dem Strukturbruch?«. Kontinuität und Wandel von Arbeitsbeziehungen und Arbeitswelt(en) seit den 1970er-Jahren, Bonn 2011, S. 181-209.
Haipeter, Thomas, Mitbestimmung bei VW. Neue Chancen für die betriebliche Interessenvertretung?, Münster i. Westf. 2000.
Hans-Böckler-Stiftung, Entschließungen zum Betriebsverfassungs- und Personalvertretungsgesetz, in: Das Mitbestimmungsgespräch 15 (1969), S. 108-109.
Hans-Böckler-Stiftung, Grundzüge eines Entwurfes für ein neues Betriebsverfassungsgesetzes, in: Das Mitbestimmungsgespräch 16 (1970), S. 195-200.
Hans-Böckler-Stiftung, Stellungnahmen der Parteien zur Mitbestimmungsfrage, in: Das Mitbestimmungsgespräch 15 (1969), S. 130.
Hardy, Jane, Poland's New Capitalism, London 2009.
Harnden, Roger/Leonard, Allenna (Hg.), How Many Grapes went into the Wine. Stafford Beer on the Art and Science of Holistic Management, New York u. a. 1994.
Heinrichs, Felix, »Ihr Kampf ist unser Kampf«. Der Pierburg-Streik im Jahr 1973, in: Jens Metzdorf (Hg.), Novaesium 2013. Neusser Jahrbuch für Kunst, Kultur und Geschichte, Neuss 2013, S. 99-119.
Helfert, Mario, Wertewandel, Arbeit, technischer Fortschritt, Wachstum, Köln 1986.
Heller, Richard, Die Einigungsstelle als Schrittmacher neuer Arbeitszeitregelungen. Eine alternative Opel-Chronik für die Jahre 1975–1981, in: Das Mitbestimmungsgespräch 27 (1981), S. 283-286.
Hellpach, Willy, Gruppenfabrikation, Berlin 1922.
Hemmer, Hans-Otto/Milert, Werner/Schmitz, Kurt Thomas, Gewerkschaftliche Politik unter der konservativ-liberalen Regierung seit 1982, in: Hemmer, Hans-Otto/Schmitz, Kurt Thomas (Hg.), Geschichte der Gewerkschaften in der Bundesrepublik Deutschland. Von den Anfängen bis heute, Köln 1990, S. 413-458.

Henschel, Rudolf, Konzertierte Aktion. Autonomie und Planung, in: Gewerkschaftliche Monatshefte 4 (1967), S. 200-206.
Herbert, Ulrich, Wandlungsprozesse in Westdeutschland. Belastung, Integration, Liberalisierung 1945–1980, Göttingen 2002.
Hermann Kotthoff, »Betriebliche Sozialordnung« als Basis ökonomischer Leistungsfähigkeit, in: Beckert, Jens/Deutschmann, Christoph (Hg.), Wirtschaftssoziologie, Wiesbaden 2010 (KZfSS, Sonderheft 49/2009), S. 428-446.
Hildebrandt, Eckhart, Ihr Kampf ist unser Kampf. Teil 1: Ursachen, Verlauf und Perspektiven der Ausländerstreiks 1973, Offenbach 1975.
Hillmann, Karl-Heinz, Zur Wertewandelsforschung. Einführung, Überblick und Ausblick, in: Oesterdiekhoff, Georg W./Jegelka, Norbert (Hg.), Werte und Wertewandel in westlichen Gesellschaften. Resultate und Perspektiven der Sozialwissenschaften, Opladen 2001, S. 15-39.
Hindrichs, Wolfgang u. a., Der lange Abschied vom Malocher. Sozialer Umbruch in der Stahlindustrie und die Rolle der Betriebsräte von 1960 bis in die neunziger Jahre, Essen 2000.
Hinrichs, Peter, Um die Seele des Arbeiters. Arbeitspsychologie, Industrie- und Betriebssoziologie in Deutschland, Köln 1981.
Hockerts, Hans Günter, Der deutsche Sozialstaat. Entfaltung und Gefährdung seit 1945, Göttingen 2011.
Höfler-Waag, Martin, Die Arbeits- und Leistungsmedizin im Nationalsozialismus von 1939–1945, Husum 1994.
Hollingsworth, J. Rogers/Boyer, Robert (Hg.), Contemporary Capitalism. The Embeddedness of Institutions, Cambridge 1998.
Horkheimer, Max, Menschen im Großbetrieb [1955], in: ders., Gesammelte Schriften, Bd. 8, Frankfurt a. M. 1985, S. 95-105.
Horsten, Franz, Leistungsgemeinschaft und Eigenverantwortung im Bereich der nationalen Arbeit und Grundgedanken über eine Neuordnung der deutschen Lohnpolitik, Würzburg-Aumühle 1941.
Hoss, Willi, Komm ins Offene, Freund. Autobiographie, hg. von Kämmerer, Peter, Münster i. Westf. 2004.
Huwer, Jörg, Gastarbeiter im Streik. Die spontanen Arbeitsniederlegungen bei Ford Köln im August 1973, Geschichte im Westen 22 (2007), S. 223-249.
Iankova, Elena, Eastern European Capitalism in the Making, Cambridge 2002.
Industriegewerkschaft Chemie, Papier, Keramik, Jahrbuch 1952, Hannover o. J. [1953].
Industriegewerkschaft Metall, Geschäftsbericht der IG Metall 1971–1973, Frankfurt a. M. 1974.
Industriegewerkschaft Metall, Protokoll des neunten ordentlichen Gewerkschaftstages der Industriegewerkschaft Metall für die Bundesrepublik Deutschland in der Bayernhalle in München vom 2. bis zum 7. September 1968, Frankfurt a. M. 1968.
Inglehart, Ronald, The silent revolution in Europe. Intergenerational change in post-industrial societies, in: American Political Science Review 65 (1971), S. 991-1017.
Inglehart, Ronald, The Silent revolution. Changing values and political styles among western publics, Princeton, NJ 1977.
Jacobi, Otto, Industrielle Beziehungen und Korporatismus in der Bundesrepublik Deutschland, in: Billerbeck, Ulrich u. a. (Hg.), Korporatismus und gewerkschaftliche Interessenvertretung, Frankfurt a. M./New York 1982, S. 47-88.
Jaeckel, Hermann, Der Gesamtbetriebsrat der Berliner Siemens-Betriebe, in: Siemens-Mitteilungen, Heft 3 vom Mai 1952, S. 32 f.
Jäger, Wolfgang, Die Innenpolitik der sozial-liberalen Koalition 1969–1974, in: Bracher, Karl Dietrich/Jäger, Wolfgang/Link, Werner (Hg.), Republik im Wandel. Bd. I: Die Ära Brandt 1969–1974, Stuttgart 1986, S. 15-162.
Jamin, Mathilde, Die deutsch-türkische Anwerbevereinbarung von 1961 und 1964, in: Eryılmaz, Aytaç (Hg.), Fremde Heimat. Eine Geschichte der Einwanderung aus der Türkei, Essen 1998, S. 69-82.
Jamin, Mathilde, Die deutsche Anwerbung: Organisation und Größenordnung, in: Eryılmaz, Aytaç (Hg.), Fremde Heimat. Eine Geschichte der Einwanderung aus der Türkei, Essen 1998, S. 149-170.
Jansen, Peter/Jürgens, Ulrich, Gewerkschaften und Industriepolitik, in: Schroeder, Wolfgang/Weßels, Bernhard (Hg.), Die Gewerkschaften in Politik und Gesellschaft der Bundesrepublik Deutschland. Ein Handbuch, Wiesbaden 2003, S. 429-450.
Jansen, Rolf/Möllenstedt, Ulrich/Preiser, Klaus, Schichtarbeit im öffentlichen Dienst in Bremen, Forschungsbericht, Hg. vom Bundesministerium für Arbeit und Sozialordnung, Dortmund 1980.
Jarausch, Konrad H. (Hg.), Das Ende der Zuversicht? Die siebziger Jahre als Geschichte, Göttingen 2008.

Jessop, Bob, Rezension von: Boyer, Robert/Saillard, Yves (Hg.), Regulation Theory: The State of the Art, in: New Political Economy 7 (2002) 3, S. 463-472.

Jones, S. R. H., The Rise of the Factory System in Britain, in: Robertson, Paul (Hg.), Authority and Control in Modern Industry. Theoretical and Empirical Perspectives, London/New York 1999, S. 17-44.

Jureit, Ulrike, Das Ordnen von Räumen. Territorium und Lebensraum im 19. und 20. Jahrhundert, Hamburg 2012.

Jürgens, Ulrich, The Development of Volkswagen's Industrial Model, in: Freyssenet, Michel u. a. (Hg.), One Best Way? Trajectories and Industrial Models of the World's Automobile Producers, Oxford 1998, S. 273-310.

Jürgens, Ulrich, The Final Chapter of the »VW Model«? The VW Trajectory 1995–2005, in: Michel Freyssenet (Hg.), The Second Automobile Revolution. Trajectories of the World Carmakers in the 21st Century, Basingstoke 2009, S. 225-245.

Jürgens, Ulrich/Malsch, Thomas/Dohse, Knuth, Moderne Zeiten in der Automobilfabrik. Strategien der Produktionsmodernisierung im Länder- und Konzernvergleich, Berlin/Heidelberg u. a. 1989.

Kaiser, Christian, Korporatismus in der Bundesrepublik Deutschland. Eine politikfeldübergreifende Übersicht, Marburg 2006.

Kaiser, Heinrich u. a. (Hg.), Betriebsverfassungsgesetz. Handkommentar, 21. Aufl., München 2002.

Kalbitz, Rainer, Der Metallstreik in Bayern 1954, in: Gewerkschaftliche Monatshefte 55 (2004), Heft 9, S. 559-569.

Kalbitz, Rainer, Die Ära Otto Brenner in der IG Metall, Frankfurt a. M. 2001.

Kalbitz, Rainer, Die Arbeitskämpfe in der BRD. Aussperrung und Streik 1948–1968, Diss. Bochum 1972.

Kaßler, Erhard, Die verschiedenen Pläne zur Ausweitung der Mitbestimmung in Betrieb und Unternehmen. Vergleichende Darstellung und Kommentierung, in: Das Mitbestimmungsgespräch 15 (1969), S. 39-43.

Kaufmann, Bruce E., Managing the Human Factor. The Early Years of Human Resource Management in American Industry, Ithaca/London 2008.

Kehrmann, Karl/Schneider, Wolfgang, Die Beteiligung der Arbeitnehmer in wirtschaftlichen Angelegenheiten nach dem neuen Betriebsverfassungsgesetz (I und II), in: Das Mitbestimmungsgespräch 18 (1972), S. 71-75, 91-100.

Keller, Reiner, Wissenssoziologische Diskursanalyse. Grundlegung eines Forschungsprogramms, Wiesbaden 2005.

Kempter, Klaus, Gefolgschaft, Kooperation und Dissens. Die Gewerkschaften in der sozialliberalen Ära 1969–1982, in: Oliver von Mengersen/Matthias Frese/Klaus Kempter u. a. (Hg.), Personen. Soziale Bewegungen. Parteien. Beiträge zur Neuesten Geschichte. Festschrift für Hartmut Soell, Heidelberg 2004, S. 281-298.

Kern, Horst/Schumann, Michael, Das Ende der Arbeitsteilung? Rationalisierung in der industriellen Produktion: Bestandsaufnahme, Trendbestimmung, München 1984.

Kettner, Hans-Joachim, Betriebsverfassung. SPD im DGB-Schlepptau, in: Der Arbeitgeber 21 (1969) 1, S. 16-19.

Kieser, Albrecht, Ausländer- und Asylpolitik, in: Gabriele Gillen (Hg.), Schwarzbuch Deutschland, Reinbek bei Hamburg 2009.

Kieseritzky, Wolther von, Der Deutsche Gewerkschaftsbund 1964–1969 (Quellen zur Geschichte der deutschen Gewerkschaftsbewegung im 20. Jahrhundert, Bd. 13), Bonn 2006.

Kittner, Michael, Arbeits- und Sozialordnung, 34. Aufl., Frankfurt a. M. 2009.

Kittner, Michael, Arbeitskampf. Geschichte, Recht, Gegenwart, München 2005.

Klages, Helmut, Wertorientierungen im Wandel. Rückblick, Gegenwartsanalyse, Prognosen, Frankfurt a. M. 1984.

Kleinschmidt, Christian, Der produktive Blick. Wahrnehmung amerikanischer und japanischer Management- und Produktionsmethoden durch deutsche Unternehmer 1950–1985, Berlin 2002.

Kleitman, Nathaniel, A Scientific Solution of the Multiple Shift Problem, in: Industrial Hygiene Foundation of America, Seventh Annual Meeting of Members, Pittsburgh 1942, S. 19-23.

Kleitman, Nathaniel, Sleep and Wakefulness as Alternating Phases in the Cycle of Existence, Chicago 1939.

Kleitman, Nathaniel, The Sleep-Wakefulness Cycle in Submarine Personal, in: A Survey Report on Human Factors in Undersea Warfare, hg. vom Committee on Undersea Warfare/National Research Council, Baltimore 1949.

Kley, Gisbert, Montan-Mitbestimmung. Antworten auf die Forderungen des DGB. (Zum Dialog – Schriftenreihe des Wirtschaftsrats der CDU e. V. Nr. 7), Bonn 1968.

Knorr, Heribert, Der parlamentarische Entscheidungsprozess während der Großen Koalition 1966–1969. Struktur und Einfluss der Koalitionsfraktionen und ihr Verhältnis zur Regierung der Großen Koalition, Meisenheim am Glan 1975.

Koch, Günther, Arbeitnehmer steuern mit. Belegschaftsvertretung bei VW ab 1945, Köln 1987.

Koch, Günther, Stabilität und Wandel der Belegschaftsvertretung im Volkswagenwerk Wolfsburg, Göttingen 1985.

Koch, Waldemar, Die Krise des Industriebetriebes, Berlin 1933.

Kocka, Jürgen, Organisierter Kapitalismus im Kaiserreich?, in: Historische Zeitschrift 230 (1980) 3, S. 613-631.

Anhang

Kocka, Jürgen/Offe, Claus (Hg.), Geschichte und Zukunft der Arbeit, Frankfurt a. M. 2000.

Kollegen der »Gruppe oppositioneller Gewerkschafter in der IG Metall«, Listenvielfalt bei Opel, Bochum, in: Jacobi, Otto/Müller-Jentsch, Walther/Schmidt, Eberhard (Hg.), Arbeiterinteressen gegen Sozialpartnerschaft. Kritisches Gewerkschaftsjahrbuch 1978/79, Berlin 1979, S. 96-107, S. 110-115.

Koller, Barbara, Psychologie und Produktion. Die Entwicklung der persönlichkeitsbezogenen Anforderungsprofile an die Wirtschaftselite seit den sechziger Jahren, in: Berghahn, Volker u. a. (Hg.), Die deutsche Wirtschaftselite im 20. Jahrhundert. Kontinuität und Mentalität, Essen 2003, S. 337-351.

König, René, Die informellen Gruppen im Industriebetrieb [1961], in: ders., Schriften, Bd. 16, Opladen 2002, S. 256-312.

König, René, Einige grundsätzliche Bemerkungen über die Mikroanalyse in der Betriebssoziologie [1956], in: ders., Schriften, Bd. 16, Opladen 2002, S. 235-255.

Köpping, Walter, Partnerschaftsideologie und Mitbestimmungsforderung, in: Gewerkschaftliche Monatshefte 20 (1969) 2, S. 389-395.

Kössler, Till, Eine neue Ordnung in den Betrieben. Vergleichende Überlegungen zum Wandel der industriellen Beziehungen in der Bundesrepublik und Italien nach 1945, in: Calließ, Jörg (Hg.), Die Geschichte des Erfolgsmodells BRD im internationalen Vergleich, Rehburg-Loccum 2006, S. 103-123.

Kotthoff, Hermann, Betriebsräte und Bürgerstatus. Wandel und Kontinuität betrieblicher Mitbestimmung, München/Mering 1994.

Kotthoff, Hermann, Zum Verhältnis von Betriebsrat und Gewerkschaft. Ergebnisse einer empirischen Untersuchung, in: Bergmann, Joachim (Hg.), Beiträge zur Soziologie der Gewerkschaften, Frankfurt a. M. 1979, S. 298-325.

Kozłowski, Mieczysław, Dzieje firmy E. Wedel, Warszawa 1993.

Koźmiński, Andrzej, Catching up? Organizational and management change in the ex-Socialist Block, Albany 1993.

Koźmiński, Andrzej, Kto wygra następne wybory?, in: Kultura 6 (1997), S. 145-146.

Krafcik, John, Triumph of lean manufacturing, in: Sloan Management Review 30 (1998), S. 41-52.

Kranig, Andreas, Das Gesetz zur Ordnung der nationalen Arbeit (AOG): Grundgesetz der nationalsozialistischen Arbeitsverfassung?, in: Harald Steindl (Hg.), Wege zur Arbeitsrechtsgeschichte, Frankfurt a. M. 1984, S. 441-500.

Krau, Ingrid/Walz, Manfred, »Wer weiß denn schon was Kontischicht bedeutet«. Zum Zusammenhang von Arbeit und Leben außerhalb des Werktors. Kooperatives Forschen in der Stahlindustrie (Schriftenreihe »Humanisierung des Arbeitslebens« 62), Frankfurt a. M./New York 1986.

Krell, Gertraude, Vergemeinschaftende Personalpolitik. Normative Personallehren, Werksgemeinschaft, NS-Betriebsgemeinschaft, Betriebliche Partnerschaft, Japan, Unternehmenskultur, München 1995.

Kroker, Kenton, The Sleep of Others and the Transformations of Sleep Research, Toronto 2007.

Kruke, Anja, Demoskopie in der Bundesrepublik Deutschland. Meinungsforschung, Parteien und Medien 1949–1990, Düsseldorf 2007.

Kruke, Anja, Der Kampf um die politische Deutungshoheit. Meinungsforschung als Instrument von Parteien und Medien in den Siebzigerjahren, in: Archiv für Sozialgeschichte 44 (2004), S. 293-326.

Kuchenbuch, David, Geordnete Gemeinschaft. Architekten als Sozialingenieure – Deutschland und Schweden im 20. Jahrhundert, Bielefeld 2010.

Kuda, Rudolf, Arbeiterkontrolle in Großbritannien. Theorie und Praxis, Frankfurt a. M. 1970.

Küpper, Willi/Ortmann, Günther (Hg.), Mikropolitik. Rationalität, Macht und Spiele in Organisationen, 2. Aufl., Opladen 1992.

Kuske, Bruno, 100 Jahre Stollwerck-Geschichte 1839–1939, Köln 1939.

Landwehr, Achim, Historische Diskursanalyse, Frankfurt a. M./New York 2008.

Landwehr, Achim, Kulturgeschichte, in: Docupedia-Zeitgeschichte, 14.5.2013, <http://docupedia.de/zg/Kulturgeschichte?oldid=86239> (letzter Abruf 28.8.2014).

Lauschke, Karl, Der Wandel in der betrieblichen und gewerkschaftlichen Interessensvertretung nach den westdeutschen Septemberstreiks, in: Bernd Gehrke/Gerd-Rainer Horn (Hg.), 1968 und die Arbeiter. Studien zum »proletarischen Mai« in Europa, Hamburg 2007, S. 76-92.

Lauschke, Karl, Die halbe Macht. Mitbestimmung in der Eisen- und Stahlindustrie 1945 bis 1989, Essen 2007.

Lauschke, Karl, Die Hoesch-Arbeiter und ihr Werk. Sozialgeschichte der Dortmunder Westfalenhütte während der Jahre des Wiederaufbaus 1945–1966, Essen 2000.

Lauschke, Karl/Welskopp, Thomas (Hg.), Mikropolitik im Unternehmen. Arbeitsbeziehungen und Machtstrukturen in industriellen Großbetrieben des 20. Jahrhunderts, Essen 1994.

Ausgewählte Literatur

Lehmbruch, Gerhard, Liberal Corporatism and Party Government, in: Schmitter, Philippe/Lehmbruch, Gerhard (Hg.), Trends Towards Corporatist Intermediation, London/Beverly Hills 1979, S. 53-62.

Leitzbach, Christian, Aus Neuss kommen die Vergaser. Aspekte aus der 100-jährigen Firmengeschichte der Pierburg GmbH, in: Metzdorf, Jens (Hg.), Novaesium 2009. Neusser Jahrbuch für Kunst, Kultur und Geschichte, Neuss 2009, S. 112-134.

Leminsky, Gerhard/Otto, Bernd, Politik und Programmatik des Deutschen Gewerkschaftsbundes, 1. Aufl., Köln 1974.

Lepsius, M. Rainer, Die Integration von Minoritäten aus dem Blickwinkel moderner Sozialwissenschaften, in: Eisenstadt, Michael G. (Hg.), Minoritäten in Ballungsräumen. Ein deutsche-amerikanischer Vergleich, Bonn 1975.

Lewicki, Mikołaj, Transfer wiedzy w międzynarodowej korporacji bankowej, in: Kochanowicz, Jacek/Mandes, Sławomir/Marody, Mirosława (Hg.), Kulturowe aspekty transformacji ekonomicznej, Warszawa 2007, S. 119-150.

Ley, Astrid/Morsch, Günter, Medizin und Verbrechen. Das Krankenrevier des KZ Sachsenhausen 1936–1945, Berlin 2007.

Liebert, Ulrike, Modelle demokratischer Konsolidierung. Parlamente und organisierte Interessen in der Bundesrepublik Deutschland, Italien und Spanien (1948–1990), Opladen 1995.

Liste Hoss/Mühleisen, Was der Betriebsrat anders machen kann, Stuttgart 1978.

Littler, Craig R., Understanding Taylorism, in: British Journal of Sociology 29 (1978), S. 185-202.

Lompe, Klaus, Gewerkschaftliche Politik in der Phase gesellschaftlicher Reformen und der außenpolitischen Neuorientierung der Bundesrepublik 1969 bis 1974, in: Hemmer, Hans-Otto/Schmitz, Kurt Thomas (Hg.), Geschichte der Gewerkschaften in der Bundesrepublik Deutschland. Von den Anfängen bis heute, Frankfurt a. M. 1990, S. 281-338.

Lösche, Peter/Walter, Franz, Die FDP. Richtungsstreit und Zukunftszweifel, Darmstadt 1996.

Lösche, Peter/Walter, Franz, Die SPD. Klassenpartei – Volkspartei – Quotenpartei. Zur Entwicklung der Sozialdemokratie von Weimar bis zur deutschen Vereinigung, Darmstadt 1992.

Lüdtke, Alf, Alltagsgeschichte, Mikro-Historie, historische Anthropologie, in: Goertz, Hans-Jürgen (Hg.), Geschichte. Ein Grundkurs, Reinbek 1998, S. 565-567.

Luks, Timo, Der Betrieb als Ort der Moderne. Zur Geschichte von Industriearbeit, Ordnungsdenken und Social Engineering im 20. Jahrhundert, Bielefeld 2010.

Magala, Sławomir, Walka klas w bezklasowej Polsce, Warszawa 2012, [englisches Original]: Class Struggle in Classless Poland, Boston 1982.

Maier, Charles S., Between Taylorism and Technocracy. European Ideologies and the Vision of Industrial Productivity in the 1920s, in: Journal of Contemporary History 5 (1970), S. 27-61.

Mansfeld, Werner, Das Gesetz zur Ordnung der nationalen Arbeit vom 20. Januar 1934, in: Deutsches Arbeitsrecht 2 (1934), S. 33-39.

Marcuse, Herbert, Pluralismus im Wohlfahrts- und Kriegsführungsstaat, in: Nuscheler, Franz/Steffani, Winfried (Hg.), Pluralismus. Konzeptionen und Kontroversen, 2. Aufl., München 1973, S. 224-227.

Mason, Timothy W., Zur Entstehung des Gesetzes zur Ordnung der nationalen Arbeit vom 20. Januar 1934: Ein Versuch über das Verhältnis »archaischer« und »moderner« Momente in der neuesten deutschen Geschichte, in: Mommsen, Hans/Petzina, Dietmar/Weisbrod, Bernd (Hg.), Industrielles System und politische Entwicklung in der Weimarer Republik, Düsseldorf 1974, S. 322-351.

Mattes, Monika, Gastarbeiterinnen in der Bundesrepublik. Anwerbepolitik, Migration und Geschlecht in den 50er bis 70er Jahren, Frankfurt a. M. 2005.

Maurer, Andrea, Wirtschaftssoziologie als soziologische Analyse ökonomischer Felder? Bourdieus Beitrag zur Wirtschaftssoziologie, in: Florian, Michael/Hillebrandt, Frank (Hg.), Pierre Bourdieu: Neue Perspektiven für die Soziologie der Wirtschaft, Wiesbaden 2006, S. 127-146.

Mayntz, Renate/Scharpf, Fritz W., Der Ansatz des akteurzentrierten Institutionalismus, in: dies. (Hg.), Gesellschaftliche Selbstregelung und politische Steuerung, Frankfurt a. M./New York 1995, S. 39-72.

Meissinger, Hermann, Die Betriebsgemeinschaft, in: Potthoff, Heinz (Hg.), Die sozialen Probleme des Betriebes, Berlin 1925, S. 245-253.

Menzel, Werner, Menschliche Tag-Nacht-Rhythmik und Schichtarbeit. Die spontane Tagesrhythmik der Körperfunktionen in ihrer Bedeutung für den Nacht- und Schichtarbeiter, Basel 1962.

Anhang

Mergel, Thomas, Überlegungen zu einer Kulturgeschichte der Politik, in: Geschichte und Gesellschaft 28 (2002), S. 574-606.

Mertens, Heinrich, Feudalherrschaft im Betrieb? Ein Ziel der faschistischen Reaktion, in: Betriebsräte-Zeitschrift 13 (1932), S. 76-79.

Mertens, Heinrich, Ist der industrielle Betrieb eine »überhistorische Kategorie«?, in: Betriebsräte-Zeitschrift 13 (1932), S. 155 f.

Metzler, Gabriele, Staatsversagen und Unregierbarkeit in den siebziger Jahren?, in: Konrad H. Jarausch (Hg.), Das Ende der Zuversicht. Die siebziger Jahre als Geschichte. Göttingen 2008, S. 243-260.

Michael Burawoy, The politics of production. Factory regimes under capitalism and socialism, London 1985.

Mieder, Elisabeth, Die Betriebsgemeinschaft und ihre Verwirklichung. Die sozialen Aufgaben des Unternehmens, Stuttgart/Berlin 1939.

Milert, Werner/Tschirbs, Rudolf, Die andere Demokratie. Betriebliche Interessenvertretung in Deutschland, 1848–2008, Essen 2012.

Milert, Werner/Tschirbs, Rudolf, Von den Arbeiterausschüssen zum Betriebsverfassungsgesetz. Geschichte der betrieblichen Interessenvertretung in Deutschland, Köln 1991.

Milert, Werner/Tschirbs, Rudolf, Zerschlagung der Mitbestimmung 1933. Die Zerstörung der ersten deutschen Betriebsdemokratie, Hans-Böckler-Stiftung, Düsseldorf 2013.

Minssen, Heiner, Arbeits- und Industriesoziologie. Eine Einführung, Frankfurt a. M./New York 2006, S. 77-88.

Minssen, Heiner, Die Rationalität von Rationalisierung. Betrieblicher Wandel und die Industriesoziologie, Stuttgart 1992.

Mühleisen, Hermann, Ich habe angefangen zu widersprechen und zu schimpfen, in: »plakat«-Gruppe/Bauer, Daimler-Benz von Innen, in: Hamburger Stiftung für Sozialgeschichte des 20. Jahrhunderts/Angelika Ebbinghaus (Hg.), Das Daimler-Benz-Buch. Ein Rüstungskonzern im »Tausendjährigen Reich«, Nördlingen 1987, S. 608-618.

Muir, Edward, Observing Trifles, in: Muir, Edward/Ruggiero, Guido (Hg.), Microhistory and the Lost Peoples of Europe, Baltimore/London 1991.

Müller-Jentsch, Walther, Arbeitsorganisation und neue Techniken als Gegenstand betriebs- und tarifpolitischer Konzeptionen und Strategien der IG Metall, in: Dankbaar, Ben/Jürgens, Ulrich/Malsch, Thomas (Hg.), Die Zukunft der Arbeit in der Automobilindustrie, Berlin 1988, S. 263-280.

Müller-Jentsch, Walther, Gewerkschaften als intermediäre Organisationen, in: ders., Arbeit und Bürgerstatus. Studien zur sozialen und industriellen Demokratie, Wiesbaden 2008, S. 51-78 (ursprünglich in: Brandt, Gerhard/Jacobi, Otto/Müller-Jentsch, Walther, Anpassung an die Krise: Gewerkschaften in den siebziger Jahren, Frankfurt a. M./New York 1982, S. 17-44).

Müller-Jentsch, Walther, Gewerkschaftliche Politik in der Wirtschaftskrise II – 1978/79 bis 1982/83, in: Hemmer, Hans-Otto/Schmitz, Kurt Thomas (Hg.), Geschichte der Gewerkschaften in der Bundesrepublik Deutschland. Von den Anfängen bis heute, Köln 1990, S. 375-412.

Müller-Jentsch, Walther, Industrielle Demokratie – Von der repräsentativen Mitbestimmung zur direkten Partizipation, in: ders., Arbeit und Bürgerstatus. Studien zur sozialen und industriellen Demokratie, Wiesbaden 2008, S. 173-179.

Müller-Jentsch, Walther, Länderanalyse Bundesrepublik Deutschland, in: Grebing, Helga/Meyer, Thomas (Hg.), Linksparteien und Gewerkschaften in Europa. Die Zukunft einer Partnerschaft, Köln 1992, S. 103-117.

Müller-Jentsch, Walther, Mitbestimmungspolitik, in: Schroeder, Wolfgang/Weßels, Bernhard (Hg.), Die Gewerkschaften in Politik und Gesellschaft der Bundesrepublik Deutschland. Ein Handbuch, Wiesbaden 2003, S. 451-477.

Müller-Jentsch, Walther, Soziologie der industriellen Beziehungen, 2. Aufl., Frankfurt a. M./New York 1997.

Müller-Jentsch, Walther, Theorien industrieller Beziehungen, in: ders., Arbeit und Bürgerstatus. Studien zur sozialen und industriellen Demokratie, Wiesbaden 2008, S. 239-283.

Müller-Jentsch, Walther, Versuch über die Betriebsverfassung – Mitbestimmung als interaktiver Lernprozess, in: ders., Arbeit und Bürgerstatus. Studien zur sozialen und industriellen Demokratie, Wiesbaden 2008, S. 159-172.

Müller, Hans-Peter, Die Deutsche Angestellten-Gewerkschaft im Wettbewerb mit dem DGB. Geschichte der DAG 1947–2001, Baden-Baden 2011.

Münstermann, Jörg/Preiser, Klaus, Schichtarbeit in der Bundesrepublik Deutschland. Sozialwissenschaftliche Bilanzierung des Forschungsstandes, statistische Trends und Maßnahmeempfehlungen. Bericht über ein Forschungsvorhaben (Forschungsbericht Humanisierung des Arbeitslebens/Bundesministerium für Arbeit und Sozialordnung, Bd. 8), Bonn 1978.

Münstermann, Jörg/Putz, Christa, Schichtarbeit und Berufsverlauf von Polizeibeamten, Hg. vom Bundesministerium für Arbeit und Sozialordnung, Bonn 1980.

Nachreiner, Friedhelm u. a., Schichtarbeit bei kontinuierlicher Produktion (Forschungsberichte der Bundesanstalt für Arbeitsschutz und Unfallforschung, Bd. 141), Wilhelmshaven 1975.

Neuheiser, Jörg, Vom bürgerlichen Arbeitsethos zum postmaterialistischen Arbeiten? Arbeit und Nicht-Arbeit in gesellschaftlichen und wissenschaftlichen Debatten um den Wertewandel seit den siebziger Jahren, in: Leonhard, Jörn/Steinmetz, Willibald (Hg.), Semantiken von Arbeit im internationalen Vergleich [erscheint Köln 2015].

Neuloh, Otto, Der neue Betriebsstil. Untersuchungen über Wirklichkeit und Wirkungen der Mitbestimmung, Tübingen 1960.

Neumann, Alexander, Das Kaiser-Wilhelm-Institut für Arbeitsphysiologie und der Kampf gegen die Ermüdung, in: Plesser, Theo/Thamer, Hans-Ulrich (Hg.), Arbeit, Leistung und Ernährung. Vom Kaiser-Wilhelm-Institut für Arbeitsphysiologie in Berlin zum Max-Planck-Institut für Arbeitsforschung in Dortmund, Stuttgart 2012, S. 171-195.

Noelle-Neumann, Elisabeth, Werden wir alle Proletarier? Wertewandel in unserer Gesellschaft, Zürich 1978.

Nützenadel, Alexander, Stunde der Ökonomen. Wissenschaft, Politik und Expertenkultur in der Bundesrepublik 1949–1974, Göttingen 2005.

Offe, Claus, Die Institutionalisierung des Verbandseinflusses – eine ordnungspolitische Zwickmühle, in: Alemann, Ulrich von/Heinze, Rolf G. (Hg.), Vom Pluralismus zum Korporatismus. Analysen, Positionen, Dokumente, 2. Aufl., Opladen 1981, S. 72-91.

Osswald, Richard, Lebendige Arbeitswelt. Die Sozialgeschichte der Daimler-Benz AG von 1945 bis 1985, Stuttgart 1986.

Ost, David, Introduction, in: Dunn, Elizabeth, Prywatyzując Polskę [Polish edition], Warsaw 2008, S. 5-12.

Ost, David, The defeat of solidarity. Anger and politics in postcommunist Europe, Ithaca 2006.

Parker, Martin, Post-Modern Organizations or Postmodern Organization Theory?, in: Organization Studies 13 (1992), S. 1-17.

Peters, Jürgen (Hg.), In freier Verhandlung. Dokumente zur Tarifpolitik der IG Metall 1945 bis 2002, Göttingen 2003.

Peters, Jürgen/Gorr, Holger (Hg.), In freier Verhandlung: Dokumente zur Geschichte der Tarifpolitik in der Metallindustrie 1945 bis 2002, 2. Aufl., Göttingen 2009.

Petrak, Kirsten, Die werkseigene »gute« Tradition, die Ära Hochapfel und das Betriebsverfassungsgesetz: Zur Praxis der betrieblichen Mitbestimmung in Leverkusen nach 1945, in: Tenfelde, Klaus/Czikowsky, Karl-Otto/Mittag, Jürgen/Moitra, Stefan/Nietzard, Rolf (Hg.), Stimmt die Chemie? Mitbestimmung und Sozialpolitik in der Geschichte des Bayer-Konzerns, Essen 2007, S. 177-196.

Pierburg-Kollegen, Der Pierburg Prozess gegen vier Betriebsräte, Hannover 1975.

Pierenkemper, Toni, Unternehmensgeschichte. Eine Einführung in ihre Methoden und Ergebnisse, Stuttgart 2000.

Pinl, Claudia, Pierburg KG Neuss. Beispiel eines erfolgreichen Frauenstreiks, in: Gewerkschaftliche Monatshefte 25 (1974), S. 54-57.

Pinther, Helmut, Novellierung des Betriebsverfassungsgesetzes, in: Das Mitbestimmungsgespräch 14 (1968), S. 4-9.

Piore, Michael J./Sabel, Charles, Das Ende der Massenproduktion [im Original 1984], Frankfurt a. M. 1989.

Platz, Johannes, »Die White Collars in den Griff bekommen« – Angestellte im Spannungsfeld sozialwissenschaftlicher Expertise, gesellschaftlicher Politik und gewerkschaftlicher Organisation 1950–1970, in: Archiv für Sozialgeschichte, 50 (2010), S. 271-288.

Platz, Johannes, Die Praxis der kritischen Theorie. Angewandte Sozialwissenschaften und Demokratie in der frühen Bundesrepublik 1950–1960, Trier 2012 <http://ubt.opus.hbz-nrw.de/volltexte/2012/780/pdf/Die_Praxis_der_kritischen_Theorie.pdf> (letzter Abruf 15.12.2014).

Platz, Johannes/Rosenberger, Ruth/Raphael, Lutz, Psychologische Eignungsdiagnostik in westdeutschen Großunternehmen: Wirkung von Ideen als Neufiguration wissenschaftlicher Konzepte in professionellen Verwendungsfeldern, in: Raphael, Lutz/Tenorth, Elmar (Hg.), Ideen als gesellschaftliche Gestaltungskraft. Beiträge für eine erneuerte Geistesgeschichte, München 2006, S. 479-496.

Platz, Johannes/Woyke, Meik (Hg.), Arbeitnehmerinteressen in Krisenzeiten, Bonn (i. Vorb.).

Pleinen, Jenny/Raphael, Lutz, Zeithistoriker in den Archiven der Sozialwissenschaften. Erkenntnispotenziale und Relevanzgewinne für die Disziplin, in: Vierteljahrshefte für Zeitgeschichte 62 (2014), S. 173-195.

Plumpe, Werner, Betriebliche Mitbestimmung in der Weimarer Republik. Fallstudien zum Ruhrbergbau und zur Chemischen Industrie, München 1999.
Plumpe, Werner, Die Unternehmerverbände im Transformationsprozess nach dem Zweiten Weltkrieg, in: Bührer, Werner/Grande, Edgar (Hg.), Unternehmerverbände und Staat in Deutschland, Baden-Baden 2000, S. 75-87.
Plumpe, Werner, Perspektiven der Unternehmensgeschichte, in: Schulz, Günther (Hg.), Sozial- und Wirtschaftsgeschichte. Arbeitsgebiete – Probleme – Perspektiven, Stuttgart 2004.
Plumpe, Werner, Unternehmen, in: Gerold Ambrosius u. a. (Hg.), Moderne Wirtschaftsgeschichte. Moderne Wirtschaftsgeschichte. Eine Einführung für Historiker und Ökonomen, München 1996.
Plumpe, Werner, Wirtschaftskrisen. Geschichte und Gegenwart, München 2010.
Pohle, Gustav Wilhelm, Probleme aus dem Leben eines industriellen Großbetriebs, Naumburg an der Saale 1905.
Popitz, Heinrich u. a., Das Gesellschaftsbild des Arbeiters. Soziologische Untersuchungen in der Hüttenindustrie, Tübingen 1957.
Preiser, Klaus, Statistik der Schichtarbeit, 2 Bde., (Bundesanstalt für Arbeitsschutz u. Unfallforschung. Forschungsbericht, Bd. 249), Dortmund 1980.
Presse- und Informationsamt der Bundesregierung (Hg.), Reform der Betriebsverfassung, Bonn 1971.
Pries, Ludger, Betrieblicher Wandel in der Risikogesellschaft. Empirische Befunde und konzeptionelle Überlegungen, Opladen 1991.
Probleme und Folgen der Schichtarbeit. Eine Untersuchung der Kommission des AFA-Landesvorstandes der SPD/NW, Dortmund 1977.
Projekt Schichtarbeit. Bericht der Projektleitung bei der Industriegewerkschaft Chemie-Papier-Keramik, Forschungsprojekt Entwicklung und Erprobung von Vermittlungskonzeptionen zur Umsetzung von arbeitswissenschaftlichen und arbeitsorganisatorischen Erkenntnissen im Bereich Schichtarbeit, Hannover 1979.
Projekt Schichtarbeit. Gesamtergebnisse der Problemanalyse Schichtarbeit im Organisationsbereich der IG Chemie-Papier-Keramik, Hannover, Abt. Bildungswesen im Rahmen des Projekts Schichtarbeit, Hannover 1981.
Puhle, Hans-Jürgen, Historische Konzepte des entwickelten Industriekapitalismus. »Organisierter Kapitalismus« und »Korporatismus«, in: Geschichte und Gesellschaft 10 (1984), S. 165-184.
Quellen zur Geschichte der deutschen Gewerkschaftsbewegung im 20. Jahrhundert, Bd. 9: Die Industriegewerkschaft Metall in den Jahren 1953 bis 1956. Bearbeitet von Felicitas Merkel, Köln 1999.
Rabinbach, Anson, Motor Mensch. Energie, Ermüdung und die Ursprünge der Moderne, Wien 2000.
Rabinbach, Anson, The Human Motor. Energy, Fatigue, and the Origins of Modernity, Berkeley/Los Angeles 1992.
Raisch, Manfred, Die Konzentration in der deutschen Automobilindustrie. Betriebswirtschaftliche Bestimmungsfaktoren und Auswirkungen, Berlin 1973.
Raithel, Thomas/Rödder, Andreas/Wirsching, Andreas (Hg.): Auf dem Weg in eine neue Moderne? Die Bundesrepublik Deutschland in den siebziger und achtziger Jahren, München 2009.
Randecker, Kurt, »… geschrieben und hergestellt von Kollegen der Werksteile Untertürkheim, Mettingen, Hedelfingen, Brühl«, in: Grohmann, Peter/Sackstetter, Horst (Hg.), plakat. 10 Jahre Betriebsarbeit bei Daimler-Benz, Berlin 1979, S. 78-92.
Ranft, Norbert, Sicherung oder Ausbau? Vertragliche Mitbestimmungsregelungen in der Bergbauindustrie, in: Borsdorf, Ulrich/Wendeling-Schröder, Ulrike (Bearb.), Aspekte der Mitbestimmung. Beiträge zur aktuellen Diskussion um die Mitbestimmung als Zukunftsaufgabe der Gewerkschaften (WSI-Arbeitsmaterialien Nr. 7), Düsseldorf 1985, S. 144-159.
Raphael, Lutz, Die Verwissenschaftlichung des Sozialen als methodische und konzeptionelle Herausforderung für eine Sozialgeschichte des 20. Jahrhunderts, in: Geschichte und Gesellschaft 22 (1996), S. 165-193.
Raphael, Lutz, Flexible Anpassungen und prekäre Sicherheiten. Industriearbeit(er) nach dem Boom, in: Reitmayer, Morten/Schlemmer, Thomas (Hg.), Die Anfänge der Gegenwart. Umbrüche in Westeuropa nach dem Boom, München 2014, S. 51-64.
Raphael, Lutz/Tenorth, Elmar (Hg.), Ideen als gesellschaftliche Gestaltungskraft. Beiträge für eine erneuerte Geistesgeschichte, München 2006.
Rathgeb, Gerd, Die Grenzen der betrieblichen Interessenvertretung, in: »plakat«-Gruppe/Bauer, Daimler-Benz von Innen, in: Hamburger Stiftung für Sozialgeschichte des 20. Jahrhunderts/Angelika Ebbinghaus (Hg.), Das Daimler-Benz-Buch. Ein Rüstungskonzern im »Tausendjährigen Reich«, Nördlingen 1987, S. 682-689.
Rauh-Kühne, Cornelia, Hans Constantin Paulssen: Sozialpartnerschaft aus dem Geiste der Kriegskameradschaft, in: Erker, Paul/Pierenkemper, Toni (Hg.), Deutsche Unternehmer zwischen Kriegswirtschaft und Wiederaufbau. Studien zur Erfahrungsbildung von Industrie-Eliten, München 1999, S. 109-192.

Reckwitz, Andreas, Das hybride Subjekt. Eine Theorie der Subjektkulturen von der bürgerlichen Moderne zur Postmoderne, Weilerswist 2006.

Reed, Michael I., Organizational Theorizing. A Historically Contested Terrain, in: Clegg, Stewart R. u. a. (Hg.), Handbook of Organization Studies, London 1996, S. 31-56.

Rehder, Britta, Legitimitätsdefizite des Co-Managements. Betriebliche Bündnisse für Arbeit als Konfliktfeld zwischen Arbeitnehmern und betrieblicher Interessenvertretung, in: Zeitschrift für Soziologie 35 (2006), S. 227-242.

Rehling, Andrea, Die konzertierte Aktion im Kontext der 1970er-Jahre: Geburtsstunde des Modells Deutschland und Ende des modernen Korporatismus, in: Andresen, Knud/Bitzegeio, Ursula/Mittag, Jürgen (Hg.), »Nach dem Strukturbruch?«. Kontinuität und Wandel von Arbeitsbeziehungen und Arbeitswelt(en) seit den 1970er-Jahren, Bonn 2011, S. 65-86.

Rehling, Andrea, Konfliktstrategie und Konsenssuche in der Krise. Von der Zentralarbeitsgemeinschaft zur Konzertierten Aktion. Baden-Baden 2011.

Remeke, Stefan, Gewerkschaften und Sozialgesetzgebung. DGB und Arbeitnehmerschutz in der Reformphase der sozialliberalen Koalition, Essen 2005.

Robertson, Paul L./Alston, Lee J., Technological Choice and the Organization of Work in Capitalist Firms, in: Economic History Review 45 (1992), S. 330-349.

Rose, Gunter, Mitbestimmung auf Betriebsebene – Ansätze und Schwerpunkte nach dem Betriebsverfassungsgesetz 1972, in: Gewerkschaftliche Monatshefte 24 (1973) 10, S. 614-622.

Rosenberger, Ruth, Demokratisierung durch Verwissenschaftlichung? Betriebliche Humanexperten als Akteure des Wandels der betrieblichen Sozialordnung in westdeutschen Unternehmen, in: Archiv für Sozialgeschichte 44 (2004), S. 327-355.

Rosenberger, Ruth, Experten für Humankapital. Die Entdeckung des Personalmanagements in der Bundesrepublik Deutschland. München 2008.

Rosenstock-Huessy, Eugen, Werkstattaussiedlung. Untersuchungen über den Lebensraum des Industriearbeiters, Berlin 1922.

Roth, Karl-Heinz, Pervitin und »Leistungsgemeinschaft«. Pharmakologische Versuche zur Stimulation der Arbeitsleistung unter dem Nationalsozialismus (1938–1945), in: Medizin im Nationalsozialismus. Tagung vom 30. April bis 2. Mai 1982, Bad Boll 1982, S. 200-226.

Röttger, Bernd, Glanz und Elend der Regulationstheorie. Einige Reflexionen zum Begriff der Regulation, in: Sozialistische Politik und Wirtschaft (SWP) 135, 2004 <http://www.spw.de/data/rttger_spw135.pdf> (letzter Abruf 23.9.2013).

Ruck, Michael, Die Republik der Runden Tische: Konzertierte Aktion, Bündnisse und Konsensrunden, in: Kaiser, André/Zittel, Thomas (Hg.), Demokratietheorie und Demokratieentwicklung. Festschrift für Peter Graf Kielmansegg, Wiesbaden 2004, S. 333-357.

Rummler, Hans-Michael, Die Entstehungsgeschichte der Betriebssoziologie in Deutschland. Eine wissenschaftshistorische Studie, Frankfurt a. M. u. a. 1984.

Rutenfranz, Joseph, Arbeitsphysiologische Grundprobleme von Nacht- und Schichtarbeit (Vorträge/Rheinisch-Westfälische Akademie der Wissenschaften, N 275), Opladen 1978, S. 14.

Rutenfranz, Joseph/Knauth, Peter, Schichtarbeit und Nachtarbeit, München 1982.

Rutenfranz, Joseph/Singer, Roland (Hg.), Aktuelle Probleme der Arbeitsumwelt. Probleme der Nacht- und Schichtarbeit. Umgebungseinflüsse am Arbeitsplatz, Bericht über die 10. Jahrestagung der Deutschen Gesellschaft für Arbeitsmedizin e. V., gemeinsam veranstaltet mit dem Verband deutscher Werksärzte, Stuttgart 1971.

Rüther, Martin, Arbeiterschaft in Köln 1928–1945, Köln 1990.

Rüther, Martin, Zur Sozialpolitik bei Klöckner-Humboldt-Deutz während des Nationalsozialismus: »Die Masse der Arbeiterschaft muss aufgespalten werden«, in: Zeitschrift für Unternehmensgeschichte 33 (1988), S. 81-117.

Saarbergwerke Aktiengesellschaft (Hg.), 25 Jahre Saarbergwerke Aktiengesellschaft 1957–1982. Allgemeine Dienste, Saarbrücken 1982.

Sachse, Carola, Betriebliche Sozialpolitik als Familienpolitik in der Weimarer Republik und im Nationalsozialismus. Mit einer Fallstudie über die Firma Siemens, Berlin/Hamburg 1987.

Sachverständigenrat zur Begutachtung der gesamtwirtschaftlichen Entwicklung (Hg.), Währung, Geldwert, Wettbewerb. Entscheidungen für Morgen. Jahresgutachten 1971/72, Stuttgart und Mainz 1971.

Sachverständigenrat zur Begutachtung der gesamtwirtschaftlichen Entwicklung (Hg.), Mehr Wachstum – Mehr Beschäftigung. Jahresgutachten 1977/78, Stuttgart und Mainz 1977.

Sachverständigenrat zur Begutachtung der gesamtwirtschaftlichen Entwicklung (Hg.), Unter Anpassungszwang. Jahresgutachten 1980/81, Stuttgart und Mainz 1980.
Sackstetter, Horst, Wahlbetrug und Neuwahlen bei Daimler-Benz, Untertürkheim, in: Jacobi, Otto/Müller-Jentsch, Walther/Schmidt, Eberhard (Hg.), Arbeiterinteressen gegen Sozialpartnerschaft. Kritisches Gewerkschaftsjahrbuch 1978/79, Berlin 1979, S. 96-107.
Saldern, Adelheid von/Hachtmann, Rüdiger, Das fordistische Jahrhundert: Eine Einleitung, in: Zeithistorische Forschungen 6 (2009) 2, S. 174-185.
Sarasin, Philipp, Die Rationalisierung des Körpers. Über »Scientific Management« und »biopolitische Rationalisierung«, in: ders., Geschichtswissenschaft und Diskursanalyse, Frankfurt a. M. 2003, S. 61-99.
Sauer, Dieter, Von der »Humanisierung der Arbeit« zur »Guten Arbeit«, in: APuZ 15, 2011, <http://www.das-parlament.de/2011/15/Beilage/003.html> (letzter Abruf 1.6.2013).
Schäfer, Armin, Krisentheorien der Demokratie. Unregierbarkeit, Spätkapitalismus und Postdemokratie, in: Der moderne Staat 1 (2009), S. 159-183.
Schanetzky, Tim, Die große Ernüchterung. Wirtschaftspolitik, Expertise und Gesellschaft in der Bundesrepublik 1966 bis 1982, Berlin 2007.
Schanetzky, Tim, Sachverständiger Rat und Konzertierte Aktion: Staat, Gesellschaft und wissenschaftliche Expertise in der bundesrepublikanischen Wirtschaftspolitik, in: Vierteljahrschrift für Sozial- und Wirtschaftsgeschichte 91 (2004), S. 310-331.
Scharpf, Fritz W., Interaktionsformen. Akteurzentrierter Institutionalismus in der Politikforschung, Opladen 2000.
Schauer, Helmut/Dabrowski, Hartmut/Neumann, Uwe u. a., Tarifvertrag zur Verbesserung industrieller Arbeitsbedingungen. Arbeitspolitik am Beispiel des Lohnrahmentarifvertrags II., Frankfurt a. M./New York 1984.
Schelsky, Helmut, Aufgaben und Grenzen der Betriebssoziologie, in: ders./Böhrs, Hermann, Die Aufgaben der Betriebssoziologie und der Arbeitswissenschaften, Stuttgart/Düsseldorf 1954, S. 7-40.
Schildt, Axel/Sywottek, Arnold (Hg.), Dynamische Zeiten. Die 60er Jahre in den beiden deutschen Gesellschaften, Hamburg 2000.
Schindler, Peter, Datenhandbuch zur Geschichte des Deutschen Bundestages 1949–1982, Bonn 1983.
Schlimm, Anette, Ordnungen des Verkehrs. Arbeit an der Moderne – deutsche und britische Verkehrsexpertise im 20. Jahrhundert, Bielefeld 2011.
Schlott, Stefan, Mit Leidenschaft Entwickler. 100 Jahre Pierburg und Kolbenschmidt, Düsseldorf 2010.
Schlumbohm, Jürgen (Hg.), Mikrogeschichte-Makrogeschichte. Komplementär oder inkommensurabel? Göttingen 1998.
Schmid, Josef (Bearb.), Verbände. Interessenvermittlung und Interessenorganisation. Lehr- und Arbeitsbuch, München/Wien 1998.
Schmidt, Eberhard, Die Auseinandersetzungen um die Rolle der Vertrauensleute in der IG Metall, in: Jacobi, Otto/Müller-Jentsch, Walther/Schmidt, Eberhard (Hg.), Gewerkschaften und Klassenkampf. Kritisches Jahrbuch 1974, Frankfurt a. M. 1974, S. 130-145.
Schmidt, Eberhard, Die Rolle der Betriebsräte in der Gewerkschaftsbewegung, in: Jacobi, Otto/Müller-Jentsch, Walther/Schmidt, Eberhard (Hg.), Gewerkschaften und Klassenkampf. Kritisches Jahrbuch 1973, Frankfurt a. M. 1973, S. 177-193.
Schmidt, Eberhard, IG Metall 1966–1972. Von der Opposition zur Kooperation, in: Jacobi, Otto/Müller-Jentsch, Walther/Schmidt, Eberhard (Hg.), Gewerkschaften und Klassenkampf. Kritisches Jahrbuch 1972, Frankfurt a. M. 1972, S. 62-76.
Schmidt, Rudi, Der Streik in der bayerischen Metallindustrie von 1954. Lehrstück eines sozialen Konflikts, Frankfurt a. M. 1995, S. 58-137.
Schmidt, Rudi/Trinczek, Rainer, Duales System: Tarifliche und betriebliche Interessenvertretung, in: Müller-Jentsch, Walther (Hg.), Konfliktpartnerschaft. Akteure und Institutionen der industriellen Beziehungen, München/Mering 1991, S. 167-199.
Schmiechen-Ackermann, Detlef (Hg.) »Volksgemeinschaft«: Mythos, wirkungsmächtige soziale Verheißung oder soziale Realität im Nationalsozialismus. Zwischenbilanz einer kontroversen Debatte, Paderborn 2012.
Schmitter, Philippe C., Still the Century of Corporatism?, in: Review of Politics 36 (1974), S. 85-131.
Schmitz, Elke, Zur Problematik »Schichtarbeit«, Diss. Rheinisch-Westfälische Technische Hochschule Aachen, Aachen 1971.
Schneider, Michael, Demokratie in Gefahr? Der Konflikt um die Notstandsgesetze. Sozialdemokratie, Gewerkschaften und intellektueller Protest (1958–1968), Bonn 1986.

Schneider, Michael, Kleine Geschichte der Gewerkschaften. Ihre Entwicklung in Deutschland von den Anfängen bis heute, Bonn 2000.
Schneider, Wolfgang, Die verschiedenen Vorstellungen zur Novellierung des Betriebsverfassungsgesetzes. Ein Vergleich mit den Vorschlägen des DGB, in: Das Mitbestimmungsgespräch 16 (1970), S. 51-64.
Schönhoven, Klaus, Aufbruch in die sozialliberale Ära. Zur Bedeutung der 60er Jahre in der Geschichte der Bundesrepublik, in: Geschichte und Gesellschaft 25 (1999), S. 123-145.
Schönhoven, Klaus, Die deutschen Gewerkschaften, Frankfurt a. M. 1986.
Schönhoven, Klaus, Geschichte der deutschen Gewerkschaften: Phasen und Probleme, in: Wolfgang Schroeder/Bernhard Weßels (Hg.), Die Gewerkschaften in Politik und Gesellschaft der Bundesrepublik Deutschland. Ein Handbuch, Wiesbaden 2003, S. 40-64.
Schönhoven, Klaus, Wendejahre. Die Sozialdemokratie in der Zeit der Großen Koalition 1966–1969, Bonn 2004.
Schregle, Johannes, Die Arbeitnehmer-/Arbeitgeberbeziehungen in Westeuropa, in: Gewerkschaftliche Monatshefte 25 (1974) 8, S. 457-472.
Schroeder, Wolfgang, Gewerkschaften als soziale Bewegung – soziale Bewegung in den Gewerkschaften in den Siebzigerjahren, in: Archiv für Sozialgeschichte 44 (2004), S. 243-265.
Schroeder, Wolfgang, Industrielle Beziehungen in den 60er Jahren – unter besonderer Berücksichtigung der Metallindustrie, in: Schildt, Axel/Siegfried, Detlef/Lammers, Karl Christian (Hg.), Dynamische Zeiten. Die 60er Jahre in den beiden deutschen Gesellschaften, Hamburg 2000, S. 492-527.
Schudlich, Edwin, Die Abkehr vom Normalarbeitstag. Entwicklung der Arbeitszeiten in der Bundesrepublik seit 1945, Frankfurt a. M./New York 1987.
Schultz-Wild, Rainer, Betriebliche Beschäftigungspolitik in der Krise, Frankfurt a. M./New York 1978.
Schuster, Helmuth, Industrie und Sozialwissenschaften. Eine Praxisgeschichte der Arbeits- und Industrieforschung, Opladen 1987.
Schütze, Fritz, Das narrative Interview in Interaktionsfeldstudien, Hagen 1987.
Schwarz, Michael, Grenzen und Möglichkeiten einer beschäftigungsorientierten betrieblichen Interessenvertretung. Ergebnisse und Schlussfolgerungen aus betrieblichen Fallstudien in der Automobilindustrie, München 1987.
Schwarz, Roland, Von der Betriebsgemeinschaft zur Sozialpartnerschaft. Untersuchungen zur Geschichte der Betriebsräte in Berlin (West) vom Kriegsende bis in die späten fünfziger Jahre unter besonderer Berücksichtigung der Unternehmen Borsig, Osram, Schering und Schultheiss, in: Berlin-Forschungen. Einzelveröffentlichungen der Historischen Kommission zu Berlin, Bd. 71, Berlin 1990, S. 280-383.
Schwenger, Rudolf, Erwiderung auf den Artikel »Feudalherrschaft im Betrieb«, in: Betriebsräte-Zeitschrift 13 (1932), S. 155.
Schwenger, Rudolf, Gewerkschaften und soziale Betriebspolitik, in: Die Arbeit 7 (1930), S. 742-748.
Schwenger, Rudolf, Soziale Frage im Betrieb, in: Görres-Gesellschaft (Hg.), Die soziale Frage und der Katholizismus, Paderborn 1931, S. 291-31.
Seibring, Anne: Die Humanisierung des Arbeitslebens in den 1970er-Jahren: Forschungsstand und Forschungsperspektiven, in: Knud Andresen/Ursula Bitzegeio/Jürgen Mittag (Hg.), »Nach dem Strukturbruch?«. Kontinuität und Wandel von Arbeitsbeziehungen und Arbeitswelt(en) seit den 1970er-Jahren, Bonn 2011, S. 107-126.
Shenhav, Yehouda A., Manufacturing Rationality. The Engineering Foundations of the Managerial Revolution, Oxford u. a. 1999.
Siebert, Wolfgang, Das Arbeitsverhältnis in der Ordnung der nationalen Arbeit, Hamburg 1935.
Siekmann, Helmut, Institutionalisierte Einkommenspolitik in der Bundesrepublik Deutschland. Gesetzliche Regelungen und bisherige Praxis. Diss. München 1985.
Sleep and Behavioral Factors. A Report Bibliography, June 1962, hg. von der Armed Service Technical Information Agency, Unclassified (National Library of Medicine, Washington).
Smircich, Linda/Morgan, Garreth, Leadership: The management of meaning, in: Journal of Applied Behavioral Science 18 (1985) 3, S. 257-273.
Sofsky, Wolfgang, Vom Wert der Arbeit, in: Frankfurter Hefte 36 (1981) 16, S. 29-36.
SPD-Vorstand (Hg.), Parteitag der SPD vom 11. bis 14. Mai 1970 in Saarbrücken, Bonn 1970.
SPD-Vorstand, Außerordentlicher Parteitag der SPD vom 16. bis 18. April 1969 in der Stadthalle zu Bad Godesberg, Bonn 1969.
SPD-Vorstand, Parteitag der SPD vom 17. bis 21. März 1968 in Nürnberg, Bonn 1968.
Spix, Hermann, Elephteria oder die Reise ins Paradies, Frankfurt a. M. 1975.

Spoerer, Mark, Mikroökonomie in der Unternehmensgeschichte? Eine Mikroökonomik der Unternehmensgeschichte, in: Hesse, Jan-Otmar u. a. (Hg.), Kulturalismus, Neue Institutionenökonomik oder Theorienvielfalt. Eine Zwischenbilanz der Unternehmensgeschichte, Essen 2002, S. 175-195.

Spohn, Wolfgang, Betriebsgemeinschaft und Volksgemeinschaft. Die rechtliche und institutionelle Regelung der Arbeitsbeziehungen im NS-Staat, Berlin 1987.

Stammer, Otto u. a., Verbände und Gesetzgebung. Die Einflussnahme der Verbände auf die Gestaltung des Personalvertretungsgesetzes, Köln/Opladen 1965.

Statistisches Bundesamt, Volkswirtschaftliche Gesamtrechnung. Bruttoinlandsprodukt, Bruttonationaleinkommen, Volkseinkommen. Lange Reihen ab 1950, Wiesbaden 2012.

Stein, Helmut, Arbeiter bestimmen selbst Zeitvorgabe und Stückpreis. Teil 1, in: Zeitschrift für Organisation (Z für O) 11 (1937), S. 15-16.

Stein, Helmut, Leistungssteigerung und Leistungshemmung, in: Zeitschrift für Organisation (Z für O) 13 (1939), S. 163-172.

Steinert, Johannes-Dieter, Migration und Politik. Westdeutschland, Europa, Übersee 1945 bis 1961, Osnabrück 1995.

Steinhaus, Kurt, Streiks in der Bundesrepublik 1966–1974, Frankfurt a. M. 1975.

Stillich, Otto, Die Eisen- und Stahl-Industrie, Berlin 1904.

Stollberg-Rilinger, Barbara, Was heißt Kulturgeschichte des Politischen? Einleitung, in: dies. (Hg.): Was heißt Kulturgeschichte des Politischen?, Berlin 2005, S. 9-24.

Strauss, Anselm, Negotiations. Varieties, Contexts, Processes, and Social Order. San Francisco/Washington/London, 1978.

Streeck, Wolfgang, Industrial Relations in West Germany. A Case Study of the Car Industry, London 1984.

Streeck, Wolfgang, On the Institutional Conditions of Diversified Quality Production, in: Egon Matzner/Wolfgang Streeck (Hg.), Beyond Keynesianism. The Socio-Economics of Production and Full Employment, Aldershot 1991, S. 21-61.

Streeck, Wolfgang, Staat und Verbände. Neue Fragen. Neue Antworten?, in: Streeck, Wolfgang (Hg.), Staat und Verbände, Opladen 1994, S. 7-34.

Streeck, Wolfgang/Hoff, Andreas, Industrial Relations in the German Automobile Industry. Developments in the 1970s, Berlin 1982.

Stuppardt, Rolf, Betriebsratswahl bei Opel Bochum, in: Jacobi, Otto/Müller-Jentsch, Walther/Schmidt, Eberhard (Hg.) Gewerkschaften und Klassenkampf. Kritisches Jahrbuch 1975, Frankfurt a. M. 1975, S. 49-58.

Süß, Dietmar, A scheene Leich? Stand und Perspektiven der westdeutschen Arbeitergeschichte nach 1945, in: Mitteilungsblatt des Instituts für Soziale Bewegungen 35 (2005), S. 51-70.

Süß, Dietmar, Kumpel und Genossen. Arbeiterschaft und Sozialdemokratie in der bayerischen Montanindustrie, München 2003.

Süß, Dietmar, Mikropolitik und Spiele: zu einem neuen Konzept für die Arbeiter- und Unternehmensgeschichte, in: Jan-Otmar Hesse, Christian Kleinschmidt/Karl Lauschke (Hg.), Kulturalismus, neue Institutionenökonomik oder Theorienvielfalt. Eine Zwischenbilanz der Unternehmensgeschichte, Essen 2002, S. 117-136.

Süß, Winfried, Der keynesianische Traum und sein langes Ende. Sozioökonomischer Wandel und Sozialpolitik in den 1970er Jahren, in: Jarausch, Konrad H. (Hg.): Das Ende der Zuversicht? Die siebziger Jahre als Geschichte, Göttingen 2008, S. 120-137.

Süß, Winfried, Sozialpolitische Denk- und Handlungsfelder in der Reformära, in: Hans Günter Hockerts (Hg.): 1966–1974. Bundesrepublik Deutschland. Eine Zeit vielfältigen Aufbruchs (Geschichte der Sozialpolitik in Deutschland seit 1945, Bd. 5), Baden-Baden 2006, S. 157-221.

Süß, Winfried/Süß, Dietmar, Zeitgeschichte der Arbeit: Beobachtungen und Perspektiven, in: Andresen, Knud/Bitzegeio, Ursula/Mittag, Jürgen (Hg.), »Nach dem Strukturbruch?«. Kontinuität und Wandel von Arbeitswelt(en) seit den 1970er-Jahren, Bonn 2011, S. 345-368.

Süßelbeck, Roswitha, Frauenerwerbsarbeit und Gleichstellungspolitik bei Bayer im Überblick, in: Tenfelde, Klaus/Czikowsky, Karl-Otto/Mittag, Jürgen/Moitra, Stefan/Nietzard, Rolf (Hg.): Stimmt die Chemie? Mitbestimmung und Sozialpolitik in der Geschichte des Bayer-Konzerns, Essen 2007, S. 319-334.

Testorf, Christian, Welcher Bruch? Lohnpolitik zwischen den Krisen: Gewerkschaftliche Tarifpolitik von 1966 bis 1974, in: Andresen, Knud/Bitzegeio, Ursula/Mittag, Jürgen (Hg.), »Nach dem Strukturbruch?«. Kontinuität und Wandel von Arbeitsbeziehungen und Arbeitswelt(en) seit den 1970er-Jahren, Bonn 2011, S. 293-315.

Thelen, Kathleen A., Union of Parts. Labor Politics in Postwar Germany, Ithaca/London 1991.

Thomas, William/Znaniecki, Florian, The Polish Peasant in Europe and America. Monograph of an Immigrant Group, Boston 1919.
Thome, Helmut, Wertewandel in Europa aus der Sicht der empirischen Sozialforschung, in: Joas, Hans/Wiegandt, Klaus (Hg.), Die kulturellen Werte Europas, Frankfurt a. M. 2005, S. 386-443.
Thompson, John, Ideology and Modern Culture, Cambridge 1990.
Tilly, Stephanie, »Die guten Zeiten … sind vorbei.« Zum Verhältnis von Automobilindustrie, Politik und Automobilverband in den 1970er Jahren, in: Reitmayer, Morten/Rosenberger, Ruth (Hg.), Unternehmen am Ende des »goldenen Zeitalters«. Die 1970er Jahre in unternehmens- und wirtschaftshistorischer Perspektive, Essen 2008, S. 209-232.
Tolliday, Steven/Zeitlin, Jonathan (Hg.), The Power to Manage? Employers and Industrial Relations in Comparative-Historical Perspective, London 1991.
Trautwein-Kalms, Gudrun/Gerlach, Gerhard, Gewerkschaften und Humanisierung der Arbeit. Zur Bewertung des HdA-Programms, Frankfurt a. M./New York 1980.
Trinczek, Rainer, Betriebliche Mitbestimmung als soziale Interaktion. Ein Beitrag zur Analyse innerbetrieblicher industrieller Beziehungen, in: Zeitschrift für Soziologie 18 (1989), S. 444-456.
Trinczek, Rainer, Zur Bedeutung des betriebshistorischen Kontextes von Rationalisierung, in: Minssen, Heiner (Hg.), Rationalisierung in der betrieblichen Arena. Akteure zwischen inneren und äußeren Anforderungen, Berlin 1991, S. 63-76.
Tuchtfeldt, Egon, Moral Suasion in der Wirtschaftspolitik, in: Hoppmann, Erich (Hg.), Konzertierte Aktion. Kritische Beiträge zu einem Experiment, Frankfurt a. M. 1971, S. 19-68.
Turner, Lowell, Democracy at Work. Changing World Markets and the Future of Labor Unions, Ithaca/London 1991.
Tyler, David B., A Summary of the Findings of the Studies on Motion Sickness, Fatigue and Prolonged Wakefulness, National Research Council, Division of Medical Sciences, Report No. 505, 15.12.1945 (National Library of Medicine).
Uhl, Karsten, »Schafft Lebensraum in der Fabrik!« Betriebliche Kantinen und Speiseräume im deutschen Rationalisierungsdiskurs 1880–1945, in: Bluma, Lars/Uhl, Karsten (Hg.), Kontrollierte Arbeit – disziplinierte Körper? Zur Sozial- und Kulturgeschichte der Industriearbeit im 19. und 20. Jahrhundert, Bielefeld 2012, S. 361-395.
Uhl, Karsten, Die Geschlechterordnung der Fabrik. Arbeitswissenschaftliche Entwürfe von Rationalisierung und Humanisierung 1900–1970, in: Österreichische Zeitschrift für Geschichtswissenschaften 21 (2010), S. 93-117.
Uhl, Karsten, Giving Scientific Management a »Human« Face: The Engine Factory Deutz and a »German« Path to Efficiency, 1910–1945, in: Labor History 52 (2011), S. 511-533.
Uhl, Karsten, Humane Rationalisierung? Die Raumordnung der Fabrik im fordistischen Jahrhundert, Bielefeld 2014.
Uhl, Karsten/Bluma, Lars, Arbeit – Körper – Rationalisierung. Neue Perspektiven auf den historischen Wandel industrieller Arbeitsplätze, in: dies. (Hg.), Kontrollierte Arbeit – disziplinierte Körper? Zur Sozial- und Kulturgeschichte der Industriearbeit im 19. und 20. Jahrhundert, Bielefeld 2012, S. 9-31.
Ulich, Eberhardt, Zur Frage der Belastung des arbeitenden Menschen durch Nacht- und Schichtarbeit, in: Psychologische Rundschau 8 (1957), S. 42-61.
Vogt, Stefan, Nationaler Sozialismus und Soziale Demokratie. Die sozialdemokratische Junge Rechte 1918–1945, Bonn 2006.
Voigt, Franz, Die Mitbestimmung der Arbeitnehmer in den Unternehmungen. Eine Analyse der Einwirkungen der Mitbestimmung in der Bundesrepublik Deutschland auf die Unternehmensführung, in: Weddigen, Walter (Hg.), Zur Theorie und Praxis der Mitbestimmung, Erster Band, Berlin 1962, S. 87-536.
Volkmann, Heinrich, Zur Entwicklung von Streik und Aussperrung in Deutschland 1899–1975, in: Gewerkschaftliche Monatshefte 30 (1979) 6, S. 347-358.
Vorstand der SPD (Hg.), Außerordentlicher Parteitag der SPD, Dortmund 12.–13.10.1972. Protokoll der Verhandlungen, Bonn 1972.
Vorwerck, Karl, Werksgemeinschaft, in: Soziale Praxis 37 (1928), S. 145-151.
Vuillermot, Catherine/Villette, Michel, From Predators to Icons. Exposing the Myth of the Business Hero, Ithaca/London 2009.
Wagner, Peter, Sozialwissenschaften und Staat. Frankreich, Italien, Deutschland 1870–1980, Frankfurt a. M. 1990.
Wallerstein, Immanuel, World-systems Analysis. An Introduction, Durham, NC 2004.

Anhang

Wallraf, Hermann-Josef, Die konzertierte Aktion – Analyse ihrer Leitidee, in: Gewerkschaftliche Monatshefte 6 (1969), S. 337-348.

Walter-Busch, Emil, Faktor Mensch. Formen angewandter Sozialforschung der Wirtschaft in Europa und den USA, 1890–1950, Konstanz 2006.

Wawrzyniak, Joanna/Szatanderska, Karolina/Filipkowski, Piotr, Prywatyzacja doświadczeniem biograficznym. Długoterminowe skutki przekształceń własnościowych w zakładach przemysłowych w perspektywie losów indywidualnych, unpublished document, 2010.

Weber, Max, The Protestant Ethic and the Spirit of Capitalism [1920], Abingdon/New York 2001.

Weber, Max, Wirtschaft und Gesellschaft. Grundriss der verstehenden Soziologie [1921], 5., rev. Aufl., Studienausgabe, Tübingen 1972.

Weber, Werner, Spannungen und Kräfte im westdeutschen Verfassungssystem. Stuttgart, Stuttgart 1951.

Wehler, Hans-Ulrich, Deutsche Gesellschaftsgeschichte, Bd. 5: Bundesrepublik und DDR, 1949–1990, München 2008.

Wehler, Hans-Ulrich, Deutsche Gesellschaftsgeschichte. Bd. 4: Vom Beginn des Ersten Weltkriegs bis zur Gründung der beiden deutschen Staaten 1914–1949, 3. Aufl., München 2008.

Weiher, Sigfrid von/Goetzeler, Herbert, Weg und Wirken der Siemens-Werke im Fortschritt der Elektrotechnik. Ein Beitrag zur Geschichte der Elektroindustrie, Wiesbaden 1972.

Weitbrecht, Hansjörg, Der theoretische Blick auf die sich verändernde Wirklichkeit der industriellen Beziehungen – der Theorieansatz Walther Müller-Jentschs und seine Erweiterung, in: Abel, Jörg/Sperling, Hans Joachim (Hg.), Umbrüche und Kontinuitäten. Perspektiven nationaler und internationaler Arbeitsbeziehungen. Walther Müller-Jentsch zum 65. Geburtstag, München/Mering 2001, S. 15-30.

Welskopp, Thomas, Arbeit und Macht im Hüttenwerk. Arbeits- und industrielle Beziehungen in der deutschen und amerikanischen Eisen- und Stahlindustrie von den 1860er bis zu den 1930er Jahren, Bonn 1994.

Welskopp, Thomas, Arbeitergeschichte im Jahr 2000. Bilanz und Perspektiven, in: Traverse. Zeitschrift für Geschichte 7 (2000), S. 15-30.

Welskopp, Thomas, Class Structures and the Firm: The Interplay of Workplace and Industrial Relations in Large Capitalist Enterprises, in: Robertson, Paul (Hg.), Authority and Control in Modern Industry, London/New York 1999, S. 73-119.

Welskopp, Thomas, Das institutionalisierte Misstrauen. Produktionsorganisation und Kommunikationsnetze in Eisen- und Stahlunternehmen des Ruhrgebiets während der Zwischenkriegszeit, in: Wischermann, Clemens/Borscheid, Peter/Ellerbrock, Karl-Peter (Hg.), Unternehmenskommunikation im 19. und 20. Jahrhundert, Dortmund 2000, S. 199-225.

Welskopp, Thomas, Der Betrieb als soziales Handlungsfeld. Neuere Forschungen zur Industrie- und Arbeitergeschichte, in: Geschichte und Gesellschaft 22 (1996), S. 118-142.

Welskopp, Thomas, Der Wandel der Arbeitsgesellschaft als Thema der Kulturwissenschaften – Klassen, Professionen und Eliten, in: Jaeger, Friedrich/Rüsen, Jörn (Hg.), Handbuch der Kulturwissenschaften. Bd. 3: Themen und Tendenzen, Stuttgart 2004, Bd. 3: Themen und Tendenzen, S. 225-246.

Welskopp, Thomas, Die Dualität von Struktur und Handeln. Anthony Giddens' Strukturierungstheorie als »praxeologischer« Ansatz in der Geschichtswissenschaft, in: Suter, Andreas/Hettling, Manfred (Hg.), Struktur und Ereignis (Geschichte und Gesellschaft, Sonderheft 19), Göttingen 2001, S. 99-119.

Welskopp, Thomas, Ein modernes Klassenkonzept für die vergleichende Geschichte industrialisierender und industrieller Gesellschaften, in: Lauschke, Karl/Welskopp, Thomas (Hg.), Mikropolitik im Unternehmen. Arbeitsbeziehungen und Machtstrukturen in industriellen Großbetrieben des 20. Jahrhunderts, Essen 1994, S. 48-106.

Welskopp, Thomas, Leben im Rhythmus der Hütte. Geschlechterbeziehungen in Stahlarbeitergemeinden des Ruhrgebiets und Pennsylvanias, 1890–1920, in: Westfälische Forschungen 45 (1995), S. 205-241.

Welskopp, Thomas, Unternehmenskulturen im internationalen Vergleich – oder eine integrale Unternehmensgeschichte in typisierender Absicht, in: Berghoff, Hartmut/Vogel, Jakob (Hg.), Wirtschaftsgeschichte als Kulturgeschichte, Frankfurt a. M. 2004, S. 265-94.

Weltz, Friedrich/Lullies, Veronika, Das Konzept der innerbetrieblichen Handlungskonstellation als Instrument der Analyse von Rationalisierungsprozessen in der Verwaltung, in: Jürgens, Ulrich/Naschold, Frieder (Hg.), Arbeitspolitik. Materialien zum Zusammenhang von politischer Macht, Kontrolle und betrieblicher Organisation der Arbeit (Leviathan, Sonderheft 5/1983), Opladen 1984, S. 155-170.

Werner, David, Eine Forscherin auf der Spur der Träume, <http://www.gleichstellung.uzh.ch/politik/em-professorinnen/ingestrauch/121022_Portraet_Inge_Strauch.pdf> (letzter Abruf 11.6.2013).

Werner, Erich u. a., Schichtarbeit als Langzeiteinfluss auf betriebliche, private und soziale Bezüge (Forschungsberichte des Landes Nordrhein-Westfalen, Nr. 2974), Opladen 1980.

Widuckel, Werner, Paradigmenentwicklung der Mitbestimmung bei Volkswagen, Wolfsburg 2004.

Wiesenthal, Helmut/Clasen, Ralf, Gewerkschaften in Politik und Gesellschaft: Von der Gestaltungsmacht zum Traditionswächter?, in: Schroeder, Wolfgang/Weßels, Bernhard (Hg.), Die Gewerkschaften in Politik und Gesellschaft der Bundesrepublik Deutschland. Ein Handbuch, Wiesbaden 2003, S. 296-322.

Wildt, Michael, Volksgemeinschaft als Selbstermächtigung. Gewalt gegen Juden in der deutschen Provinz 1919 bis 1939, Hamburg 2007.

Wildt, Michael/Bajohr, Frank (Hg.), Volksgemeinschaft. Neue Forschungen zur Gesellschaft des Nationalsozialismus, Frankfurt a. M. 2009.

Wilhelm, Horst, Schlaf- und Freizeitverhalten von Normal- und Kontischichtarbeitern in Abhängigkeit von periodisch wechselnden Schichtbedingungen, Diss. Universität des Saarlandes, Saarbrücken 1978.

Winkler, Heinrich August (Hg.), Organisierter Kapitalismus. Voraussetzungen und Anfänge, Göttingen 1974.

Winn, Peter, Oral History and the Factory Study: New Approaches to Labor History, in: Latin American Research Review 2 (1979), S. 130-140.

Winschuh, Josef, Die psychologischen Grundlagen der Werksarbeitsgemeinschaft, in: Potthoff, Heinz (Hg.), Die sozialen Probleme des Betriebes, Berlin 1925, S. 254-279.

Winschuh, Josef, Gedanken zum Problem einer neuen Werkspolitik, in: Briefs, Goetz (Hg.), Probleme der sozialen Betriebspolitik, Berlin 1930, S. 144-153.

Wirsching, Andreas, Konsum statt Arbeit? Zum Wandel von Individualität in der modernen Massengesellschaft, in: Vierteljahrshefte für Zeitgeschichte 2 (2009), S. 171-199.

Wischermann, Clemens u. a. (Hg.), Unternehmenskommunikation deutscher Mittel- und Großunternehmen. Theorie und Praxis in historischer Perspektive, Münster i. Westf. 2003.

Wischermann, Clemens u. a. (Hg.), Unternehmenskommunikation im 19. und 20. Jahrhundert. Neue Wege der Unternehmensgeschichte, Dortmund 2000.

Wolf-Meyer, Matthew J., The Slumbering Masses. Sleep, medicine, and modern American life, Minneapolis 2012.

Wolfrum, Edgar, Die geglückte Demokratie. Geschichte der Bundesrepublik Deutschland von ihren Anfängen bis zur Gegenwart, Stuttgart 2006.

Womack, James P. u. a., The Machine that Changed the World. The Story of Lean Production, New York 1990.

Wright, Steve, Den Himmel stürmen. Eine Theoriegeschichte des Operaismus, Berlin/Hamburg 2005.

Yanorella, Ernest J./Reid, Herbert, From Trained Gorilla to Humanware. Repoliticizing the Body-Machine Complex between Fordism and Post-Fordism, in: Schatzki, Theodore/Natter, Wolfgang (Hg.), The Social and Political Body, New York 1996, S. 181-219.

Zayer, Hermann, Schlafproblematik von Schichtarbeitern in Abhängigkeit von psychosozialen Bedingungen und Persönlichkeitsfaktoren, Phil. Diss., Universität des Saarlandes, Saarbrücken 1977.

Zeitlin, Jonathan/Jones, Geoffrey (Hg.), The Oxford Handbook of Business History, Oxford 2008.

Ziemann, Benjamin, Sozialgeschichte und Empirische Sozialforschung. Überlegungen zum Kontext und zum Ende einer Romanze, in: Pascal Maeder/Barbara Lüthie/Thomas Mergel (Hg.), Wozu noch Sozialgeschichte? Eine Disziplin im Umbruch, Göttingen 2012, S. 131-149.

Zollitsch, Wolfgang, Arbeiter zwischen Weltwirtschaftskrise und Nationalsozialismus. Ein Beitrag zur Sozialgeschichte der Jahre 1928 bis 1936, Göttingen 1990.

Anhang

Autorinnen und Autoren

Dr. Hannah Ahlheim (1978), Wissenschaftliche Mitarbeiterin an der Georg-August-Universität Göttingen (zur Zeit Forschungsstipendiatin der Gerda Henkel Stiftung). *Forschungsschwerpunkte*: Nationalsozialismus, Geschichte des Antisemitismus, Bildungsgeschichte, Geschichte des Wissens (Habilitationsprojekt »Der Traum vom Schlaf. Optimierungsphantasien, Widerständigkeit und das Wissen vom Schlaf 1880 bis 1980«). *Publikationen*: Kontrollverlust, Kontrollgewinn. Die Geschichte des Schlafs in der Moderne, Frankfurt a. M./New York 2014 (als Hg.); Die Vermessung des Schlafs und die Optimierung des Menschen. Eine deutsch-amerikanische Geschichte (1930–1960), in: Zeithistorische Forschungen 10 (2013), S. 13-37; »Deutsche, kauft nicht bei Juden!« Antisemitismus und politischer Boykott in Deutschland 1924 bis 1935, Göttingen 2011.

Dr. Knud Andresen (1965), Wissenschaftlicher Mitarbeiter der Forschungsstelle für Zeitgeschichte im Bereich Perspektiven der jüngsten Geschichte (1945–1990), aktuelles Forschungsprojekt: Apartheid im »Strukturbruch«: Wahrnehmungen und Praktiken schwedischer und bundesdeutscher Manager im Südafrika der 1970er- und 1980er-Jahre. *Forschungsschwerpunkte*: Geschichte der Arbeitswelten, Arbeiterbewegung/Gewerkschaftsgeschichte, Biographie und Oral-History, Jugendforschung, Geschichte der Neuen Linken. *Publikationen*: Triumpherzählungen. Wie Gewerkschafterinnen und Gewerkschafter über ihre Erinnerungen sprechen, Essen 2014; Nach dem Strukturbruch? Kontinuität und Wandel von Arbeitsbeziehungen und Arbeits(welten) seit den 1970er-Jahren (Politik und Gesellschaftsgeschichte, Band 89), Bonn 2011 (hg. mit Ursula Bitzegeio/Jürgen Mittag); Die bundesdeutsche Lehrlingsbewegung 1968–1973: Zum Prozess der kollektiven Identitäten, in: Jürgen Mittag/Helke Stadtland (Hg.): Theoretische Ansätze und Konzepte der Forschung über soziale Bewegungen in der Geschichtswissenschaft, Essen 2014, S. 219-241.

Felix Heinrichs M. A. (1989), Doktorand an der Heinrich-Heine-Universität Düsseldorf. *Forschungsschwerpunkte*: Gewerkschaftsgeschichte der 1960er- und 1970er-Jahre, Geschichte der kommunalen Wirtschafts- und Finanzpolitik der 1950er- bis 1970er-Jahre (Dissertationsthema). *Publikation*: »Ihr Kampf ist unser Kampf«. Der Pierburg-Streik im Jahr 1973, in: Jens Metzdorf (Hg.), Novaesium 2013. Neusser Jahrbuch für Kunst, Kultur und Geschichte, Neuss 2013, S. 99-119.

Dr. Michaela Kuhnhenne (1964), Referentin in der Forschungsförderung der Hans-Böckler-Stiftung Düsseldorf. *Forschungsschwerpunkte*: Bildung in der und für die Arbeitswelt und Geschichte der Gewerkschaften. *Publikationen*: Generationen und Generationskonflikte in der Frauenbewegung am Beispiel der bürgerlichen Frauenbewegung der Weimarer Republik, in: Karin Pittus/Kathleen Kollewe/Eva

Fuchslocher/Anja Bargfrede (Hg.), Die bewegte Frau. Feministische Perspektiven auf historische und aktuelle Gleichberechtigungsprozesse, Münster i. Westf. 2013, S. 122-138; (K)eine Bildung für Alle – Deutschlands blinder Fleck. Stand der Forschung und politische Konsequenzen, Opladen, Berlin, Toronto 2012 (hg. mit Ingrid Miethe/Heinz Sunker/Oliver Venzke), darin: dies., Einleitung. Bildung als soziale und politische Frage, ebd., S. 7-16.

Dr. Timo Luks (1978), Wissenschaftlicher Mitarbeiter an der Professur für Wirtschafts- und Sozialgeschichte der Technischen Universität Chemnitz. *Forschungsschwerpunkte*: Geschichte modernen Ordnungsdenkens und Social Engineerings, Geschichte der Betriebsdiskurse im 19./20. Jahrhundert, Polizeigeschichte. *Publikationen*: Der Betrieb als Ort der Moderne. Zur Geschichte von Industriearbeit, Ordnungsdenken und Social Engineering im 20. Jahrhundert, Bielefeld 2010; Eine Moderne im Normalzustand. Ordnungsdenken und Social Engineering in der ersten Hälfte des 20. Jahrhunderts, in: Österreichische Zeitschrift für Geschichtswissenschaften 23 (2012), S. 15-38; The Factory as Environment. Social Engineering and the Ecology of Industrial Workplaces in Inter-war Germany, in: European Review of History 20 (2013), S. 271-285.

Dr. Christian Marx (1977), Wissenschaftlicher Mitarbeiter an der Universität Trier, Forschungszentrum Europa, Neuere und Neueste Geschichte. *Forschungsschwerpunkte*: Wirtschafts- und Sozialgeschichte, deutsche und internationale Unternehmensgeschichte, Zeit- und Umweltgeschichte. *Publikationen*: Paul Reusch und die Gutehoffnungshütte. Leitung eines deutschen Großunternehmens, Göttingen 2013; Die Internationalisierung der Chemieindustrie in der Zeit nach dem Boom als Herausforderung für die »Deutschland AG«, in: Ralf Ahrens/Boris Gehlen/Alfred Reckendrees (Hg.), Die »Deutschland AG«. Historische Annäherungen an den bundesdeutschen Kapitalismus, Essen 2013, S. 247-273; Die Manager und McKinsey. Der Aufstieg externer Beratung und die Vermarktlichung des Unternehmens am Beispiel Glanzstoff, in: Morten Reitmayer/Thomas Schlemmer (Hg.), Die Anfänge der Gegenwart. Umbrüche in Westeuropa nach dem Boom, München 2014, S. 65-77.

Karolina Mikołajewska (1988), Soziologin, Wissenschaftliche Mitarbeiterin am Zentrum für die Erforschung von Organisationen und Arbeitsplätzen an der Kozminski Universität in Warschau (CROW ALK), Mitarbeiterin im Forschungsprojekt »Von der sozialistischen Fabrik zum internationalen Konzern. Archiv von biographischen narrativen Interviews mit Industriearbeitern«, Doktorandin am Institut für Soziologie an der Universität Warschau. *Forschungsschwerpunkte*: Arbeitssoziologie, kritische Organisationsstudien und kollektives Gedächtnis, besonders im Zusammenhang mit der postsozialistischen Transformation in Mittel- und Osteuropa. Aktuelles Forschungsprojekt zum Thema »Organisatorische Umgangswege mit der Spannung zwischen Schenkökonomie und der Logik des Marktes am Beispiel des Couchsurfing Netzes«; *Publikation*: Alienation and rush towards change: introducing capitalism to a state-owned Polish enterprise, in: Oral History 42 (2014) 2, S. 69-80.

Werner Milert (1952), freischaffender Historiker. *Forschungsschwerpunkte*: Deutsche Wirtschafts- und Sozialgeschichte; Gewerkschaftsgeschichte. *Publikationen*: Die andere Demokratie. Betriebliche Interessenvertretung in Deutschland, 1948 bis 2008, Essen 2012; Zerschlagung der Mitbestimmung 1933. Das Ende der ersten deutschen Betriebsdemokratie, Düsseldorf 2013 (beide gemeinsam mit Rudolf Tschirbs).

Prof. Dr. Jürgen Mittag (1970), Leiter des Institut für Europäische Sportentwicklung und Freizeitforschung der Deutschen Sporthochschule Köln; zugleich seit 2011 auch Jean-Monnet-Professor. *Forschungsschwerpunkte*: Sportpolitik, Europäische Integration, Sozialgeschichte, Arbeit-, Freizeit- und Tourismusforschung, politische Parteien und Gewerkschaften, soziale Bewegungen. *Publikationen*: Politische Parteien in der EU, Wien 2010 (mit Janosch Steuwer); »Nach dem Strukturbruch?« Kontinuität und Wandel von Arbeitsbeziehungen und Arbeitswelt(en) seit den 1970er-Jahren, Bonn 2011 (hg. mit Knud Andresen/Ursula Bitzegeio); Theoretische Ansätze und Konzepte der Forschung über soziale Bewegungen in der Geschichtswissenschaft, Essen 2014 (hg. mit Helke Stadtland).

Dr. Jörg Neuheiser (1974), Akademischer Rat auf Zeit am Seminar für Neuere Geschichte der Eberhard Karls Universität Tübingen; aktuelles Forschungsprojekt: Arbeitsethos zwischen Diskurs und sozialer Praxis. Einstellungen zur Arbeit in Deutschland vom Zeitalter des »bürgerlichen Wertehimmels« bis zum »Wertewandel« der 1970er- und 1980er-Jahre. *Forschungsschwerpunkte*: Politische Kulturgeschichte Deutschlands, Großbritanniens und Irlands im 19. und 20. Jahrhundert, politische Mobilisierung sozialer Gruppen aus den Unterschichten und Geschichte der Arbeit. *Publikationen*: Krone, Kirche und Verfassung. Konservatismus in den englischen Unterschichten 1815–1867. (Kritische Studien zur Geschichtswissenschaft 192) Göttingen 2010; Der »Wertewandel« zwischen Diskurs und Praxis. Die Untersuchung von Wertvorstellungen zur Arbeit mit Hilfe von betrieblichen Fallstudien, in: Bernhard Dietz/Christopher Neumaier/Andreas Rödder (Hg.): Gab es den Wertewandel? Neue Schlaglichter auf den gesellschaftlichen Wertewandel seit den 1960er Jahren. München 2013, S. 141-168; Forgotten Gentleman Leaders: Local Elites, Conservative Constitutionalism and the Public Sphere in England, c. 1820–1860, in: Journal of Modern European History 11 (2013), S. 474-494; Arbeit zwischen Entgrenzung und Konsum. Die Geschichte der Arbeit im 20. Jahrhundert als Gegenstand aktueller zeithistorischer und sozialwissenschaftlicher Studien, in: Neue Politische Literatur 58 (2013), S. 421-448.

Dr. Dimitrij Owetschkin (1972), Wissenschaftlicher Mitarbeiter am Institut für soziale Bewegungen der Ruhr-Universität Bochum. *Forschungsschwerpunkte*: Geschichte der Mitbestimmung; historische Sozialisationsforschung; Religions- und Kirchengeschichte nach 1945. *Publikationen*: Religiöse Jugendkulturen in den 1970er und 1980er Jahren. Entwicklungen – Wirkungen – Deutungen, Essen 2014 (hg. mit Traugott Jahnichen/Uwe Kaminsky); Tradierungsprozesse im Wandel der Moderne. Religion und Familie im Spannungsfeld von Konfessionalität und Pluralisierung, Essen 2012 (Hg.); Die Suche nach dem Eigentlichen. Studien zu evangelischen Pfarrern und religiöser Sozialisation in der Bundesrepublik der 1950er bis 1970er Jahre, Essen 2011.

Dr. Johannes Platz (1970), Referent für Gewerkschaftsgeschichte im Archiv der sozialen Demokratie der Friedrich-Ebert-Stiftung, Bearbeiter der Edition »Der Deutsche Gewerkschaftsbund 1975–1982« im Rahmen des Editionsprojektes »Quellen zur Geschichte der deutschen Gewerkschaftsbewegung im 20. Jahrhundert«. *Forschungsschwerpunkte*: Geschichte der Gewerkschaften und der Arbeitsbeziehungen, Geschichte der Humanwissenschaften, kritische Militärgeschichte, Geschichte des Antisemitismus und des Holocaust; *Publikationen*: Arbeitnehmerinteressen in Krisenzeiten (i. Vorb.) (hg. mit Meik Woyke), Bonn 2015; Die Praxis der kritischen Theorie. Angewandte Sozialwissenschaft und Demokratie in der frühen Bundesrepublik 1950–1960. Trier 2012, <http://ubt.opus.hbz-nrw.de/volltexte/2012/780/pdf/Die_Praxis_der_kritischen_Theorie.pdf> (letzter Zugriff 15.12.2014); »Die White Collars in den Griff bekommen« – Angestellte im Spannungsfeld sozialwissenschaftlicher Expertise, gesellschaftlicher Politik und gewerkschaftlicher Organisation 1950–1970, in: Archiv für Sozialgeschichte 50 (2010), S. 271-288; »Revolution der Roboter« *oder* »Keine Angst vor Robotern«? Die Verwissenschaftlichung des Automationsdiskurses und die industriellen Beziehungen von den 50ern bis 1968, in: Laurent Commaille (Hg.): »Entreprises et crises economiques«, Metz 2009, S. 36-59.

PD Dr. Morten Reitmayer (1963), Vertreter des Lehrstuhls für Neuere und Neueste Geschichte an der Universität Trier. *Forschungsschwerpunkte*: Ideengeschichte, Unternehmensgeschichte, Sozial- und Wirtschaftsgeschichte des 19. und 20. Jahrhunderts. *Publikationen*: Nach dem Boom – eine neue Belle Èpoque?, in: Die Anfänge der Gegenwart. Umbrüche in Westeuropa nach dem Boom (hg. mit Thomas Schlemmer), München 2014, S. 13-22; »Elite« im 20. Jahrhundert, in: Aus Politik und Zeitgeschichte 15/2014, S. 9-15; Fallstudien zum Aufstieg und den Grenzen des Marktes, in: Ralph Jessen (Hg.), Konkurrenz in der Geschichte. Praktiken – Werte – Institutionalisierungen, Frankfurt a. M. 2014, S. 261-88; Elite. Sozialgeschichte einer politisch-gesellschaftlichen Idee in der frühen Bundesrepublik. München 2009 (Ordnungssysteme; 28).

PD Dr. Karsten Uhl (1972), Technische Universität Darmstadt/Helmut-Schmidt-Universität Hamburg. *Forschungschwerpunkte*: Geschichte der Industriearbeit, Geschichte der Kriminologie, Geschichte der Automatisierung und Forschungen zu den nationalsozialistischen Konzentrationslagern. *Publikationen*: Humane Rationalisierung? Die Raumordnung der Fabrik im fordistischen Jahrhundert (Histoire, Bd. 62), Bielefeld 2014; Die nationalsozialistische »Volksgemeinschaft« im Fabrikalltag: »Menschenführung« zwischen Selbstverantwortung und Disziplinierung, in: Geschichte in Wissenschaft und Unterricht 64 (2013), S. 298-315; The Ideal of Lebensraum and the Spatial Order of Power at German Factories, 1900–1945, in: European Review of History/Revue d'histoire européenne 20 (2013), S. 287-307.

Prof. Dr. Thomas Welskopp (1961), Professor für die Geschichte moderner Gesellschaften an der Universität Bielefeld. *Forschungsschwerpunkte*: Geschichte der Arbeit und der Arbeiter, Geschichte des Kapitalismus, Konsumgeschichte, Geschichte sozialer Bewegungen, Mediengeschichte, Historiografiegeschichte, Theorie der Geschichte. *Publikationen*: Unternehmen Praxisgeschichte. Historische Perspektiven auf Kapitalismus, Arbeit und Klassengesellschaft Tübingen 2014; Fractured Modernity. America Confronts Modern Times, 1890s to 1940s, Oxford 2012 (hg. mit Alan Lesoff); Amerikas große Ernüchterung. Eine Kulturgeschichte der Prohibition, Paderborn 2010.

Wissenschaftlicher Kontext und Dank

Die Realisierung des vorliegenden Sammelbandes geht auf eine Vielzahl von Beteiligten und Unterstützern zurück. Wir danken der Friedrich-Ebert-Stiftung (FES) und der Hans-Böckler-Stiftung sowie dem von beiden Stiftungen initiierten Netzwerkprojekt »Jüngere und jüngste Gewerkschaftsgeschichte«, das die dem Sammelband zugrunde liegende Tagung ausgerichtet hat, die vom 15. bis 16. November 2012 in Bonn stattfand.[1] Mehrere studentische Mitarbeiterinnen und Mitarbeiter an den beteiligten Instituten, aber auch Eva Váry, Christian Testorf von der FES und Dr. Anne Klein von der Universität zu Köln haben die Organisation und Durchführung der Tagung tatkräftig unterstützt.

Den Autorinnen und Autoren gebührt ganz besonderer Dank für die Bereitschaft, nicht nur ihre Beiträge im Rahmen der Tagung vorgestellt, sondern sie im Lichte der Tagungsdiskussionen zum Teil auch erheblich ergänzt beziehungsweise modifiziert zu haben. Schließlich gilt unser Dank auch Dr. Anja Kruke, Leiterin des Archivs der sozialen Demokratie, und Dr. Meik Woyke, Referatsleiter Public History, für die Aufnahme in die Reihe Politik- und Gesellschaftsgeschichte sowie für ihre Unterstützung im Zusammenhang mit der Fertigstellung des Sammelbandes. Nicht zuletzt richtet sich unser Dank an den Verlag J. H. W. Dietz Nachf. für die jederzeit hilfreiche inhaltliche und organisatorische Unterstützung dieses Buchprojekts.

Sie alle haben dazu beigetragen, dass mit dem Blick der Geschichtswissenschaft auf den Betrieb neue Zugänge der Gewerkschaftsgeschichte eröffnet werden konnten, die das Potenzial besitzen, auch die Perspektive für die Geschichte der Arbeiterbewegung insgesamt zu weiten.

---

1 Siehe hierzu auch den Konferenzbericht von Henning Borggräfe, Tagungsbericht: Der Betrieb als sozialer und politischer Ort. Neue Perspektiven auf die Gewerkschaftsgeschichte III, 15.11.2012–16.11.2012 Bonn, in: H-Soz-Kult, 19.1.2013, <http://www.hsozkult.de/conferencereport/id/tagungsberichte-4585> (letzter Zugriff 31.10.2014).

Nach dem Strukturbruch?

Der Band behandelt die Veränderungen der Arbeitsbeziehungen und Arbeitswelt in den letzten vier Jahrzehnten. Er geht von der bekannten These aus, dass in den frühen 1970er-Jahren ein tiefgreifender gesellschafts- und sozialpolitischer »Strukturbruch« stattgefunden hat.

Welche Zäsuren zeichnen das späte 20. Jahrhundert aus? Gab es einen »Strukturbruch« als einen »sozialen Wandel von revolutionärer Qualität«? Anhand so wichtiger Themen wie der digitalen Revolution, Arbeit im Betrieb, Gewerkschaften und Rationalisierung, Mitbestimmung oder Tarifautonomie wird dieser Wandel erkundet.

Mit Beiträgen von: Ingrid Artus, Thilo Fehmel, David Furch, Anselm Doering-Manteuffel, Rüdiger Hachtmann, Jan-Otmar Hesse, Viktoria Kalass, Monika Matthes, Stephan Meise, Lutz Rafael, Andrea Rehling, Anne Seibring, Dietmar Süß, Winfried Süß, Christian Testorf und Nina Weimann-Sandig.

Knud Andresen • Ursula Bitzegeio
Jürgen Mittag (Hg.)
Nach dem Strukturbruch?
Kontinuität und Wandel von
Arbeitsbeziehungen und Arbeitswelt(en)
seit den 1970er-Jahren

Reihe Politik- und Gesellschaftsgeschichte,
Bd. 89

400 Seiten, Hardcover
46,00 Euro
ISBN 978-3-8012-4202-2

Verlag J.H.W. Dietz Nachf. – **www.dietz-verlag.de**

Quellen zur Geschichte der deutschen Gewerkschaftsbewegung im 20. Jahrhundert

Band 12:
DGB 1956–1963
970 S. | 78,00 Euro
ISBN 978-3-8012-4156-8

Band 13:
DGB 1964–1969
914 S. | 78,00 Euro
ISBN 978-3-8012-4157-5

Band 16:
DGB 1969–1975
1.040 S. | 78,00 Euro
ISBN 978-3-8012-4218-3

Band 14:
Die Interzonenkonferenzen 1946–1948
520 S. | 48,00 Euro
ISBN 978-3-8012-4158-2

Band 15:
FDGB 1945–1949/50
1.028 S. | 68,00 Euro
ISBN 978-3-8012-4209-1

dietz-verlag.de